구조율고 【二】 九朝律考

[권1] 한율고漢律考 4 · 5 · 6 · 7 · 8

구조율고 ^[二] 九朝律考

[권1] 한율고漢律考 4·5·6·7·8

An Annotated Translation on the Laws of Nine Dynasties

정수덕程樹德 저 ┃ 임병덕 역주

세창출판사

구조율고 【二】 九朝律考

1판 1쇄 인쇄   2014년 11월 10일
1판 1쇄 발행   2014년 11월 20일
저   자 | 정수덕(程樹德)
역주자 | 임병덕(林炳德)
발행인 | 이방원
발행처 | 세창출판사
　　　　주소 | 서울 서대문구 경기대로 88 (냉천빌딩 4층)
　　　　신고번호 | 제300-1990-63호
　　　　전화 | (02) 723-8660   팩스 | (02) 720-4579
　　　　http://www.sechangpub.co.kr
　　　　e-mail: sc1992@empal.com

ISBN 978-89-8411-497-5 94360
　　　　978-89-8411-495-1 (세트)

잘못된 책은 구입하신 서점에서 바꾸어 드립니다.
책값은 뒤표지에 있습니다.

이 도서의 국립중앙도서관 출판예정도서목록(CIP)은 서지정보유통지원시스템 홈페이지
(http://seoji.nl.go.kr)와 국가자료공동목록시스템(http://www.nl.go.kr/kolisnet)에서
이용하실 수 있습니다.(CIP제어번호: CIP2014031952)

2011년 한국연구재단 명저번역에 선정된 후 벌써 3년이 지났다. 청대고
증학의 진수를 느낄 수 있는 程樹德의 『九朝律考』에 대한 역주를 진행하고
마무리하면서 요즘 3년 전 내가 그 얼마나 무모한 시도를 했는지 절감하고
있다. 출판을 앞둔 현 시점에서도 역주작업의 결과에 대해 여전히 두려움
을 느끼고 있다. 만약 그 어려움을 미리 알았더라면 이 일을 결코 시도할 엄
두도 내지 못하였을 것이다. 程樹德의 『九朝律考』를 언뜻 보았을 때는 '二
十四史'의 본문이 대부분인 줄 알았다. 그런데 막상 하나하나 번역을 하다
보니 程樹德이 인용하고 참고하고 있는 문헌자료가 실로 방대하다는 것을
실감하였다. 程樹德의 『九朝律考』에는 『漢書』, 『史記』, 『三國志』, 『魏書』,
『晉書』, 『陳書』, 『隋書』 등의 正史類를 비롯하여 唐代의 법전인 『唐六典』
과 『唐律疏議』, 그리고 유교 경전 및 제자백가서인 『春秋左傳』, 『抱朴子』,
『春秋公羊傳』, 『禮記』, 『韓非子』, 『呂氏春秋』, 『荀子』, 『管子』, 『周禮』,
『禮記』, 『春秋穀梁傳』, 『大戴禮記』 등을 비롯하여 漢代의 지리서인 『水經
注』, 『三輔黃圖』, 그리고 자서 혹은 자전류인 『急就篇』, 『集韻』, 『釋名』,
『爾雅』, 『說文解字』 등이 인용되었고, 시기적으로는 전국시대부터 송원대
에 이르는 시기에 편찬된 『國語』, 『戰國策』, 『潛夫論』, 『新序』, 『韓詩外傳』,
『申鑒』, 『新書』, 『漢紀』, 『風俗通義』, 『論衡』, 『鹽鐵論』, 『淮南子』, 『東觀
漢記』, 『逸周書』, 『荊楚歲時記』, 『後漢紀』, 『羣書治要』, 『酉陽雜俎』, 『藝
文類聚』, 『通典』, 『北堂書鈔』, 『意林』, 『白氏六帖事類集』, 『初學記』, 『通
志』, 『容齋隨筆』, 『演繁露』, 『冊府元龜』, 『東漢會要』, 『鼠璞』, 『唐會要』,
『西漢會要』, 『資治通鑑』, 『太平御覽』, 『文獻通考』 등 수많은 사료가 인용

되고 있으며 여기에서 散見하는 漢律을 비롯한 隋代까지의 九朝律을 빠짐 없이 망라하고 있다. 程樹德의『九朝律考』에서 인용되고 있는 사료는 앞서 열거한 것만이 아니고, 심지어는 北京大 도서관에서도 찾을 수 없는 사료 도 있고, 또한 단순히 사료의 본문에서만 인용된 경우 못지않게 '注疏'에서 인용된 사료가 상당하여 한문 실력이 짧은 나로서는 수많은 한계에 부딪칠 수밖에 없었다. 게다가 程樹德이 활동한 시대에는 중국의 노대가들을 동 원하여 정밀한 교감을 행한 '중화서국 표점본 이십사사'가 출판되지 않은 시기였고, 또한 납활자 시대에 수작업과 자신의 암기력에 기초해서『九朝 律考』를 출간하였기 때문에 표점이나 오자, 탈자를 제외하고도 전거로 삼 은 문헌 가운데 인용권수가 다르거나 찾을 수 없는 경우도 적지 않아 실제 번역과정에서 수도 없는 난관에 부딪혔다. 그 전거가 되는 인용문을 전혀 다른 책에서 찾기도 하였다. 이처럼 이 책의 번역은 나의 능력을 벗어난 작 업이었지만, 그럼에도 불구하고『九朝律考』의 번역을 이나마 마무리하고 출판할 수 있게 된 것은 나를 도와준 뛰어난 제자와 후배가 있었기 때문이 었다. 충북대학교를 졸업하고 성균관대학교에서 석사를 마친 뒤 북경대학 에서 박사과정에 재학 중인 김병진 군은 이 책의 번역에 큰 도움을 주었다. 특히 해석이 어려운 문장의 경우 김병진 군이 결정적 해석을 제공한 경우 도 적지 않았다. 예를 들어 "行言許受財"를 해석하지 못하고 있어서 며칠간 고민한 적이 있었다. 김병진 군을 포함하여 몇 분께 자문을 받았는데, 김병 진 군의 해설이 가장 상세하여 김병진 군의 해설에 근거하여 [사전에] 말을 주고받아 뇌물을 받는 것을 허락한 경우"라는 식으로 해석하여 "사전에 뇌 물을 요구하였거나 뇌물로 바치는 물건임을 알면서도 받는 행위에 대한 처 벌 규정"으로 번역을 마무리하였다. 또한 성균관대학교 박사과정에 재학 중인 김진 군으로부터도 많은 도움을 받았다. 이미 김병진 군과 김진 군은 매우 빈틈없는 논문을 발표하여 한국의 동양사학계의 차세대 주자로 주목 을 받고 있는데, 이들의 탄탄한 연구성과의 배경에는 은사이신 하원수 선 생님의 영향이 큰 것 같다. 이 밖에도 이 책을 번역하면서 해석이 풀리지 않을 경우에는 성대의 김경호 선생님, 숙대 임중혁 선생님, 경북대 윤재석 선생님, 전남대 박건주 선생님, 성대 송진 선생님, 서강대 홍승현 선생님, 경북대 오준석 선생님 등을 비롯하여 많은 분들의 도움을 받았다. 해제에 대해서는 충남대학교의 정순모 선생님의 예리한 지적을 받아 수정하였다. 이렇게 많은 분들의 도움을 받고도 『九朝律考』에 대한 역주는 아직도 자신이 없다. 무엇보다 『九朝律考』가 얼마나 난해하고 방대한 책인지도 모르고 명저번역을 1년 기간으로 신청하다 보니 번역기간이 너무 짧았다. 이 정도 분량의 번역서라면 당연히 연구팀이 조직되어 여러 사람들과의 토론을 거쳤어야 했는데, 필자의 착오로 예산이나 시간상 모두 불가능하였다. 변명을 덧붙이자면, 국내 명저 번역이 대체로 중국과 일본의 번역서를 참고하고 있고, 심지어는 국내에 이미 번역한 책을 별다른 수준의 차이를 느낄 수 없게 중복 번역한 경우도 있지만, 이 책은 일본이나 중국에서 번역된 사례가 없어서 참고할 만한 책이 전무한 상태였다는 점이다. 따라서 중국의 고전과 전적에 천박한 나는 해석상 미궁에 빠진 적이 많을 수밖에 없었다. 여러 면에서 부족하고 미진하지만, 한 가지 이 책의 장점을 거론할 수 있다. 그것은 역주에 최근의 출토문헌의 연구성과를 반영하여 보강하고 있다는 점이다. 근래에 최근의 中國古代法制史 연구는 주로 출토문헌을 중심으로 진행되었는데, 그 계기가 된 것은 1975년 湖北省 雲夢縣 睡虎地秦墓에서 1천여 매의 법률관계 죽간, 즉 秦律의 조문과 그 해석이 밝혀지게 되면서부터였다. 『雲夢睡虎地秦簡』 중의 법률자료는 중국 고대 법제의 형성과 전개 과정에 대한 이해는 물론 동아시아 법체계의 형성이라는 측면에서도 매우 중요하다. 즉 『雲夢睡虎地秦簡』은 漢初의 「九章律」, 『二年律令』 등을 통해 파악할 수 있는 漢律과의 관계뿐만 아니라 唐律의 연원 및 법체계의 변천과 異同에 대한 연구에도 중요한 단초를 제공하고 있다. 『雲夢睡虎地秦簡』 이후 최근 몇 년 사이에 학계의 관심이 집중된 것은 『張家山漢簡』 『二年律令』이었다. 秦律 이후 湖北省 江陵 張家山 漢墓群에서도 그 모습을 보인 漢初의 律令인 『張家山漢簡』 『二年律令』에 대한 연구는 2002년 공식

7

출간 이후 秦律 연구를 능가하는 열기 속에 진행되었다. 최근 3권까지 공개된 『嶽麓書院秦簡』도 中國古代法制史 연구의 중요한 출토자료로 주목을 받고 있고 곧 전모가 공개될 예정이다. 본서에서는 『嶽麓書院秦簡(參)』의 奏讞資料까지 역주에 참고하고 있다. 역주만이 아니라 본문의 해석상에서도 『雲夢睡虎地秦簡』과 『張家山漢簡』 『二年律令』의 연구 성과를 어느 정도 반영할 수 있었다. 예를 들어, '船方長'의 方은 舫의 通假字로 '方長'은 곧 '舫長'이다. 따라서 船方長은 船長을 의미하는 것으로 쉽게 해석할 수 있었다. 그런데 '船方長'에 대한 해석은 『張家山漢簡』 『二年律令』의 강독에서 도움을 받은 것이었다. 『晉書』 「刑法志」에는 矯制가 나오고 있는데, 制는 詔書로 矯制는 즉 矯詔이다. 오늘날의 연구자는 『二年律令』을 통하여 矯制는 '大害', '害', '不害' 등 몇 개의 등급으로 나누어 있었고, 이에 따라 처벌을 달리하였음을 상세히 알 수 있게 되었다. 程樹德은 『史記』 「秦始皇本紀」에 나오는 隱宮을 궁형을 받은 자로 보고 있지만, 나는 최근의 출토문헌의 연구성과에 따라 '隱宮'을 '隱官'으로 주석을 달았다. 또한 服飾과 관련된 한율의 규정은 이해하기 매우 어려운데, 『二年律令』 282簡에는, "윗도리(겉옷 衣)를 사여하는 경우 6장 4척에 그 테두리 장식은 5척이며 (안에 넣는) 솜은 3근이다. 속저고리(속옷 襦)는 2장 2척에 그 테두리 장식은 1장이며 (안에 넣는) 솜은 2근이다(賜衣者六丈四尺、緣五尺、絮三斤, 襦二丈二尺、緣丈、絮二斤)."라 하여 복식과 관련된 참고할 만한 규정이 나온다. 복식과 관련된 한율의 규정을 쉽게 이해할 수 있었던 것도 『二年律令』에 힘입은 바라 할 수 있다. 程樹德의 『九朝律考』에는 魏晉 註釋家들의 주석이 대거 인용되고 있는데, 魏晉 註釋家는 『睡虎地秦墓竹簡』 자료나 『二年律令』을 직접 보지 못한 상태였기 때문에 때로는 『睡虎地秦墓竹簡』 자료나 『二年律令』을 확인하게 된 현재의 학자가 유리한 점도 있다. 그러나 이 부분도 최근의 출토문헌에 대한 연구성과를 소화하는 데 게을리한 결과로 인하여 미진한 것 투성이다.

　돌이켜보면 자신의 능력도 돌아보지 않고 내가 『九朝律考』의 역주에 도

전한 것은 실로 모험이었고 따라서 오역도 적지 않으리라 생각한다. 게다가 이 책에 대한 역주를 진행하고자 하였을 때 수술로 몸이 정상적인 상태가 아니었다. 중국의 고전과 전적에 천박한 내가 최근 3년간 이 책의 번역에 집중하면서 논문으로만 연구자의 역량이 평가되는 한국의 학계의 이상한 현실에서 크게 뒤처진 느낌이 든다. 이 책의 출판을 계기로 소홀히 한 몸 관리와 밀린 논문에 집중해야 할 것 같다.

끝으로 이 책의 편집을 맡은 세창출판사의 편집진들의 세심한 교정과 편집에 감사를 드린다. 그리고 이 책을 명저번역으로 선정되는 데 도움을 주신 한국연구재단의 인문사회연구진흥지원팀의 서영민 선생님, 임현정 선생님, 김대환 선생님, 홍지영 선생님, 김상현 선생님께도 감사를 드린다. 특히 홍지영 선생님께는 틈틈이 많은 질문을 드려 귀찮게 해드렸고 그때마다 친절하게 상세히 설명해 주었다. 모든 면에서 무미건조하고 부족한 나를 사랑하는 아내에게 나는 매우 부족하다. 항상 미안함을 느낀다. 그리고 나 자신보다 훨씬 소중하게 생각하는 내 딸 예나와 예림이에게 아빠의 작은 성과를 전해주고 싶다.

2014년 9월
세종시 첫마을에서
임 병 덕

1. 『九朝律考』는 1927년 商務印書館에서 처음 출간되었는데, 현재까지 북경과 대만의 商務印書館에서 꾸준히 책을 출판하고 있다. 다만 본 역주서는 商務印書館에서 출판된 책이 아닌 1963년 中華書局에서 출판된 책을 저본으로 삼았다.

2. 인용된 『漢書』와 『史記』 등은 '중화서국 표점본 이십사사'를 참고하여 대조 작업을 하였다.

3. 『唐六典』과 『唐律疏議』에 대한 번역은 金鐸敏主編, 『譯註唐六典』 서울: 신서원, 2003년과 김택민·임대희 主編, 『譯註唐律疏議』 名例編·名則上·下, 서울: 한국법제연구원, 1994·1998년을 참고하였으며, 원문 대조는 (唐)李林甫等撰, 『唐六典』(陳仲夫點校本) 北京: 中華書局, 1992년과 (唐)長孫無忌等撰, 『唐律疏議』 北京: 中華書局, 1993년을 참고하였다.

4. 『睡虎地秦墓竹簡』과 『二年律令』은 각각 睡虎地秦墓竹簡整理小組, 『睡虎地秦墓竹簡』 北京: 文物出版社, 1978년과 張家山二四七號漢墓竹簡整理小組, 『張家山漢墓竹簡[二四七號墓](釋文修訂本)』 北京: 文物出版社, 2006년을 참고하였고, 그중 『張家山漢墓竹簡[二四七號墓](釋文修訂本)』 속의 漢初 율령은 『二年律令』으로 약칭하였다. 특히 『睡虎地秦墓竹簡』에 대한 해석은 尹在碩, 『睡虎地秦墓竹簡』 서울: 소명출판, 2010년을 참고하였다.

5. 『春秋左傳』 등의 경전은 주로 十三經注疏를 참고하였다.

6. 『九朝律考』의 표점에 오류가 상당히 많았다. 이는 많은 양의 사료를 중

간 중간 떼어내어 발췌하고 이를 이어 붙이는 과정 중에 문장이 불분명해진 부분이 많았기 때문일 것으로 추측되지만, 이와 같은 부분을 제외하고도 사료 자체를 잘못 이해하여 표점이 잘못된 부분도 상당히 많았다. 때문에 표점을 고칠 경우 하나하나 주석을 달아 설명하는 것이 불가능하였고, 이 경우 '중화서국 이십사사 표점본'을 따랐다. 그러나 꼭 필요하다고 생각되면 원래의 문장 가운데 어느 부분을 발췌했는가를 주석에 사료를 나열하면서 관련부분에 줄을 그어 표기하기도 하였다.

7. 『九朝律考』에는 표점이나 오자, 탈자를 제외하고도 전거로 삼은 문헌 가운데 인용권수가 다르거나 찾을 수 없는 경우도 적지 않아 실제 번역과정에서 수도 없는 난관에 부딪혔다. 그 전거가 되는 인용문을 전혀 다른 책에서 찾기도 하였다. 예를 들어 심한 경우에는 전거를 『南齊書』라고 하였는데, 『南齊書』에는 해당 내용이 보이지 않으며, 『冊府元龜』에 수록되어 있는 사례도 있었다. 단순한 문장상의 차이점이나 글자의 오류 등은 대부분 그대로 두고 번역과 주석을 통해 바로잡고자 하였다. 권수나 문헌 자체가 확실히 다른 경우에도 대부분 설명 없이 전거가 되는 문헌에 따라 수정하였다.

8. 인용한 사료는 원칙적으로 사료 원문과 빠짐없이 대조하여 쪽수를 표기하는 것을 원칙으로 하였다.

9. 번역은 모두 우리말 발음으로 하고 한자의 병기가 필요하다고 판단될 때는 우리말(한자)을 병기하였다. 그러나 주석의 경우에는 전문성이 있는 내용이 많다는 점에서 우리말과 한자를 함께 사용하였다.

10. 번역 가운데 [ ]로 표시된 부분은 원문에는 없지만, 이해를 돕기 위해 보완한 내용이다.

차 례

┃ 구조율고九朝律考【二】 ┃

漢律考 4

律令雜考上
율령잡고상

【원문】 漢律久佚, 然史漢紀傳表志, 時得以一人一事之故, 推究當時律制. 鄭司農注周禮, 以漢制解經, 其所稱擧漢法以況者, 亦多屬漢律. 杜氏漢律輯證, 已搜討及之, 而撫拾尙多遺漏, 引證亦略. 玆篇於佚文之外, 旁搜博采, 雜抄之又得百三十四條, 逐事標目, 以類相從, 間引唐律, 以資考證. 代遠無徵, 不復能辨其孰爲律, 孰爲令, 孰爲科比也. 作律令雜考.

【역문】 한율이 산실된 지 오래되었지만 『사기』와 『한서』의 본기·열전·표·지에서 때때로 일인일사(一人一事)의 연고로써 당시의 율제를 미루어 탐구할 수 있다. 정사농[1]이 『주례』에 주를 달면서 한제(漢制)로 경을 해석하였는데 그가 한법(漢法)을 들어 설명한 것은 또한 대부분 한율에 속한 것이었다. 두귀지(杜貴墀)[2]의 『한율집증(漢律輯證)』은 한율을 찾아

---

[1] 鄭司農(?-83)은 후한 시대의 유학자인 鄭衆을 이르는 것으로 字는 仲師이고 大司農을 역임하였다. 經學家들은 鄭衆을 先鄭이라 하여 後漢의 鄭玄과 구별하고, 또한 鄭司農이라 칭하여 宦官인 鄭衆과 구별하고 있다.

구하여 언급하였으나 수집한 것은 빠진 것이 많고 인용하여 증거로 삼은 것 또한 소략하다. 이 편은 산실된 문장 외에 두루 수집하고 잡다하게 추려 134조를 얻었으니 일에 따라 목록을 만들고 종류별로 서로 묶고 중간 중간에 당률을 인용하여 고증의 자료로 삼았다. 시대가 멀어 증험할 수 없고, 어느 것이 율이고 어느 것이 영이며, 어느 것이 과비(科比)인지 알 수 없어서 이를 모아서 『율령잡고』를 짓게 되었다.

⦿ 不道　부도[3]

【원문】 漢制九章, 雖幷湮沒, 其不道不敬之目見存, 原夫厥初, 蓋起諸漢.
(唐律疏義)

【역문】 한나라 때 제정한 9장이 비록 모두 없어졌지만 '부도', '불경'의 죄목은 아직 남아 있으므로 그 기원을 더듬어 보면 대체로 한대부터 비롯되었음을 알 수 있다.[4](『당률소의』)

【원문】 逆節絶理, 謂之不道.(晉書刑法志引張裴律表)

【역문】 절의(節義)에 어그러지고 윤리를 끊는 것을 '부도(不道)'라 한다.[5](『진서』「형법지」에서 장비의 「율표」를 인용)

---

2 杜貴墀(1824–1901年)의 字는 吉階으로 巴陵縣 郭鎭 磨刀村 杜家莊人. 晩淸 嶽陽의 著名한 學者로 天文·地理·經學·史學·詩詞 등에 매우 깊은 조예가 있었다. 저서에는 『典禮質疑』·『漢律輯證』·『桐華閣文集』·『桐華閣詞抄』·『鄭氏經學考』·『巴陵人物志』 등이 있다.

3 不道: 사람으로서 해서는 안 될 행위를 하는 것. 漢律에는 大逆不道·罔上不道·大不敬不道 등처럼 천자에 대한 죄를 필두로 天子 이외의 극악무도한 행위를 不道라고 하지만, 어떠한 행위가 不道에 해당하는가 하는 정확한 규정은 律에 나타나지 않는다. 대체로 황제의 존엄에 대한 훼손, 봉건통치질서의 파괴를 막기 위한 것이라 할 수 있다. 『唐律·名例』에는 十惡의 하나로서 死罪의 죄인이 아닌 자를 一家 三人 以上 살해하는 것, 사람을 살해한 후 사체를 분해하는 것, 呪術에 의해서 타인을 害하는 것 등의 죄에 한정되어 있다. 漢代에 '不道'는 罪狀을 요약한 글의 말미에 엄하게 견책하는 의미의 말로서 자주 나온다. 단 어떠한 행위가 不道인가, 그리고 不道라고 견책당함으로써 어떠한 법적 효과가 생기는가에 대해서는 분명하지 않다.

4 『唐律疏議』第6條;「名例」6, '十惡', 6쪽.

5 『晉書』권30「刑法志」, 928쪽, "… 逆節絶理謂之不道, …"

【원문】 時御史大夫桑弘羊子遷亡, 過父故吏侯史吳, 會赦, 侯史吳自出繫獄, 議者知大將軍指, 皆執吳爲不道. 延年乃奏記(霍)光, 以爲吏縱罪人有常法, 今更詆吳爲不道, 恐於法深.(杜延年傳)

【역문】 어사대부 상홍양[6] 아들인 상천(桑遷)이 도주하다가 아버지의 옛 부하였던 후사오(侯史吳)의 집을 지나갔다. [후에 상천은 체포되어 법대로 죽었다.] 마침 사면이 있어서[7] 후사오는 스스로 나와서 감옥에 가서 갇혔다. 논의에 참여한 자는 대장군(곽광)이 지시한 것을 알고 모두 후사오가 '부도'하였다고 하였다. 두연년(杜延年)[8]이 곽광에게 주기[9]를 보내어 말하였다. "관리가 죄인을 풀어줌에는 상법(常法)이 잇습니다. 지금 후사오를 '부도'하다고 바꾸어 무고하는 것은 아마도 지나치게 무겁게 적용하는 것이 아닐까 두렵습니다."라고 하였다.[10](『한서』「두연년전」)

【원문】 師丹等劾宏誤朝不道.(杜欽傳)

【역문】 [대사공] 사단[11] 등이 동굉(董宏)을 탄핵하여 조정의 일을 그르쳐 부도하다고 하였다.[12](『한서』「두흠전」)

【원문】 以爲寬饒指意欲求禪, 大逆不道(蓋寬饒傳)

【역문】 갑관요[13]가 한 말은 천자의 자리를 [태자에게] 선양[14]하라는 뜻이므

---

6 桑弘羊(기원전 152–80년)은 서한 시대 낙양 출신의 상인이었다. 그는 소금·철·술을 국가에서 전매하는 정책을 제정하고 추진하는 데 적극적으로 참여했다. 이와 관련하여 그는 무제에게 平准·均輸 등과 같은 경제정책을 실행하는 기구를 설립하여 상품을 통제할 것을 건의하였다.

7 소제 원봉 2년(기원전 79년)을 말한다.

8 杜延年(?–기원전 52년)은 전한 南陽 杜衍人. 字는 幼公으로 杜周의 아들이다. 杜延年은 본래 대장군 곽광의 속관으로서 대장군 곽광을 위해 여러 차례 진언하였다. 현량을 선출하여 술과 소금, 철 등의 전매제를 철폐하도록 의논케 한 것도 모두 두연년의 발의에 의한 것이었다고 한다.

9 奏記: 관원이 상급 장관에게 보내어 의견을 진술하는 문서.

10 『漢書』 권60 「杜周傳」(杜延年), 2663쪽. "(생략), 延年乃奏記光, 以爲吏縱罪人, 有常法. (생략)".

11 師丹(?–3)의 字는 仲公으로 琅邪郡東武人. 光祿大夫·丞相司直·光祿大夫給事中·羊祿勳·侍中光祿大夫·左將軍·領尚書事를 거치고 王莽을 대신해 大司馬로 오른 뒤 高樂侯에 봉해졌다가 大司空으로 옮겼다. 토지와 노비를 제한적으로 소유하도록 하고 불법적인 兼幷을 억제하자고 주장.

12 『漢書』 권60 「杜周傳」(杜欽), 2682쪽. "大司空師丹等劾宏誤朝不道, 坐免爲庶人, 業復上書訟宏."

13 蓋寬饒(?–기원전 60년)의 字는 次公으로 한나라 宣帝 때 사람으로 公卿과 貴戚들의 죄상을 몰래

로 대역부도에 해당한다고 하였다.[15](『한서』「갑관요전」)

【원문】 博執左道, 虧損上恩, 以結信貴戚, 背君嚮臣, 傾亂政治, 奸人之雄, 附上罔下, 爲臣不忠不道.(朱博傳)

【역문】 주박(朱博)[16]은 사교의 도[左道][17]로 천자의 은덕에 해를 끼쳤으며 황실의 인척과 결탁함으로써 황상을 배반하고 대신에게 편향하였으며 정치를 어지럽혔다. 간웅으로 윗사람에 붙고 아래 사람에게 속였으니 신하된 자로 불충하고 부도하다.[18](『한서』「주박전」)

【원문】 左將軍丹奏商執左道以亂政, 爲臣不忠, 罔上不道.(王商傳)

【역문】 좌장군 사단이 상주하여 아뢰기를, "왕상이 방문사도(旁門邪道)를 행하여 정치를 어지럽히고 신하된 자로서 불충하였으니 '망상부도'[19]에 해당합니다."고 하였다.[20](『한서』「왕상전」)

【원문】 言事恣意迷國, 罔上不道.(兩龔傳)

【역문】 멋대로 말하고 책임지지 않으면서 나라를 현혹하는 것은 '망상부도'이다.[21](『한서』「양공전」)

【원문】 當賀良等執左道亂朝政, 傾覆國家, 誣罔主上, 不道, 皆伏誅.(李尋傳)

조사하여 검거하자 모두 두려워하였다. 그러나 사람들이 재해에 빠져드는 것을 너무 좋아하였고, 선제의 뜻을 奸犯하게 되고, 下吏들의 원망과 비방을 받고 자살하였다.

14 여기서는 '禮'으로 쓰였으나 『한서』에는 '禪'으로 되어 있다.

15 『漢書』권77 「蓋諸葛劉鄭孫冊將何傳」(蓋寬饒), 3247쪽, "… 以爲寬饒指意欲求禪, …"

16 朱博(?−기원전 5년)의 字는 子元으로 傳太后의 권세에 기대 丞相 孔光과 大司空 師丹 등을 참소해서 사단을 대신해 대사공을 맡고, 공광을 대신해 승상이 되기도 했다. 建平2년(기원전 5년) 陽鄕侯에 봉해졌다. 그해 權貴들과 결탁하여 정치를 어지럽히다가 죄를 물어 투옥되어 자살하였다.

17 左道와 旁門은 '부정한 방법'을 일컫는다.

18 『漢書』권83, 「朱博傳」, 3408쪽.

19 罔上不道: 不道에는 '不道', '大逆不道', '罔上不道', '大不敬不道' 등이 있다.

20 『漢書』권82 「王商傳」, 3374쪽, "於是左將軍丹等奏 '商位三公, … 執左道以亂政, …」"

21 『漢書』권72 「兩龔傳」, 3081쪽, "言事恣意, 迷國罔上, 不道."

【역문】 하량 등이 옳지 않은 방법으로 왜곡하고, 조정을 어지럽히고 국가를 전복하고자 하였고, 황상을 속이고 기만하고 부도하여 모두 사형에 처해졌다.[22](『한서』「이심전」)

【원문】 劾奏勝非議詔書, 毀先帝不道, 下獄.(夏侯勝傳)

【역문】 [승상 채의(蔡義)와 어사대부 전광명(田光明)이 [하후승]을 탄핵하여 아뢰기를, "하후승이 조서를 그릇되었다고 논평을 하였고, 선제를 헐뜯었으므로 '부도'의 죄를 저질렀으니 하옥시켜야 한다."고 하였다.[23](『한서』「하후승전」)

【원문】 坐怨望非謗政治, 不道, 棄市.(嚴延年傳)

【역문】 [엄연년(嚴延年)][24]이 조정을 원망하고 국사를 비방하여 부도한 죄를 받아 기시형에 처해졌다.[25](『한서』「엄연년전」)

【원문】 宣坐距閉使者, 無人臣禮, 大不敬, 不道.(鮑宣傳)

【역문】 [포선의 부하관리를 체포하려고 했는데] 포선이 사자를 물리쳐 막고 거부한 죄·신하의 예가 없는 죄·대불경·부도죄를 받았다.[26](『한서』「포선전」)

【원문】 (蕭)望之劾奏延壽上僭不道.(韓延壽傳)

---

22 『漢書』 권75 「眭兩夏侯京翼李傳」(李尋傳), 3193쪽.

23 『漢書』 권75 「眭兩夏侯京翼李傳」(夏侯勝傳), 3156쪽, "丞相義, 御史大夫廣明劾奏勝非議詔書, 毀先帝, 不道, …, 俱下獄."

24 嚴延年(?-기원전 58년)의 字는 次卿으로 선제 연간의 태수를 역임하였다. 혹리열전에 실려 있다.

25 『漢書』 권90 「酷吏傳」(嚴延年), 3671쪽, "坐怨望非謗政治不道棄市." 임현닌를 누려워한 속판 義가 상소를 올려 엄연년의 죄상 열 가지를 진술했는데 그는 상주문을 올린 뒤 독약을 먹고 자살하여 황제를 속인 것이 아님을 증명하였다. 사건의 조사가 어사대부의 속관에게 맡겨졌는데 몇 가지가 사실로 확인되어 엄연년의 죄가 인정되었다.

26 『漢書』 권72, 「鮑宣傳」, 3093쪽, "… 宣坐距閉使者, 亡人臣禮, 大不敬, 不道, 下廷尉獄."

【역문】 소망지[27]가 한연수를 탄핵하기를, "한연수가 직권을 넘어서는 부도를 행하였습니다."고 하였다.[28](『한서』「한연수전」)

【원문】 吉子顯大爲姦利, 臧千餘萬, 司隸校尉昌案劾, 罪至不道.(丙吉傳)

【역문】 [이보다 앞서] 병길[29]의 아들 병현이 [10여년간 태복으로 있었는데] 속관과 짜고 크게 부정한 이익을 취하여 1천만여 전을 횡령하였다. 사예교위[30]가 취조하고 그 죄가 부도죄에 이른다고 탄핵하여 체포하겠다고 황제에게 청하였다.[31](『한서』「병길전」)

【원문】 弘農太守張匡, 坐臧百萬以上, 狡猾不道, 有詔卽訊.(陳湯傳)

【역문】 홍농태수 장광이 100만전 이상의 장물죄·교활부도죄를 지어 조서를 내려 심문하도록 하였다.[32](『한서』「진탕전」)

【원문】 議者以爲(韓)昌(張)猛擅以漢國世世子孫, 與夷狄詛盟, 令單于得以惡言上告於天, 羞國家, 傷威重, 不可得行, 昌猛奉使無狀, 罪至不道.(匈奴傳下)

【역문】 공경 중에서 논의에 참여한 사람들이, "한창(韓昌)·장맹(張猛)이 제멋대로 일을 해서 한나라의 대대자손의 미래로 이적과 맹약을 맺고 선우(單于)로 하여금 악언을 하늘에 고하게 하여 한조를 모욕했고 한조의

---

27 蕭望之(?-기원전 47년)는 전한 때의 학자이며 관리이다. 霍光에게 압박을 받았으나 곽씨 몰락 후에는 宣帝에게 신임을 얻었다. 곡물 납입에 의한 贖罪制에 반대하는 등 도덕주의적 입장에 서서 弘恭·石顯 등 환관의 전횡을 막아 제도를 개혁하려 했으나 반대로 모함에 빠져 벌을 받게 되자 자살하였다.

28 『漢書』 권76 「趙尹韓張兩王傳」, 3215쪽, "於是望之劾奏延壽上僭不道."

29 丙吉(?-기원전 55년)은 漢宣帝 때의 승상으로 자는 少卿. 본래 법률을 공부하여 옥리로 재직 시에 선제가 될 무제의 증손을 정성껏 보필했다. 관대하게 국사를 처리하고 예의와 겸양을 숭상하였다.

30 司隸校尉: 사예교위는 한무제 때 설치하였고 京師와 그 부근의 순찰을 담당하는 무관직이었다.

31 『漢書』 권74 「魏相丙吉傳」, 3149쪽, "先是顯爲太僕十餘年, 與官屬大爲姦利, 臧千餘萬, 司隸校尉昌案劾, 罪至不道, 奏請逮捕, …"; 부도죄는 기시이지만 승상 병길과 가까웠던 신제가 병헌을 단지 면직시키고 식읍 400호를 빼앗기만 했고 후에 다시 城門校尉가 되었다.

32 『漢書』 권70 「陳湯傳」, 3025쪽.

위엄을 손상시켰으니, 절대로 실행할 수 없다. 한창·장맹이 명을 받들어 사신으로 갔으나 공이 없고, 부도의 죄를 범하였다."라고 하였다.[33] (『한서』「흉노전」하)

【원문】 嗣成陵侯德, 鴻嘉三年坐弟與後母亂, 共殺兄, 德知不擧, 不道下獄.(王子侯表)

【역문】 성릉후 덕은, [한 성제(成帝)] 홍가 3년(기원전 18년)에 아우가 후모(後母)와 더불어 난을 일으켜 함께 형을 죽였는데, 덕은 알았음에도 고발하지 않아 부도죄로 하옥되었다.[34](『한서』「왕자후표」)

【원문】 嗣湘成侯監益昌, 五鳳四年, 坐爲九眞太守盜使人出買犀奴婢, 臧百萬以上, 不道, 誅. 邘侯李壽坐爲衛尉居守, 擅出長安界, 送海西侯至高橋, 又使吏謀殺方士, 不道, 誅.(功臣表)

【역문】 상성후 익창은 [한 선제(宣帝)] 오봉4년(기원전 54년) 구진[35] 내수로 있을 때 몰래 사람들로 하여금 무소와 노비를 사는 돈을 내도록 하고, 100만전 이상을 착복한 죄를 지어, 부도로 살해되었다. 한후(邘侯) 이수가 위위의 장안에 거할 수 있었으나 해서후를 전송하기 위해 장안을 떠나서 고교에까지 이르고, 또한 리를 시켜 방사를 모살한 죄를 받아 부도죄로 주살되었다.[36](『한서』「공신표」)

【세주 원문】 按史記酷吏杜周傳, 獄久者至更數赦, 十有餘歲, 而相告言, 大抵盡詆以不道. 陳湯傳, 亦云廷尉增壽議, 以爲不道無正法, 以所犯劇易爲罪, 臣下承用失其中. 蓋漢時聽斷獄訟, 各有正法, 王尊傳所謂尊以正法案誅, 皆伏其辜是也. 不道不

---

33 『漢書』 권94下 「匈奴傳」, "公卿議者以爲「單于保塞爲藩, 雖欲北去, 猶不能爲危害. 昌·猛擅以漢國世子孫與吏狄詛盟, 令單于得以惡言上告于天, 羞國家, 傷威重.[九] 不可得行. 且逼使仕吿胸大, 與解盟. 昌·猛奉使無狀, 罪至不道."

34 『漢書』 권15下 「王子侯表」, 495쪽.

35 九眞: 한대부터 당대에 걸쳐 베트남의 하노이 이남. 탄호아 이북에 두었던 군을 말한다.

36 『漢書』 권17 「景武昭宣元成功臣表」, 656쪽; 『漢書』 권17, 「景武昭宣元成功臣表」, 664쪽.

敬, 皆無正法, 故議者易於比附

【세주 역문】『사기』「혹리전」(두주전)을 보건대, 오랫동안 옥에 갇혀 있는 사람은 대사령이 내려와도 그 은혜를 입지 못하는 경우도 있었다. [한번 도망쳐 숨었다가] 10여 년이 지나 고소를 당한 사람은 대개 부도죄 이상의 대죄로 처리되었다.「진탕전」에 또한 이르기를, "정위 조중수(趙增壽)가 논의에 참여하였는데,「부도를 벌하여 다스리는 데에는 올바른 법이 없다. 범한 바의 죄의 경중에 따라 죄를 다스리는데, 신하들이 이 법을 따라 하는데 이따금 그 타당성을 잃는다.」고 생각하였다.[37] 대개 한대에 소송을 듣고 판단할 때 각각의 정법이 있었다.「왕존전」에 이른 바 왕존[38]이 "정법을 가지고 규명하여 책하니, 모두 자기 죄를 인정하고 [세도가는 없어지고 관리와 백성들은 크게 기뻐하였다]"[39]가 이것이다. 부도·불경은 모두 정해진 법이 없었기 때문에 논의자는 비부판례에 따르기기 쉬었다.

◉ 大不敬 不敬 대불경 불경[40]

【원문】虧禮廢節, 謂之不敬.(晉書刑法志引張裴律表)

---

37 『漢書』권70「陳湯傳」, 3026쪽, "廷尉增壽議, 以爲「不道無正法, 以所犯劇易爲罪, 臣下(丞)[承]用失其中"
38 王尊(生没年不詳)의 字는 子贛. 司隷校尉와 京兆尹을 역임하였다.
39 『漢書』권76「王尊傳」, 3234쪽, "尊以正法案誅, 皆伏其辜. 姦邪銷釋, 吏民說服."
40 大不敬·不敬: 漢代에는 天子의 부름에 응하지 않는다든가 궁문 가까이서 天子의 近臣을 살해한다든가 天子의 使者에 반항한다든가 天子의 諫言의 내용을 世間에 알린다든가 使者로서 타국에 가서 天子의 권위를 더럽힌다든가 宮殿宗廟 등에서 禮를 결한 행위를 한 경우에 大不敬·不敬으로 처벌되었다. 大不敬은 본인은 腰斬刑에 가족은 棄市에 처해졌고 不敬은 본인이 棄市에 처해졌다. 대체로 棄市刑은 모반죄를 제외하고 한 단계 낮은 범죄로 일반인에 대한 살인, 불효, 심각한 사회혼란조장에 대한 처벌을 그 내용으로 하고 있다. 謀反者는 모두 腰斬에 처하고, 그 부모·처자·형제는 나이를 묻지 않고 모두 棄市刑에 처한다고 되어 있다. 대체로 腰斬刑은 大不敬에 해당하는 謀反罪라 할 수 있다. 여기에서 忠이 孝보다 重하고 君主가 父母보다 重하다는 일관된 중국봉건법률사상의 원칙을 여기에서 확인할 수 있다(張國華主編, 『中國法律思想史』, 法律出版社, 1981, 10쪽). 唐律(名例)에서는 十惡의 하나로써 종묘나 천자의 물건을 절도한 행위, 천자의 印을 僞造한 행위, 천자가 먹는 약을 잘못 조제한 행위, 천자가 타는 배를 튼튼하지 못하게 제작한 행위, 천자를 비판한 행위, 勅使에 반항한 행위의 죄로 규정하고 있다. 『二年律令』에 '矯制大害'의 제도가 확립된 것인지 불확실하지만, "僞寫皇帝信璽·皇帝行璽"는 논리적으로 살펴볼 때, 황제의 명의를 도용하는 것이므로 '大不敬'에 해당한다고 볼 수도 있다.

【역문】 예의를 어지럽히고 절의를 잃는 것을 '불경'이라 한다.[41](『진서』「형법지」에서 장비의「율표」를 인용)

【원문】 湯稱詐虛, 設不然之事, 非所宜言, 大不敬.(陳湯傳)

【역문】 진탕[42]이 거짓을 말하여 그렇지 않은 일을 가짜로 만들어낸 것은 비소의언(非所宜言)이며 대불경이다.[43](『한서』「진탕전」)

【원문】 御史中丞衆等奏言, 敬近臣, 爲其近主也, 禮下公門, 式路馬, 君畜産且猶敬之, 上浸之原, 不可長也, (宣子)況首爲惡, (楊)明手傷, 功意俱惡, 皆大不敬.(薛宣傳)

【역문】 어사중승[44] 중(衆) 등이 상주하여 말하였다. "근신(近臣)을 존경하기 때문에 주상의 주변에 그들을 가까이하는 것입니다. 예법에 공문을 지날 때는 반드시 수레에서 내려 걸어가고 도로변의 말을 보면 수레의 가로닫이 나무를 만지면서 예를 표시해야 합니다.[45] 군주의 축산을 대하는 것 또한 공경해야 합니다. 황상을 침범할 수 있는 발단을 함부로 조장할 수는 없습니다. 설황은 원흉이며 양명은 직접 사람을 해쳤습니다. 직접 사람을 해친 것과 사람을 시켜서 사람을 해친 것은 악한 것으로 모두 대

---

41 『晉書』권30「刑法志」, 928쪽.

42 陳湯은 前漢後期의 人物로 字는 子公이다. 建昭3年(기원전 36年)에 西域都護 甘延壽와 함께 郅支單于를 西域의 兵을 動員해서 공격하고자 하여 황제의 命令을 위조하여 병력을 동원하여 郅支單于를 살해하였다. 元帝는 甘延壽·陳湯의 罪를 묻지 않고 甘延壽를 列侯로 封하고, 陳湯을 関内侯로 하였다.

43 『漢書』권70「陳湯傳」, 3026쪽; 非所宜言: 陳湯이 원제 3년에 '서역부교위'이었을 때 왕의 명령을 꾸며 군대를 동원하여 감연수와 함께 질지선우의 군대를 쳐부수고 강거라는 곳에서 선우의 머리를 잘랐다. 이때 조정에서는 조서를 꾸민 죄로 처벌해야 한다는 의견이 지배적이었지만 황제는 이를 물리치고 오히려 관내후의 작을 내리고 사성교위를 맡겼다. 한율에서는 비방죄를 '非所宜言'이라 규정했는데, 대신이 황제의 말이 옳지 않다 하며 조정을 비방하는 것으로, 황제에 도전하는 범죄였다.

44 御史中丞: 어사중승은 어사대부의 부관이다. 각부자사를 감독하고 시어사를 거느리며 관리감찰을 담당한다. 녹봉은 1천석이었다.

45 式路馬: 임금의 수레의 멍에를 맨 말을 보고 읍하는 것. 『禮記』. "國君撫式, 大夫下之, 大夫撫式, 士下之, 禮不下庶人, 刑不上大夫, 刑人不在君側."

불경입니다."[46](『한서』「설선전」)

【원문】 上以問將軍中朝臣, 皆對以大臣奏事, 不宣漏洩, 令吏民傳寫, 流聞四方, 廷尉劾丹大不敬.(師丹傳)

【역문】 황제가 장군과 중조대신에게 물었는데, 그들 모두 대답하기를, "대신들이 상주해서 올리는 내용은 타인에게 누설되어서는 안 되는데, 관리와 백성에게 베껴 쓰게 하여 사방으로 퍼뜨리게 하였습니다. [따라서 마땅히 정위에게 하달하여 논죄하여야 합니다.]"고 하였다. 정위가 대불경의 죄로 사단(師丹)을 탄핵하였다.[47](『한서』「사단전」)

【원문】 秺侯商丘成坐爲詹事侍祠孝文廟, 醉歌堂下, 大不敬, 自殺.(功臣表)

【역문】 투후 상구성이 첨사[48]로 효문제의 묘를 시사(侍祠)하였는데, 사당 아래에서 술에 취해 노래를 부른 죄를 받아 대불경으로 자살하였다.[49](『한서』「공신표」)

【원문】 天子之弓, 當戴之於首上, 何敢置地, 大不敬, 卽收虎賁付獄置罪.
(御覽三百四十七引謝承後漢書)

【역문】 "천자의 활은 마땅히 제일 높은(좋은) 곳에 두어야 하는데 어찌 감히 땅에 두었느냐? 대불경이다." 즉시 용사를 몰수하여 옥에 가두고 치죄하였다.[50](『태평어람』 권347에서 사승 『후한서』를 인용)

---

46 『漢書』 권83 「薛宣傳」, 3395쪽. "御史中丞衆等奏:「臣聞敬近臣, 爲近主也. 禮, 下公門. …上浸之源不可長也, …」"

47 『漢書』 권86 「師丹傳」, 3506-3507쪽. "上以問將軍中朝臣, 皆對曰:「忠臣不顯諫, 大臣奏事不宜漏泄. 令吏民傳寫流聞四方.」事下廷尉, 廷尉劾丹大不敬."

48 詹事: 秦·前漢의 官職名. 皇后의 家를 담당하는 皇后詹事. 皇太子의 家를 관장하는 太子詹事가 있었다. 官秩은 2천석.

49 『漢書』 권17 「景武昭宣元成功臣表」, 663쪽.

50 『太平御覽』 권347 「兵部」78, 1080쪽. "天子之弓當戴之於首上, 何敢置地, 大不敬, 卽收虎賁付獄治罪."

【원문】 充國劾安國奉使不敬.(趙充國傳)

【역문】 조충국[51]은 안국이 사자로서 임무를 '불경'하게 수행했다고 그를 탄핵했다.[52](『한서』「조충국전」)

【원문】 大將軍鳳風御史中丞劾奏野王賜告養病, 而私自便持虎符出界歸家, 奉詔不敬.(馮野王傳)

【역문】 대장군 왕봉(王鳳)[53]이 어사중승을 시켜 풍야왕을 탄핵하기를, "병을 돌보는 것을 핑계로 휴가를 내었는데, 멋대로 자기 편안한 대로 하였고, 호부를 가지고 경계를 벗어나 귀가하였다.[54] '봉조불경'으로 처벌해야 한다."고 하였다.[55](『한서』「풍야왕전」)

【원문】 有司復奏望之前所坐明白, 無譖訴者, 而敎子上書, 稱引亡辜之詩, 失大臣體, 不敬, 請逮捕.(蕭望之傳)

【역문】 담당 관리가[56] 다시 상주하기를 "소망지가 이전에 연루된 죄목은 명백한 것이며, 헐뜯고자 참소[57]한 결과가 아닙니다. 그러나 자신의 아들을 사주하여 상서문을 올리고 무고하다는 시[58]를 끌어다 붙였으니 대신

---

51 趙充國(기원전 137년–기원전 52년)의 자는 翁孫. 농서군 上邽縣人. 명장을 많이 배출한 농서군 출신으로서 기사로 시작하여 최고위직인 후장군까지 올랐다. 무제 때 지략과 용맹함을 겸비한 장교로서 이민족과의 전투에서 용맹을 떨쳤다. 그가 장군으로서 큰 활약을 펼친 때는 나이 일흔여섯 이후였다.

52 『漢書』권69, 「趙充國傳」, 2972쪽; 광록대부 義渠安國이 서역의 강족들에게 사자로 파견되었다. 그에게 先零 추장들은 때때로 湟水 이북으로 건너가 농사짓지 않는 백성들을 내쫓고 목축을 하고 싶다고 제안하였고, 의거안국은 이를 조정에 보고하였다.

53 王鳳(?–기원전 22년)의 字는 孝卿이다. 元帝의 황후 王政君의 오빠다. 成帝가 즉위 후 大司馬와 大將軍이 되어 尙書事를 맡았다. 그의 동생 다섯 사람도 같은 날 侯에 봉해졌다.

54 劾奏: 관리의 죄를 탄핵하여 임금이나 상관에게 아뢰는 것; 虎符: 징병 군사를 발병할 때 사용하던 병부.

55 『漢書』권79「馮奉世傳」, 3303쪽, "大將軍鳳風御史中丞劾奏野王 賜告養病而私自便, 持虎符出界歸家, 奉詔不敬."

56 有司: 고대에 관직을 설치하고 직책을 나누어 전문적으로 사무를 관장하도록 하여 관리를 '유사'라고 칭하였다.

57 譖訴: 남을 헐뜯어서 없는 죄를 있는 듯이 꾸며 고하는 일을 말한다.

58 어떤 시인지는 불분명하다.

의 체통을 잃은 짓이라 불경죄에 해당합니다. 체포하기를 청합니다"고 하였다.[59](『한서』 「소망지전」)

【원문】 劾灌夫罵坐不敬, 繫居室.(灌夫傳)

【역문】 [이에]관부(灌夫)[60]를 탄핵하여 그가 연회 중에 빈객에게 욕설을 하여 불경의 죄를 범하였으니 거실옥[61]에 가두어야 합니다.[62](『한서』 「관부전」)

【원문】 嗣侯魏宏, 嗣侯丙顯, 甘露元年坐酎宗廟騎至司馬門, 不敬, 削爵一級, 爲關內侯.(外戚恩澤侯表)

【역문】 고평헌후(高平憲侯) 위굉(魏宏), 박양정후(博陽定侯) 병현(丙顯)은 한 선제(宣帝) 감로 원년(기원전 53년)에 술을 종묘에 바치는 제사를 드리는 데 말을 타고 사마문에 들어간 죄에 연루되어 '불경'으로 작위 1급을 빼앗기고 관내후가 되었다.[63](『한서』 「외척은택후표」)

【세주 원문】 按唐律十惡, 五曰不道, 六曰大不敬. 唐六典注, 北齊立重罪十條, 一反逆, 二大逆, 三叛, 四降, 五惡逆, 六不道, 七不敬, 八不孝, 九不義, 十內亂. 隋氏頗

---

59 『漢書』 권78 「蕭望之」, 3287쪽.
60 灌夫(?-기원전 131년)는 前漢 潁陰 출신으로 자는 仲孺이다. 일찍이 용맹함으로 이름을 떨쳤고 성품이 강직하며 의협심이 있었으나 술을 마시면 남을 욕하곤 하였다. 승상 田蚡과 사이가 좋지 않았는데, 전분의 집 연회에서 술기운을 빌려 그를 모욕하였다가 탄핵받아 불경죄로 멸족되었다. 이로 인하여 후에 술기운을 빌려 마음속의 불만을 토로하는 사람을 일러 관부라 하였다.
61 居室: 少府에 속하는 官署의 명칭.
62 『漢書』 권52 「灌夫傳」, 2387쪽, "劾灌夫罵坐不敬, 繫居室."
63 『漢書』 권18 「外戚恩澤侯表」, 696쪽, "甘露元年, 坐酎宗廟騎至司馬門, 不敬, 削爵一級爲關內侯."; 『漢書』 권18, 「外戚恩澤侯表」, 701쪽, "甘露元年坐酎宗廟騎至司馬門, 不敬, 奪爵一級爲關內侯"; 削爵一級, 爲關內侯": 列侯爵에서 一等 減해서 關內侯가 된 사례로 奪爵을 통하여 감형된 사례라 할 수 있다. 司馬遷은 『史記』 「漢興以來諸侯王年表」에서 西周의 5等爵制說을 설명하면서 곧 바로 "漢興, 序二等."이라 하고 있다. 이에 대하여 韋昭는 二等을 王과 諸侯로 설명하고 있다. 요컨대 漢代의 二十等爵에서도 列侯는 특별한 위치를 갖는 것이므로 高祖 말년에 異姓諸侯는 거의 소멸되었으므로 열후는 사실상 황제의 근친 내지는 종실이었고 따라서 列侯爵에서 一等 減해서 關內侯로 되는 것은 종실성원의 최고위층에 대한 배려와 처우라는 정치적 관점에서 이해해야 한다(宮宅潔, 「秦漢時代の爵と刑罰」 『東洋史研究』 58-4, 2000).

有損益. 唐律疏義, 周齊雖具十條之名, 而無十惡之目, 開皇創制, 始備此科, 酌於
舊章, 數存於十. 是漢時尙無十惡之名也.

【세주 역문】 『당률』「십악」에서 5는 부도, 6은 대불경이다.[64]『당육전』주에 북제(北
齊)는 '중죄10조'를 세워 [십악으로 하였는데], 1 반역(反逆), 2 대역(大逆), 3 반(叛), 4
항(降), 5 악역(惡逆), 6 부도(不道), 7 불경(不敬), 8 불효(不孝), 9 불의(不義), 10 내란
(內亂)이다.[65] 수대는 손익이 적지 않았다. 『당률소의』에 "북주·북제대에는 비록
10조의 죄명은 갖추었으나 '십악'의 죄목은 없다."[66]고 하였다. 개황(開皇; 文帝 581
년) 때 법제를 만들어 비로소 그 자료를 갖추었으며 옛 법제를 참작하여 그 수를 10
으로 했다. 한나라 때 십악의 이름이 없었다.

◉ **不孝** 불효

【원문】 太子爽, 坐告王父, 不孝棄市.(衡山王傳)

【역문】 태자 상(爽)은 왕을 고발한 불효죄를 받아[67] 기시에 처해졌다.[68](『사
기』「형산왕전」)

【세주 원문】 按孝經五刑之屬三千, 而罪莫大於不孝. 公羊文十六年何注, 無尊上非
聖人不孝者, 斬首梟之. 劉逢祿公羊釋例云, 秦法也. 唐律, 十惡七曰不孝, 注, 謂告
言詛罵祖父母父母.

---

64 『唐律疏議』第6條; 「名例」6, '十惡', 6쪽.
65 『唐六典』「尙書刑部」권6 注, 186쪽.
66 『唐律疏議』第6條; 「名例」6, '十惡', 6쪽; 南朝에서는 梁 武帝 天監 2년(503년)에 律令을 편찬하였
  으나 이것은 晉 泰始律令을 거의 그대로 답습한 것으로 王植之와 蔡法度가 杜預 注와 張斐 注를
  절충하여 그것을 律 본문내에 넣어 법전으로 편찬한 것에 불과하다. 北朝에서는 晉 律令을 토대로
  하면서도 빈번히 법전을 편찬하였다. 北魏에서는 7차례나 율령을 개정하였고 그 뒤를 이은 北齊의
  河淸律令은 隋唐律令의 전신으로서 특히 주목되었다.
67 형산왕이 태자 상늘 폐하고 효를 태자로 세우려 하자, 상은 사람을 시켜 효의 잘못을 들춰내 이를
  막으려 했다. 나라의 비밀이 밝혀질까 두려웠던 형산왕은 글을 올려 오히려 태자 상이 부도덕한
  일을 일삼아 기시에 처할 죄가 있다고 고발했다.
68 『史記』권118「衡山王傳」, 3097쪽. "太子爽坐王告不孝, 皆棄市."

【세주 역문】 『효경』에 의하면, "오형에 속하는 조례는 모두 삼천 조인데, 그중에서 불효보다 큰 죄는 없다."[69]고 하였다. 『춘추공양전』 노문공 16년 하안 주에 "윗사람을 존경하지 않는 자는 성인(聖人)이 아니며 불효자이고 목을 베어 효수한다."[70]고 하였다. 유봉록의 『공양하씨석례』에서는,[71] "(불효는) 진나라 법이다."고 하였다. 당률에는 십악 중 일곱째가 불효이다. 주에 고언(告言)[72]한다는 것은 조부모·부모를 고발하거나 저주하고 욕한 행위를 이른다.[73]고 하였다.

◉ 禽獸行 금수행

【원문】 有司案驗, 因發淫亂事, 奏立禽獸行, 請誅.(濟川王傳)

【역문】 [조정의] 담당관리가 자세히 [추가] 조사하여 증거를 살폈는데, [劉立과 고모인 劉園子가] 간통한 음란한 일이라는 것이 밝혀져 조정에 상주하여 劉立의 금수행위를 알리고 사형에 처할 것을 청하였다.[74](『한서』「제천왕전」)

【원문】 子定國, 與父康王姬姦, 生子男一人, 奪弟妻爲姬, 與子女三人姦. 事下, 公卿皆議曰, 定國禽獸行, 亂人倫, 逆天道, 當誅. 上許之, 定國自殺.(燕王劉澤傳)

【역문】 [연왕 유택(劉澤)의 손자] 유정국(劉定國)에 이르러 아버지 강왕의 첩과 간음하여 아들 하나를 낳았고 동생의 처를 빼앗아 첩으로 삼았으며,

---

69 『孝經注疏(十三經注疏)』권6, 「五刑章」第11(北京: 北京大學出版社, 2000), 47쪽. 『孝經』: 공자가 제자 曾子에게 전한 효도에 관한 논설 내용을 훗날 제자들이 편저한 것으로, 연대는 미상이다. 天子·諸侯·大夫·士·庶人의 효를 나누어 논술하고 효가 덕의 근본임을 밝혔다.

70 『春秋公羊傳注疏』권14 '文公16年條', 315쪽.

71 劉逢祿(1776-1829)은 중국 청나라의 학자. 『公羊何氏釋例』에서 何休의 張三世說(衰乱, 升平, 太平이라고 하는 역사발전설을 찬양하였다. 공양학에 바탕을 둔 청말 개혁파의 선구가 되었다.

72 告言: 관헌에게 고소한다는 의미. 여기서는 告言의 대상이 조부모·부모이다. 즉 조부모·부모를 고언한다는 것.

73 『唐律疏議』第6條; 「名例」 6 '十惡' 12쪽.

74 『漢書』권47, 「濟川王傳」, 2216쪽.

자녀 3명과도 간통했다. 황제가 조령을 내려 공경으로 하여금 논의하게
하였는데, 공경들이 모두 말하기를, "정국은 금수행을 저질렀고 인륜을
어지럽혔으며 천리를 거슬렀으니 마땅히 주살해야 한다."하였다. 황제
가 윤허하였다. 정국은 자살하고, [봉국은 폐지되고 군(郡)으로 몰수되었
다].[75](『사기』「연왕 유택전」)

【원문】 隆慮侯陳蟜, 坐母長公主薨, 未除服, 姦禽獸行當死, 自殺.(功臣表)

【역문】 융려후 진교(陳蟜)가 모친인 장공주가 죽었는데 상복도 채 벗기 전
에 간음을 한 죄를 받아 금수행위로 사형에 해당되어 자살하였다.[76](『한
서』「공신표」)

【원문】 宣帝之世, 燕代之間, 有三男共取一婦, 生四子及至將分妻子而不
可均, 乃致爭訟. 廷尉范延壽斷之曰, 此非人類, 當以禽獸從母不從父
也, 請戮三男, 以兒還母.(搜神記卷六)

【역문】 선제(宣帝)의 시대에 연(燕)과 대(代) 사이에 어느 남자 셋이 한 명의
부인을 두었는데 아들 넷을 낳고 장차 부인과 아이들을 나눌 때가 되었
지만 고르게 할 수 없었으니 이에 서로 다투며 송사하기에 이르렀다. 정
위 범연수(范延壽)가 듣고 말하기를, "이는 사람의 무리가 아니고 응당
금수로서 [아이들은] 모친과 함께하고 부친과 함께하지 않아야 한다."라
고 하였다. 세 남자를 죽이고 아이들은 모친에게 돌려주기를 청하였
다.[77](『수신기』 권6)

【세주 원문】 按唐律, 十惡十曰內亂, 注, 謂姦小功以上親父祖妾及與如者.

---

75 『史記』 권51, 「荊燕世家」, 1997쪽, "至孫定國, 與父康王姬姦, …, 詔下公卿, 皆議曰,「定國禽獸行,
亂人倫, 逆天, 當誅.」上許之. 定國自殺, 國除爲郡."
76 『漢書』 권16, 「功臣表」, 538쪽, "坐母喪未除服姦, 自殺."로 되어 있다.
77 『搜神記』 권6, 「范延壽斷訟」(北京: 中華書局, 2009), 117쪽, "宣帝之世, 燕、 岱之間, …, 生四子, 及
至將分妻子而不可均, …"; 『搜神記』: 東晉의 역사가 干寶가 편찬한 소설집. 육조시대의 귀신괴
이ㆍ신선오행에 관한 설화집이다.

【세주 역문】『당률』에 "십악의 열 번째는 내란(內亂)이다."고 하였다. 주에 소공(小功) 이상 친족을 간음하거나, 부(父)·조(祖)의 첩과 간음하였거나 그와 더불어 화간한 행위를 말한다.[78]

● **先請** 선청[79]

【원문】議親, 若今時宗室有罪先請, 議賢, 若今時廉吏有罪先請, 議貴, 若今時吏墨綬有罪先請. 疏, 漢法, 丞相中二千石金印紫綬, 御史大夫二千石銀印青綬, 縣令六百石銅印墨綬.(周禮秋官小司寇注)

【역문】의친(議親)[80]은 지금의 종실이 죄가 있으면 먼저 황상에게 청구하는 것과 같고, 의현(議賢)[81]은 지금의 청렴한 관리가 죄가 있으면 먼저 상청하는 것과 같으며, 의귀(議貴)[82]는 지금의 묵수 관리가 죄가 있으면 먼저 청구하는 것과 같다. 소에 한법에 "승상 중2천석은 금인자수(金印紫綬)를 두르며, 어사대부 2천석은 은인청수(銀印青綬)[83]를 두르고, 현령 6백석은 동인흑수(銅印墨綬)를 두른다."라고 하였다.[84](『주례』「추관」'소사구' 주)

【원문】令郞中有罪耐以上請之.(高帝紀)

【역문】낭중(郞中)으로 있으면서 죄가 내(耐) 이상이면 먼저 황상에게 단죄를 청한다.[85](『한서』「고제기」)

---

78 『唐律疏議』第6條; 「名例」6 '十惡', 16쪽; 小功: 소공은 小功親(有服親의 하나로 小功服을 입는 친척)의 喪에 입는 상복이다. 옛 상례의 복상服喪 제도에서 상제가 상복을 입는 제도는 斬衰·齋衰·大功·小功·緦麻의 5복으로 나누어진다. 그중 소공은 從祖父母와 從祖姑, 형제의 손자, 형제의 처, 從兄弟의 從姪, 再從兄弟의 상에 입는 상복이다.

79 先請: 체포하기 전에 황제에게 먼저 청하여 죄를 결정함.

80 議親: 천자의 친족의 죄를 심의하는 것.

81 議賢: 有德한 賢者의 죄를 심의하는 것.

82 議貴: 관작이 1품인 자, 문·무관 3품 이상인 자, 散官 2품 이상인 자의 죄를 심사하는 것.

83 '印'은 인장을, '綬'는 도장 끈을 말한다.

84 『周禮正義』 권66, 「秋官司寇」, '小司寇' 注, 2772-2773쪽.

【원문】 黃龍元年, 詔吏六百石位大夫有罪, 先請之.(宣帝紀)

【역문】 황룡 원년(기원전 49년)에 조서를 내려 관리 6백석 지위의 대부(大夫)
는 죄가 있으면 먼저 황상에게 단죄를 청한다.[86](『한서』「선제기」)

【원문】 元始元年, 令公列侯嗣子有罪耐以上, 先請之.(平帝紀)

【역문】 원시 원년(1년), 공·열후와 자손이 죄가 내(耐) 이상이면 먼저 황상
에게 단죄를 청할 수 있다.[87](『한서』「평제기」)

【원문】 建武三年, 詔吏不滿六百石下至墨綬長相有罪, 先請之.(光武紀)

【역문】 건무 3년(27년)에 조서를 내려 관리 6백석 이하에서 흑색의 수를 두
르는 현장·국상(國相)에 이르기까지 죄가 있으면 체포하여 구속하기 전
에 황제에게 재가를 청하도록 하였다.[88](『후한서』「광무제기」)

【원문】 昭平君獄繫, 內官以公主子廷尉先請(東方朔傳)

【역문】 소평군이 감옥에 갇혔는데, 융려공주(隆慮公主)의 아들이기 때문에
정위가 선청하여 [황제에게 소평군의 죄를 결정하도록 청하였다.][89](『한
서』「동방삭전」)

【원문】 吏二千石有罪先請.(劉屈氂傳)

【역문】 [司直은] 2천석관이다. 마땅히 먼저 황상에게 단죄를 청하여야 한
다.[90](『한서』「유굴리전」)

---

85 『漢書』 권1하 「高帝紀」, 63쪽, "令郎中有罪耐以上, 請之."
86 『漢書』 권8 「宣帝紀」, 274쪽, "吏六百石位大夫, 有罪先請."
87 『漢書』 권12 「平帝紀」, 349쪽, "公、列侯嗣子有罪, 耐以上先請."
88 『後漢書』 권1상 「光武帝紀」, 35쪽, "詔曰:「吏不滿六百石, 下至墨綬長、相, 有罪先請.」"
89 『漢書』 권65 「東方朔傳」, 2851쪽, "…, 醉殺主傅, 獄繫內官, 以公主子, 廷尉上請請論."
90 『漢書』 권66 「劉屈氂傳」, 2881쪽, "吏二千石, 當先請."

【원문】 宗正卿歲因計上宗室名籍, 若有犯法, 當髡以上, 先上諸宗正宗室以聞, 乃報決.(百官志)

【역문】 종정은 구경(九卿) [중 하나이며]⁹¹ 각 군국은 매년 상계할 때에 종실의 명적을 올리는 것을 관장한다. 만약 종실 중에 범법한 자가 있어서 곤형 이상에 해당하면 먼저 모든 종정에게 고하고, 종정이 이를 황제에게 보고하고 결정하도록 하였다.⁹²(『후한서』「백관지」)

【세주 원문】 按八議之制, 見於周禮, 至秦而廢. 商君書賞刑篇, 刑無等級, 自卿相將軍以至大夫庶人, 有不從王令, 犯國禁, 亂上制者, 罪死不赦. 漢承秦制, 高帝時雖有郎中耐以上先請之令, 然特以爲恩惠. 文帝時, 絳侯周勃下獄, 賈誼上疏極諫, 謂古者廉恥節禮, 以治君子, 故有賜死而無戮辱, 是以黥劓之罪, 不及大夫, 帝深納其言. 至孝武時, 稍復入獄. 應劭傳, 安帝時河間人尹次, 潁川人史玉, 皆坐殺人當死, 尙書陳忠以罪疑從輕, 議活次玉, 劭駁之, 謂陳忠不詳制刑之本, 而信一時之仁, 遂廣引入議求生之端. 蓋勳傳注引續漢書, 勳謂雋曰, 吾以子罪在八議, 故爲子言. 樂成靖王傳, 安帝詔曰, 朕覽八辟之議, 不忍致之於理. 是八議之說, 至漢末始盛. 吳志孫霸傳, 太平二年(孫基)盜乘御馬, 收付獄, (孫)亮問侍中刁玄曰, 盜乘御馬, 罪云何? 玄對曰, 科應死, 然魯王早終, 惟陛下哀原之. 亮曰, 法者天下所共, 何得阿以親親故耶? 當思可以釋此者, 奈何以情相迫乎? 玄曰, 舊赦有大小. 亮曰, 解人不當爾耶. 乃赦宮中, 基以得免. 夫至因親親之故, 不得已而出於赦, 則律無八議甚明. 三國時蓋猶沿漢制, 唐六典注八議始於魏, 是漢時尙未以八議入律也.

【세주 역문】 팔의의 제도는 『주례』에 보이고 진대에 이르러 폐지되었다. 『상군서』「상형편」에 "형벌에 등급차별이 없다. 경상(卿相)·장군에서부터 대부, 서인에 이르기까지 왕명에 복종하지 않은 자, 나라가 금한 바를 범한 자, 위에서 제정한 법도를 어지럽힌 자가 있으면, 절대로 용서하지 말아야 한다."고 하였다. 한은 진의 제도를

---

91 宗正: 卿으로 1명이고 관질은 '中二千石'이다.
92 『後漢書』 志第26 「百官志」, 3589쪽, "掌序錄王國嫡庶之次, 及諸宗室親屬遠近, 郡國歲因計上宗室名籍. 若有犯法當髡以上, 先上諸宗正, 宗正以聞, 乃報決."

계승하였다. 고제(高帝) 때 "낭중으로 내(耐) 이상은 황제에게 먼저 청하여 죄를 결정하라"[93]라는 명령이 있었는데 특별히 은혜를 베푼 것으로 간주되었다. 무제 때 강후·주발(周勃)이 하옥되자 가의(賈誼)가 상소하여 극간하였다. 상주하기를, "전에는 겸허와 예절로 군자를 다스린다고 하였다. 때문에 사사(賜死)가 있고 치욕은 없었다. 이 때문에 경(黥)·의(劓)의 죄는 대부에 이르지 않았다."[94]고 하였다. 황제는 깊이 그 말을 받아들였다. 무제에 이르러 다시 옥에 가두었다. 응소전에 안제 때 하간 사람 윤차(尹次)와 영천 사람 사옥(史玉) 모두 살인죄로 죽어야 했는데 상서 진충[95]이 죄를 판정하기 어려운 경우에는[96] 가벼운 것을 따르는 것이므로 윤차와 사옥을 살려줄 것을 논하였는데, 응소가 논박하기를, 진충은 형(刑)을 정하는 근본을 상세히 하지 않고 일시의 인(仁)을 믿는다. 끝내 폭넓게 인용하여 살리고자 하는 실마리를 논의한다. 갑훈전(蓋勳傳) 주에 인용한 『속한서』에서 갑훈이 준(儁)을 일컬어 말하기를, "나는 너의 죄가 팔의에 있으므로 너를 위해 말하겠다."[97]고 하였다. 낙성정왕전(樂成靖王傳)에 안제(安帝)가 조서에 이르기를, "짐(朕)이 팔벽지의(八辟之議)를 살피고, '불인지심(不忍之心)'으로 법에 의거해 징벌한다.고 하였다.[98] 바로 이것이 팔의지설인데, 한말(漢末)에 비로소 성행했다. 『삼국지』「오지(吳志)」손패전(孫霸傳)에 태평 2년에 [손기(孫基)가] 어마를 훔쳐 타서 구속되어 감옥에 들어갔다. 손량(孫亮)이 시중 조현(刁玄)에게 물었다. "어마를 훔쳐 타는 것은 마땅히 어떻게 처벌해야 하는가?" 조현이 답하였다. "법률에 따라 마땅히 사형에 해당됩니다. 다만, 노왕(魯王)이 일찍 돌아가셨으니 황제께서 그를 불쌍히 여겨 용서하시기를 바랍니다." 손량이 말하였다. "법이라는 것은 천하가 공동으로 준수해야 하는데, 어찌 가까운 사람을 아끼려고 치우칠 수 있겠는가? 그 죄명을 벗어날 수 있는 법률조목을 찾아보아야겠지만, 어찌 친정으로 압박할 수 있겠는가?" 조현이 말하였다. "옛날에 사면에는 대소

---

93 『漢書』 권1하, 「高帝紀」, 63쪽.
94 『漢書』 권48, 「賈誼傳」, 2254쪽.
95 陳忠: 字는 伯始으로 수차례 정법의 득실에 대하여 상소하여 논하였고, 삼 내려의 간필끼지 믿겠다.
96 罪疑: 疑獄. 輕罪로 판결을 내릴 수도 있고 重罪로도 판결할 수 있는 안건을 말함.
97 『後漢書』 권58, 「虞傅蓋臧列傳」(蓋勳)注, 1880쪽.
98 『後漢書』 권50, 「孝明八王列傳」(樂成靖王黨), "朕覽八辟之議, 不忍致之于理."

가 있었다." 손량이 말하였다. "사람들을 납득시키기에 충분하지 않다." 이에 사면의 범위를 궁궐 안으로 하였고, 손기는 이 때문에 형벌을 면했다. 손부(孫夫)는 '친친지고'로 인해 하는 수 없이 사면을 내렸다.[99] 즉 법률은 팔의가 없었음이 명확하다. 삼국 시대에 대개 여전히 한제를 따랐는데 『당육전』주에 팔의는 위(魏) 때에 시작되었다고 한다.[100] 이것은 한대에는 아직 의가 율에 들어가지 않았다는 것이다.

◉ 監臨部主, 見知故縱　감림부주,[101] 견지고종[102]

【원문】　漢承秦制, 蕭何定律, 除參夷連坐之罪, 增部主見知之條.(晉書刑法志)

【역문】　한조는 진조의 법제를 계승하였는데, 소하[103]가 율을 제정하여 참이연좌의 죄[104]를 없애고 부주견지의 조[105]를 증가시켰다.[106](『진서』 「형법지」)

【원문】　張湯趙禹始作監臨部主見知故縱之例, 其見知而故不擧劾, 各與同罪, 失不擧劾, 各以贖論, 其不知不見不坐.(同上)

【역문】　장탕[107]과 조우[108]가 처음 "감림부주·견지고종"[109]의 조례를 만들었

---

99 『三國志』권59, 『吳書』14, 「吳主五子傳」(孫權), 1372–1373쪽, "… 亮問侍中刁玄曰: 「盜乘御馬罪云何?」…, 亮曰: 「法者, 天下所共, 何得阿以親親故邪? …」玄曰: 「舊赦有大小, …」, 亮曰: 「解人不當爾邪!」乃赦宮中, 基以得免."

100 『唐六典』(陳仲夫點校本, 中華書局, 1992) 권6, 「尙書刑部」, 187쪽, "八議也. 自魏, ·晉, 宋, 齊, 梁, 陳, 後魏, 北齊, 後周及隋皆載於律"

101 監臨部主: 부하가 죄를 범했을 경우 그 감독을 맡고 있는 자나 책임자를 連坐시키는 법. 범인소재의 관부나 그 상급기관, 감찰 관리까지 처벌을 받는다.

102 見知故縱: 타인이 죄를 범한 것을 알면서도 고의로 묵인하는 것을 처벌하는 법.

103 蕭何: 咸陽에 入關하였을 때 秦의 律令과 圖書를 접수하고 劉邦에게 전국 각지의 地理, 人情, 사회 정황을 제공하였다. 후에 이를 토대로 하여 漢의 행정이나 입법의 기초에 도움을 주었다.

104 參夷連坐의 罪: 三族을 멸하는 것과 서로 連坐시키는 죄명.

105 部主見知의 條: 見知故縱의 法과 監臨部主의 法을 말한다.

106 『晉書』권30 「刑法志」, 922쪽, "漢承秦制, 蕭何定律, 除參夷連坐之罪, 增部主見知之條, 益事律興·廐·戶三篇, 合爲九篇."

107 張湯은 前漢 杜陵人. 前漢 武帝 시기에 太中大夫를 거쳐 廷尉·御史大夫 등을 역임하였다. 武帝 시기를 대표하는 酷吏로 후에 張湯에 많은 비난이 집중되고 모함을 받자 元鼎二年(기원전 115년)에 자살. 『史記』와 『漢書』에 모두 그의 傳이 있다.

다. 그것은 범죄를 알면서 고의로 고발하지 않는 자는, 각각 그 범죄자와 동죄로 하고, 착오하여 실수로 고발하지 않는 자는 각각 속형을 적용하고, 또 범죄를 보지도 못하고 알지도 못한 자는 연좌되지 않게 했다.[110](위와 같음)

【원문】 始元四年, 廷尉李种坐故縱, 死罪棄市.(昭帝紀)

【역문】 시원 4년(기원전 83년)에 정위 이충(李种)이 타인이 죄를 범한 것을 알면서도 고의로 풀어준 죄를 받아 사죄인 기시에 처해졌다.[111](『한서』「소제기」)

【원문】 湯欲致其文丞相見知. 張晏注, 見知故縱以其罪罪之.(張湯傳)

【역문】 장탕은 [이 기회에] 승상을 견지의 죄에 떨어트리려고 하였다. 장안의 주에 타인이 죄를 범한 것을 알면서도 고의로 묵인한 죄로 승상을 처리하고자 했다.[112](『한서』「장탕전」)

【원문】 上方怒, 下吏責問御史大夫曰, 司直縱反者, 丞相斬之, 法也, 大夫何以擅止之? (暴)勝之惶恐自殺.(劉屈氂傳)

【역문】 무제가 [보고를 듣고 매우] 노하였다. 어사대부 [폭승지]를 관리에게 인도하여 문책하여 말하기를, "사직[113] 전인(田仁)이 반란자를 고의로 풀어주었으므로 승상이 그를 죽이고자 한 것은 법에 의한 조치이다. 어사

---

108 趙禹는 서한의 법률가로 한무제 때 어사, 중대부, 소부, 정위 등의 직책을 역임하였다. 청렴한 관리로 식객을 두지 않았으며 오직 장탕과 교류하여 함께 율령을 찬정하였다.
109 監臨部主見知故縱: 자신의 부하나 관할하에 있는 자가 불법행위를 했어도 그 상관이나 담당관리가 알면서도 故意로 이것을 방치하는 것을 처벌하는 것.
110 『晉書』 권30 「刑法志」, 925쪽.
111 『漢書』 권7 「昭帝紀」, 222쪽.
112 『漢書』 권59 「張湯傳」, 2644쪽.
113 司直: 한대의 官名. 정확하게는 '丞相司直'으로 前漢과 後漢에 설치되었고, 丞相府에 屬해서 官僚의 監察을 행하는 것을 職責으로 하였다. 官秩은 比二千石(『漢書』百官公卿表上).

대부는 어찌 멋대로 승상을 제지하였는가?"라고 하였다. 폭승지가 겁을 먹고 자살하였다.[114](『한서』「유굴리전」)

【원문】 劾廷尉少府縱反者. 注, 師古曰, 縱放也.(杜延年傳)

【역문】 정위와 소부가 반란자를 알면서도 고의로 풀어주었음을 탄핵하였다. 주에 사고(師古)가 말하기를, 종(縱)은 방(放)이다.[115](『한서』「두연년전」)

【원문】 遷杜陵, 坐故縱亡命, 會赦.(朱雲傳)

【역문】 두릉의[현령으로] 옮긴 주운은 고의로 도망범을 풀어주는 죄를 지었는데, 마침 사면을 받았다.[116](『한서』「주운전」)

【원문】 孝成皇帝悔之, 下詔書二千石不爲縱. 注, 孟康曰, 二千石不以故縱爲罪, 所以優也.(王嘉傳)

【역문】 효성황제가 후회하였는데, 조서를 내려 2천석 관리는 '고의방종(타인이 죄를 범한 것을 알면서도 고의로 풀어주는 것을 처벌하는)'이 죄명이 되지 않는다고 하였다. 주에 맹강이 말하기를, 2천석 관리는 고의방종이 죄명이 되지 않는다고 하는 것은 이천석관리를 우대하는 바이다.[117](『한서』「왕가전」)

【원문】 太初元年, 邳離侯路博德坐見知子犯逆不道罪, 免. 元鼎二年, 曲成侯蟲皇柔坐爲汝南太守, 知民不用赤側錢爲賦爲鬼薪. 元鼎五年, 商陵侯趙周坐爲丞相知列侯酎金輕, 下獄自殺.(功臣表)

---

114 『漢書』 권66 「劉屈氂傳」, 2881쪽, "上聞而大怒, 下吏責問御史大夫曰, … 勝之皇恐, 自殺."
115 『漢書』 권60 「杜周傳」, 2662쪽, "奏請覆治, 劾廷尉、 少府縱反者."
116 『漢書』 권67 「朱雲傳」, 2914쪽, "遷杜陵令, 坐故縱亡命, …."; 亡命: '命'은 거의 '亡'과 같은 의미로 '命者'는 '亡人'과 유사한 의미로 사용된다. '命'은 도망 중의 범죄자에 대한 죄명 확정의 절차로 '命者'는 '亡命者'로 '亡'이 있건 없건 의미는 변함이 없다.
117 『漢書』 권86 「王嘉傳」, 3490쪽.

【역문】 태초 원년(武帝, 기원전 104년)에 비리후 노박덕(路博德)은 아들이 반역부도죄를 범한 것을 견지한 죄를 받아 면직되었다.[118] 원정 2년(武帝, 기원전 115년)에 곡성어후 충황유(蟲皇柔)는 여남 태수일 때 백성들이 적측전(赤側錢)[119]으로 부세를 내지 않은 것을 알았던 죄로 귀신(鬼薪)에 처해졌다.[120] 원정 5년(武帝, 기원전 112년)에 상릉후 조주(趙周)는 승상일 때 열후가 주금을 부족하게 낸 것을 알았던 죄로 하옥되어 자살하였다.[121] (『한서』「공신표」)

【원문】 膠西太守齊徐仁爲少府, 坐縱反者自殺. 左馮翊賈勝胡坐縱謀反者, 棄市.(百官公卿表)

【역문】 교서(膠西) 태수 서인(徐仁)이 소부(少府)가 되었을 때 반란자를 고의로 풀어준 죄를 받아 자살하였다. 좌풍익 가승호(賈勝胡)는 반란자를 고의로 풀어준 죄를 받아 기시에 처해졌다.[122](『한서』「백관공경표」)

【세주 원문】 按史記秦始皇本紀, 吏見知不擧者與同罪. 李斯傳將軍(蒙)恬與扶蘇居外, 不匡正宜, 知其謀. 是此法秦已有之. 唐律鬪訟四, 諸監臨主司知所部有犯法不擧劾者, 減罪人罪三等.

【세주 역문】 『사기』「진시황본기」에 "관리가 사정을 알고도 검거하지 않으면 죄인과 똑같이 처벌한다."[123]고 하였다. 「이사전」에 장군 몽염[124]은 "부소와 함께 밖에 있으면서 (부소를) 바로잡지 못했고 마땅히 (부소가) 꾀함을 알았다"[125]고 하였다. 무릇 그

---

118 『漢書』 권17 「景武昭宣元成功臣表」, 650쪽.
119 赤側錢: 무제 元鼎 2년(기원전 115년) 경사의 鐘官에서 주조. 적측전 1개를 오수전 5개에 상당하게 하고 부세와 관의 경비에는 적측전이 아니면 사용할 수 없게 하였다.
120 『漢書』 권19하 「百官公卿表」 제7하, 778쪽.
121 『漢書』 권17 「景武昭宣元成功臣表」, 638쪽.
122 『漢書』 권19하 「百官公卿表」 제7하, 793쪽; 『漢書』 권19하 「百官公卿表」 제7하, 795쪽.
123 『史記』 권6 「秦始皇本紀」, 255쪽.
124 蒙恬은 진나라 장군으로 기원전 221년 제나라를 멸망시킬 때 큰 공을 세웠다. 기원전 215년 흉노 정벌 때 활약이 컸으며, 이듬해 만리장성을 완성했다. 북쪽 변경을 경비하는 총사령관으로서, 上郡에 주둔하였다. 시황제가 죽자, 환관 趙高와 승상 李斯의 흉계로 투옥, 자살하였다.

법이 진에 이미 있었다. 『당률』 투송4에 "무릇 감림관이나 주사가 관할지역 내에 법을 어기는 일이 있음을 알고도 이를 적발하지 않은 경우 죄인의 죄에서 3등을 줄인다."[126]고 되어 있다.

◉ 故縱, 故不直

죄인을 고의로 놓아주는 것, 고의로 공정하지 않게 죄를 더하는 것

【원문】 出罪爲故縱, 入罪爲故不直.(功臣表注)

【역문】 고의로 죄를 벗어나게 하는 것은 고종(故縱)이고 고의로 죄를 더하는 것은 고부직(故不直)이다.[127](『한서』「공신표」)

【원문】 緩深故之罪, 急縱出之誅. 注, 孟康曰, 孝武欲急刑吏深害及故入人罪者, 皆寬緩. 師古曰, 吏釋罪人, 疑以爲縱, 則急誅之.(刑法志)

【역문】 혹리들이 고의로 범인에 대해 가중 처벌하는 것을 너그러이 완화하고,[128] 범인을 풀어준 관리를 즉시 주살하였다.[129] 주석에 맹강이 이르기를, "무제는 형벌을 무겁게 하고자 하여 관리로서 형벌을 엄하게 적용한 자 및 고의로 죄를 더한 자에게 너그러이 모두 완화하고자 하였다."고 하였다. 주석에 사고가 말하기를, "관리가 죄인을 풀어주는 것을 '고종'이라고 의심해서 그 관리를 즉각 죽였다.[130](『한서』「형법지」)

---

125 『史記』 권87 「李斯列傳」, 2551쪽, "將軍恬與扶蘇居外, 不匡正, 宜知其謀, 爲人臣不忠, 其賜死, 以兵屬裨將王離."
126 『唐律疏議』 第361條; 「鬪訟」, '監臨知犯法不擧劾', 449쪽.
127 『漢書』 권17, 「景武昭宣元成功臣表」, 662쪽.
128 深故의 罪: 범인에 대하여 가중 처벌하는 것을 深이라 하고, 고의로 타인을 죄에 빠트리는 것을 故라 한다.
129 急縱出之誅: 관리가 범죄자를 부당하게 감면하였다는 의혹이 있을 때에 그 관리에 대한 처벌을 엄히 하는 것. 急: 加重.
130 『漢書』 권23, 「刑法志」 注, 1101쪽, 孟康曰: "孝武欲急刑, 吏深害及故入人罪者, 皆寬緩." 師古曰: "吏釋罪人, 疑以爲縱出, 則急誅之, 亦言尙酷."

【원문】 二十年大司徒戴涉下獄死. 注引古今注曰, 坐入故太倉令奚涉罪.
(光武紀)

【역문】 20년에 대사도[131] 대섭(戴涉)이 하옥되어 죽었다. 주에 인용한 고금주에 이르기를, 태창령[132] 해섭(奚涉)의 죄를 고의로 더한 죄를 받았다.[133](『후한서』「광무제기」)

【원문】 寶坐失死罪免.(孫寶傳)

【역문】 손보(孫寶)가 사죄범의 죄명을 빠트린 죄를 받아 면관되었다.[134](『한서』 권77, 「손보전」)

【원문】 臣敞賊殺無辜, 鞫獄故不直, 雖伏明法, 死無所恨.(張敞傳)

【역문】 신 장창(張敞)이 고의로 무고한 이를 살해하였습니다.[135] 안건 심사 때 고의로 공정하지 않게 죄를 더하였습니다. 비록 엄명한 법률의 징벌을 받아 죽어도 원한이 없을 것입니다.[136](『한서』「장창전」)

【원문】 元狩五年, 戚圍侯季信坐爲太常, 縱丞相侵神道, 爲隸臣. 元康元年, 商利侯王山壽坐爲代郡太守故劾十人罪不直, 免. 元鼎二年, 嗣侯嚴靑翟坐爲丞相建、御史大夫湯不直, 自殺.(功臣表)

【역문】 원수 5년(武帝, 기원전 118년)에 척어후 계신(季信)이 태상일 때 승상이

---

131 大司徒: 고대중국의 官名. 周代에는 地官의 長으로서 戶口・田土・財貨・敎育을 담당하였다. 前漢末에 丞相 개명하여 大司徒로 하고, 大司馬・大司空과 함께 三公으로 칭하였다. 後漢 이후는 司徒라 한다.

132 太倉令: 태창령은 국가의 곡식창고를 관장하는 관직이다.

133 『後漢書』 권1하, 「光武帝紀」, 72쪽.

134 『漢書』 권77, 「孫寶傳」, 3258쪽; 孫寶는 한나라 鄢陵 사람으로 애제 때 司隷, 평제 때 大司農을 지냈다.

135 張敞의 자는 子高. 조부 張孺는 上谷太守였으나 후에 杜陵으로 옮겼다. 아버지 張福은 무제를 섬겨 광록대부에까지 올랐다. 장창은 적포연 서순이 "닷새 밖에 남지 않은 경조윤"이라고 하자 법을 왜곡하여 그를 사형에 처하였다.

136 『漢書』 권76, 「張敞傳」, 3225쪽.

신도를 침범했는데 풀어준 죄를 받아 예신(隸臣)이 되었다.[137] 원강 원년(宣帝, 기원전 65년)에 상리후 왕산수(王山壽)가 대군 태수일 때 10인의 죄를 탄핵하여 고의로 공정하지 않게 죄를 더한 죄를 받아 면관되었다.[138] 원정 2년(武帝, 기원전 115년)에 무강후 엄청적(嚴靑翟)이 승상 건(建), 어사대부 탕(湯)을 고의로 죄를 더한 죄를 받아 자살하였다.[139](『한서』「공신표」)

【세주 원문】 按史記始皇本紀三十四年, 適治獄吏不直者, 築長城及南方越地, 是此法秦已用之, 漢蓋承秦制也. 唐律官司出入人罪, 在斷獄一.

【세주 역문】 『사기』 시황본기 34년을 보건대, 옥리로 부직자는 귀양을 보내 장성을 축조하게 하거나 남방 월지를 방어하도록 하였다.[140] 이것은 이 법이 진나라에서 이미 사용되고 있음을 보여준다. 한은 대체로 진 제도를 계승하였다. 『당률』에 "관사가 사람의 죄를 덜거나 더한 경우(官司出入人罪)"는 '단옥1'에 있다.[141]

⦿ 故誤 알면서 고의로 저지르는 것과 실수로 범죄를 저지르는 것

【원문】 法令有故誤, 誤者其文則輕.(郭躬傳)

【역문】 법령에는 고오와 실오(失誤)가 있으니 '실오'는 조문 규정보다 가볍게 처벌한다.[142](『후한서』「곽궁전」)

【원문】 聖君原心省意, 故誅故貰誤, 故賊加增過, 誤減損.(論衡)

【역문】 성군은 범죄의 동기를 고찰한다. 그래서 고의적인 범죄자를 엄중히 처벌하고 무의식 중 실수로 범죄를 저지른 자에게는 관용을 베풀며,[143]

---

137 『漢書』 권16, 「高惠高后文功臣表」, 611쪽.
138 『漢書』 권17, 「景武昭宣元成功臣表」, 668쪽.
139 『漢書』 권16, 「高惠高后文功臣表」, 557쪽.
140 『史記』 권6, 「秦始皇本紀」, 253쪽.
141 『唐律疏議』 第487條; 「斷獄」 19, '官司出入人罪', 562쪽.
142 『後漢書』 권46, 「郭躬列傳」, 1544쪽, "法令有故、誤、…."
143 貰: 사면하다.

고의로 범한 자는 징벌을 가중하고 실수로 그르친 자는 가볍게 처리한다.[144](『논형』)

【원문】 其知而犯之, 謂之故, 不意誤犯, 謂之過失.(晉書刑法志引張斐律表)

【역문】 알면서 罪를 범하는 것을 '고'라 한다.[145] 자기는 올바르다고 생각하였지만, 결과적으로는 자신의 의사에 반해서 죄를 짓는 결과가 발생한 것을 '실'이라 한다.[146](『진서』「형법지」에서 장비의 「율표」를 인용)

【원문】 時詔賜降胡子縑, 尙書案事, 誤以十爲百, 帝見司農上薄, 大怒, 召郎將笞之. 意因入叩首曰, 過誤之失, 常人所容, 若以懈慢爲愆, 則臣位大罪重, 臣當先坐.(鍾離意傳)

【역문】 당시에 조서를 내려 투항한 호(胡)의 자(子)에게 합사(合絲)로 짠 고운 비단을 하사했는데 상서가 그 일을 처리하는 데 실수로 10을 100으로 했다. 황제가 사농(司農)이 올린 문서를 살펴보고 대노하여 낭을 불러 매질하게 했다. 종리의는 기회를 이용하여 조하하여 머리를 조아리며 말하기를, "실수로 인해 생긴 실오(失誤)는 보통 사람들에게 용인될 수 있습니다. 만약 게으르고 태만하여 저지른 잘못이라면 곧 신의 직위가 높으므로 죄가 무거우며 [낭의 지위는 낮아 죄가 가벼우며 허물은 신에게 있습니다.] 응당 신이 먼저 죄를 받아야 합니다."고 하였다.[147](『후한서』「종리의전」)

---

144 『論衡校釋』 권23, 「答佞」, 520–521쪽, "聖君原心省意, 故諒故罵訊, 故賦加增, 過誤減損, …."
145 故: 故意.
146 『晉書』 권30, 「刑法志」, 929쪽; 失: '過失', '過誤', '錯誤'
147 『後漢書』 권41, 「鍾離意列傳」 1409쪽, "…, 意因入叩頭曰: 「過誤之失, 常人所容. 若以懈慢爲愆, 則臣位大, 罪重, 郎位小, 罪輕, 咎皆在臣, 臣當先坐.」"

◉ 造意 首惡 조의 수악[148]

【원문】 唱首先言, 謂之造意. (晉書刑法志引張斐律表)

【역문】 먼저 앞장서서 안을 만들어 다른 사람으로 하여금 죄를 범하도록 하는 것을 '조의(造意)'라 한다.[149](『진서』「형법지」에서 장비의「율표」를 인용)

【원문】 偃本首惡, 非誅偃無以謝天下, 迺遂族偃. (主父偃傳)

【역문】 [제나라왕이 자살하였는데] 주보언(主父偃)[150]이 그 원흉입니다.[151] [폐하께서] 주보언을 사형에 처하지 않으면 천하에 대해 사과할 방법이 없을 것입니다. 천자는 드디어 주보언과 그 일족을 몰살시켰다.[152](『사기』「주보언전」)

【원문】 張湯曰, 被首爲王畫反計, 罪無赦, 遂誅被. (伍被傳)

【역문】 장탕이 진언하여 말하기를, "오피(伍被)는 [회남]왕의 모반 계획을 한 원흉으로 그 죄가 너무 커서 사면할 수 없습니다."고 하였다. 오피는 마침내 피살되었다.[153](『한서』「오피전」)

【원문】 (薛)況首爲惡, (楊)明手傷, 功意俱惡. (薛宣傳)

---

148 造意 首惡: 張斐는 이를 "唱首先言"으로 해석한다. 즉 이것은 먼저 앞장서서 案을 만들어 다른 사람으로 하여금 죄를 범하도록 하는 것을 말한다. 漢代에는 造意한 謀主를 엄하게 징벌하였다. 『唐律疏議』「名例」: "共犯罪者, 謂二人以上共犯, 以先造意爲首, 余并爲從" 이 때문에 古代에는 '造意'의 犯罪를 '首惡'이라고도 칭하였다.

149 『晉書』권30「刑法志」, 928쪽.

150 主父偃(生沒年不詳)은 제나라 임치인으로 처음에는 합종연횡의 술을 배웠다. 만년에는 『易』·『춘추』·『제자백가』의 설을 배웠다.

151 주보언은 남의 비밀을 폭로하기를 좋아하여 대신들이 이를 두려워해 뇌물을 바쳤으며 뒤에 그가 제나라 왕이 그의 누이와 간음하는 것을 말한 것이 발단이 되어 멸족되었다. 인용문에서 그를 '원흉'이라 함은 이러한 일들을 두고 한 말이다.

152 『史記』권112「平津侯主父列傳」, 2962쪽, "主父偃本首惡, 陛下不誅主父偃, 無以謝天下, 乃遂族主父偃."

153 『漢書』권45,「伍被傳」, 2174쪽, "張湯進曰:「被首爲王畫反計, 罪無赦.」遂誅被."

【역문】 [황상을 침범할 수 있는 발단을 함부로 조장할 수는 없습니다.] 설황은 원흉이며 양명은 직접 사람을 해쳤습니다. 직접 사람을 해친 것과 사람을 시켜서 사람을 해친 것은 매우 악한 것입니다."154(『한서』「설선전」)

【원문】 寶到部, 親入山谷, 諭告羣盜, 非本造意, 渠率皆得悔過自出.(孫寶傳)

【역문】 손보(孫寶)가 익주(益州)에 이르러 직접 도적들이 숨어 사는 산골짜기에 들어가 도적떼에게 떠나갈 것을 권하였다. 본심이 아니고 어쩔 수 없이 [도적질을 하고 있다면], 우두머리라 할지라도 마을로 돌아와 잘못을 뉘우치고 자수할 수 있다고 하였다.155(『한서』「손보전」)

【원문】 太祖怒收逵等, 當送獄取造意者, 逵卽言我造意, 遂詣獄.(魏志賈逵傳注引魏略)

【역문】 태조가 노하여 가규(賈逵)156 등을 몰수하였다. 옥에 보내는데, 앞장서서 [서명을] 주동한 원흉을 취하는데, 가규가 즉시 내가 원흉이라고 말하여 드디어 옥에 데리고 갔다.157(『위서』「가규전」주에서『위략』을 인용)

【원문】 何敞爲交州刺史, 表(龔)壽, 常律殺人不至族誅, 然壽爲惡首, 令鬼神訴者, 千載無一, 請皆斬之.(搜神記十六)

【역문】 하창(何敞)이 교주 자사158일 때 조정에 표문을 올렸다. "일반적인

---

154 『漢書』 권83, 「薛宣傳」, 3395쪽.
155 『漢書』 권77, 「孫寶傳」, 3258쪽.
156 賈逵(174년–228년)는 後漢末期부터 삼국시대의 政治家·무장. 魏에 벼슬하였다. 本名은 衢, 자는 梁道이다. 조조의 신뢰를 얻고 조비가 위왕에 오른 후 위군태수로 임명되었고 다시 예주자사로 승진하였다. 228년 명제 때 오나라의 정벌에 조휴와 함께 참전하였다.
157 『三國志』, 권15 『魏書』, 15, 「賈逵傳」注, 481쪽. "大祖怒, 收逵等, 當送獄, 取造意者, 逵卽言「我造意」, 遂走詣獄."
158 刺史: 刺史는 秩六百石으로 中下 등급의 현령 수준 밖에 안 되었으나 州部郡縣의 二千石守相을 六條의 항목에 걸쳐 규찰하고 免職을 奏할 수 있는 秩卑權重의 位였다(劉欣尙, 「漢代的刺史制度」, 『中國人民大學復印報刊資料 先秦秦漢史』, k21 1987.4, 81–83쪽). 宣帝 때 冀州刺史였던 張敞은 범

율은 사람을 죽이더라도 죄인의 가족까지 주살하지는 않습니다. 그러나 공수(龔壽)는 원흉입니다. 귀신으로 하여금 사정을 호소케 한 것은 천년 동안 한 차례도 없었습니다. 모두 죽일 것을 청합니다."[159](『수신기』 권16)

【세주 원문】 按唐律, 共犯罪造意爲首, 在名例五.

【세주 역문】 『당률』에 "공동으로 죄를 범한 경우 주모자를 수범으로 한다(共犯罪造意 爲首)는 것이 명례 제5에 있다.[160]

◉ 公罪 관원이 공무(公務)와 관련하여 실착(失錯)으로 저지른 죄

【원문】 種所坐以盜賊公負, 罪至徵徒, 非有大惡. 注, 太山之賊, 種不能 計, 是力不足以禁之, 法當公坐, 故云公負.(第五種傳)

【역문】 제오종(第五種)은 도적이 발생되어 책임을 지게 되었다. [(그 도적을) 힘으로 징벌할 수도 없었다.] 죄를 받아 벼슬이 깎이고 천사되었지만, 어떤 대악(大惡)이 있는 것도 아니었다. 주에 태산의 적은 제오종이 헤아 릴 수 없으니 그것을 금하기에 역부족이다. 법에 따라 공죄에 해당하기 때문에 공부(公負)라 한다.[161](『후한서』 「제오종전」)

법을 일삼은 廣川王의 종족 등을 왕궁에 들어가 체포 처형하고 왕을 劾奏하였으며, 황제는 그 왕 국을 삭감하였다. 그러나 자사는 秩卑하였기 때문에 昭帝 때 魏相은 揚州刺史에서 2년 후에 승진 하여 諫大夫를 거쳐 남양태수가 되었고, 宣帝 때 양주자사였던 黃覇는 3년 후 특진되어 영천태수 에 이르고 있다. 이어 元帝 때는 治中·別駕·諸部從事 등 고정의 掾屬과 막료기구가 처음 설치 되었다. 刺史는 관리 선거권이 있어서 成帝 때는 刺史가 천거한 官이 大吏 내지 九卿에 이르렀다. 그리하여 官位의 실질과 형평에 맞추어 刺史를 폐지하고 秩眞2천석 位次九卿의 州牧을 설치하였 다. 哀帝 때는 督察의 범위가 2千石 守相에서 6백석 이상의 長吏로 확대되었다. 전한 말기에 이르 러 자사직은 지방감찰직에서 지방행정장관으로 자리 잡았고, 당시 刺史는 중앙 승상부의 御史中 丞에게 규찰 받고 있었으며, 규찰 대상을 직접 처벌할 권한은 없고 단지 중앙에 劾奏할 수 있었다.

159 『搜神記』 권16, 「鵠奔亭女鬼」(北京: 中華書局, 2009), 318–319쪽, "…, 敞表壽, 常律, 殺人不至族 誅 …"
160 『唐律疏議』 第42條; 「名例」 42, '共犯罪造意爲首', 115쪽.
161 『後漢書』 권41, 「第五種列傳」, 1405쪽, "種所坐以盜賊公負, 筋力未就, 罪至徵徒, 非有大惡."

【원문】 凌爲長, 遇事髡刑五歲, 當道掃除, 時太祖車過, 問此何徒, 左右以狀對, 太祖曰, 此子師兄子也, 所坐亦公耳, 於是主者選爲驍騎主簿.(魏志王凌傳注引魏略)

【역문】 왕릉이[162] 발간현(發干縣)의 장이 되었으나 뜻밖의 일이 발생하여 곤형5세를 당하였고 길에서 청소하는 노역을 하는데, 마침 태조가 수레를 타고 지나가다가 어떤 무리인지 물어보니 좌우에서 상황을 고했다. 태조가 말하기를 "이 자사(子師: 王允)는 형의 아들이요, 연루된 바 또한 공적인 일이다."라 하였다. 이에 주관하는 자가 그를 뽑아 효기주부(驍騎主簿)로 삼았다.[163](『위서』「왕릉전」 주에서 『위략』을 인용)

【세주 원문】 按晉張裴律表有犯罪爲公爲私云云, 知晉律與漢同. 唐律, 同職犯公坐及公事失錯, 俱在名例五.

【세주 역문】 『진서』 장비율표에 "범죄가 공적인가 사적인가?"[164]라고 운운하는 것이 있는데, 진율(晉律)과 한율은 같음을 알 수 있다. 『당률』에 "동직[165]이 공무죄를 범함 및 공무에 과실과 착오를 범함(同職犯公坐及公事失錯)."은 모두 '명례5'에 있다.[166]

◉ 首匿 주모자, 범죄의 우두머리를 숨기는 것[167]

【원문】 謾訑首匿愁勿聊. 注, 首匿爲頭首而藏罪人也.(急就篇)

【역문】 속여서 수닉하였으니 근심스러워 편안하지 않다. 주에 수닉은 [범죄의] 우두머리에 해당되는 사람을 위해서 죄인을 숨기는 것이다.(『급취

---

162 王凌(172년–251년)은 중국 後漢末期부터 삼국시대까지의 무장으로 魏에 벼슬하였다. 字는 彦雲.
163 『三國志』권28, 『魏書』28 「王凌傳」 注, 757쪽.
164 『晉書』권30, 「刑法志」, 928쪽.
165 同職; 연대 서명하는 관원
166 『唐律疏議』第40條; 「名例」 40, '同職犯公坐', 110쪽; 『唐律疏議』第41條; 「名例」 41, '公事失錯自覺擧, 114쪽.
167 한율에서 '수닉죄'는 주로 謀反, 謀大逆 등 봉건통치에 위해를 가하는 엄중한 범죄를 가리킨다. 수닉죄를 지은 자는 모두 중형에 처해졌다.

편』)¹⁶⁸

【원문】 漢正首匿之罪, 制亡從之法, 惡其隨非而與人人爲羣黨也.(論衡)

【역문】 한조는 주모자를 은닉한 자의 죄를 다스렸다. 범인을 놓아주는 것을 허용하지 않는 법을 제정한 것은 나쁜 것을 따라가다가 악인과 더불어 무리지어 결당하는 것을 걱정하기 때문이다.¹⁶⁹(『논형』)

【원문】 武帝軍役數興, 豪傑犯禁, 姦吏弄法, 故重首匿之科.(梁統傳)

【역문】 무제 때 군역을 자주 일으켰는데 호걸이 금령을 위반하고 탐관오리들이 법령을 어기고 우롱하게 되자 수닉에 대해 가중 처벌하는 법률을 설치하였다.¹⁷⁰(『후한서』「양통전」)

【원문】 亡之諸侯游宦事人及舍匿者, 論皆有法. 注, 師古曰, 舍匿, 謂容止而藏隱也.(淮南厲王傳)

【역문】 도망가서 제후국에 있는 것, 관리로 있으면서 유세하면서 다른 사람을 떠받드는 것, 범죄자를 집에 숨겨주는 것은 모두 법으로 처벌한다. 주에 사고가 말하길, 사닉(舍匿)은 집에 머무는 것을 허용하고 숨겨주는 것을 이른다.¹⁷¹(『한서』「회남려왕전」)

【원문】 皆以爲桑遷坐父謀反, 而侯史吳藏之, 非匿反者, 乃匿爲隨者也, 卽以赦令除吳罪. 後侍御史治實, 以桑遷通經術, 知父謀反而不諫爭,

---

168 『急就篇』권4, '謾訑首匿愁勿聊'의 注, 308쪽. "首匿, 爲頭首而藏罪人也."

169 『論衡校釋』권14, 「譴告」, 644쪽, "漢正首匿之罪, … 惡其隨非而與人人爲羣黨也."

170 『後漢書』권34, 「梁統傳」, 1166쪽; 『晉書』刑法志에서는 "漢武帝는 중국이 더욱 융성해서 재력이 남는 시대를 맞이하여 병사와 장군을 파견하여 먼 곳을 원정하였기 때문에 여러 차례 軍役을 징발하게 되었다. 백성들이 피폐해지고, 豪族들이 禁令을 犯하고, 貪官汚吏들이 법령을 어기고 우롱하게 되자 逋匿의 科(도망범을 체포하거나 알리지 않을 경우 처벌을 받는 법률)를 설치하고 見知故縱의 法律을 제정하였다."라 하고 있다.

171 『漢書』권44, 「淮南厲王劉長傳」, 2139쪽, "亡之諸侯, 游宦事人, 及舍匿者, 論皆有法."

與反者身無異, 侯史吳故三百石吏, 首匿遷, 不與庶人匿隨從者等, 吳不得赦.(杜延年傳)

【역문】 "모두 상천이 부친의 모반에 연루되었다고 생각했는데, 후사오가 상천을 숨겨주었다. 반역자를 숨긴 것이 아니라 그 종사자를 숨긴 것이다." 곧 사면령으로 후사오의 죄를 면제시켜주었다. 후에 시어사가 이 사실을 다루었다. "상천은 경술에 정통했는데, 부친의 모반을 알았지만 간쟁하지 않았다. 이는 반란을 일으킨 사람과 자신이 다를 바 없다. 후사오는 원래 3백석 관리였는데, 우두머리로 상천을 감추어 주었으므로 서민이 수종자를 감추어준 것과 같이 할 수 없으니 후사오는 사면될 수 없는 것이다."[172](『한서』「두연년전」)

【원문】 後坐藏匿亡命, 削良鄉安次文安三縣.(燕剌王傳)

【역문】 후에 도망범을 숨긴 죄로 양향(良鄉)·안차(安次)·문안(文安) 3현을 깎았다.[173](『한서』「연자왕전」)

【원문】 元封四年, 畢梁侯嬰坐首匿罪人爲鬼薪. 元康元年, 嗣侯崇坐首匿死罪免. 元康元年, 修故侯福坐首匿羣盜棄市. 五鳳三年, 嗣侯延壽坐知女妹夫亡命, 笞二百, 首匿罪免.(王子侯表)

【역문】 원봉 4년(기원전 107년) 필량후 영(嬰)이 죄인을 수닉하여 [노역형도인] 귀신(鬼薪)이 되었다.[174] 원강 원년(宣帝, 기원전 65년) 후 안곽우(安郭于)후 전숭(傳崇)이 수닉한 죄를 받아 사형을 받게 되었으나 [그때 마침 사면령으로] 면관되었다.[175] 원강 원년 수고후 복(福)은 군도를 수닉해 기시에 처했다.[176] 오봉 3년(宣帝, 기원전 55년) 후 연수(延壽)는 누이의 남편

---

172 『漢書』 권60, 「杜延年傳」, 2662쪽.
173 『漢書』 권63, 「武五子傳」(燕剌王), 2751쪽, "後坐藏匿亡命, 削良鄉、安次、文安三縣."
174 『漢書』 권15상, 「王子侯表」상, 447쪽.
175 『漢書』 권15상, 「王子侯表」상, 468쪽.
176 『漢書』 권15하, 「王子侯表」하, 488쪽.

의 도망을 알았던 죄로 태 이백에 처했으며 수닉의 죄로 면관되었다.[177]
(『한서』 권15, 「왕자후표」)

【원문】 始元五年, 軍正齊王平子心爲廷尉, 坐縱首匿謀反者棄市.(百官公
卿表)

【역문】 시원 5년(기원전 82년) 군정[178] 제왕평의 아들 심(心)이 정위가 되었는
데, 모반자의 우두머리를 풀어준 죄를 받아 기시에 처해졌다.[179](『한서』
「백관공경표」)

【원문】 平侯執, 孝景中五年坐匿死罪, 會赦免. 澅淸侯參, 天漢二年坐匿
朝鮮亡虜, 下獄瘐死.(功臣表)

【역문】 평후 집이 효경 중5년 수닉한 죄로 사형을 받았는데 마침 그때에 사
면령을 만나 면관되었다.[180] 홰청후 참(參)이 천한 2년(기원전 99년)에 조
선 도망범 포로를 수닉한 죄로 하옥되어 병들어 죽었다.[181](『한서』「공신
표」)

【원문】 子伯少有猛志, 後坐藏亡命, 被繫當死.(魏志婁圭傳注引吳書)

【역문】 자백은 어려서 원대한 포부가 있었는데, 후에 도망범을 숨긴 죄를
받아 구속되면 마땅히 사형에 처하게 되었다.[182](『위서』「루규전」 주에서
『오서』를 인용)

---

177 『漢書』 권15상, 「王子侯表」상, 474쪽.
178 軍正: 官名. 漢京師의 南軍과 北軍에는 각각 正이 있어서 '軍正'이라 하였고, 그 副職名이 '軍正丞'
이었다. 군정은 군대 내의 執法官으로 권력이 막중하였다.
179 『漢書』 권19하, 「百官公卿表」, 794쪽, "軍正齊王平子心爲廷尉, 四年坐縱首匿謀反者下獄棄市."
180 『漢書』 권16, 「高惠高后文功臣表」, 565쪽.
181 『漢書』 권17, 「景武昭宣元成功臣表」, 659쪽.
182 『三國志』 권12, 『魏書』 권12, 「崔毛徐何邢鮑司馬傳」, 274쪽, "吳書曰:子伯少有猛志, … 後坐藏亡命,
被繫當死."

【세주 원문】 按唐律, 知情藏匿罪人, 在捕亡.

【세주 역문】 『당률』에 "정황을 알면서 죄인을 숨겨 은닉하는 것(知情藏匿罪人)"은 「포망」에 있다.[183]

◉ 誹謗訞言 비방과 요상한 말

【원문】 除訞言令. 師古注, 過誤之語, 以爲訞言.(高后紀)

【역문】 요언령을 없앤다. 사고의 주에 그릇된 말이 요언이다.[184](『한서』「고후기」)

【원문】 二年五月, 詔民或祝詛上以相約, 而後相謾, 吏以爲大逆, 其有他言, 吏又以爲誹謗, 自今以來, 有犯此者勿聽治. 師古注, 高后元年, 詔除訞言之令, 今此又有訞言之罪, 是則中間曾復設此條也.(文帝紀)

【역문】 2년(기원전 178년) 5월 조서에 "백성 중 황제의 축저[185]를 하는 이가 있는데, 서로 숨길 것을 약속하고, 후에 약속을 어기고 서로 고발을 하는데, 관리는 이는 대역부도라고 생각한다. 만약 다른 불만의 말이 있으면 관리는 또한 이를 조정을 비방하는 것으로 생각한다. 지금 이후에 이 법령을 어기면 처리하지 않는다."고 하였다. 사고는 주에 고후 원년 조서에 요언의 영을 없앴다고 했는데, 지금은 요언의 죄가 다시금 있다고 한다면, 이것은 중간에 이 조항을 다시 설치한 것이다.[186](『한서』「문제기」)

【원문】 除誹謗詆欺之法.(哀帝紀)

【역문】 [비방하고 속이는 것을 처벌하는] '비방저기의 법'을 없앤다.[187](『한

---

183 『唐律疏議』第468條; 「捕亡」 '知情藏匿罪人' 540쪽

184 『漢書』 권3, 「高后紀」, 96쪽, "師古曰: 「罪之重者戮及三族, 過誤之語以爲妖言」"

185 祝詛: 말로써 귀신에게 일러바치는 것을 '祝'이라 하고, 재난을 내려달라고 간청하는 것을 '詛'라 한다.

186 『漢書』 권4, 「文帝紀」, 118쪽, "民或祝詛上, 以相約而後相謾, …"

서』「애제기」)

【원문】 元和元年, 詔諸以前訞惡禁錮者, 一皆除之.(章帝紀)

【역문】 원화 원년(84년), 조서를 내려 이전의 요악[188]으로 금고[189]된 자는 모두 죄를 없애게 했다.[190](『후한서』「장제기」)

【원문】 永初四年, 詔自建初以來, 諸訞言他過坐徙邊者, 各歸本部, 其沒入官爲奴婢者, 免爲庶人(安帝紀)

【역문】 영초 4년(安帝, 107년)에 조서를 내려, "건초(建初)[191] 이래 모든 요언·과실로 변방에 천사된 자들은 각각 본래의 군(郡)으로 돌려보내고, 몰수되어 관노비가 된 자는 면하여 서인으로 하라."고 하였다.[192](『후한서』「안제기」)

【원문】 元鳳三年, 丞相屬寶, 長安單安國安陵, 栖育, 劾(張)壽王吏八百名, 古之大夫, 服儒衣, 誦不祥之辭作訞言, 欲亂制度, 不道, 誹謗益甚, 竟以下吏.(律歷志上)

【역문】 원봉 3년(기원전 78년)에 승상이 보(寶)와 장안 단안국(單安國), 안릉 부육(栖育)에게 [『종시(終始)』를 연구하도록] 위탁하였다.[193] 어떤 사람이 장수왕(張壽王)을 8백석[194]으로 깎을 것을 탄핵하였다.[195] 고대의 대부가

---

187 『漢書』권11, 「哀帝紀」, 336쪽, "除任子令及誹謗詆欺法."
188 訞惡: 요상하고 사악함.
189 禁錮: 범죄로 인하여 본인 및 그의 자녀가 관리가 되거나 사회정치활동에 참여하는 것을 금지하는 것.
190 『後漢書』권3, 「肅宗孝章帝紀」, 148쪽.
191 建初: 後漢 章帝의 첫 번째 연호로 76~84년의 9년간 사용되었다.
192 『後漢書』권5, 「孝安帝紀」, 215쪽.
193 이 부분은 문장이 빠져있는데, 『漢書』의 사료 내용에 따라 보충하였다.
194 『漢書』에는 8백명이 아니라 8백석으로 되어 있다.
195 개력이 행해진 후 27년이 지나서 昭帝 元鳳3년에 당시 太史令이었던 張壽王에 의해 태초력의 결점이 지적되었다. 그는 漢初 이래로 사용해오던 역법을 바꾸어서 太初曆을 시행했기 때문에 陰陽의 조화가 깨어졌으니 마땅히 역법을 고쳐야 한다고 공개적으로 주장한 것이다. 이 사건은 처음에

유생의 의복을 입고 상서롭지 않은 말을 외워 요언을 만들고 국가제도를 혼란하게 하니 대역부도죄를 범하는 것이다. 비방이 갈수록 심해져 결국 관리(법관)에게 넘겨져 심사를 받았다.[196](『한서』「율력지」상)

【원문】 廷尉定國, 奏惲幸得列九卿諸吏宿衛近臣, 上所信任, 不竭忠愛, 盡臣子義, 而妄怨望稱引, 爲訞惡言, 大逆不道, 請逮捕治.(楊惲傳)

【역문】 정위 우정국(于定國)[197]이 상주하기를, "양운(楊惲)[198]이 요행히도 구경(九卿)의 한 사람으로 숙위의 측근에까지 입신하여 천자의 신임이 두텁고 [정사에까지 관여하고 있습니다.] 그러나 충성을 바쳐 신하의 도리를 다하지 않고 헛되이 황상을 원망하고 요악한 말을 퍼트렸으니 대역부도의 죄에 해당합니다. 체포하여 사실을 규명할 것을 청합니다."고 하였다.[199](『한서』「양운전」)

【원문】 廷尉奏賜孟妄設訞言惑衆, 大逆不道, 皆伏誅.(眭弘傳)

【역문】 [휴홍(眭弘)의] 상주서를 정위에게 주었는데, 정위가 상주하여 말하기를, "사(賜)와 휴홍은 헛되이 요언을 퍼트려 대중을 혹하니 이것은 대역부도입니다."라고 하였다. 이에 모두 사형에 처해졌다.[200](『한서』「휴홍전」)

는 쉽게 넘어가는 듯했으나 張壽王의 주장이 아주 강경하여 마침내 3년여에 걸쳐 그가 주장한 曆과 태초력 등 총 11종류의 曆의 정확도를 실제로 비교하기에 이르렀고, 그 결과 태초력의 우월함이 확인되고 張壽王은 문책당하게 되었다.

196 『漢書』권21상, 「律曆志」, 978쪽. "丞相屬寶、長安單安國、安陵杗育治終始, … 劾壽王吏八百石, 古之大夫, 服儒衣, 誦不詳之辭, 作祅言欲亂制度, 不道. …."

197 于定國의 자는 曼倩으로 동해군 郯縣人. 昭帝時에 御史, 御史中丞, 光祿大夫 등의 직책을 역임. 宣帝 時에 廷尉로 발탁되어 공정하고 신중하게 법을 집행하였다. 판결을 하기에 불확실한 경우에는 가볍게 처리하였다. 후에 丞相이 되었고 西平侯에 封해졌다.

198 楊惲(?-기원전 54년)은 승상을 지낸 楊敞의 아들이자 사마천의 외손자이다.

199 『漢書』권66, 「楊惲傳」, 2893쪽. "廷尉定國考問, …, 惲幸得列九卿諸吏, 宿衛近臣, 上所信任, …, 而妄怨望, 稱引爲訞惡言."

200 『漢書』권75, 「眭弘傳」, 3154쪽. "下其書廷尉. 奏賜、孟妄設祅言惑衆, …."

【원문】 坐怨望非謗政治, 不道棄市.(嚴延年傳)

【역문】 [엄연년(嚴延年)]이 조정을 원망하고 국사를 비방하여 부도한 죄를 받아 기시에 처해졌다.[201](『한서』「엄연년전」)

【원문】 王怒, 謂勝爲祆言, 縛以屬吏.(夏侯勝傳)

【역문】 창읍왕이 화가 나서 하후승[202]이 요사스런 말을 하여[203] [백성들을 어지럽힌다고 하여] 형리에게 속박하여 끌어가라고 명령하였다.[204](『한서』「하후승전」)

【원문】 (侯)覽遂詐作飛章, 下司隷, 誣(史)弼誹謗, 檻車徵.(御覽四百二十引司馬彪續漢書)

【역문】 후람(侯覽)[205]이 마침내 비장(飛章)[206]을 거짓으로 지어 사예에게 내려서 [사필을 함정에 빠트리기 위하여] 사필이 비방하였다고 속이고, 죄수용 차[207]로 압송하였다.[208](『태평어람』 권420에서 사마표의 『속한서』를 인용)

【세주 원문】 按路溫舒傳, 秦之時正言者謂之誹謗, 遏過者謂之祆言, 是此律秦已有之, 漢蓋沿秦制也. 高后文帝皆有除誹謗祆言之令, 而哀帝時又除誹謗法, 章帝安帝

---

201 『漢書』 권90, 「酷吏傳」(嚴延年), 3671쪽, "坐怨望非謗政治不道棄市."
202 夏侯勝(기원전 152년–기원전 61년)은 전한 東平人으로 자는 長公, 夏侯始昌의 族子이다. 어려서 고아가 된 하후승은 공부하기를 좋아했다. 그는 하후시창으로부터 『尙書』와 『洪範五行傳』을 전수받아 천재지변을 잘 논하였다. 昭帝 때 博士를 거쳐 光祿大夫를 지냈다. 陰陽災異로 時政의 득실을 추론했다.
203 하후승이 창읍왕의 행차를 가로막고 "하늘에 오래도록 구름만 끼고 비가 내리지 않는 것을 보니 신하 중에서 천자를 도모하는 자가 있습니다. 폐하께서는 대궐을 나가 어디로 가려고 하십니까?"라 하여 왕은 화를 냈고 요사스런 말이라 함은 이를 두고 한 말이다.
204 『漢書』 권75, 「夏侯勝傳」, 3155쪽.
205 侯覽(?–172년)은 漢桓帝 時의 宦官으로 中常侍를 역임하고 延熹연간 關內侯를 하사받았다.
206 飛章: 급한 사태를 보고하기 위해 올리는 문서.
207 檻車: 죄인을 호송하는 수레.
208 『太平御覽』 권420, 「人事部」 61, 497쪽, "覽遂詐作飛章, 下司隷誣弼誹謗, 檻車徵."

諸紀所載, 復有坐訞言者. 魏志崔琰傳注引魏略, 太祖以爲琰腹誹心謗, 乃收付獄, 髠刑輸徒, 是此法終漢世未盡除也. 通鑑長編紀事本末載王安石云, 文帝除誹謗訞言皆蕭何法之所有, 是九章原有此律也.

【세주 역문】『한서』「노온서전」을 보건대, "진의 시대에 바른 말을 하는 것을 이르러 비방이라 했고 과실의 발생을 그치도록 하는 것을 이르러 요언이라 하였다."[209]고 하였다. 이것은 그 율이 진에 이미 있었고 한은 대체로 진의 제도를 계승했다는 것을 의미한다. 고후·문제 때에는 모두 비방·요언의 영을 없애라는 명령이 있었고 애제 시대에는 또한 비방을 없애는 법이 있었으며 장제·안제 때에는 모두 기(紀)에 실려 있는바, 요언의 죄가 또 있다. 『위지』「최염전」주에 인용한 『위략』에 "태조는 최염이 드러내지 않고 마음속으로 비방한다고 생각하였으며 이에 거두어 옥에 넣었고 곤형(髠刑)을 내려 노역형에 처했다."[210]고 하였다. 무릇 이 법은 한대 내내 없애지 못하였다. 『통감장편기사본말』에 실린 왕안석이 말한 바로는, 문제가 비방 요언을 없애고자 했던 것은 모두 소하의 법에 있는 것이라고 하였다. 이것은 무릇 『구장률』 속에 본래 그 율이 있다는 것을 의미한다.

◉ **祝詛** 귀신에게 빌어 타인에게 재앙을 가져오게 하는 행위[211]

【원문】 廣陵厲王胥, 五鳳四年坐祝詛上, 自殺.(諸侯王表)

【역문】 광릉려왕 서가 오봉 4년(기원전 54년)에 황제를 축저한 죄를 받아 자살하였다.[212](『한서』「제후왕표」)

【원문】 鄳侯舟, 征和四年, 坐祝諨上要斬. 注, 師古曰, 諨古詛字. 澎侯屈釐坐爲丞相祝諨要斬. 平曲節侯會, 五鳳四年, 坐父祝詛上免.(王子侯表)

---

209 『漢書』권51,「路溫舒傳」, 2369쪽.
210 『三國志』권12,『魏書』권12,「崔毛徐何邢鮑司馬傳」, 369쪽.
211 앞의 주 185 참조.
212 『漢書』권14,「諸侯王表」, 419쪽.

【역문】 호후 주(舟)는 정화 4년(기원전 89년)에 황상을 축저한 죄로 허리를 잘라 죽었다. 주에 사고가 말하기를, "'조(譸)'는 '저(詛)'의 옛 글자이다."라고 하였다.[213] 팽후 굴리(屈氂)는 승상일 때 축저죄에 연루되어 허리를 잘라 죽었다.[214] 평곡 절후 회(會)는 오봉 4년(기원전 54년)에 부친이 황상에게 축저한 죄를 받아 면관되었다.[215](『한서』「왕자후표」)

【원문】 嗣曲周侯終根祝詛上, 要斬. 嗣陽河侯其仁, 征和三年坐祝詛, 要斬. 嗣戴侯祕蒙, 後元年坐祝詛上大逆, 要斬. 嗣弓高侯韓與坐祝詛上, 要斬.(功臣表)

【역문】 곡주후 종근(終根)은 황제를 축저한 죄로 허리를 잘라 죽었다.[216] 양하후 기인(其仁)은 정화 3년(기원전 90년)에 축저한 죄를 받아 허리를 잘라 죽었다.[217] 대경후 비몽(祕蒙)이 후원년(기원전 163년)에 황상을 축저한 대역죄를 받아 허리를 잘라 죽었다.[218] 궁고상후 한여가 황상을 축저한 죄로 허리를 잘라 죽었다.[219](『한서』권16,「공신표」)

● 詆欺   저기[220]

【원문】 詔書無以詆欺成罪.(薛宣傳)

【역문】 조서에 [또한] 욕보이고 기만한 죄를 짓는 것에 대한 설명이 없었다.[221](『한서』「설선전」)

---

213 『漢書』권15상,「王子侯表」상, 478쪽.
214 巫蠱 사건과 관련하여 내자령 郭穰이 승상 유굴리 부인을 고발하였는데, 승상 굴리가 자주 천자로부터 꾸중을 듣기 때문에 무당을 시켜 재를 지낼 때에 천자를 저주하는 불길한 말을 한 일. 게다가 이사 장군과 같이 기도하여 창읍왕을 천자로 옹립하려 한다는 것이 이유였다.
215 『漢書』권15상,「王子侯表」상, 480쪽.
216 『漢書』권16,「高惠高后文功臣表」, 547쪽.
217 『漢書』권16,「高惠高后文功臣表」, 579쪽.
218 『漢書』권16,「高惠高后文功臣表」, 606쪽.
219 『漢書』권16,「高惠高后文功臣表」, 629쪽.
220 詆欺: 욕보이고 기만하다.

【원문】 朔擅詆欺天子從官, 當棄市.(東方朔傳)

【역문】 동방삭(東方朔)[222]이 함부로 천자를 시종하는 신하를 조롱하고 기만하였으니[223] 마땅히 기시형에 처하여야 합니다.[224](『한서』「동방삭전」)

【원문】 令司隸校尉(王)尊妄詆欺加非於君, 方下有司問狀.(匡衡傳)

【역문】 지금[225] 사예교위 왕존(王尊)이 아무런 근거도 없이 너를 욕보이고 속이고, 착오로 죄를 더하니 [짐은 너를 매우 동정한다.] 이 사건을 담당 관리에게 보내어 진상을 조사하도록 하겠다.[226](『한서』「광형전」)

【원문】 司隸(校尉陳)慶平心舉劾, 方進不自責悔, 而內挾私恨, 伺忌慶之從容語言, 以詆欺成罪(翟方進傳)

【역문】 사예교위 진경(陳慶)이 공평한 마음으로 그를 검거했는데, 방진(方進)이 스스로 책망하고 뉘우치지 않고 속으로 개인적 원한을 품고 몰래 진경의 평소 언행을 사찰하여 '저기(詆欺)'로써 죄를 지었다.[227](『한서』「적방진전」)

【원문】 傷於詆欺之文, 上不得以功除罪.(王尊傳)

【역문】 욕보이고 기만한 문서에 해를 입어 종래의 공훈으로 죄를 면제할

---

221 『漢書』권83, 「薛宣傳」, 3395쪽.

222 東方朔(기원전 154년–기원전 92년)은 前漢·武帝時代의 政治家로 字는 曼倩이다. 동방삭은 근엄하게 복무하는 관료와 달리 농담과 재치, 풍자를 자유자재로 구사하며 자유롭게 살아간 인물로 유명하다.

223 수수께끼에 진 郭舍人이라는 광대가 매 맞는 소리를 듣고 동방삭이 비웃는 말을 하자 곽사인이 화를 내며 한 말이다. 다시금 수수께끼 문제를 받았으나 이번에도 동방삭이 이겼고 그의 기지와 재치를 인정한 무제는 그를 상시랑에 임명하고 총애하였다.

224 『漢書』권65, 「東方朔傳」, 2844쪽.

225 『한서』에는 '令'이 아니라 '今'으로 쓰여 있음.

226 『漢書』권81, 「匡衡傳」, 3345쪽, "今司隸校尉尊妄詆欺, 加非於君."

227 『漢書』권84, 「翟方進傳」, 3415쪽, "司隸慶平心舉劾, 方進不自責悔而內挾私恨, …"; 舉劾: 검거·적발하여 죄상을 들추어낸다는 의미.

수 있는 [은전조차] 없었습니다.[228](『한서』「왕존전」)

【원문】 以春月作詆欺, 遂其姦心, 蓋國之賊也, 其免爲庶人.(孫寶傳)

【역문】 봄에 이처럼 타인을 욕보이고 황상의 상주문을 기만하여 손보가 품
었던 간사한 목적을 달성하고 하였다. 이것은 국가의 간적이다. 손보를
면직하여 서인으로 해야 한다.[229](『한서』「손보전」)

【원문】 尙書決事, 多違故典, 罪法無例, 詆欺爲先.(陳忠傳)

【역문】 상서에서 결정한 일은, 대부분 옛 제도와 다르다. 판결을 내린 형벌
은 선례도 없다. 욕보이고 기만하는 것을 우선으로 하고 있다.[230](『후한
서』「진충전」)

【세주 원문】 按以上各傳, 幷擧詆欺爲罪名, 是當時必已著爲律令. 哀帝紀除誹謗詆
欺法, 是此法至哀帝時始廢也。

【세주 원문】 이상의 각 전에서 모두 '저기'를 죄명으로 하였으니 이는 당시에 확실히
이미 율령으로 기록하여 정한 것이다. 애제기에 "비방저기법을 없앴다"[231]고 하니 무
릇 그 법이 애제 때 이르러 폐지된 것이다.

◉ 誣罔 무망[232]

【원문】 誣罔君臣, 使事失實.(周禮爲邦誣註 輯證云此八字疑漢律語)

【역문】 군신을 무망하고 선악의 사실을 잃어버리게 하다.[233](『주례』 '위방무'

---

228 『漢書』 권76, 「王尊傳」, 3235쪽.
229 『漢書』 권77, 「孫寶傳」, 3262쪽, "…, 其免寶爲庶人."
230 『後漢書』 권46, 「陳忠傳」, 1565쪽.
231 『漢書』 권11, 「哀帝紀」, 336쪽, "除任子令及誹謗詆欺法."
232 誣罔: 誣謂과 같은 의미. 사실을 속이고 숨김. 혹은 없는 사실을 그럴듯하게 꾸미고 훼방하는 것.
233 『周禮正義』 권67, 「秋官司寇」, '士師' 注, 2782쪽.

에 대한 주; 『집중』에서 이르기를, 이 8자는 「한율」의 용어가 아닐까 의심함)

【원문】 元鼎元年, 樂通侯欒大坐誣罔要斬.(武帝紀)

【역문】 원정 원년(기원전 116년) 낙통후 난대(欒大)는 무망죄를 받아 허리를 잘라 죽이는 형벌에 처해졌다.[234](『한서』「무제기」)

【원문】 熹平二年, 沛相師遷坐誣罔國王, 下獄死.(靈帝紀)

【역문】 희평2년, 패국(沛國)의 상(相) 사천(師遷)이 진민왕(陳愍王) 총(寵)을 무망죄로 하옥되어 죽었다.[235](『후한서』「영제기」)

【원문】 夏陽人成方, 遂詐稱衛太子, 誣罔不道, 要斬.(雋不疑傳)

【역문】 하양현 사람 성방수(成方遂)는 위태자라 사칭함에 따라 무망부도죄로 허리를 잘라 죽이는 형벌에 처해졌다.[236](『한서』「준부의전」)

【원문】 知而白之, 此誣罔罪也, 皆在大辟.(杜延年傳)

【역문】 [사단(師丹)이 이 사건의 진상을] 알고서 고의로 보고하였다면, 이는 무망죄이다. [이 사건의 진상을 알지 못하면서 보고하였다면 이는 경학 · 유술에 위배되고 부정한 도를 혹하게 하는 것이니] 모두 사형에 속한다.[237](『한서』「두연년전」)

【원문】 誣罔主上不道, 皆伏誅.(李尋傳)

【역문】 황상을 속이는 것은 대역부도이니 모두 죄를 받고 피살되었다.[238]

---

234 『漢書』 권6, 「武帝紀」, 187쪽.
235 『後漢書』 권8 「孝靈帝紀」, 334쪽 "沛相師遷坐誣罔國王, 下獄死."
236 『後漢書』 권79하, 「儒林列傳」, 2586쪽.
237 『漢書』 권60, 「杜延年傳」, 2680쪽, "假令丹知而白之, 此誣罔罪也. 不知而白之, 是背經術惑左道也. 二者皆在大辟."
238 『漢書』 권75, 「李尋傳」, 3193쪽, "誣罔主上, 不道, 皆伏誅."

(『한서』「이심전」)

【원문】 湯鄉侯朱博, 建平二年坐誣罔自殺. 新甫侯王嘉, 元壽元年罔上, 下獄瘐死.(外戚恩澤侯表)

【역문】 양향후 주박(朱博)은 건평 2년(기원전 5년)에 '무망'으로 죄를 받아 자살하였다.[239] 신보후 왕가(王嘉)는 원수 원년(기원전 2년)에 황상을 기만하여 하옥되어 옥중에서 병들어 죽었다.[240](『한서』「외척은택후표」)

【원문】 始元元年, 司隷校尉雒陽李仲季主爲廷尉坐誣罔, 下獄棄市.(百官公卿表)

【역문】 시원 원년(기원전 86년)에 사예교위 낙양 이중계(李仲季)가 정위가 되었는데, '무망'한 죄로 하옥되어 기시에 처해졌다.[241](『한서』「백관공경표」)

◉ **漏洩省中語** 누설성중어[242]

【원문】 建昭二年, 淮陽王舅張博, 魏郡太守京房, 坐窺道諸侯王以邪意, 漏洩省中語, 博要斬, 房棄市.(元帝紀)

【역문】 건소 2년(기원전 37년), 회양왕의 외삼촌 장박(張博), 위군 태수 경방(京房)이 궁정기밀을 염탐하여 제후왕의 범죄에 빠지게 유도하고,[243] 궁중의 기밀을 누설한 죄를 받아 장박은 허리를 잘라 죽이는 형벌에 처하

---

239 『漢書』 권18, 「外戚恩澤侯表」, 712쪽.
240 『漢書』 권18, 「外戚恩澤侯表」, 712쪽.
241 『漢書』 권19하, 「百官公卿表」, 792쪽. "司隷校尉雒陽李仲季主爲廷尉, 四年坐誣罔下獄棄市."
242 漏洩省中語: 궁중의 기밀을 누설하는 것; 省中: 한의 禮制에 의하면, 왕이 거처하는 곳은 禁中이고, 公이 거처하는 곳이 성중이다. (淸)沈家本, 『歷代刑法考 · 漢律撫遺』 권16, 「越宮律」에 '漏洩省中語'조를 열거하고 있다. 漢은 황제지배체제에 위해 요소를 제거하기 위해 궁중의 기밀을 누설하면 '대죄' 혹은 '중죄'로 주로 '棄市'로 처벌을 받았지만, '免官'처분에 그친 경우도 있어서 처벌의 기준이 일정하지 않았다. 즉 '同事不同罪' 혹은 '同罪不同罰'이었다. 당률에서는 '漏洩大事'는 「職制」에 있다.
243 道: 導.

고, 경방은 기시에 처했다.[244](『한서』 「원제기」)

【원문】 陳咸爲御史中丞, 坐漏洩省中語, 下獄.(朱博傳)

【역문】 진함(陳咸)[245]이 어사중승이 되었는데, 궁중의 기밀을 누설했다는 죄를 받아 하옥되었다.[246](『한서』 「주박전」)

【원문】 損之漏洩省中語, 罔上不道.(賈損之傳)

【역문】 손지(損之)[247]가 궁중의 기밀을 누설하니 망상부도이다.[248](『한서』 「가손지전」)

【원문】 於是石顯微伺知之, 白奏咸漏洩省中語, 下獄掠治, 減死, 髠爲城旦.(陳萬年傳)

【역문】 이에 석현(石顯)[249]이 상황을 파악하여 알아채고, 진함(陳咸)이 궁중의 기밀을 누설하였다고 상주하였고, 진함을 하옥하여 볼기를 치며 문초했다. 사형을 감면받아 곤성단에 처했다.[250](『한서』 「진만년전」)

【원문】 告卬泄省中語, 下吏自殺.(趙充國傳)

【역문】 조앙(趙卬)이 조정의 기밀을 누설하였음을 고하였는데, 관리를 보내 심문하니, 조앙이 자살하였다.[251](『한서』 「조충국전」)

---

244 『漢書』 권9. 「元帝紀」, 294쪽.
245 陳咸의 字는 子康으로 沛郡相의 人이었던 御史大夫 陳萬年의 子. 18歲에 아버지의 任子에 의해서 郞이 되었다. 뛰어난 才能이 있고 剛直해서 자주 近臣을 指彈하는 상주를 하였다.
246 『漢書』 권83. 「朱博傳」, 3398쪽.
247 賈捐之의 字는 君房. 賈誼의 曾孫.
248 『漢書』 권64. 「賈損之傳」, 2837쪽.
249 石顯은 한나라 때의 宦官으로 元帝가 즉위하자 弘恭을 대신하여 中書令이 되었다. 원제가 병이 늘자 대소 政事를 모두 결정하는 등 권세가 높았다. 이후 成帝가 즉위하여 失權하고 고향으로 돌아가던 길에 病死하였다.
250 『漢書』 권66. 「陳萬年傳」, 2900쪽.
251 『漢書』 권69. 「趙充國傳」, 2994쪽. "上書告卬泄省中語. 卬坐禁止而入至充國莫府司馬中亂屯兵下

【원문】 (竇)憲奏弘大臣漏洩密事, 帝詰讓弘, 收上印綬, 弘自詣廷尉.(鄭弘傳)

【역문】 두헌(竇憲)[252]은 정홍(鄭弘)[253]이 대신의 신분으로 조정의 기밀을 누설하였음을 탄핵하는 상주를 하였다. 장제는 정홍을 문책하였고 인수(印綬)를 회수하였다. 정홍은 스스로 정위에게 갔다.[254](『후한서』「정홍전」)

【원문】 詔書侍中駙馬都尉(傅)遷, 巧佞無義, 漏洩不忠, 國之賊也, 免歸故郡.(孔光傳)

【역문】 조서를 내리기를, "시중부마도위인 부천은 간사기교하고 의로움이 없고, 궁정의 비밀을 누설하고, 황상에게 불충하였으니 나라의 적이다. 면관하고 고향으로 돌려보내라."고 하였다.[255](『한서』「공광전」)

【원문】 河平三年, 楚相齊宋登爲京兆尹, 貶爲東萊都尉, 坐漏洩省中語, 下獄自殺. 元鳳四年, 蒲侯蘇昌爲太常, 後坐籍霍山書泄祕書免.(百官公卿表)

【역문】 초상 제송등이 경조윤이 되고, 하평3년(기원전 26년)에 동래도위로 강등되었는데, 조정의 기밀을 누설한 죄를 받고 하옥되고 자살하였다.[256] 원봉 4년(기원전 77년), 포후 소창이 태상이 되고 후에 비서를 누설하여 곽산을 빌린 죄를 받아 면관되었다.[257](『한서』「백관공경표」)

【원문】 袁敞坐子與尙書郎張俊交通, 漏泄省中語, 策罷, 遂自殺.(袁宏後

吏. 自殺."

252 竇憲(?-92년)은 후한 제3대 황제 章帝의 황후인 두씨의 오빠이다. 77년에 여동생이 궁중으로 들어가자 그 연줄로 승진하고, 89년에 和帝가 황제의 자리에 오르자 시중이 되어 여동생 두태후와 정치를 마음대로 하였다. 92년 황제를 죽이려고 꾀하였으나, 사전에 발각되어 자살하였다.
253 鄭弘의 字는 稚卿. 泰山郡剛人으로 御史大夫를 역임하였다.
254 『後漢書』 권33, 「鄭弘傳」, 1156–1157쪽.
255 『漢書』 권81, 「孔光傳」, 3357쪽, "侍中駙馬都尉遷巧佞無義".
256 『漢書』 권19하, 「百官公卿表」, 827쪽.
257 『漢書』 권19하, 「百官公卿表」, 797쪽.

漢記)

【역문】 원창(袁敞)이 아들과 상서랑 장준(張俊)과 결탁하여 조정의 기밀을 누설한 죄를 받아 그의 직책이 박탈되고, 마침내 자살하였다.[258](원굉『후한기』)

【세주 원문】 按漢法以漏泄省中語爲大罪, 容齋隨筆嘗論之. 唐律, 漏泄大事, 在職制一.

【세주 역문】 한법에 궁중의 기밀을 누설하는 것은 대죄이다.『용재수필』에서 일찍이 이를 논하였다.[259] 당률에 대사 누설은 직제(職制)편 제1에 있다.[260]

⊙ **刺探尙書事**　상서의 일을 정탐함

【원문】 若今刺探尙書事. 疏漢尙書掌機密.(周禮秋官士師注)

【역문】 오늘날 상서의 일을 정탐하는 것과 같다. 소에 한나라 상서는 기밀을 관장하고 있었다.[261](『주례』「추관사구」'사사' 주)

【원문】 尙書奏倫探知密事, 徼以求直, 坐不敬, 結鬼薪.(楊倫傳)

【역문】 상서가 양륜이 기밀을 정탐하여 알아내 과격한 방식으로 정직을 내세워 불경죄를 범하였으니 귀신에 처벌해야 한다고 상주하였다.[262](『후한서』「양륜전」)

【원문】 司徒潁川韓演伯南爲丹陽太守, 坐從兄季朝爲南陽太守刺探尙書,

258 (晉)袁宏撰, 周天游校注『後漢記』(天津古籍出版社, 1987),「後漢孝安皇帝紀上」권16, '元初 4년'.
259 (宋)洪邁,『容齋隨筆』(北京: 中華書局, 2005) 권2「漏泄省中語」, 21쪽.
260 『唐律疏議』第109條:「職制」19「漏泄大事」, 195쪽.
261 『周禮正義』권67,「秋官司寇」, '士師' 注, 2787쪽.
262 『後漢書』권79상,「儒林列傳」(楊倫), 2564쪽;『周禮』에도 같은 내용이 나온다(『周禮正義』권67,「秋官司寇」, '士師' 注, 2787쪽).

演法車征.(風俗通)

【역문】 사도 영천 한연 백남[263]이 단양 태수였을 때 남양 태수인 사촌 형 계조[264]가 상서를 정탐한 죄를 받아 한연이 죄수용 차로 압송되었다.[265] (『풍속통의』)

【세주 원문】 按惠棟九經古義, 沈約曰, 寫書謂之刺, 漢制不得刺尙書事是也. 後漢書 楊倫傳尙書奏倫探知密事, 蓋漢律有此條, 故鄭據以爲說.

【세주 역문】 혜동[266]의 『구경고의』에 심약이 말하기를, "서류를 베끼는 것을 자(刺)라 하는데, 한의 제도는 상서의 일을 베끼지 못하도록 하였다"고 하였는데, 이것이다." 라고 하였다. 『후한서』 「양륜전」에 상서가 양륜이 기밀을 탐지함을 아뢰었는데, 대 개 한율에 이 조목이 있었음을 의미한다. 때문에 나는 이를 근거로 주장하였다.

◉ 不當得爲 부당득위[267]

【원문】 首匿見知、縱所不當得爲之屬, 議者或言其法可蠲除, 今因此令 贖, 其便益甚.(蕭望之傳)

【역문】 범죄의 우두머리를 숨기는 죄, 범죄행위를 알면서도 놓아준 죄, 응 당 규정대로 하여야 하는데 하지 않는 죄는 [그렇게 큰 죄는 아닙니다.] 논의에 참가한 사람 가운데 그 법을 없애야 한다고 말하는 사람이 있습 니다. 지금 이로 인하여 속죄로 대신할 수 있도록 한다면, 대단히 편리 할 것이 분명합니다.[268](『한서』 「소망지전」)

---

263 韓演: 韓稜의 손자로 順帝 때 '丹陽太守', 桓帝 때에 '司徒'가 되었는데, 阿黨罪에 연루되어 고향으 로 보내졌다가 후에 다시 '司隷校尉'로 복권되었다; 伯南: 韓演의 字.
264 季朝: 韓演의 사촌 형인 韓昭의 字.
265 『風俗通義校注』(北京, 中華書局, 1981) 권7, 「窮通」, 341쪽.
266 惠棟(1697年~1758年): 淸代中期의 유학자. 字는 定宇·松崖라 부르고, 小紅豆先生으로도 일컬어진 다. 戴震으로 시작되는 皖派와 함께 吳派의 創始者로서 淸朝漢學을 大成한다. 『九經古義』는 家学 을 밝힌 것.
267 不當得爲: 마땅히 해서는 안 되는 일을 한 경우에 대한 처벌.

【원문】 昌邑哀王歌舞者張脩等十人, 王薨當罷歸, 大傅豹等擅留, 以爲哀
王園中人, 所不當得爲. 師古注, 於法不當然.(昌邑王傳)

【역문】 [소신 장창이 이전에 승상 어사에게 올린 글에] "창읍애왕의 가무 기
녀 장수(張脩) 등 열 명은 [자식도 없고 첩도 아닙니다. 단지 양가의 자식
으로 궁녀의 지위도 없습니다. 애왕이 세상을 떠났으니 응당 그녀들을
본가로 돌려보내야 합니다. 태부 표(豹) 등이 멋대로 붙들어 두고 애왕
의 묘지기로 삼았습니다. 이것은 부당한 일이니 응당 돌려보내 주어야
합니다."라고 하였습니다. 사고 주에 [소부당득위(所不當得爲)]는 법에 있
어서 당연하지 않은 바이다.269(『한서』「창읍왕전」)

【원문】 奏言商賈或豫收上方不祥器, 冀其疾用, 欲以求利, 非臣民所當爲,
請沒入縣官.(田延年傳)

【역문】 [전연년]이 상주하여 말하기를, "상인 중 어떤 이는 장례용의 상서롭
지 않은 물자를 미리 받아 저장해두어 준비해 두었다가 급히 필요한 때
를 기다려 폭리를 취합니다. 이는 평민과 신하가 마땅히 하여야 할 바가
아닙니다. 현관에 몰수하여 처리하기를 청구합니다."고 하였다.270(『한서』
「전연년전」)

【원문】 曹騰字季興, 少除黃門從官, 遷至中常侍、大長秋. 蜀郡太守因計
吏修敬於騰, 益州刺史種嵩於幽谷關, 搜得其箋, 上太守, 並奏騰內臣
外交, 所不當爲, 請免官治罪.(魏志卷一注引續漢書)

【역문】 조등의 자는 계흥인데, 어려서 황문종관에 임명되었고, 중상시 · 대
장추271를 거쳤다. 촉군태수가 계리(計吏)를 통해 조등에게 공경하는 뜻

268 『漢書』 권78, 「蕭望之傳」, 3277쪽, "首匿、見知縱、所不當得爲之屬, …, 其價明甚."
269 『漢書』 권63, 「武五子傳」(昌邑王), 2767쪽, "臣敞前書言:「昌邑哀王歌舞者張脩等十人, 無子, 又非
姬, 但良人, 無官名, 王薨當罷歸. 太傅豹等擅留, 以爲哀王園中人, 所不當得爲, 請罷歸.」"
270 『漢書』 권90, 「酷吏傳」(田延年), 2665쪽, "延年奏言「商賈或豫收上方不祥器物, ….」"
271 大長秋: 중국의 王朝에서 皇后府를 관리할 수 있는 宦官 最高位. 後漢 이전은 民間出身으로도 任

을 전달했는데, 익주자사 종고(種暠)가 함곡관에서 수색하여 그 서신을 빼앗고 태수와 아울러 조등에 관해 상주하여, "내신(內臣)으로서 밖으로 교류하는 것은 응당해서는 안 될 일이니 면관하고 치죄할 것을 청한다."고 하였다.[272](『위지』권1 주에서 『속한서』를 인용)

【세주 원문】 按御覽六百四十八引尙書大傳非事之事, 入不以道義誦不祥之辭者其刑墨, 注、非事而事之, 今所不當得爲也. 是此律其源甚古, 唐律不應得爲, 在雜律一.

【세주 역문】 『태평어람』권648에서 인용한 『상서대전』에 "온당하지 않은 일을 섬기고, 출입하는데 도의가 아니고, 상서롭지 않은 말을 하는 것은 그 형이 묵에 해당된다."[273]고 하였다. 주에 온당하지 않은 일을 섬긴다는 것은 지금의 응당 취해서는 안 될 바이다. 무릇 이 율의 기원이 오래되었으니 당률의 '불응득위(不應得爲)'는 잡률1에 있다.[274]

◉ 非所宜言　비소의언[275]

【원문】 (張)壽王非漢曆, 逆天道, 非所宜言, 大不敬.(律曆志上)

【역문】 장수왕이 한력을 비평한 것은 천도를 거스른 것이며 마땅히 해야 할 말이 아니며 대불경이다.[276](『한서』「율력지」상)

【원문】 又知張美人體御至尊, 而妄稱引羌胡殺子蕩腸, 非所宜言(元后傳)

命된 것 같지만, 後漢의 光武帝는 宦官만 大長秋로 任命하도록 하였다. 特히 魏의 曹操의 祖父인 曹騰이 임명된 것으로 유명하다.

272 『三國志』권1, 『魏書』「武帝紀」注, 1–2쪽, "… 益州刺史种暠於函谷關搜得其牋, …"; 牋: 郡太守, 刺史, 將軍 등의 막료가 자신의 상관에게 상정하는 문서로 그 용도는 謝恩이나 進言 같은 사정을 진술하는 데 사용한다.

273 『太平御覽』권648, 「刑法部」14, 95쪽.

274 『唐律疏議』第450條; 「雜律」, '不應得爲', 522쪽.

275 非所宜言: 신하로써 응당 해서는 안 되는 말. 예를 들면, 대신이 황제의 말이 옳지 않다 하며 조정을 비방하는 것을 말한다.

276 『漢書』권21상, 「律歷志」, 978쪽.

【역문】 또한 장미인이 황상을 모시는 시녀임을 알면서도 망령되이 함부로
강·호부족 사람을 끌어들여 자식이 있는 신부를 살해한 것을 떠벌렸으
니 이는 마땅히 해야 할 말이 아니다.[277](『한서』「원후전」)

【원문】 丞相御史奏湯惑衆不道, 妄稱詐歸異於上, 非所宜言.(陳湯傳)

【역문】 승상, 어사가 상주하기를, "진탕이 대중을 혹하여 무도하고 망령되
이 스스로 사칭하여 이상(異象)을 황상에게 돌려주었으니 마땅히 해야
할 말이 아니므로 [대불경]입니다."고 하였다.[278](『한서』「진탕전」)

【원문】 非所宜言, 有司案驗, 請逮捕.(昌邑王傳)

【역문】 [유하(劉賀)가] 해서는 안 될 말입니다. 관련부서에서 자세히 조사하
여 [유하를] 체포할 수 있도록 하여주십시오.[279](『한서』「창읍왕전」)

【원문】 而稱引亡秦, 以爲比喩, 誑誤聖朝, 非所宜言.(師丹傳)

【역문】 도리어 망한 진나라의 사례를 끌어들여 비유로 삼아 성명(聖明)한
조정을 기만하니 절대로 해서는 안 될 말을 한 것입니다.[280](『한서』「사단
전」)

【원문】 下之廷尉, 必曰非所宜言, 大不敬.(梅福傳)

【역문】 정위에게 보내면, 정위는 "마땅히 해야 할 말이 아니며 대불경에 해
당합니다."라고 할 것입니다.[281](『한서』「매복전」)

【원문】 征博下獄, 以非所宜言, 棄市.(王莽傳)

---

277 『漢書』 권98, 「元后傳」, 4023쪽.
278 『漢書』 권70, 「陳湯傳」, 3026쪽.
279 『漢書』 권63, 「武五子傳」(昌邑王), 2770쪽.
280 『漢書』 권86, 「師丹傳」, 3505쪽. "而稱引亡秦以爲比喩".
281 『漢書』 권67, 「梅福傳」, 2922쪽. "試下之廷尉, 廷尉必曰, 「非所宜言, 大不敬」".

【역문】 한박(韓博)을 묶어 옥에 가두고, 해서는 안 될 말을 했다고 해서 기시에 처하였다.[282](『한서』「왕망전」)

【원문】 人有上書告長樂非所宜言, 事下廷尉.(楊惲傳)

【역문】 어떤 사람이 상서를 올려 장락(長樂)이 해서는 안 될 말을 했다고 고발한 이가 있어 황상이 이 일을 정위에게 보내 심리하도록 하였다.[283](『한서』「양운전」)

【원문】 卑君尊臣, 非所宜稱, 失大臣體.(王尊傳)

【역문】 [이는] 군주를 낮추고 신하를 높임이니 해서는 안 될 말로 대신의 체통을 잃었습니다.[284](『한서』「왕존전」)

【원문】 臣敞謬預機密, 言所不宜, 罪名明白, 當塡牢獄.(郅惲傳)

【역문】 신하 창(敞)이 착오로 기밀을 간여한 것은 마땅히 해서는 안 될 말로 죄가 명백하니 응당 하옥하여야 한다.[285](『후한서』「질운전」)

【원문】 後坐帝事下獄, 獄窮訊得其宿與人言, 漢朝當生勇怒子如武帝者, 劾暴以爲先帝爲怒子, 非所宜言, 大不敬.(群書治要四十四引桓子新論)

【역문】 후에 황제의 일로 죄를 받아 하옥된다. 철저히 심문하여 함께 지내는 사람과 다른 사람이 말한 것을 캐내었는데, "한조가 무제처럼 용맹한 노자(怒子)를 낳았다."라고 한 것은 악독함과 잔혹함으로 선제를 '노자'로 여긴 것이니 해서는 안 될 말이며 대불경이다.[286](『군서치요』 권44에서

---

282 『漢書』 권99하, 「王莽傳」, 4157쪽.
283 『漢書』 권68, 「楊惲傳」, 2891쪽.
284 『漢書』 권76, 「王尊傳」, 3231쪽.
285 『後漢書』 권29, 「郅惲傳」, 1034쪽.
286 魏徵 等撰, 『群書治要』(王雲五主編, 『叢書集成初編』, 商務印書館, 1936) 권44, 「桓子新論」, 770-771쪽. "獄窮訊, 得其宿與人言:「漢朝當生勇怒子如武帝者」刻暴以爲先帝爲「怒子」…."

「환자신론」을 인용)

【세주 원문】 按史記叔孫通傳, 二世令御史案諸生言反者下吏, 非所宜言, 漢蓋本秦律也. 初學記廿四引梁沈約奏彈孔㲖肆此醜言, 比物連類, 非所宜稱云云, 是六朝時猶用此律.

【세주 역문】 『사기』「숙손통전」에 "2세가 어사에게 명하여 유생으로 반(反)이라고 말한 자를 담당 관리에게 보내 조사하게 했다."[287]고 하는데, [이를 근거로 보건대] '비소의언'이라는 한율은 대개 진율을 기본으로 삼은 것임을 알 수 있다. 『초학기』 권24에 인용한 양(梁)의 심약[288]의 「주탄공탁(奏彈孔㲖)」에 "사차추언(肆此醜言), 비물련류(比物連類), 비소의칭(非所宜稱)"이라고 운운하였는데,[289] 이것은 육조 때도 여전히 이 율을 사용했다는 것을 보여주는 것이다.

◉ 輕侮 경모[290]

【원문】 安丘男子毌丘長, 與母俱行市, 道遇醉客, 辱其母, 長殺之而亡, 安丘追蹤於膠東得之. 祐呼長謂曰, 子母見辱, 人情所恥, 然孝子忿必慮難, 動不累親, 今若背親逞怒, 白日殺人, 赦若非義, 刑若不忍, 將如之何? 長以械自系曰, 國家制法, 囚身犯之, 明府雖加哀矜, 恩無所施.(吳祐傳)

【역문】 안구현(安丘縣)의 남자로 무구장이라 불리는 사람이 있었는데, 모친

---

287 『史記』 권6, 「秦始皇本紀」, 269쪽.

288 沈約(441년–513년)은 남조 梁 吳興 武康人. 자는 休文으로 沈璞의 子로 어려서부터 재난을 만나 빈곤 속에서도 학문에 힘써 시문으로 당대에 이름을 떨쳤다. 영리에는 관심을 두지 않은 채 淸談을 즐겼다.

289 『初學紀』 권24, 「苑囿」, 584쪽.

290 輕侮: 남을 하잘것없이 보아 모욕하거나 업신여김. 後漢 章帝 建初연간(68년–83년)에 輕侮法이라는 법률 제정을 둘러싼 움직임이 있었다. 이것은 모욕을 당한 아버지의 아들이 모욕을 가한 상대를 살해한 사건이 발단이 된다. 당시 살인죄에는 사형이 구형되었는데, 이때 장제는 사형을 감형한다는 恩赦를 발표하게 되고, 이것이 판례로서 효력을 가지게 되어, 다음 和帝 시대가 되자 경모법을 성문법화하려는 움직임이 일어나게 된다.

과 함께 시장에 갈 때 길에서 그 모친을 모욕하는 취객과 마주쳤는데, 무구장이 그를 죽이고 도망갔다. 안구현에서부터 교동(膠東)까지 쫓아가 그를 잡았다. 오우(吳祐)가 관구장을 불러 말하기를, "아들로써 모친이 모욕을 당하는 것을 보면 차마 용인할 수 없었을 것이다. 그러나 효자는 분노했을 때 그 결과를 예상할 수 있어야 한다. 행동이 부모에게 누를 끼치게 해서는 안 된다. 당신이 오늘 부모의 마음에 바라는 바를 위배하여 흉기(凶氣)를 드러내서 대낮에 사람을 죽였다. 너를 사면하는 것은 도리에 어긋나는 것이다. 너를 엄하게 징계하는 것도 마음으로 용인할 수 없다. 너를 어찌하면 좋을지 말해보라."라 하였다. 관구장이 스스로 형구를 차며 말하기를, "국가가 대법을 정하였는데 내가 스스로 그것을 어겼다. 대인이 나를 동정하여 말하지만 그 은혜를 행할 방법이 없다."고 하였다.[291](『후한서』「오우전」)

【원문】　建初中, 有人侮辱人父者, 而其子殺之, 肅宗貰其死刑而降宥之, 自後因以爲比, 遂定其議, 以爲輕侮法.(張敏傳)

【역문】　건초 중에 어떤 이의 부친을 모욕한 이가 있었는데 그의 아들이 모욕한 자를 살해하였다. 숙종(肅宗)이 그의 사형을 사면하고 용서를 내렸다. 이 이후부터 관례를 형성하였고 이러한 논의가 정해져 내려와 '경모법'이 되었다.[292](『후한서』「장민전」)

---

291 『後漢書』 권64, 「吳祐列傳」, 2101쪽, "又安丘男子母丘長與母俱行市, 道遇醉客辱其母, …"

292 『後漢書』 권44, 「張敏列傳」, 1502-1503쪽; 이 성문법화의 움직임에 대해 비서관이었던 張敏은 감히 반대 의견을 제시한다. "輕侮法은 선대왕의 특별한 은혜에 의한 것이지 성문법화해서 이것을 율령으로 발표한 것은 아닙니다. … 아무쪼록 이것을 성문법화해서 후세에 전해서는 안 됩니다." 和帝는 결국 장민의 의견을 수용한다. 唐代에는 禮와 刑이 충돌하는 사안의 경우, 流刑을 이용하여 死刑의 실행을 피하고 禮의 명분을 획득했던 사례들도 확인할 수 있는데, 예를 들어 長慶2년(822) 아버지를 해치려는 자를 살해한 康買得에 대해 "減死罪一等" 처벌을 한 것(『唐會要』 권39, 「議刑輕重」, 832쪽)이나, 元和6년(811) 아버지의 원수를 살해한 富平人 梁悅에 대해 免死 처벌로 "決杖一百, 配流循州"에 처한 것(『新唐書』 권195, 「孝友列傳」, 5588쪽) 등이 그러한 경우에 해당된다고 할 수 있을 것이다. 寶曆3년(827) 며느리를 살해한 시어머니에 대해 "減死" 처벌을 내린 것(『唐會要』 권39, 「議刑輕重」, 832쪽)과, 太和6년(832) 취중에 살인을 저지르고 도망갔다 아버지가 대신 구금되자 돌아와서 자수한 上官興을 死刑 대신 "決杖八十, 配流靈州"로 처벌한 것(『舊唐書』 권17

【세주 원문】 按張敏傳極言輕侮法之非, 以爲先帝一切之恩, 未有成科頒之律令也, 是西漢原無此律. 然考周禮地官調人注云, 父母兄弟師長嘗辱焉而殺之者, 如是爲得其宜, 雖所殺人之父兄, 不得仇也, 使之不同國而已. 司農時以漢法解經, 知此法漢末尙未改也.

【세주 역문】 『후한서』「장민전」에서 경모법의 그릇됨을 극언하여, "[경모법은] 선제(先帝)의 일체의 은혜로 여겨지며 성문법화해서 이것을 율령으로 반포한 것은 아니다."293라고 하였다. 이것으로 서한에는 원래 그 율이 없다는 것을 알 수 있다. 『주례』「지관」조인(調人)의 주에 이르기를, "부모형제사장(父母兄弟師長)이 모욕당하고 그 자를 죽인 자가 이와 같이 그 적절한 조치를 받는다면 비록 살해당한 자294의 부형이라도 복수할 수 없다. 그로 하여금 나라를 같이하지 않게 할 뿐이다."라고 하였다.295 사농이 때로는 한법으로 경의(經義)를 해석하였는데, 이 법이 한말에 아직 고쳐지지 않았음을 알 수 있다.

● **報讎** 보수296

【원문】 父不受誅, 子復仇可也, 父受誅, 子復讎, 推刃之道也.(公羊定四年何注)

【역문】 아비가 불법으로 주살되면297 자식이 복수하는 것은 옳다. 아비가 형벌을 받았는데,298 자식이 보복하는 것은 추인의 도299이다.300(『춘추공

下, 「文宗本紀」, 545쪽), 元和14년(819) 坐贓으로 死刑을 받게 된 權長孺를 구하기 위해 연로한 어머니가 사정하자 "免死長流" 처벌로 대신한 것(『舊唐書』 권159, 「崔䓖列傳」, 4188쪽) 등도 모두 동일한 맥락의 사례들이라 할 수 있다.

293 『後漢書』 권44, 「張敏列傳」, 1503쪽.
294 이 부분의 문장에 '者'가 빠져 있다.
295 『周禮正義』 권26, 「地官司徒」, '調人'注, 1032쪽, "…, 雖所殺者人之父兄, …"
296 報讎: 復讐. 원수를 갚는 것.
297 不受誅: 불법으로 誅殺돼
298 受誅: 마땅히 주살됨.
299 推刃之道: 한 번 가고 한 번 옴을 推刃이라 한다. 아비가 당연히 주살되어야 할 죄를 지어 주살되었는데, 복수를 하면 원수의 집에서도 반드시 복수할 것이라는 의미이다.
300 『春秋公羊傳注疏』 권25, 「定公四年條」, '何休注', 562쪽.

양전』「정공4년」'하휴 주')

【원문】 二千石以令解仇怒, 後復相報, 移徙之.(周禮地官調人注)

【역문】 이천석이 명령으로 원한을 풀도록 하는데, 후에 다시 서로 복수를 하고자 하면, 거주지를 옮겨 복수를 피하도록 하였다.[301][『주례』「지관」(조인) 주]

【원문】 今人相殺傷, 雖已伏法, 而私結冤讎, 子孫相報, 後忿深至於滅戶殄業. 今宜申明舊令, 若已伏官誅而私相殺傷者, 雖一身逃亡, 皆徙家屬於邊, 其相傷者, 常加二等, 不得顧山贖罪, 如是則仇怨自解, 盜賊息矣.(桓譚傳)

【역문】 [오늘날, 백성들은 살상을 반복하고 있습니다. 일단 법으로 해결한 이후에도, 복수심을 마음속에 품어 자손 대대로 이어져 내려가 원한이 점점 더 커져 결국 집안이 망하게 됩니다. 이런 상황인데도 세상에서는 복수를 찬미하고 있습니다. 따라서 패기가 없는 사람도 무리해서 복수를 하려 합니다. 이것은 백성들이 마음대로 자치(自治)하는 것을 허락하는 것으로 이리 하다가는 무법천지가 되고 말겠습니다.] 오늘날 사람들은 서로 살상하니 비록 이미 형벌을 받아 죽임을 당했는데도 사적으로 원한을 맺습니다. 후대의 원한은 이전보다 깊어지고 심지어 문호가 궤멸되기도 합니다. 지금 마땅히 본래의 법령을 펼쳐서 밝혀야 하며 만약 이미 형벌을 받아 주살을 당했거나 사적으로 서로 살상한 자, 말썽을 일으킨 자가 한 사람이라도 도망치면 그 집을 모두 변방으로 옮기고 상대방을 상해한 자는 상규보다 가죄 2등 더하고 또한 금전을 내고 다른 사람을 고용하여 벌목을 하는 대신에 속죄하게 하는 '고산속죄'를 적용할 수 없도록 해야 합니다. 이와 같이하면 복수하여 원한을 갚는 풍조는 저절로 사라질 것이고 도적은 그치게 될 것입니다.[302](『후한서』「환담전」)

---

301 『周禮』 권67, 「地官司徒」, '調人注', 1024쪽.

【원문】 兄爲鄕人所殺, 朗白日操刃, 報仇於縣中.(魏朗傳)

【역문】 형이 향리사람에게 살해되어 위랑(魏朗)이 대낮에 칼을 휘둘러 현내에서 복수하였다.303(『후한서』「위랑전」)

【원문】 漢時官不禁報怨, 民家皆高樓鼓其上, 有急卽上樓擊鼓, 以告邑里, 令救助.(御覽五百十八引王褒僮約注)

【역문】 한나라 시대에 관은 복수를 금지하지 않았는데,304 민가는 모두 고루를 지어 그 위에 북을 두고, 급한 일이 있으면 고루에 올라서 북을 쳐서 읍리에 알리고 구조하도록 하였다.305(『태평어람』권518「왕포동약」 주에서 인용)

【세주 원문】 按曲禮父之仇弗與共戴天, 兄弟之仇不反兵, 漢制蓋猶近古. 晉志魏改漢律, 賊鬪殺人以劾而亡, 許依古義聽子弟得追殺之, 會赦及過誤, 相不得報讎, 所以止殺害也云云, 是漢時雖赦或過誤, 猶得報讎可知.

【세주 역문】 『예기』「곡례」에 "아버지의 원수는 함께 하늘을 이고 살지 않으며, 형제의 원수는 죽이려는 병기를 도로 거두지 않는다."고 한다.306 한나라의 제도는 대개 근고의 제도와 같다. 『진서』「형법지」에는 위(魏)에서 한율을 변경한 것이 나오는데,307 이르기를, "사람을 이유 없이 포악하게 죽이거나 싸움을 하여 죽여서 고발되

---

302 『後漢書』 권28, 「桓譚列傳」, 958쪽. "…, 後忿深前, 至於滅戶殄業. …, 加常二等, 不得雇山贖罪. 如此, 則仇怨自解, 盜賊息矣."
303 『後漢書』 권67, 「魏朗傳」, 2200쪽.
304 한대에 복수 금지령이 있었던 것은 확실하다. 그러나 복수에 대해 공식적으로 인정을 해서 처벌하지 않거나 감형조치를 한다는 규정이 한율 속에는 없었다.
305 『太平御覽』 권598 「王褒僮約」 注, 708쪽. "…, 有急則上樓, 擊以告邑里令救助也."
306 유교의 教義를 기록한 기본적 성전이라 할 수 있는 5경. 易 · 書 · 詩 · 禮 · 춘추 중에서 예에 관한 경서는 『주례』 · 『의례』 · 『예기』 등 3종류가 있다. 이 중에서 『예기』는 예의 이론과 해석을 기록한 것인데, 이 곡례편에는 복수를 긍정하여. "아버지의 원수는 함께 하늘을 이고 살지 않으며, 형제의 원수는 죽이려는 병기를 도로 거두지 않으며 친우의 원수는 나라를 같이하여 살지 않는다."라고 하고 있다. 이것은 「불구대천의 원수」의 근거가 된 조항으로, 후한의 훈고학자인 鄭玄에 의하면 "아버지는 아들에게 있어서는 하늘이고, 이 하늘을 죽인 자와 함께 하늘을 이고 사는 것은 효자라고 할 수 없다. 어디든지 끝까지 쫓아가서 원수를 죽이는 것이야말로 아들로서 체면이 선다."고 말하고 있다.

어 조사를 받다가 도망을 가면[308] 고대의 경의(經義)에 따라 피해자의 자제(子弟)가 범인을 추적하여 살해할 수 있도록 허락한다.[309] 다만 사면을 받거나 과실로 사람을 죽인 경우에는 복수를 허락하지 않는데, 그것은 살해행위를 막기 위한 것이다."[310]고 하였다. 이것은 한나라 때 사면을 받거나 과실로 사람을 죽인 경우의 사례이지만, 가히 복수할 수 있었음을 알 수 있다.

◉ 殺人 살인

【원문】 南利侯寶, 坐殺人奪爵.(廣陵厲王傳)

【역문】 [후에 유서(劉胥)의 자인] 남리후 유보(劉寶)는 살인죄로 작위가 박탈되었다.[311](『한서』「광릉려왕전」)

【원문】 湖陽公主蒼頭白日殺人, 因匿主家, 吏不能得. 及主出行, 而以奴驂乘, 宣於夏門亭候之, 乃駐車叩馬, 以刀畫地, 大言數主之失, 叱奴下車, 因格殺之.(董宣傳)

【역문】 호양공주의 노예가 대낮에 살인을 했는데, 공주의 댁에서 숨어서 나가지 않아서 관리들이 그를 체포할 수 없었다. 공주가 외출할 때까지 가노들이 동행했는데 동선이 하문정에 기다리고 있고 공주가 도착하자마자 수레를 막고 말의 앞에서 엎드려서 칼을 잡고 손짓으로 자신의 의사를 표시하고, 큰 소리로 여러 차례 공주의 잘못을 말하면서 가노에게 수레에서 내리라고 하고 나서 가노를 때려서 죽였다.[312](『후한서』「동선전」)

---

307 漢의 舊律 중에서 부적절하여 魏에서 실제적으로 시행되지 않은 것을 개정하여 모두 削除하고, 古制의 趣旨에 따라 五刑을 만들었다고 한다.

308 賊鬪殺: 정당한 이유 없이 나쁜 마음을 품고 사람을 흉포하게 사람을 죽이는 것.

309 古義: 여기서 古義란 『春秋公羊傳』「定公四年」"此其爲可以復讐乃何? 曰「父不受誅, 子復讐可也. 父受誅, 子復讐, 推刃之道也」"를 말한다.

310 『晉書』 권30, 「刑法志」, 925쪽.

311 『漢書』 권63, 「武五子傳」'廣陵厲王', 2761쪽, "後胥子南利侯寶坐殺人奪爵."

312 『後漢書』 권77, 「酷吏列傳」'董宣', 2489-2490쪽.

【원문】 嗣河間王元, 坐殺人廢遷房陵.(諸侯王表)

【역문】 하간왕 유원(劉元)은 살인죄로 폐위되어 방릉으로 천사(遷徙)하였다.[313](『한서』「제후왕표」)

【원문】 軹侯薄昭, 孝文十年坐殺使者自殺.(恩澤侯表)

【역문】 지후 박소는 효문제 10년(기원전 170년)에 사자를 살해한 죄를 받아 자살하였다.[314](『한서』「외척은택후표」)

【원문】 茲侯明, 元朔三年坐殺人自殺. 原洛侯敢, 徵和三年, 坐殺人棄市. 宜城康侯福, 太初元年坐殺弟棄市.(王子侯表)

【역문】 자후명은 원삭 3년(기원전 126년)에 살인죄로 자살하였다.[315] 원락후 감은 징화 3년(기원전 90년)에 살인죄로 기시에 처하였다.[316] 의성강후 복은 태초 원년(기원전 104년)에 동생을 살해한 죄를 받아 기시에 처하였다.[317](『한서』「왕자후표」)

【원문】 執金吾馬適建坐殺人下獄.(百官公卿表)

【역문】 집금오[318] 마적건은 살인죄로 옥에 갇히고 [자살하였다.][319](『한서』「백관공경표」)

【세주 원문】 按公羊文十六年何注, 殺人者刎脰. 釋例云, 蓋秦法也, 高祖入關, 約法三章, 殺人者死, 見史記.

【세주 역문】 『춘추공양전』의 문공 16년의 하주에 "살인자는 목을 벤다."[320]고 하였

---

313 『漢書』 권14, 「諸侯王表」, 409쪽.
314 『漢書』 권18, 「外戚恩澤侯表」, 683쪽, "坐殺使者, 自殺".
315 『漢書』 권18, 「外戚恩澤侯表」, 685쪽.
316 『漢書』 권15상, 「王子侯表」, 471쪽.
317 『漢書』 권15상, 「王子侯表」, 442쪽.
318 執金吾: 진한시기 궁성을 보위하는 관원.
319 『漢書』 권19하, 「百官公卿表」, 792쪽, "執金吾河東馬適建子孟任職, 六年坐殺人下獄自殺".

고, 『석례』에 "대개 진법이다."고 하였다. 고조가 입관해서 '약법3장'을 발표하였는
데, '약법3장'에서 "살인자는 사형에 처한다."라고 하였다. [자세한 것은] 『사기』에 보
인다.

⦿ **謀殺** 모살[321]

【원문】 二人對議謂之謀.(晉書刑法志引張斐律表)

【역문】 2인 이상이 상의해서 일을 꾸미는 것을 '모'라 한다.[322](『진서』「형법
지」에서 장비율표를 인용)

【원문】 羊勝公孫詭謀刺袁盎, 自殺.(梁孝王傳)

【역문】 (양효왕)이 양승·공손궤와 같이 원앙을 사람을 시켜 찔러 죽일 것
을 모의한 죄로 자살하였다.[323](『한서』「양효왕전」)

【원문】 嗣章武侯竇常生, 元狩元年, 坐謀殺人未殺免.(恩澤侯表)

【역문】 장무후 두상생은 원수 원년(기원전 122년)에 사람을 살인하려고 모의
하였는데, 미살한 죄를 받아 면관되었다.[324](『한서』「외척은택후표」)

【원문】 榮關侯驀, 坐謀殺人, 會赦免.(王子侯表)

【역문】 영관후 건은 사람을 살인하려고 모의한 죄를 받았는데, 그때 마침
[사면령이 내려서] 사면을 받았다.[325](『한서』「왕자후표」)

---

320 『春秋公羊傳注疏』 권14, 「文公16年條」, '何休注', 315쪽; 胗: 頭와 의미가 같다.
321 謀殺: 2인 이상이 상의해서 살인을 모의하는 것.
322 『晉書』 권30, 「刑法志」, 928쪽.
323 『漢書』 권47, 「梁孝王傳」, 2210쪽, "梁王怨袁盎及議臣, 乃與羊勝、公孫詭之屬謀, 陰使人刺殺袁盎
及他議臣十餘人, 賊未得也."
324 『漢書』 권18, 「外戚恩澤侯表」, 684쪽, "元狩元年, 坐謀殺人, 未殺, 免."
325 『漢書』 권15상, 「王子侯表」, 450쪽.

【원문】 嗣博陽侯陳塞, 坐謀殺人, 會赦免.(功臣表)

【역문】 박양후 진새는 사람을 살인하려고 모의한 죄를 받았는데, 그때 마침 [사면령이 내려서] 사면을 받았다.[326](『한서』「공신표」)

【세주 원문】 按唐律, 謀殺人, 在賊盜一.

【세주 역문】 당률에 "살인을 모의하다(謀殺人)."는 '적도(賊盜)1'에 있다.[327]

◉ 鬪殺 투살

◉ 兩訟相趣謂之鬪(晉書刑法志引張斐律表)

쟁송 중인 쌍방이 서로 공격하는 것을 '투(鬪)'라 한다.[328](『진서』「형법지」에서 장비율표를 인용)

【원문】 變鬪殺傷捕伍鄰. 注、變鬪者, 爲變難而相鬪也, 殺傷, 相傷及相殺也: 捕, 收掩也. 有犯變鬪傷殺者, 則同伍及鄰居之人皆被收掩也.(急就篇)

【역문】 소란하게 다투어 살상하는 일이 발생하면 이웃하는 5가를 체포한다. 주에 이르기를, 변투자는 사변(事變)으로 소란해지다가 서로 싸우는 것이다. 살상은 서로 상하거나 서로 죽이는 것이다. 포는 체포이다. '변투살상'을 범하면 동오 및 이웃에 거주하는 사람이 모두 체포되어 몰수되는 것이다.[329](『급취편』)

【세주 원문】 按史記商鞅令民爲什伍而相收司. 李悝法經有囚捕二篇, 漢九章中捕律,

---

326 『漢書』 권16, 「高惠高后文功臣表」, 537쪽.
327 『唐律疏議』 第256味: 「賊盜」 9, '謀殺人', 329쪽.
328 『晉書』 권30, 「刑法志」, 928쪽; 鬪:鬪毆; 訟:訟에는 '爭'의 의미가 있다; 相趣: 쌍방이 충돌해서 다투는 것을 의미.
329 『急就篇』 권4, '變鬪殺傷捕伍鄰', 301쪽.

沿秦之舊, 故於鬪殺傷, 猶捕及鄰伍也.

【세주 역문】 『사기』에 "상앙이 민을 십오330로 편제하고 서로 규찰하고 고발하도록 하였다"331고 한다. 이회가 만든 『법경』 중에 '수율'과 '포율' 2편이 있고 한의 구장률 중의 '포율'은 진의 제도를 따른 것이기 때문에 투살상에 더욱 '포(捕)'와 '인오(鄰伍)'가 있는 것이다.

◉ 戲殺332   희살

◉ 兩和相害謂之戲.(晉書刑法志引張斐律表)
서로 불화(不和)하지 않고 쌍방이 서로 상해(傷害)를 입힌 것을 '희(戲)'라 한다.333(『진서』「형법지」에서 장비율표를 인용)

【원문】 律有甲娶, 乙丙共戲甲, 旁有櫃, 比之爲獄, 擧置櫃中復之, 甲因氣絶, 論當鬼薪.(酉陽雜俎)

【역문】 율에는 "갑이 장가들었는데, 을과 병은 같이 갑을 희롱하였다. 옆에

---

330 什伍: 古代戶籍과 兵士의 기층편제. 戶籍은 五家를 伍로 하고, 十家를 什으로 한다. 군대는 五人을 伍로 하고, 二伍를 什으로 한다. 商鞅變法 중의 규정을 보면 백성들은 每 十戶를 '一什'으로 편성하여 상호·감시하도록 하고 있다. 어느 一戶가 죄를 범하면 나머지 九戶가 고발하도록 하는데, 만약 고발하지 않으면 나머지 九戶도 죄를 범한 一戶와 똑같은 처벌을 받도록 하고 있다. 그러나 출토문서상에는 10단위가 아니라 五家를 伍로 하는 조직으로 되어 있다. 戰國時代의 혼란을 평정하고 천하를 통일한 秦은 商鞅變法 이후 授田體制를 확립시키고, 이를 바탕으로 분산되었던 자연 촌락을 성으로 둘러싸인 鄕邑 단위로 再編成하였다. 鄕邑 內部는 다시 사방이 담으로 둘러싸인 여러 개의 里로 조직되었는데, 모든 人民은 이러한 里 안에 거주하며 생활하였다. 里에는 약간의 里門이 설치되어 있었고, 정해진 시간에 開閉되었으며 또 監門이 설치되어 吏民의 出入을 감시하였다. 外來人이 居住 시에는 반드시 등기조사를 하고 보증인이 있어야만 거주할 수 있었다. 『二年律令』에는 五大夫이상, 五大夫 以下-庶人, 隷臣妾·城旦春·鬼薪白粲 등의 관노비가 거주지를 달리하고 있었음이 확인되고 있다; 『二年律令』 305簡, "自五大夫以下, 比地爲伍, 以辨□爲信, 居處相察, 出入相司, 有爲盜賊及亡者, 輒謁吏·典."; 『二年律令』 307簡 "隷臣妾·城旦春·鬼薪白粲家室居民里中者, 以亡論之".
331 『史記』 권68, 「商君列傳」, 2230쪽.
332 戲殺: 장난으로 인하여 일어난 행위로, 잘못해서 상대방을 살해한 것을 말한다.
333 兩和: 쌍방이 서로 和同하는 것. 兩訟과는 거의 반대의 의미. 그러나 兵刃나 水火로 해를 입힌 경우에는 '戲'의 범주에 속하지 않는다.

궤가 있고 그것을 비교하여 옥이라고 하였다. [갑을] 들어서 궤 중에 넣고 덮었는데, 그로 인하여 갑은 기절하였다. 죄가 귀신에 해당한다."가 있다.[334](『유양잡조』)

【세주 원문】 按唐律, 戲殺傷人, 在鬪訟三.

【세주 역문】 당률에 '희살상인(戲殺傷人)'은 '투송(鬪訟)3'에 있다.[335]

◉ 狂易殺人 광역살인[336]

【원문】 忠奏狂易殺人, 得減重論, 事皆施行.(陳忠傳)

【역문】 진충이 광기로 실성해서 타인을 살해한 경우에는 사형보다 가벼운 형벌로 처벌할 수 있도록 해달라고 상주하였는데, 모두 시행하게 되었다.[337](『후한서』「진충전」)

【원문】 河內太守上民張大, 有狂病, 病發殺母弟, 應梟首, 遇赦, 謂不當除之, 梟首如故.(御覽六百四十八引廷尉決事)

【역문】 하내 태수가 상주하기를, 장대라는 평민이 광병에 걸렸다. 발병하여 어머니와 동생을 살해하여 마땅히 효수에 처해야 하는데, 사면을 받았다. 그의 죄를 면제하는 것은 부당하므로 전처럼 효수를 처해야 한다고 하였다.[338](『태평어람』 권646에서 「정위결사」를 인용)

---

334 (唐)段成式 撰, 『酉陽雜俎』(中華書局, 1981) 권1, 「禮異」, 8쪽; 『酉陽雜俎』: 중국 唐代에 황당무계한 怪異記事를 集錄한 책이다. 段成式(803年~863年) 撰으로 20卷・續集10卷으로 이뤄졌는데, 860年(咸通元年)頃에 成立하였다.

335 『唐律疏議』 第338條; 「鬪訟」, 37, '戲殺傷人', 425쪽.

336 狂易殺人: 광기로 실성해서 타인을 살해하는 것.

337 『後漢書』 권46, 「陳忠列傳」, 1556쪽.

338 『太平御覽』 권646, 「刑法部12」 '梟首', 86쪽, "河內太守上民張大有狂病, 病發, 殺母弟, … 議不當除之."

⊙ **使人殺人** 사람을 시켜 살인하는 것

【원문】 嗣侯陽戎奴, 元狩五年坐使人殺季父, 棄市. 嗣侯蕭獲, 永始元年坐使奴殺人, 減死完爲城旦.(功臣表)

【역문】 후 양융노가 원수 5년(기원전 118년)에 사람을 시켜 계부를 살해한 죄를 받아 기시로에 처해졌다.[339] 후 소획이 영시 원년(기원전 16년)에 노비를 시켜 살인한 죄를 받았는데, 사죄를 감형받아 완위성단에[340] 처하였다.[341](『한서』「공신표」)

【원문】 嗣侯毋害, 本始二年坐使人殺兄棄市. 武安侯悍, 元壽二年坐使奴殺人免. 樂侯義坐使人殺人, 髡爲城旦. 陽興侯昌坐朝私留他縣, 使庶子殺人, 棄市. 富侯龍, 元康元年坐使奴殺人. 下獄瘦死.(王子侯表)

【역문】 사후 무해는 본시 2년(기원전 72년)에 사람을 사주해서 형을 살해한 죄를 받아 기시에 처하게 되었다.[342] 무안후 수는 원수 2년(기원전 121년)에 노비를 사주해서 살인하여 면직되었다. 악후 의는 사람을 시켜서 살인한 죄를 받아 '곤위성단'[343]에 처하게 되었다.[344] 양흥후 창은 조하할 때 몰래 다른 현에 머물며 현에 있을 때 서자를 시켜 살인한 죄를 받아 기시에 처하였다.[345] 부후 용은 원강 원년(기원전 65년)에 노비를 사주해서 살인하여 하옥되어 굶주림과 추위로 죽었다.[346](『한서』「왕자후표」)

【원문】 鉅鹿太守朱壽爲廷尉, 元鳳五年, 坐侍中邢元下獄、風吏殺元, 棄

---

339 『漢書』 권16, 「高惠高后文功臣表」, 619쪽.
340 完은 육체나 두발에 손상을 가하지 않는다는 의미.
341 『漢書』 권16, 「高惠高后文功臣表」, 544쪽.
342 『漢書』 권15상, 「王子侯表」, 462쪽.
343 '髡'은 耐刑처럼 형벌을 분류하는 하나의 기준인데, 髡爲城旦에는 대체로 태형이 부가된다.
344 『漢書』 권15하, 「王子侯表」, 519쪽.
345 『漢書』 권15하, 「王子侯表」, 496쪽.
346 『漢書』 권15상, 「王子侯表」, 452쪽.

市.(百官公卿表)

【역문】 거록의 태수 주수가 정위가 되었는데, 원봉 5년(기원전 76년)에 시중 형원이 하옥되었는데, 관리를 선동해서 형원을 살해한 죄를 받아 기시에 처하였다.[347](『한서』「백관공경표」)

【원문】 嗣侯姬君當坐使奴殺家丞, 棄市.(恩澤侯表)

【역문】 후 희군은 노비를 시켜서 가승을 살해한 죄를 받아 기시에 처하였다.[348](『한서』「외척은택후표」)

【원문】 週玘字孟玉, 爲右將軍掾, 弟子使客殺人, 被罪.(御覽五百十二引風俗通)

【역문】 주비의 자는 맹옥이고 우장군의 속관인데, 그의 제자가 문객을 시켜 살인하여 죄를 받았다.[349](『태평어람』권512에서 『풍속통』을 인용)

◉ 殺繼母 살계모

【원문】 漢景帝時, 廷尉上囚防年繼母陳論殺防年父, 防年因殺陳, 依律, 殺母以大逆論, 帝疑之. 武帝時年十二, 爲太子, 在旁, 帝命問之. 太子答曰, 夫繼母如母, 明不及母, 緣父之故, 比之於母. 今繼母無狀, 手殺其父, 則下手之日, 母恩絕矣. 宜與殺人者同, 不宜與大逆論, 從之.(通典一百六十六)判処死刑

【역문】 한 경제(漢景帝)의 [후원년(143년)], 정위(廷尉)가 올린 죄수에 방년(防年)의 계모 진(陳)이 방년의 아버지를 살해하자 방년은 진을 살해하였다. 법에 의하면 어미를 죽이면 대역죄(大逆罪)로 처벌하도록 되어 있었다.

---

347 『漢書』권19하, 「百官公卿表」, 797~798쪽. "坐侍中邢元下獄風吏殺元棄市".
348 『漢書』권18, 「外戚恩澤侯表」, 688쪽.
349 『太平御覽』권512, 「宗親部2」 '伯叔', 74쪽.

경제는 의문을 가졌고, 무제(武帝)의 나이는 이때 12세로 태자가 되어 곁에 있었다. 경제가 물으니 태자가 답하기를, "계모는 어미와 같으나 분명히 어미에게는 미치지 못합니다. 아비의 인연으로 해서 어미에 비기는 것입니다. 지금 계모가 못돼서 직접 그 지아비를 죽였으니 살해한 날로 어미의 인연은 끊어진 것입니다. 살인한 자와 같아야 하고, 대역죄로 처벌하는 것은 타당하지 아니하다."라고 하니, 경제는 이 의견에 따랐다.[350](『통전』 권166)

【세주 원문】 按魏改漢律, 正殺繼母與親母同, 防繼假之隙, 見晉志引魏新律序.

【세주 역문】 위(魏)에서 한(漢)의 구율(舊律)을 개정하여, "계모를 살해하는 것과 친모를 살해하는 것을 똑같은 죄로 한다.[351] 그것은 계자(繼子)와 가모(假母) 사이의 틈[352]이 생기는 것을 막기 위한 것이다."라고 하였다.[353](『진서』 「형법지」에서 「위신율서」를 인용)

◉ 殺子孫   자손을 살해하는 것[354]

【원문】 小民因貧, 多不養子, 彪嚴爲其制, 與殺人同罪.(賈彪傳)

【역문】 백성들은 빈곤하였기 때문에 대부분 아이를 기르지 않아서 가표가 이 때문에 엄격한 법령을 제정했는데, 아이를 기르지 않는 경우와 살인이 같은 죄로 하였다.[355](『후한서』 「당고열전」)

【원문】 宗慶遷長沙太守, 人多以乏衣食, 産乳不擧, 慶切讓三老, 禁民殺

---

350 『通典』 권166, 「刑法」4, 4288쪽.
351 正: 定과 같다. 죄명을 정하는 것.
352 繼假之隙: 繼子와 假母 사이에 화목하지 못함을 의미. 고대에는 繼母와 庶母를 假母라 하였다. 그것은 養子를 假子라 한 것과 마찬가지이다.
353 『晉書』 권30, 「刑法志」, 925쪽.
354 여기서는 자손을 살해하는 것에 대한 범죄에 대한 처벌 법규를 말한다.
355 『後漢書』 권67, 「黨錮列傳」(賈彪) 2216쪽.

子, 比年之間, 民養子者三千餘人.(書鈔七十五引謝承後漢書)

【역문】 종경은 장사의 태수로 옮겼는데 대부분 사람들이 의식이 부족하고 아이를 낳아도 신고하지 않아서 종경이 삼로를 호되게 비판하고 백성들에게 아이를 죽이는 것을 금지해서 매년 아이를 양육하는 백성이 3,000여 명에 이르렀다.[356](『북당서초』권75에서 사승의 『후한서』를 인용)

【세주 원문】 按書康誥, 於父不能字厥子, 乃疾厥子, 刑茲無赦. 公羊傳僖五年, 晉侯殺其世子申生, 曷爲直稱晉侯, 甚之也. 何休注, 甚之者, 甚惡殺親親也. 漢以前疑無殺子孫減輕之律, 故賈彪得嚴其制, 與殺人同罪. 通考引魏鬪律, 祖父母父母忿怒以兵刃殺子孫者, 五歲刑, 毆殺及愛憎而故殺者, 各減一等. 唐律, 以刃殺子孫者徒二年, 故殺者加一等.

【세주 역문】 『서경』「강고」에 "아버지가 된 자가 그 자식을 애호(愛護)할 수 없고, 도리어 그의 자식을 싫어한다면, 이런 사람을 징벌함에 사면할 필요가 없다."[357]고 하였다. 『춘추공양전』 희공 5년조에 의하면 "진후(진헌공)가 세자 신생을 살해하였다. 왜 직접 진후가 살해하였다고 하는가? 지나치게 심했다고 생각하기 때문이다."[358]라 하였다. 하휴의 주에 의하면, "지나치게 심했다고 생각했다는 것은 친척을 살해한 것을 매우 증오했다는 것이다."[359]고 하였다. 한대 이전에는 아마도 자손을 죽이는 것에 대한 감형의 법률이 없어서 가표가 그 제도를 엄격하게 해서 살인과 같은 죄로 하였던 것 같다. 『문헌통고』에서 위(魏)의 투율을 인용하여 "조부모나 부모가 분노해서 병장기의 칼날을 사용하여 자손을 죽이면 5세형으로 논죄하고 구타하여 살해하는 것과 애증 때문에 고의로 죽이는 사람에게는 각각 일등 줄인다."고 하였다. 당률에 의하면 "자손이 가르침이나 명령을 위반하여 조부모나 부모가 구타하여 죽였다면 도형 1년반에 처한다. 흉기를 사용하여 죽였다면 도형 2년에 처한다. 고의로 죽였다면 각각 1등을 더한다."[360]고 하였다.

---

356 (唐)虞世南撰, 『北堂書鈔』(欽定四庫全書)권75, 「設官部」 '太守中', 348쪽.
357 『尙書正義』권14, 「康誥」, 367쪽.
358 『春秋公羊傳注疏』권10, 「僖公5年條」, 216쪽.
359 『春秋公羊傳注疏』권10, 「僖公5年條」, '何休注', 216쪽.

● 殺奴婢　노비를 살해하는 것[361]

【원문】 建武十一年, 詔敢灸灼奴婢, 論如律, 免所灸灼者爲庶民. (光武紀)

【역문】 건무 11년(34년)에 조서를 내려서 "감히 노비를 태워서 굽는 자는 율과 같이 처벌하고 태워서 굽는 자를 면해서 서민으로 하여라."고 하였다.[362](『후한서』 권1하, 「광무제기」)

【원문】 首鄕侯段曹曾孫勝, 坐殺婢國除. (東觀漢記)

【역문】 수향후 단조(段曹)의 증손자인 단승이 '비'를 살해한 죄를 받아 봉지를 회수당하였다.[363](『동관한기』)

【세주 원문】 按唐律, 主殺奴婢在鬪訟二.

【세주 역문】 당률에 "주인이 그 노비를 살해하는 것(主殺奴婢)"은 '투송(鬪訟)2'에 있다.[364]

● 殺牛棄市　소를 죽인 자는 기시에 처한다

【원문】 法禁殺牛, 犯之者誅. (淮南子高誘注)

【역문】 왕법으로 소를 죽이는 것을 금했는데, 그 법을 어기는 자는 주살한다.[365](『회남자』 고유 주)

---

360 『唐律疏議』 第329條 鬪訟 28 '毆詈祖父母父母', 414쪽.

361 여기서는 노비를 살해하는 것에 대한 처벌법규.

362 『後漢書』 권1하, 「光武帝紀」, 58쪽.

363 (東漢) 劉珍 等 撰, 吳樹平 校注, 『東觀漢記校注』(中州古籍出版社, 1987), 권19, 「列傳」 '段普', 846쪽, "首鄕侯段曾孫勝坐殺婢"

364 『唐律疏議』 第321條 「鬪訟」 20 '主殺有罪奴婢', 406쪽.

365 劉安 等 編著, 高誘 注, 『淮南子』(上海古籍出版社, 1991년) 권16, 「說山」, 178쪽, 高誘注: "王法禁殺牛, 犯禁殺之者誅."

【원문】 曲周民父病, 以牛禱縣結正棄市.(魏志陳矯傳)

【역문】 곡주의 한 백성은 부친이 병들자 소를 잡아 희생으로 바치고 기도를 드렸는데, 현청에서는 [당시 밭을 가는 소를 보호하라는] 법령에 따라 기시에 처하려고 하였다.[366](『위서』「진교전」)

【세주 원문】 按曲禮諸侯無故不殺牛, 是周時已有禁, 漢特嚴其制耳.

【세주 역문】 『예기』「곡례」에 "제후도 아무 까닭 없이 소를 죽이지 않았다."[367]고 한다. 이것은 주나라에서부터 이미 금함이 있었다는 것이고 한대에 특히 그 제도를 엄하게 하였을 뿐이다.

【원문】 殺傷人所用兵器盜賊臧, 加責沒入縣官.(周禮秋官司厲注)

【역문】 사람을 살해하거나 상해하는 데 사용한 바의 병기를 도적질하여 숨기면, 가책하여 현관에 귀속시킨다.[368](『주례』「추관」(사려) 주]

【세주 원문】 按疏云加責, 卽今倍贓, 唐律名例諸彼此俱罪之贓及犯禁之物則沒官.

【세주 역문】 가소(賈疏)에서,[369] 가책이란 즉 지금의 배장[370]이다. 당률 명례에는 "무릇 쌍방 모두가 죄를 지은 '장물(贓物)'과 법으로 소유를 금한 물건은 관부에서 몰수한다."[371]고 나와 있다.

366 『三國志』 권22, 「魏書」 22(陳矯), 643쪽, "曲周民父病, 以牛禱, 縣結正棄市."
367 (清)孫希旦撰, 『禮記集解』(十三經淸人注疏, 北京: 中華書局, 1989) 권13, 「王制」, 354쪽.
368 『周禮正義』 권69, 「秋官司寇」 '司厲注', 2863쪽, "若今時殺傷人所用兵器 盜賊贓, 加責沒入縣官."
369 『周禮正義』 권69, 「秋官司寇」 '司厲注', 2864쪽, "賈疏云: '其加責者, 卽今倍贓者也.'"
370 도둑에게 훔친 물건의 배를 배상케 하는 것. 도둑은 재물을 탐한 죄가 무겁기 때문에 배로 배상하게 하며, 가령 견 1척을 훔쳤으면 2척을 추징하는데, 이를 배장이라 한다.
371 『唐律疏議』 第32條 「名例」32 '彼此俱罪之贓', 86쪽.

● 保辜　보고[372]

【원문】 古者保辜, 辜內當以弑君論之, 辜外當以傷君論之. 疏, 其弑君論之者, 其身梟首, 其家執之, 其傷君論之者, 其身斬首而已, 罪不累家, 漢律有其事.(公羊襄七年何注)

【역문】 전에 보고는, 보고기한 내에서는 응당 군주를 시해한 것으로 논죄하고, 보고기한을 벗어나서는 응당 그 군주를 상해한 것으로 논죄한다. 소에 군주를 시해하고자 논의한 자는 그 몸을 효수하고, 그 가족을 잡아들인다. 군주를 상해하기로 논의한 것에 대해서는 그를 참수할 따름이고 그 죄가 가족에게 가지는 않는다. 한율에 그러한 기사가 보인다.[373]
[『춘추공양전』「양공7년」(하주)]

【원문】 疻痏保辜謕呼號. 注, 保辜者, 各隨其狀輕重, 令毆者以日數保之, 限內至死, 則坐重辜也.(急就篇)

【역문】 구타로 멍과 타박상이 생긴 보고로 통곡을 하다. 주석에 따르면 보고란 것은 각각의 그 경중의 상황에 따라서 구타자에게 명령을 내려 (피해자의) 일수를 보전하여 기한 내에 사망에 이르면 중죄로 다스렸다.[374]
(『급취편』)

【원문】 嗣昌武侯單德, 元朔三年坐傷人二旬內死, 棄市.(功臣表)

【역문】 창무후(嗣昌武侯) 단덕이 원삭 3년(기원전 126년)에 사람을 상해하여 20일 내에 사망하는 죄를 받아 기시에 처해졌다.[375](『한서』 권16, 「공신표」)

---

372 保辜: 남을 상해한 사람에 대하여 맞은 사람의 상처가 다 나을 때까지 처벌을 보류하던 일. 保辜는 毆打한 경우 刑罰을 결정하는 데 필요한 기간이 된다. '保辜'는 毆打하여 傷害한 행위 뒤에 일정한 기간을 경과하는 것인데 만일 毆打하여 傷害한 것이 原因이 되어 죽게 되었다면 殺人罪를 적용한다.

373 『春秋公羊傳注疏』권19, 「襄公7年條」, '何休注', 425쪽.

374 『急就篇』권4, '疻痏保辜謕呼號', 310쪽.

375 『漢書』권16, 「高惠高后文功臣表」, 568쪽.

【세주 원문】 按唐律, 保辜在鬪訟一.

【세주 역문】 당률에 보고(保辜)는 투송1에 있다.[376]

● 毆父母 구부모[377]

【원문】 妻甲夫乙, 毆母, 甲見乙毆母而殺乙. 公羊說甲爲姑討夫, 猶武王
爲天誅紂. 鄭駁云, 乙雖不孝, 但毆之耳, 殺之大甚. 凡在官者未得殺
之, 殺之者士師也.(禮記檀弓正義)

【역문】 처를 갑이라 하고 남편을 을이라 하는데, 어머니를 구타함에 있어,
갑은 을이 어머니를 때리는 것을 보고 을을 살해하였다. 『공양전』은 "갑
이 시어머니를 위하여 남편을 벌한 것으로 무왕이 천하를 위하여 주왕
을 주살한 것과 같다."고 설명한다. 정이 논박하여 이르기를, "을이 비록
불효하였으나 단지 때린 것에 지나지 않으니 살해한 것은 지나치게 심
한 것이다. 모든 관직에 있는 자는 살해할 수는 없으니, (범인을)주살할
자는 사사[378]이다."고 하였다.[379](『예기』「단궁」 '정의')

【원문】 甲父乙與丙爭言相鬪, 丙以佩刀刺乙, 甲卽以杖擊丙, 誤傷乙, 甲
當何論? 或曰毆父也, 當梟首.(御覽六百四十引董仲舒決獄)

【역문】 갑의 아버지인 을과 병이 서로 언쟁하여 싸울 적에 병이 차고 있던
칼을 휘둘러 을을 찌르려고 했는데, 갑은 즉시 몽둥이로 병을 가격하였
는데 잘못하여 을을 상해하였다면 갑은 응당 어떻게 논해야 하는가? 혹
자가 말하기를 아버지를 때린 것은 효수에 해당한다고 하였다.[380](『태평
어람』 권640에서 「동중서결옥」을 인용)

---

376 『唐律疏議』第307條; 「鬪訟」 6, '保辜', 388쪽,

377 毆父母: 부모를 구타한 것에 대한 처벌규정.

378 士師: 법령과 형벌에 관한 일을 맡아보던 재판관.

379 『禮記正義(十三經注疏)』 권10, 「檀弓下」(北京: 北京大學出版社, 2000), 371쪽.

380 『太平御覽』 권640, 「刑法部」6, 42쪽.

【세주 원문】 按唐律, 毆詈父母, 在鬪訟四.

【세주 역문】 당률에 "부모를 때리고 욕하는 것(毆詈父母)"에 대해서는 '투송4'에 있다.[381]

◉ 毆兄姊 구형자[382]

【원문】 毆兄姊加至五歲刑, 以明敎化也.(晉書刑法志)

【역문】 형이나 누이를 구타하면 가중 처벌하여 5년형에 처하도록 하는데,[383] 그것은 교화(敎化)를 선양하기 위한 것이다.[384](『진서』「형법지」)

【세주 원문】 按魏改漢律, 加毆兄姊至五歲刑, 則漢律當在四歲刑以下.

【세주 역문】 위나라 때 개정된 한율에 형과 누이를 구타하면 가중 처벌하여 5년형에 이르렀다고 하면 한율에서는 응당 4년형 이하이다.

◉ 發墓 발묘[385]

【원문】 天子縣官法曰, 發墓者誅.(淮南子氾論訓)

【역문】 천하[386]의 관부에 걸려 있는 법률에서 말하기를, "무덤을 발굴하는 자는 주살하라."고 하였다.[387](『회남자』「범론훈」)

---

381 『唐律疏議』第329條,「鬪訟」28, '毆詈祖父母父母', 414쪽.
382 毆兄姊: 형과 누이를 때리는 것에 대한 처벌 규정.
383 歐: 毆와 通. 본문의 뜻으로 미루어 보아 兄姊를 구타하는 罪는 漢代에는 四歲刑이었을 것이다; 『唐律』「鬪訟」, "諸毆兄姊者, 徒二年半, 傷者徒三年." 魏律은 이 점에서 兄姊를 구타하는 처벌 규정이 漢·唐律보다 重하다; 五歲刑: 五年의 徒刑.
384 『晉書』권30,「刑法志」, 925쪽.
385 發墓: 무덤을 파헤치는 행위에 대한 형벌.
386 '天子'는 '天下'의 誤字이다.
387 劉安 等 編著, 高誘 注, 『淮南子』(上海古籍出版社, 1991년) 권13,「氾論訓」, 148쪽.

【원문】 宦者趙忠喪父, 歸葬安平, 僭爲璵璠玉匣偶人. 穆聞之, 下郡案驗, 吏遂發墓剖棺, 陳尸出之. 帝聞大怒, 徵穆詣廷尉, 輸作左校.(朱穆傳)

【역문】 환관 조충[388]이 아버지가 상을 당하자 귀향해서 안평에다가 장사를 지냈는데, 참람하게 황제만이 사용할 수 있는 아름다운 옥인 여번과 옥 갑·우인 등을 [조충의 아버지를 위해] 같이 매장하였다. 주목이 이를 듣고서 군리들에게 명령하여 이를 조사하게 하였다. 관리가 명을 따라 묘를 파고 관을 파헤치고 시체를 들어내었다. 황제가 이를 듣고 대노하 여 주목(朱穆)[389]을 징계하라고 정위에게 보내고 좌교[390]에서 노역[391]하게 하였다.[392](『후한서』「주목전」)

【원문】 上洛男子張盧, 死二十七日, 人盜發其冢. 盧得蘇, 起問盜人姓名, 郡縣以盜元意姦斬, 盧復由之而生, 不能決. 豫州牧呼延謨以聞. 詔曰, 以其意惡功善, 論笞三百, 不齒終身.(御覽五百五十九引漢記)

【역문】 상락에 사는 장노라는 남자가 죽은 지 27일에 어떤 사람이 그의 무 덤을 도굴하려고 할 때 장노가 되살아나 일어나 도굴하는 자의 성명을 자세히 물어보았다. 군현에서는, 비록 원래의 뜻은 간궤하나 장로가 그 로 말미암아 도리어 다시 살아났으니 결정하지 못하였다. 예주목이 계 책을 내줄 것을 호소하며 이를 황제에게 보고함에 황제가 조서를 내려 말하기를, "그 원뜻은 악하나 공은 좋으니 태 3백대로 논처하고 종신토 록 사람 축에 끼지 못하도록 하라"고 하였다.[393](『태평어람』 권559에서 『한 기』를 인용)

---

388 趙忠(?-189年): 중국 後漢의 宦官. 冀州安平人. 弟에 趙延. 從兄弟에 趙苞. 霊帝時代에 권세를 떨 쳤다.
389 朱穆(100년-163년): 字는 公叔. 東漢 南陽郡宛(지금의 河南南陽市)人. 丞相 朱暉의 孫.
390 左校: 工徒를 관리하던 官署.
391 輸作:刑罰名으로 勞動刑에 처하는 것.
392 『後漢書』 권43, 「朱穆傳」, 1470쪽.
393 『太平御覽』 권559, 「禮儀部」 38 '冢墓', 413쪽. "上洛男子張盧死二十七日, 人有盜發其冢. 盧得蘇, 起, 具問盜人姓名. 郡縣以雖元意姦軌."

【세주 원문】 按唐律發冢, 在賊盜三.

【세주 역문】 당률에 무덤을 파헤치는 것에 대해서는 '도적3'에 있다.[394]

◉ 纂囚　찬수[395]

【원문】 奏謀纂死罪囚, 有司請誅, 上不忍, 削立五縣. 注, 師古曰, 逆取曰纂.(濟川王傳)

【역문】 사죄수를 가로챌 것을 도모하였다고 상주하여, 담당 관리가 유립(劉立)의 주살을 청하였다. 황제는 차마 하지 못하고, 단지 유립의 5개현을 깎았다. 주에 안사고가 이르길, "역으로 취하는 것을 찬이라 한다."고 하였다.[396](『한서』「제천왕전」)

【원문】 攸輿侯則, 太初元年, 坐纂死罪囚棄市.(王子侯表)

【역문】 유여후 칙이 태초 원년에 사형이 내려진 죄수를 가로채는 죄를 받아 살해되었다.[397](『한서』「왕자후표」)

【세주 원문】 按魏改漢律, 正纂囚棄市之罪, 事見晉志. 唐律刼囚在賊盜一.

【세주 역문】 위나라 때 개정된 한율은 죄수를 탈취하면 기시(棄市)의 죄로 한다는 규정을 엄정히 한다고 하는 것이 『진서』「형법지」에서 보인다. 당률에 "죄수를 빼앗은 것"에 대해서 '적도1'에 있다.[398]

---

394 『唐律疏議』 第277條, 「賊盜」 '發冢', 354쪽; 『二年律令』, 第66簡: "盜發冢(塚), 略賣人若已略未賣, 橋(矯)相以爲吏, 自以爲吏以盜, 皆磔(묘를 도굴하거나, 사람을 유괴해서 팔거나 이미 유괴했지만 아직 팔지 않았거나, 거짓 관리 행세를 하거나, 吏를 자칭해서 도둑질한다면 모두 磔刑에 처한다.)"; 王子今, 『中國盜墓史』, 九州出版社, 2007, 41–97쪽.

395 纂囚: 죄수를 가로채는 죄에 해당하는 법률.

396 『漢書』 권47, 「文三王傳」 '濟川王', 2218쪽.

397 『漢書』 권15상, 「王子侯表」, 458쪽.

398 『唐律疏議』 第257條, 「賊盜」 '刼囚', 330쪽.

● 持質　지질[399]

【원문】漢科有持質.(晉書刑法志)

【역문】한과에는 지질이 있다.[400](『진서』「형법지」)

【원문】迟名其財爲持質.(同上引張斐律表)

【역문】타인을 유괴하여 재물을 요구하는 것을 '지질'이라 한다.[401](『진서』
「형법지」에서 장비율표를 인용)

【원문】富人蘇回爲郎, 二人迟之. 有頃, 廣漢將吏到家, 自立庭下, 使長安
丞龔奢叩當戶曉賊, 曰: 京兆尹趙君謝兩卿, 無得殺質, 此宿衛臣也. 釋
質束手, 得善相遇, 幸逢赦令, 或時解脫. 二人素聞廣漢名, 即開戶出,
下堂叩頭, 送獄, 敕吏謹遇, 給酒肉, 至冬, 當出死, 豫爲調棺給斂葬具,
告語之, 皆曰: 死無所恨.(趙廣漢傳)

【역문】소회라는 부자가 '낭(郞)'이 되었는데, 두 사내가 그를 인질로 잡아
재물을 강탈하려고 한 일이 있었다. 얼마 후에 광한이 속리를 데리고 그
집에 도착하였다. 광한 자신이 안 뜰에 서서 장안의 부지사 공사(龔奢)에
게 명하여, 집문을 두드리고 도적을 타이르게 하면서 말하였다. "경조윤
조대감께서 두 사람에게 부디 원하는데, 인질을 죽이지 말라. '낭'은 궁
중을 숙직하는 관리이다. 두 사람이 인질을 석방하고 반항하지 않는다

---

399 持質: 人質로 잡아 타인에게 재물을 강요하는 것.

400 『晉書』 권30, 「刑法志」, 924쪽.

401 『晉書』 권30, 「刑法志」, "劫召其財爲持質"; 『二年律令』 68~69簡, "劫人, 謀劫人求錢財, 雖未得若
未劫, 皆磔之. 罪其妻子, 以爲城旦春. 其妻子當坐者偏捕, 若告吏捕得之, 皆除坐者罪(타인을 유괴해
서 錢財를 구하거나 그러한 것을 꾀하고자 했다면, 아직 입수하지 못했거나 혹은 아직 유괴하지
못했다하더라도 모두 磔에 처하고. 그 처자를 처벌하는 것, 城旦春으로 하고, 그 처자의 죄에 묻게
된 자가 상당한 수를 체포하거나 혹은 吏에게 告해서 吏가 체포할 수 있었다면, 모두 죄를 면제한
다)." 이에 따르면, 몸값이 미입수되거나 혹은 유괴 자체에 착수하지 않아도 모의의 단계에서 이
미 범죄를 구성하고, '略賣人'과 똑같이 磔刑이 부과되고 있다. 유괴죄에는 범인의 처자도 연좌된
다는 것이다.

면 너희들을 잘 대해줄 수 있다. 혹시 사면령이 내려진다면 출옥할 수도 있을 것이다." 두 사람은 평소 광한의 이름을 들었다. 즉시 문을 열고 나와 마당에 내려와 머리를 조아렸다. 그 두 사람을 감옥에 보내되, 관리에게 대우를 잘하게 하여 술과 고기를 주었다. 겨울이 되어 마침내 감옥에 나와 사형에 처하게 되었는데, 광한은 그들을 위해 미리 관과 염장의 도구를 준비한 뒤 사형됨을 알렸다. 두 사람이 모두 말하였다. "죽어도 여한이 없습니다."402(『한서』「조광한전」)

【원문】 玄少子十歲, 獨遊門次, 卒有三人持杖刼執之, 入舍登樓, 就玄求貨. 玄瞋目呼曰: 玄豈以一子之命, 而縱國賊? 促令兵進, 玄子亦死矣. 乃詣闕謝罪, 乞下天下: 凡有刼質, 皆命殺之, 不得贖以財寶, 開張姦路. 詔書下其章, 刼質遂絶.(橋玄傳)

【역문】 교현403의 어린 아들이 10살이 되던 때에 집문 밖에서 홀로 놀고 있다가 홀연 3명의 사내가 몽둥이를 들고 아들을 유괴하여, 건물로 들어가 누각에 올라 교현을 찾아 재화를 요구하였다. 교현은 두 눈을 부릅뜨며 호통치며 말하길 "내가 어찌 한 아이의 명을 위해 나라의 도적을 풀어주겠는가?" 병졸들이 앞으로 나가 공격하도록 재촉하였는데, 교현의 자식도 또한 죽고 말았다. 이에 궐에 나아가 사죄하며 천하에 포고할 것을 요청하였다. "무릇 인질을 겁탈하여 돈을 요구하는 경우에는 모두 사형에 처하고, 재화로 속죄할 수 있게 하여 간사한 길을 열어주어서는 안 됩니다." 황제는 조서를 내려 그의 상주문에 동의하였다. 이 이후 인질로 잡아 재물을 강탈하는 것이 단절되었다.404(『후한서』「교현전」)

---

402 『漢書』 권76, 「趙廣漢傳」, 3202쪽, "釋質, 束手, …, 二人驚愕, 又素聞廣漢名, …, 至冬當出死, 豫爲調棺, 給斂葬具, …."

403 橋玄(109년~183년)은 後漢代의 政治家로 字는 公祖이며 七代前의 祖인 橋仁은 前漢의 大鴻臚. 祖父인 橋基는 廣陵太守. 父인 橋肅은 東萊太守를 역임함.

404 『後漢書』 권52, 「橋玄傳」, 1696쪽.

【원문】 乃著令, 自今以後有持質者, 皆當幷擊勿顧, 由是刼質者遂絶. 注, 孫盛曰: 按光武紀建武九年, 盜刼陰貴人母弟, 吏以下不得拘質, 迫逐盜, 盜遂殺之.(魏志夏侯惇傳)

【역문】 이에 법령을 제정하여, 지금 이후부터 인질로 잡아 재물을 요구하는 자가 있으면 모두 응당 함께 공격하고 인질을 생각하지 말라고 하였다. 이로부터 인질을 붙잡고 협박하는 자가 없어지게 되었다. 주에서 동진의 손성이 이르기를, "광무기 건무 9년 조를 살펴보면, 몰래 귀인들의 어미나 자제를 겁탈하여 협박하는 경우, 관리 이하 인질에 구애되지 않을 수 있어서 도둑을 핍박하여 쫓아가서 도둑을 마침내 살해하였다.[405] (『위서』「하후돈전」)

【원문】 張敞爲太原太守, 有三人刼郡界, 持三人爲質. 敞詣所論曰: 釋質, 太守釋汝, 乃解印綬以示之, 曰: 丈夫不相欺. 賊釋質自首, 遂縱之.(書鈔三十九)

【역문】 장창이 태원태수가 되었는데, 3인이 군의 경계에서 인질극을 벌이며 3인을 인질로 잡아 돈을 요구하자 장창이 나아가서 이들을 타이르며 말하였다. "인질을 풀어주면, 태수가 너를 풀어줄 것이다"고 하였다. 마침내 인수를 풀며 이를 보이며 말하였다. "장부는 서로 속이지 않는다." 그 도적은 인질을 풀어주며 자수하였고 이에 그들을 풀어주었다.[406](『북당서초』권39)

【세주 원문】 按唐律賊盜諸有所規避而執持人爲質者, 皆斬, 部司及鄰伍知見避質不格者, 徒二年.

【세주 역문】 당률의 '적도'에 "무릇 재물을 노리거나 죄를 피하려고 사람을 잡아서 인질로 삼은 자는 모두 참수형에 처한다. '부사(部司)'나 '린오(鄰伍)'가 알았거나 보았

---

405 『三國志』 권9, 『魏書』 권9, 「夏侯惇傳」, 267쪽.
406 (唐)虞世南撰, 『北堂書鈔』(欽定四庫全書) 권39, 「政術部」 '方略32', 127쪽.

으면서도 인질을 피하여 체포하지 않았다면 도형 2년에 처한다."[407]라고 하였다.

◉ 盜園陵物　도원릉물[408]

【원문】人有盜發孝文園瘞錢, 丞相嚴靑翟自殺.(張湯傳)

【역문】어떤 사람이 효문제의 원릉에 묻힌 돈을 도둑질하여, 승상 엄청적 (嚴靑翟)이 자살하였다.[409](『한서』「장탕전」)

【원문】元鼎四年, 嗣侯張拾坐入上林謀盜鹿, 完爲城旦.(功臣表)

【역문】원정 4년(기원전 113년), 후 장습(張拾)[410]이 상림(上林)에 들어가 사슴 을 훔칠 것을 도모한 죄를 받아 완위성단에 처했다.[411](『한서』「공신표」)

【원문】漢諸陵皆屬太常, 人有盜柏, 棄市.(御覽九百五十四引三輔舊事)

【역문】한나라 황실의 무덤은 모두 태상(太常)에 속해 있는데, 측백나무를 훔치는 자는 기시에 처한다.[412](『태평어람』권954에서 『삼보구사』를 인용)

◉ 盜官物棄市　도관물기시[413]

【원문】樂安侯匡衡, 建始四年, 坐顓地盜土, 免. 陽城侯田延年, 坐爲大司 農, 盜都內錢三十萬, 自殺.(恩澤侯表)

【역문】낙안후 광형[414]이 건시 4년(기원전 29년)에 분봉된 땅을 마음대로 처

---

407 『唐律疏議』第258條, 「賊盜」'有所規避執人質', 331쪽.

408 盜園陵物: 원릉의 물건을 훔침.

409 『漢書』권59「張湯傳」, 2643–2644쪽.

410 張拾은 安丘懿侯 張說의 현손이다.

411 『漢書』권16「高惠高后文功臣表」, 592쪽.

412 『太平御覽』권954, 「木部」(柏), 652쪽.

413 盜官物棄市: 관물을 훔치면 기시에 처함.

414 匡衡(生没年未詳): 前漢의 政治家. 字는 稚圭. 東海郡承人.

분하고 땅에서 나온 재물을 훔친 죄로 승상과 후작을 면하고 서인으로 하였다.[415] 양성후 전연년(田延年)[416]이 대사농으로 황제의 돈 30만전을 훔친 죄를 받고 자살하였다.[417](『한서』「은택후표」)

【원문】 太子郭夫人弟爲曲周縣吏, 斷盜官布, 法應棄市.(魏志鮑勳傳)

【역문】 태자 곽부인의 아우가 곡주현리가 되어 관부의 전폐를 탐하여 훔쳤는데, 법률에 따르면 마땅히 기시에 해당하였다.[418](『위지』「포훈전」)

【원문】 遷大理正, 有盜官練置都廁上者, 吏疑女工, 收以付獄.(魏志司馬芝傳)

【역문】 [사마지(司馬芝)가] 대리정[419]이 되었다. 관부의 베와 비단을 훔쳐 변소에 갖다 놓은 자가 있었다. 관리는 여공이 훔친 것으로 의심하여 잡아서 감옥에 가두었다.[420](『위지』「사마지전」)

◉ 盜馬盜牛   도마도우[421]

【원문】 故盜馬者死, 盜牛者加, 所以重本而絶輕疾之資也.(鹽鐵論刑德篇)

【역문】 때문에 말을 훔친 자는 사형에 처하고 소를 훔친 자는 가쇄(枷鎖)[422]를 채운다. 이는 농업을 중시하고 가벼이 농업용 가축을 훼손하고 망가트리는 행위를 근절하기 위한 것이다.[423](『염철론』「형덕」편)

---

415 『漢書』권18, 「外戚恩澤侯表」, 706쪽.
416 田延年(?-기원전 72년)의 字는 子賓으로 先祖는 齐의 田氏의 一族. 高祖劉邦의 時代에 關中 陽陵으로 옮겼다. 大將軍 霍光에 존중되어 大將軍長史가 되고 그 후 河東太守가 되어 尹翁歸를 발탁해서 豪族을 탄압하였다.
417 『漢書』권18, 「外戚恩澤侯表」, 695쪽.
418 『三國志』권12, 『魏書』권12, 「鮑勳傳」, 384쪽.
419 大理正: 官名. 본래는 廷尉正. 北齊 때에 大理寺가 관서명이 되자 廷尉正 또한 大理正으로 개칭하였다.
420 『三國志』권12, 『魏書』권12, 「司馬芝傳」, 387쪽.
421 盜馬盜牛: 말과 소를 훔친 자에 대한 처벌규정.
422 加: 枷를 의미한다.
423 王利器, 『鹽鐵論校注』(北京, 中華書局, 2010) 권10, 「刑德」55, 269쪽.

【원문】 鄕里有盜牛者, 主得之, 盜請罪曰: 刑戮是甘, 迄不使王彦方知也. (王烈傳)

【역문】 마을에 소를 훔친 자가 있었는데 주인이 그를 잡으니, 도둑이 죄를 청하여 말하였다. "형벌은 달게 받겠으니 왕열(王烈)이 알게 하지 마시기를 바랍니다."[424](『후한서』「왕열전」)

【원문】 平侯遂, 坐知人盜官、母馬爲贓.(王子侯表)

【역문】 평후 수가 어떤 사람이 관의 모마를 훔친 것을 알고서 숨겨준 죄를 받았는데, [사면을 받고 복작(復作)이 되었다.][425](『한서』「왕자후표」)

【세주 원문】 按唐律、盜官私牛馬殺, 在賊盜三。

【세주 역문】 『당률』에 "관사(官私)의 소나 말을 훔쳐 죽임"은 '적도3'에 있다.[426]

◉ 盜傷與殺同罪　도상여살동죄[427]

【원문】 盜傷與殺同罪, 所以累其心而責其意也.(鹽鐵論)

【역문】 남을 도둑질하고 다치게 하는 것은 남을 죽이는 것과 죄가 같으니, 그 마음과 연루시켜 그 나쁜 뜻을 꾸짖기 위함이다.[428](『염철론』)

【세주 원문】 按唐律、因盜過失殺傷人, 在賊盜四。

【세주 역문】 『당률』에 훔치다가 과실로 사람을 죽이거나 다치게 함은 '적도4'에 있다.[429]

---

424 『後漢書』 권81, 「王烈傳」, 2696쪽.
425 『漢書』 권15상, 「王子侯表」, 452쪽. "元狩元年, 坐知人盜官母馬爲贓, 會赦, 復作."
426 『唐律疏議』, 第279條, '賊盜', '盜官私牛馬殺', "諸盜官私馬牛而殺者, 徒二年半.", 356쪽.
427 盜傷與殺同罪: 도둑질하고 상해를 입히는 것은 살인죄와 같음.
428 『鹽鐵論校注』 권10, 「刑德」55, 268-269쪽.
429 『唐律疏議』, 第289條; 「賊盜」42, '因盜過失殺傷人'.

⦿ 和姦　화간[430]

【원문】 嗣侯董朝, 元狩三年, 坐爲濟南太守與城陽王女通, 耐爲鬼薪. 嗣
侯宣生, 元朔二年, 坐與人妻姦, 免.(功臣表)

【역문】 성경후 동조가 원수 3년(기원전 120년) 제남태수가 되어 성양왕의 딸
과 정을 통한 죄를 받아 '내위귀신'에 처했다.[431] 토군식후 선생이 원삭 2
년(기원전 127년) 다른 사람의 처와 간통한 죄를 받아 면관되었다.[432](『한
서』「공신표」)

【원문】 利取侯畢尋玄孫守, 坐姦人妻, 國除.(東觀漢記)

【역문】 이취후 필심의 현손 필수가 다른 사람의 처와 간통한 죄를 받아 봉
국이 회수되었다.[433](『동관한기』)

【세주 원문】 按唐律、諸姦者徒一年半, 疏義謂指和姦言之.

【세주 역문】 『당률』에 "무릇 간한 자는 도형 1년 반에 처한다"고 하였는데, 소의에 이
르길 "화간을 가리켜 말한 것이다."라 하였다.[434]

⦿ 強姦　강간

【원문】 不和謂之强.(晉書刑法志引張斐律表)

【역문】 동의하지 않은 것을 '강(强)'이라 한다.[435](『진서』「형법지」에서 「장비율
표」를 인용)

---

430 和姦: 서로 짝이 아닌 남녀가 눈이 맞아서 만나 육체적 관계를 하는 것.
431 『漢書』 권16, 「高惠高后文功臣表」, 551쪽.
432 『漢書』 권16, 「高惠高后文功臣表」, 602쪽.
433 (東漢)劉珍 等撰, 吳樹平 校注, 『東觀漢記校注』(中州古籍出版社, 1987) 권19, 「畢尋傳」, 845쪽, "利
取侯畢尋守玄孫姦人妻, 國除.";『太平御覽』 권201에도 같은 내용이 나온다.
434 『唐律疏議』, 第410條, 「雜律」 22, '姦', 493쪽.
435 『晉書』 권30, 「刑法志」, 928쪽.

【원문】 庸釐侯端, 坐强姦人妻, 會赦, 免.(王子侯表)

【역문】 용리후 단이 다른 사람의 처를 강간한 죄를 받았으나 사면되어 면관되었다.436(『한서』「왕자후표」)

【세주 원문】 按唐律、强姦加和姦一等.

【세주 역문】 『당률』에 강간하면 화간죄보다 1등을 더한다.437

◉ 居喪姦　거상간438

【원문】 堂邑侯陳季須, 坐母公主卒未除服姦, 當死, 自殺. 嗣侯融, 坐母喪未除服姦, 自殺.(功臣表)

【역문】 당읍후(堂邑侯) 진계수(陳季須)가 어머니의 상기가 끝나지 않았는데 간음한 죄를 받아 사형에 해당되어 자살하였다.439 사후(嗣侯) 융이 어머니의 상이 끝나 상복을 벗기도 전에 간하여 자살하였다.440(『한서』「공신표」)

【원문】 嗣常山王勃, 坐憲王喪服姦, 廢徙房陵.(諸侯王表)

【역문】 상산왕 유발441이 상산헌왕의 상중에 간하여 왕위를 폐하고 방릉으로 천사(遷徙)하였다.442(『한서』「제후왕표」)

【세주 원문】 按唐律、居父母及夫喪姦者, 加凡姦罪一等.

---

436 『漢書』 권15하 「王子侯表」, 500쪽.
437 『唐律疏議』 第410條; 「雜律」 22, '姦', 493쪽.
438 居喪姦: 喪中에 간음하는 것.
439 『漢書』 권16 「高惠高后文功臣表」, 537쪽.
440 『漢書』 권16 「高惠高后文功臣表」, 538쪽.
441 劉勃: 景帝의 아들인 常山憲王 劉舜의 아들이다.
442 『漢書』 권14 「諸侯王表」, 417쪽.

【세주 역문】 『당률』에 "부모 및 남편의 상중에 있는 자가 간음하면 일반 간음죄보다 1등을 더한다."443고 한다.

◉ 姦部民妻 간부민처444

【원문】 謝夷吾字堯卿, 山陰人也. 爲州刺史, 行部到南魯縣. 遇孝章帝巡狩, 有亭長姦部民妻者, 縣言和, 上意以吏姦民妻, 何得言和? 且觀刺史決當云何. 頃夷吾呵之曰: 亭長詔書朱幘之吏, 職在禁姦, 今爲惡之端, 何得言和? 切讓三老孝弟兄長罪.(御覽六百三十九引會稽典錄又見通典一百六十八)

【역문】 사이오(謝夷吾)는 자가 요경(堯卿)이며 산음 사람이다. 형주자사가 되었을 때 관할지역[部]으로 가다가 남로현(南魯縣)에 이르렀다. 때마침 장제(章帝)가 순수 중이었는데, 이곳 정장(亭長)445 중에 부민(部民)을 간한 자가 있었고 현에서는 이를 '화간'이라고 아뢴 일이 있었다. 황제는 "관리가 부민의 처를 간하였는데 어찌 '화간'이라고 할 수 있는가? 장차 자사가 어떻게 결정하는지 지켜봐야겠다."고 생각했다. 얼마 지나서 사이오가 꾸짖어 말하였다. "정장은 조서로 붉은 두건을 쓰게 된 관리이고, 직무는 간음을 금지한다. 지금 악의 단서가 되고 있으니 어찌 '화간'이라고 말할 수 있는가?" 삼노·효제를 엄하게 꾸짖고, 장리(長吏)의 관을 면하고, [정장의 죄를 다스렸다.]446(『태평어람』 권639에서 『회계전록』을 인용. 또 『통전』 권168에 보인다)

---

443 『唐律疏議』 第416條; 「雜律」 28, '監主於監守內姦', 496쪽.
444 姦部民妻: 部民의 처를 간음함.
445 亭長: 치안을 담당하는 관리.
446 『太平御覽』 권639, 「刑法部」 5, '聽訟', "謝夷吾字堯卿, 山陰人也. 爲荊州刺史, 行部到南魯縣. 遇孝章帝巡狩, 幸魯陽, … 有亭長姦部民者, 縣言和奸, 上意以爲吏姦民, 何得言和? 且觀刺史決當云何. 頃, 夷吾呵之曰: … 切讓三老孝弟, 免長罪.";『通典』 권168, 「刑法」 6, '決斷', "謝夷吾爲荊州刺史, 行部到南魯縣, 遇章帝巡狩, 幸魯陽, … 有亭長姦部人者, 縣言 「和姦」, 上意以爲長吏以劫人而得言和, 且觀刺史決當云何. 須臾, 夷吾呵之曰: 「亭長職在禁姦, 今爲惡之端, 何得言和!」切讓三老孝悌, 免長吏之官, 理亭長罪, 帝善之"

【세주 원문】 按唐律、監主於監守內姦, 在雜律一.

【세주 역문】 『당률』에 "감림관이나 주수관이 관할구역 안에서 간함"은 '잡률1'에 있다.[447]

◉ 亂妻妾位 난처첩위[448]

【원문】 孔鄕侯傅晏, 坐亂妻妾位, 免.(恩澤侯表)

【역문】 공향후 부안이 처첩의 지위를 어지럽힌 죄를 받아 면관되었다.[449] (「은택후표」)

【세주 원문】 按孟子齊桓五禁、一曰無以妾爲妻. 唐律以妻爲妾, 在戶婚二.

【세주 역문】 『맹자』에 환공(桓公)의 '5금'에 첫째로 첩을 아내로 삼지 말라고 하였다.[450] 『당률』에 '처를 첩으로 삼음'은 '호혼2'에 있다.[451]

◉ 七棄三不去 칠기삼불거

【원문】 婦人有七棄三不去, 無子棄, 絶世也, 淫泆棄, 亂類也, 不事舅姑棄, 悖德也, 口舌棄, 離親也, 盜竊棄, 反義也, 嫉妒棄, 亂家也, 惡疾棄, 不可奉宗廟也. 嘗更三年喪不去, 不忘恩也, 賤取貴不去, 不背德也, 有所受無所歸不去, 不窮窮也.(公羊莊二十七年何注)

【역문】 부인에게는 일곱 가지 쫓겨나는 경우와 세 가지 버리지 못하는 경우가 있다. 아들이 없으면 쫓겨나니 대를 끊기 때문이요, 지나치게 음란

---

447 『唐律疏議』第416條, 「雜律」 28, '監主於監守內姦', 496쪽.
448 亂妻妾位: 처와 첩의 지위를 어지럽힘.
449 『漢書』 권18, 「外戚恩澤侯表」, 711쪽, "四月壬寅封, 六年, 元壽二年, 坐亂妻妾位免, 徙合浦."
450 『孟子』, 「告子下」, "五霸, 桓公爲盛. 葵丘之會諸侯, 束牲 載書而不歃血, 初命曰: '誅不孝, 無易樹子, 無以妾爲妻.'"
451 『唐律疏議』第178條, 「戶婚」 29, '以妻爲妾', 256쪽.

하면 쫓겨나니 무리를 어지럽히기 때문이요, 시부모를 섬기지 않으면 쫓겨나니 덕을 어그러지게 하기 때문이요, 말이 많으면 쫓겨나니 친족을 이간질하기 때문이요, 도둑질하면 쫓겨나니 의리를 배반하기 때문이요, 투기하면 쫓겨나니 집안을 어지럽히기 때문이요, 나쁜 병이 있으면 쫓겨나니 종묘를 받들 수 없기 때문이다. 일찍이 시부모의 상을 지내면 버리지 못하니 은혜를 잊을 수 없기 때문이요, 혼인할 때 빈천하였다가 나중에 부귀하게 되면 버리지 못하니, 덕을 배반할 수 없기 때문이요, (혼인할 때에는) 받아들인 곳이 있었으나 (후에는) 돌아갈 곳이 없게 되면 버리지 못하니, [이는] 능력이 없는 이를 곤궁하게 만들지 아니함이다.452 (『춘추공양전』장공 27년조 하휴의 주)

【원문】 婦有七去, 不順父母去, 無子去, 淫去, 妬去, 有惡疾去, 多言去, 竊盜去。不順父母去, 爲其逆德也; 無子, 爲其絶世也; 淫, 爲其亂族也; 妬, 爲其亂家也; 有惡疾, 不可與共粢盛也; 口多言, 爲其離親; 盜竊, 爲其反義也。婦有三不去, 有所取、無所歸, 不去; 與更三年喪, 不去; 前貧賤後富貴, 不去.(大戴禮記本命篇)

【역문】 부인에게는 일곱 가지 쫓겨나는 경우가 있다. 부모에게 순종하지 않으면 쫓겨나고 아들이 없으면 쫓겨나고 음란하면 쫓겨나고 투기하면 쫓겨나고 나쁜 병이 있으면 쫓겨나고 말이 많으면 쫓겨나고 절도를 하면 쫓겨난다. 부모에게 순종하지 않으면 쫓겨나는 것은 덕을 거스르기 때문이요, 아들이 없으면 쫓겨나는 것은 대를 끊기 때문이요, 음란하면 쫓겨나는 것은 친족을 어지럽히기 때문이요, 나쁜 병이 있으면 쫓겨나는 것은 제사상을 차리지 못하기 때문이요, 말이 많으면 쫓겨나는 것은 부모를 멀어지게 하기 때문이요, 절도하면 쫓겨나는 것은 의리를 거스르기 때문이다. 부인에게는 세 가지 버리지 못하는 경우가 있다. 취한 곳은 있으나 돌아갈 곳이 없으면 버리지 못하고, 함께 시부모의 상을 지

---

452 『春秋公羊傳注疏』 권8, 「莊公27年條」, '何休注', 176쪽.

내면 버리지 못하고, 전에는 빈천했다가 후에 부귀해지면 버리지 못한다.[453](『대대례기』「본명」편)

【세주 원문】 按唐律、戶婚雖犯七出有三不去而出之者, 杖一百. 疏義七出者依令, 疑漢當亦同, 是七棄三不去之文, 皆載於漢令, 今不可考矣. 近人李慈銘越縵堂日記論之曰:七出之條, 自漢律至今, 沿之不改. 其六者無論矣, 至於無子, 非人所自主也, 以此而出, 則狂且蕩色者, 將無所不爲. 唐律疏義申之曰: 妻年五十以上無子, 聽立庶以長, 卽是四十九以下無子, 未合出之. 斯言也深知禮意. 妻而無子, 情之所矜, 必待至五十, 則有不更三年喪者寡矣. 古人三十而娶, 五十服官政, 則貧賤有不富貴者寡矣. 律雖設而未嘗用也. 鄭君儀禮注云、天子諸侯后夫人無子不出. 天子元士視子男. 今之五品以上, 皆古之諸侯, 則士大夫家無以無子出者也. 穀梁傳云、一人有子, 三人緩帶, 言姪娣有子, 則嫡不去. 今無姪娣而許有妾, 則妾有子者, 妻亦不去也. 其論頗精, 附識於此.

【세주 역문】 『당률』「호혼」조에 "비록 칠출(七出)을 범했으나 삼불거(三不去)가 있는데 내쫓은 자는 장형 100대에 처한다."[454]고 하였다. 소의에 "칠출이라는 것은 '영(令)'에 따르면"이라고 하였으니[455] 한나라 때에도 마땅히 이와 같아서 '칠기삼불거(七棄三不去)'의 문장은 모두 한령에 실려 있었던 듯한데, 지금은 상고할 수 없다. 요즘 사람인 이자명(李慈銘)의 『월만당일기(越縵堂日記)』[456]에서 논하기를, "칠출의 조목은 한령에서부터 지금에 이르기까지 이어져서 바뀌지 않았다. 그 여섯 가지는 논할 것이 없으나 아들이 없는 데 이르러서는 사람이 스스로 주장할 바가 아니다. 이것

---

453 懷信主撰, 『大戴禮記彙校集注』(三秦出版社, 2005) 권13, 「本命」第80, 1388쪽.
454 『唐律疏議』, 第189條; 戶婚 40, '妻無七出', 267쪽, "諸妻無七出及義絶之狀, 而出之者, 徒一年半. 雖犯七出, 有三不去, 而出之者, 杖一百. 追還合. 若犯惡疾及姦者, 不用此律."
455 『唐律疏議』, 第189條; 戶婚 40, '妻無七出', 267쪽, "疏議謂、…, 七出者, 依令, 一無子, 二淫, 三不事舅姑, 四口舌, 五盜竊, 六妬忌, 七惡疾."
456 『越縵堂日記』: 咸豊 4년(1854년)부터 光緒 20년(1894년)까지 사이에 그가 학자로서 約 1000種의 書籍의 考証·批評, 在郷의 名士 내지는 在京의 中級官僚로서 문학을 通한 교제, 이러저러한 收入과 支出의 실태. 태평천국의 난과 그 後의 정치사회의 동향 등을 면밀히 기록한 李慈銘의 일기이다. 41년간의 李慈銘의 생활경험을 기록한 『越縵堂日記』는 文字數가 수백만 자에 이르는 淸代에 가장 유명한 일기인데, 문학적 가치도 매우 높다. 1920년에 生前親交가 있었던 蔡元培에 의해서 출판되었다.

때문에 내쫓는다면 도리를 거스르고 색에 빠진 자가 장차 하지 못할 일이 없을 것이다.”라 하였다. 『당률소의』에서 설명하기를, “처의 나이가 50세 이상인데 아들이 없다면 서자 중 연장자를 적자로 세우는 것을 허용하므로 만약 49세 이하에 아들이 없을 경우에는 내쫓을 수 없다.”[457]고 하였다. 이 말은 예의 의미를 깊이 안 것이다. 아내가 아들이 없으면 인정상 불쌍히 여겨 반드시 50세가 되기를 기다리니 시부모의 삼년상을 지내지 못한 자는 드물다. 고인들은 30세에 장가를 가고 50세에 관리가 되어 정사를 했으니 빈천했다가 부귀하지 못한 자는 드물다. 율에서 비록 이러한 조목을 만들었지만 일찍이 적용된 적이 없다. 정현의 『의례』 주에 “천자와 제후의 후부인(后夫人)은 아들이 없어도 내쫓지 않는다. 천자(天子)・원사(元士)・세자(世子)・남(男) 및 지금 5품 이상의 관리들은 모두 옛날의 제후이니 사대부의 집안에서도 아들이 없다고 내쫓는 경우는 없다.”고 하였다. 『춘추곡량전』에 “한 사람이 아들이 있으면 세 사람[458]이 허리띠를 느슨하게 풀고 편히 있을 수 있다.”고 하였으니[459] 이는 질제(姪娣)[460]가 아들이 있으면 본처는 버리지 않음을 말한 것이다. 지금 질제가 없으면서 첩을 두는 것을 허가하니 첩이 아들이 있으면 처 또한 버리지 않는다. 이 의론이 자못 정밀하므로 여기에 덧붙여 기록한다.

● 無子聽妻入獄 무자청처입옥[461]

【원문】 安丘男子毌丘長白日殺人, 以械自繫, 祐問長有妻子乎? 對曰: 有妻未有子也. 卽移安丘, 逮長妻, 妻到, 解其桎梏, 使同宿獄中, 妻遂懷孕. 至冬盡行刑, 長泣謂母曰: 妻若生子, 名之吳生.(吳祐傳)

【역문】 안구현의 무구장(毌丘長)이라는 한 남자가 대낮에 살인을 저질러 스

---

457 『唐律疏議』, 第189條; 戶婚 40, ‘妻無七出’, 268쪽, “律云, 妻年五十以上無子, 聽立庶以長, 卽是四十九以下無子, 未合出之.”

458 夫人과 姪娣를 가리킨다.

459 (淸)鍾文杰撰, 『春秋穀梁經傳補注』(中華書局, 1996년) 文公 18년조, 418쪽, “一人有子, 三人緩帶, 一曰就賢也.”

460 姪娣: 제후의 부인이 친정에서 함께 데리고 오던 일가붙이가 되는 여자.

461 無子聽妻入獄: 아들이 없으면 아내를 옥에 들어오게 함.

스로 가쇄(枷鎖)를 차고 와서 옥에 갇히게 되었다. 오우(吳祐)[462]가 무구장에게 처자식이 있느냐고 물었더니 무구장이 대답하였다. "아내는 있으나 아들은 없습니다." 즉시 안구현에 문서를 보내 무구장의 처를 붙잡았는데, 처가 도착하자 가쇄를 풀어주고 옥중에서 함께 지내도록 하니, 처가 마침내 임신을 하게 되었다. 겨울이 끝나자 형의 집행이 진행되자 무구장이 울면서 어머니에게 말하기를, "처가 만약 아들을 낳으면 이름을 오생이라 하십시오."라 하였다.[463](『후한서』「오우전」)

【원문】 鮑昱爲泚陽長, 縣人趙堅殺人繫獄, 其父母詣昱, 自言年七十餘, 惟有一子, 適新娶, 今繫獄當死, 長無種類, 涕泣求哀. 昱憐其言, 令將妻入獄, 遂妊身有子.(御覽六百四十三引東觀漢記)

【역문】 포욱(鮑昱)[464]이 차양현의 현장이 되었는데 마을 사람 조견(趙堅)이 사람을 죽여 옥에 갇히게 되었다. 그 부모가 포욱에게 나아가 자신들은 나이가 70여 세로, 하나뿐인 아들이 마침 새장가를 들었는데 지금 옥에 갇혀 죽게 되었으니 대가 끊기게 생겼다고 하면서 눈물을 흘리며 불쌍히 여겨줄 것을 구하였다. 포욱이 그 말을 듣고 가련히 여겨 처를 감옥에 들어오게 하니 마침내 임신을 하여 아들을 낳게 되었다.[465](『태평어람』권643에서 『동관한기』를 인용)

【세주 원문】 按晉書喬智明傳、張兌爲父報仇, 有妻無子, 智明愍之, 令兌將妻入獄, 於獄産一男, 會赦得免. 北史後周時裴政爲司憲, 用法寬平, 囚徒犯極刑者, 許其妻子入獄就之. 是魏晉以來, 久已著爲成例, 然其制實始於漢. 趙翼陔餘叢考謂近世囚

---

462 吳祐는 東漢時 陳留長垣人. 吳恢가 南海太守가 되었을 때, 경서를 殺靑해서 휴대하고자 하자, "그 분량은 수레 2대 분량이 되어 무언가 사치스런 물품을 운반해온 것은 아닌가 의심을 받을까 두렵습니다. 그만두는 것이 좋겠습니다."라고 아들이 만류했다고 하는 말이 『후한서』「오우전」에 보인다.
463 『後漢書』권64,「吳祐傳」, 2101쪽, "又安丘男子毋丘長與母俱行市, 道遇醉客辱其母, 長殺之而亡, …, 白日殺人, …, 長以械自繫(在手曰械)"
464 鮑昱(?-81年)의 字는 文泉으로 東漢 司隷校尉 鮑永의 子인데, 光武帝·漢明帝·漢章帝 3朝에 벼슬하고 司徒·太尉를 역임하였다.
465 『太平御覽』권643,「刑法部」9 '獄', 61쪽.

無子者, 許其妻入宿, 古時未有定制, 特長吏法外行仁, 恐不盡然.

【세주 역문】『진서』「교지명전」에 "장태(張兌)가 아버지를 위해 복수를 했는데, 그는 아내는 있었으나 아들이 없었다. 교지명(喬智明)[466]이 그를 불쌍히 여겨 장태에게 그의 처를 옥에 들어오도록 하였다. 옥에서 아들 하나를 낳고 마침내 사면되었다."고 하였다.[467] 『북사』「배정전」에 의하면, "후주 때의 배정이 사헌이 되었는데, 법을 너그러이 해서 죄수 가운데 극형을 범한 자는 그 처자가 옥에 들어와 따르는 것을 허용하였다."고 한다.[468] 이는 위진 이래로 오래도록 이미 나타나 성례가 되었음을 의미하는데, 그러나 그 제도는 실제로 한나라 때부터 시작되었다. 조익의『해여총고』에서는, 다음과 같이 말하였다. "근래에 죄수 중 아들이 없는 자는 그 처를 들어오게 하여 함께 지내는 것을 허가하였는데, 옛날에는 정해진 제도가 없었는데 특별히 장리가 법률 규정 외의 인을 행한 것으로 아마도 모두 그러했던 것은 아닐 것이다."라고 하였다.

⊙ 孕婦緩刑 잉부완형[469]

【원문】孕者未乳, 當鞠繫者頌繫之.(刑法志)

【역문】임신 중인 여자,[470] [두 눈이 먼 음악사, 주유 등으로] 심문을 거쳐 구속될 사람은 옥중에서 몸을 구속하는 형구를 채우지 말라.[471](『한서』「형법지」)

【원문】(王莽子)字使(婦兄呂)寬夜持血, 灑莽第, 門吏發覺之, 莽執宇送獄,

---

466 喬智明:字는 元達. 鮮卑前部人. 成都王 司馬穎이 불러서 輔國將軍이 되었다.
467 『晉書』권90, 「喬智明列傳」, 2337-2338쪽, "部人張兌爲父報仇, 母老單身, 有妻無子, 智明愍之, 停其獄, 藏餘, 令兌將妻入獄, 兼陰縱之. 人有勸兌逃者, 兌曰:「有君如此, 吾何忍累之! 縱吾得免, 作何面目視息世間!」於獄產一男, 會赦, 得免."
468 『北史』권77, 「裴政列傳」, 65, 2612쪽.
469 孕婦緩刑: 임신한 부인은 형을 완화해 줌.
470 孕者未乳: 임신하였으나 분만하지 않은 사람. 곧 임신부.
471 『漢書』권23, 「刑法志」, 1106쪽, "及孕者未乳, 師、朱儒當鞠繫者, 頌繫之."; 頌: '容'과 通함. 즉 관용; 頌系: 비록 구속하더라도 桎・梏 등의 형구를 채우지 않는 것.

飮藥死. 宇妻焉懷子, 繫獄, 須産子已殺之.(王莽傳)

【역문】 왕망의 아들 우(宇)가 부인의 오빠인 여관(呂寬)을 시켜 밤에 피를
가져가 왕망의 관저에 뿌리게 하였는데, 문을 지키는 관리에게 발각되
었다. 왕망은 왕우를 잡아 옥에 가두고 약을 먹여 죽였다. 우의 처 언
(焉)이 아이를 임신하고 있었는데 옥에 가두고, 아이를 낳기를 기다린 뒤
에 죽였다.[472](『한서』「왕망전」)

【세주 원문】 按魏志何夔傳注引干寶晉紀、毌丘儉孫女適劉氏, 以孕繫廷尉. 魏書刑
罰志世祖定律, 婦人當刑而孕, 産後百日乃決, 此皆孕婦緩刑之例, 然其制實始於漢
也.

【세주 역문】 『위지』「하섭전」의 주에 인용된 간보(干寶)의 『진기』에 "무구검(毌丘儉)
의 손녀가 유씨에게 시집을 갔는데, 임신한 상태로 정위에게 붙잡히게 되었다."[473]라
하였다. 『위서 · 형법지』에 세조(世祖)가 율을 정할 때, "부인으로서 형벌을 받게 되
었으나 임신하고 있을 때는 출산 후 백 일이 지나 형을 집행한다."[474]고 하였으니 이
는 모두 임신한 부인은 형을 느슨히 해주는 예이다. 그러나 그 제도는 실제로 한나라
에서 시작되었다.

---

472 『漢書』권99,「王莽傳」, 4065쪽, "宇卽使寬夜持血灑莽第, …, 繫獄, 須産子已, 殺之".
473 『三國志』권12, 『魏書』권12,「崔毛徐何邢鮑司馬傳」, 382쪽, "時毌丘儉孫女適劉氏, 以孕繫廷尉."
474 『魏書』권111,「刑罰志」, 2874쪽, "世祖卽位, …, 詔司徒崔浩定律令, …, 婦人當刑而孕, 産後百日乃
決."

漢律考

5

律令雜考下一
율령잡고하

◉ **搏揜** 강도질이나 노름 등으로 남의 재물을 빼앗는 행위

【원문】 掘冢博掩, 犯姦成富.(史記貨殖傳)

【역문】 무덤을 파내고 노름을 해서 간악한 일로 부를 이루었다.[1](『사기』「화식전」)

【원문】 元鼎四年, 嗣侯張拾蔡辟方坐搏揜, 完爲城旦. 元鼎元年, 嗣侯黃
逤坐搏揜奪公主馬, 髡爲城旦. 注、師古曰: 搏揜, 謂搏擊揜襲人而奪
其物也. 搏字或作博. 一曰六博也, 揜意錢之屬也, 皆謂戲而取人財

---

1 『史記』권129,「貨殖列傳」, 3282쪽. "掘冢, 姦事也. 而田叔以起. 博戲, 惡業也. 而桓發用(之)富.";『史
記』원문은 "掘冢, 姦事也. 而田叔以起. 博戲, 惡業也. 而桓發用(之)富" 즉 번역하면 "도굴은 간사한
일이나 田叔은 이로써 그 부가 일어났다. 도박은 악업이지만 桓發은 이로써 부를 이루었다"인데,
程樹德이 이를 편집하였다.

也.(功臣表)

【역문】 원정 4년(기원전 119년), 안구일후(安丘懿侯) 장습(張拾)과 채벽방(蔡
辟方)이 강도질을 한 죄로 완성단의 형벌에 처해졌다.[2] 원정 원년(기원전
116년)에 기엄후(邔嚴侯) 황수가 공주의 말을 빼앗아 강도질을 한 죄로
'곤성단(髡城旦)'의 형벌에 처해졌다.[3] 주에 안사고가 말하였다. '박엄(搏
揜)'은 사람을 습격해서 그 재물을 빼앗는 것을 말한다. '박(搏)' 자는 '박
(博)'으로도 쓴다. 일설에는 육박(六博)[4]이라고도 하고, '엄(揜)'은 돈과 관
련된 것을 뜻한다. 모두 희롱하여 타인의 재물을 취하는 것이다.[5](『한서』
「공신표」)

【원문】 太子勃私姦飮酒博戲擊筑, 天子遣大行(張)騫驗問.(常山憲王傳)

【역문】 태자 발(勃)이 여자와 내통하고 술을 마시고 노름을 하고 비파를 치
니 천자가 대행인(大行人)[6] 장건(張騫)[7]을 보내 조사하여 물었다.[8](『한서』
「상산헌왕전」)

【세주 원문】 按晉志載李悝雜律有博戲, 唐律博戲賭財物, 亦在雜律. 吳仁傑兩漢刊
誤補遺引潛夫論, 今人奢衣服, 侈飮食, 或以遊博持掩爲事, 則搏當作博. 顔注謂戲
而賭取財物, 此說是也. 搏揜本漢人語, 符漢人, 宜得其實. 沈欽韓漢書疏證所引亦
同. 今本潛夫論浮侈篇作或以遊敖博弈爲事, 蓋傳寫之誤.

【세주 역문】 『진서』 「형법지」에 이회의 「잡률」에 '박희'가 있고,[9] 『당률』에 '쌍륙놀

---

2 『漢書』 권16, 「高惠高后文功臣表」, 592쪽.
3 『漢書』 권16, 「高惠高后文功臣表」, 608쪽.
4 六博: 중국 고대의 雙六 종류의 놀음놀이의 하나.
5 『漢書』 권16, 「高惠高后文功臣表」, 592쪽.
6 大行人: 『주례』에는 「秋官」에 속하는 벼슬로 行人이라는 것이 있는데 賓客을 맡아 보는 것이 그
  직책이다. 여기에 大行人과 小行人 등이 있다.
7 張騫(?-기원전 114년)은 중국 前漢 때의 외교가. 자는 子文으로 인도 통로를 개척하고, 서역 정보
  를 가져와 동서의 교통과 문화 교류의 길을 열었다.
8 『漢書』 53, 「景十三王傳」, 2434쪽, "太子勃私姦、飮酒、博戲、擊筑, … 天子遣大行騫驗問."
9 『晉書』 권30 「刑法志」, 922쪽, "是時承用秦漢舊律, 其文起自魏文侯師李悝, … 其輕狡、越城、博

이를 하면서 재물을 거는 것[博戲賭財物]'이 또한 「잡률」에 있다.[10] 오인걸이 『양한간오보유(兩漢刊誤補遺)』에서 인용한 『잠부론』[11]에 "지금 사람들은 의복을 사치하고, 음식을 분수에 넘치게 먹으며, 혹은 노름을 일삼는다."[12]고 하였는데 박(搏)을 응당 박(博)이라고 썼다. 안사고의 주에 "노름을 하면서 재물을 건다."[13]고 하였으니 이 설이 옳다. '박엄(搏揜)'은 본래 한나라 사람의 말인데, 한나라 사람에게 부합하니 사실에 맞다. 심흠한의 『한서소증』에서 인용한 것 또한 같다. 금본(今本) 『잠부론』·「부치편」에서 "유오박혁(遊敖博弈)으로써 일삼는다."[14]고 하였는데 대개 전사(傳寫)[15]의 오류이다.

⦿ 通行飮食 통행음식[16]

【원문】 至於通行飮食, 罪至大辟. 注、通行飮食, 猶今律云過致資給與同罪也.(陳忠傳)

【역문】 도망하는 범죄자에게 음식을 제공하는 자는 사형에 처한다.[17] 주에 범죄자에게 음식을 제공한다는 것은 지금의 율문에서 말하는 "범죄자에

戱、借假不廉、淫侈、踰制以爲雜律一篇."

10 『唐律疏議』第402條; 「雜律」14 '博戲賭財物'.

11 『潛夫論』: 後漢의 유학자 王符가 쓴 중국의 정치에 관한 책. 子·類·儒·蒙으로 분류. 유교주의의 정치론을 가지고 그때의 弊政을 논하였는데, 모두 10권 36편으로 後漢 王符가 撰하였다. 王符는 평생 동안 은거하며, 官界의 부패를 한탄하고 사회의 폐단을 비판하여 정치의 득실을 논한 30여 편을 저술하였는데, 세상에 이름을 드러내기 꺼려하여 이렇게 이름 지었다고 한다.

12 『潛夫論』(上海古籍出版社, 1990) 권3, 「浮侈」12, 18쪽, "今民奢衣服, 侈飮食, 事口舌, …, 或以游敖博奕爲事."

13 『漢書』 권16, 「高惠高后文功臣表」, 592쪽, "揜, 意錢之屬也, 皆謂戲而取人財也."

14 『潛夫論』 권3, 「浮侈」 12, 18쪽.

15 傳寫: 서로 돌려가며 베끼어 씀.

16 通行飮食: 범죄자에게 음식을 제공하는 것.

17 『二年律令』63簡-64簡, "智(知)人爲群盜而通飮食餽遺之, 與同罪. 弗智(知), 黥爲城旦舂. 其能自捕若斬之, 除其罪, 有(又)賞如捕斬, 群盜法(發), 弗能捕斬而告吏, 除其罪, 勿賞(타인이 群盜를 한 것을 알고서 음식을 제공하고 먹었으면 같은 罪로 처리한다. 알지 못했다면 黥城旦舂에 처한다. 자력으로 群盜를 체포하거나 참살했다면 그 죄를 면제하고 더욱 捕斬과 같이 상을 준다. 群盜를 發覺해서 체포하거나 참살하지 못하고 吏에게 고발하면 그 사람의 죄를 면제하고 상은 賜與하지 않는다)."

게 규정을 어기고 물자를 주면 같은 죄이다."와 같다.18(『후한서』「진충전」)

【원문】 捕長安中輕薄少年惡子數百人, 皆劾以通行飲食群盜.(尹賞傳)

【역문】 장안에 있는 방탕한 소년과 악동 수백 명을 붙잡아 모두 군도에게 음식을 준 것으로 간주하고 죄상을 조사하였다.19(『한서』「윤상전」)

【원문】 暴勝之等奏殺二千石, 誅千石以下, 及通行飲食者.(元后傳)

【역문】 폭승지(暴勝之) 등이 아뢰기를 2천석은 살해하고, 1천석 이하와 범죄자와 왕래한 자를 처벌해야 한다고 상주하였다.20(『한서』「원후전」)

【원문】 及以後誅通飲食坐連諸郡, 甚者數千人.(史記楊僕傳)

【역문】 법률에 따라21 [또 도적들에게] 음식을 제공한 사람들을 주살하였는데, 이 법에 연좌된 자는 여러 군에 미쳤고, 심한 경우는 수천 명에 이르렀다.22(『사기』「양복전」)

◉ 夜行 야행23

【원문】 以詔夜士夜禁, 禦晨行者, 禁宵行者, 夜游者. 注、夜士主行夜徼候者, 如今都候之屬.(周禮秋官司寤注)

【역문】 야사(夜士)에게 야간통행금지 시간을 알려 새벽에 다니는 자를 막고, 밤에 다니는 자와 밤에 놀이하는 자를 금지시켰다. 주에 야사(夜士)는 주로 밤에 다니며 순찰하는 자이니, 지금의 도후(都候)24의 벼슬과 같

---

18 『後漢書』권46「陳忠傳」, 1559-1560쪽.
19 『漢書』권90「酷吏傳」,(尹賞), 3673쪽. "… 雜擧長安中輕薄少年惡子, … 得數百人."
20 『漢書』권98「元后傳」, 4013쪽. "它部御史暴勝之等奏殺二千石, 誅千石以下, 及通行飲食坐連及者."
21 '以後'는 '以法'의 誤.
22 『史記』권122,「酷吏列傳」, 3151쪽, "…, 及以法誅通飲食, 坐連諸郡, 甚者數千人."
23 夜行: 밤에 다니다.
24 都候: 後漢 시대에 야간 순찰을 담당하던 벼슬.

다.25(『주례』「추관사구」'사오씨' 주)

【원문】 尉曰: 今將軍尚不得夜行, 何故也?(李廣傳)

【역문】 정위(亭尉)26가 말하였다. "현직에 있는 장군도 밤에 돌아다닐 수 없는데, 하물며 전임(前任)이야 말할 나위도 없다. [이광을 붙잡고 역정에서 밤을 보내게 하였다.]"27(『한서』「이광전」)

【원문】 靈帝愛幸小黃門蹇碩叔父夜行, 卽殺之, 京師斂迹, 莫敢犯者.(魏志卷一注引曹瞞傳)

【역문】 영제(靈帝)께서 총애한 소황문28 건석29의 숙부가 밤에 돌아다니다 곧바로 죽임을 당해 경사에서 자취를 감추니 감히 법을 어기는 자가 없었다.30(『위지』권1의 주에서 「조만전」을 인용)

【원문】 年過七十而以居位, 譬猶鐘鳴漏盡, 而夜行不休, 是罪人也.(魏志田豫傳)

【역문】 나이가 칠십이 넘었는데도 자리에 있는 것은, 비유하자면 물시계의 종이 울리고 물시계의 물이 다했는데도 밤에 쉬지 않고 다니는 것과 같으니, 이는 죄인이다.31(『위서』「전예전」)

【원문】 永寧詔鐘鳴漏盡, 洛陽城中不得有行者.(文選鮑明遠放歌行注引崔實政論)

---

25 『周禮正義』 권70, 「秋官司寇」 '司寇氏' 注, 2907-2908쪽.
26 亭尉: 官名으로 戰國時代에 설치. 城을 지키는 低級의 軍吏. 亭의 守備를 담당.
27 『漢書』 권54, 「李廣傳」, 2443쪽. "…, 尉曰: '今將軍尚不得夜行, 何故也!' 宿廣亭下."
28 小黃門: 처음으로 내시로 補任된 사람을 부르는 말.
29 蹇碩(?-189)은 후한 말기의 환관으로 당시 정사를 농단했던 십상시 중 한 명. 영제가 죽자 황제의 유명을 받아 유협을 황제로 세우고 외척 하진을 없애려 했으나, 하진이 환관의 우두머리인 황문령을 시켜 붙잡아 죽이게 했다.
30 『三國志』 권1, 『魏書』 권1, 「武帝紀」, 3쪽.
31 『三國志』 권26, 『魏書』 권26, 「田豫傳」, 739쪽.

【역문】 영녕이 조서를 내리기를, "때를 알리는 종이 울리고 물시계의 물이 다하면 낙양(洛陽)의 성 안에는 다닐 수 없다."고 하였다.[32](『문선』「포명 원방가행」의 주에서 최실『정론』을 인용)

【세주 원문】 按唐律, 犯夜, 在雜律一.

【세주 역문】 『당률』에 '야간통행금지를 위반하는 것[犯夜]'은 잡률1에 있다.[33]

◉ 出界　출계[34]

【원문】 嗣陽邱侯偃, 孝景四年, 坐出國界, 耐爲司寇. 祝兹侯延年, 坐棄印 綬出國, 免.(王子侯表)

【역문】 양구후 언(偃)이 효경 4년, 국경을 벗어난 죄를 받아 '사구'에 처해졌 다.[35] 축자후 연년이 인수(印綬)를 버리고 나라를 떠난 죄를 받아 면관되 었다.[36](『한서』「왕자후표」)

【원문】 邗侯李壽坐爲衛尉居守, 擅出長安界, 送海西侯至高橋, 誅. 嗣終 陵侯華祿, 坐出界, 耐爲司寇. 嗣寧嚴侯魏指, 孝文後三年坐出國界, 免.(功臣表)

---

32 (梁)蕭統 編 (唐)李善 注, 『文選』권28,「樂府下」, 402–405쪽, '鮑明遠樂府八首', "永寧詔曰: 鍾鳴漏 盡, 洛陽城中不得有行者."

33 『唐律疏議』제406조;「雜律」18 '犯夜', 489쪽.

34 出界: 列侯들로 자신의 封國으로 돌아가게 한 후 '就國令'을 어기고 國界를 벗어날 경우 처벌하는 것.

35 『漢書』권15상,「王子侯表」, 431쪽, "孝景四年, 坐出國界, 削爲司寇."; 文帝 2년(기원전 178년)에 황 제는 '就國令'을 내려 列侯들로 자신의 封國으로 돌아가게 한 후 '就國令'을 어기고 國界를 벗어날 경우 廢封시켰으며, 文帝 12년(기원전 168년)에는 통행증[傳]이 없어도 關所를 출입할 수 있도록 關·津을 개방하였다. 그러나 吳·楚七國의 亂이 발생한 직후인 景帝 4년(기원전 153년)에는 통행 증을 소지하여야 關·津을 통과할 수 있게 하면서 이전의 제도로 복귀하였다. 같은 해에 '就國令' 을 어기고 國界를 벗어난 列侯 두 명을 처벌하였는데, 文帝 때 廢封에 그쳤던 것과 달리 '耐爲司 寇'라는 형벌에 처하였다.

36 『漢書』권15상,「王子侯表」, 476쪽, "祝兹侯延年, 膠東康王子, 五月丙午封, 五年, 坐棄印綬出國免."

【역문】 한후(邧侯) 이수가 '위위'[37]가 되어 수도를 수비하였는데 장안의 경계를 마음대로 벗어난 일로 죄를 받아 해서후에게 보내져 고교(高橋)에 이르러 주살되었다.[38] 종릉후 화록이 국경을 벗어난 죄를 받아 '내위사구'에 처해졌다.[39] 영엄후 위지가 효문후 3년(기원전 161년) 국경을 벗어난 죄를 받아 면관되었다.[40](『한서』「공신표」)

【원문】 坐擅離部署, 會赦, 免歸家.(王尊傳)

【역문】 [그 공훈이 미처 천자에게 보고되기 전에] 마음대로 부서를 떠난 죄를 받았으나 사면을 받고 면관되어 귀가(歸家)하였다.[41](『한서』「왕존전」)

【세주 원문】 按唐律, 刺史縣令私出界, 在職制一.

【세주 역문】 『당률』에 '자사·현령이 사사로이 경계를 벗어나는 것[刺史縣令私出界]' 은 '직제(職制) 1'에 있다.[42]

◉ 無籍入宮殿門 무적입궁전문[43]

【원문】 無引籍不得入宮司馬殿門. 賈疏謂漢法言引籍者, 有門籍及引人乃得出入也. 司馬殿門者, 漢宮殿門, 每門皆使司馬一人守門, 比千石, 皆號司馬殿門.(周禮天官宮正注)

【역문】 궁궐의 문사(門使)나 문적(門籍)[44]이 없으면 궁궐의 외문에 들어갈

---

37 衛尉: 東漢의 九卿 중의 하나로 南軍을 통솔하고 宮廷 내부를 경계하는 직책이다. 九卿에는 太常, 光祿勛, 衛尉, 太僕, 廷尉, 大鴻臚, 宗正, 大司農, 少府 등이 있다. 모두 품질이 중2000석이었고, 삼국시대에는 제3품이었다.

38 『漢書』 권17, 「景武昭宣元成功臣表」, 664쪽.

39 『漢書』 권16, 「高惠高后文功臣表」, 570쪽.

40 『漢書』 권16, 「高惠高后文功臣表」, 590쪽. "三年, 坐出國界, 免."

41 『漢書』 권76, 「趙尹韓張兩王傳」, 3229쪽.

42 『唐律疏議』, 第93條; 「職制」 3 '刺史縣令私出界', 185쪽.

43 無籍入宮殿門: 門籍이 없는데도 宮門과 殿門에 들어가는 경우의 처벌.

44 門籍: 궁궐 문을 드나들 수 있는 허가증. 또는 관원의 명부.

수 없다. 가의의 소에 이르기를, "한나라의 법에 '인적(引籍)'이라 하는 것은 문적에 있는 것과 궁궐의 문사가 있어야 출입할 수 있다는 것을 말한다."고 하였다. 사마전문은 한나라의 궁문과 전문으로 각각의 문마다 모두 사마(司馬) 한 사람씩 지키게 하였는데, 천석(千石)과 비견된다. 모두 사마전문이라고 부른다.45(『주례』「천관」'궁정'의 주)

【원문】 今宮門有簿籍. 疏云擧漢法以況之.(周禮秋官士師注)

【역문】 지금의 궁문에는 부적(簿籍)46이 있다. 소에서 한나라의 법을 들어 설명하였다.47(『주례』「추관」'사사'의 주)

【원문】 令從官給事宮司馬中者, 得爲大父母父母兄弟通籍. 注、應劭曰, 籍者爲二尺竹牒, 記其年紀名字物色, 縣之宮門, 按省相應, 乃得入也. (按崔豹古今注引此條, 二尺作尺二), 顔師古曰: 司馬門者, 宮之外門也, 衛尉有八屯, 衛侯司馬主衛士徼巡宿衛, 每面各二司馬, 故爲宮之外門爲司馬門.(元帝紀)

【역문】 종관, 급사에게 명령하여 궁사마중의 관원은 조부모, 부모, 형제 등을 위해서 궁문을 출입하는 통적을 취득할 수 있도록 하였다. 주에 응소가 말하였다. 문적은 2척의 대나무에 새긴 문서인데 사람의 나이, 이름, 신분을 기록하여 궁문에 걸어 놓고 서로 맞는지를 살펴서 들어가게 한다.[최표의『고금주』에 이 조목을 인용한 것에 의하면, '이척(二尺)'은 '척이(尺二)'로 되어 있다.] 안사고가 말하였다. 사마문은 궁전의 바깥문인데 위위(衛尉)48가 여덟 곳에 진을 치고 있고, 위후 사마는 위사가 숙위하며 순찰하는 것을 관할하는데, 면마다 각각 두 사마가 있으므로 궁의 바깥문이 사

---

45 『周禮正義』권6,「天官冢宰」'宮正' 注, 218~219쪽.
46 簿籍: 관아의 장부나 문서·簿書·簿牒.
47 『周禮正義』권67,「秋官司寇」,'士師'注, 2782쪽.
48 衛尉: 중국의 官名. 九卿의 하나. 秦의 官名으로, 宮門을 守衛하는 兵士를 管轄하고, 丞이 있었다. 前漢에서도 계속해서 설치되고 景帝의 時代에 中大夫令으로 改稱. 곧 衛尉로 다시 돌아갔다.

마문이 되었다.[49](『한서』「원제기」)

【원문】 太后除嬰門籍, 不得朝請.(竇嬰傳)

【역문】 태후가 영(嬰)[50]을 궁궐을 출입할 수 있는 명적에서 제외하였고, 조회에 참석할 수 없도록 하였다.[51](『한서』「두영전」)

【원문】 梁之侍中郎謁者, 著引籍出入天子殿門, 與漢宦官無異.(梁孝王傳)

【역문】 양나라의 시중[52]·낭(郎)·알자(謁者)[53]는 '인적'에 의거해서 천자의 전문을 출입하는 것이니 한나라의 환관과 다를 것이 없다.[54](『한서』「양효왕전」)

【세주 원문】 按唐律, 無著籍入宮殿, 在衛禁一.

【세주 역문】 『당률』에 '문적에 등록되지 않았는데 궁전에 들어가는 것[無著籍入宮殿]'은 위금 1에 있다.[55]

● **闌入宮掖** 난입궁액[56]

【원문】 天子宮門曰司馬, 闌入者爲城旦, 殿門闌入者棄市.(賈誼新書)

【역문】 천자의 궁문을 사마라 하는데, 난입한 자는 성단에 처해지고, 전문에 난입한 자는 기시에 처해진다.[57](가의『신서』)

---

49 『漢書』 권9, 「元帝紀」, 284쪽.
50 竇嬰(?-기원전 131년)의 字는 王孫으로 漢文帝의 竇皇后의 從兄의 子.
51 『漢書』 권52, 「竇嬰傳」, 2375쪽.
52 侍中: 侍中府의 官職의 하나. 皇帝의 近侍로 皇帝의 質問에 답할 준비를 하는 관직.
53 謁者: 中國古代의 官名으로 春秋戰國時代에 謁者는 왕의 명령을 전달하는 近侍. 한대에는 郎中令의 下屬에 謁者가 있었다.
54 『漢書』 권47, 「文三王傳」(梁孝王), 2209쪽, "梁之侍中、郎、謁者著引籍出入天子殿門, 與漢宦官亡異."
55 『唐律疏議』, 第64條; 「衛禁」 '無著籍入宮殿', 155쪽.
56 闌入宮掖: 궁궐에 난입하다.

【원문】闌入尙方掖門. 注, 應劭曰: 無符籍妄入宮曰闌.(成帝紀)

【역문】 상방58 쪽 작은 궁문으로 난입하였다. 주에 응소가 말하였다. 부적이 없이 함부로 궁에 들어가는 것을 '난(闌)'이라 한다.59(『한서』「성제기」)

【원문】充國爲大醫監, 闌入殿中, 下獄當死.(上官皇后傳)

【역문】 조충국이 태의감이 되었는데 궁중으로 함부로 들어가 하옥되어 사형에 처해지게 되었다.60(『한서』「상관황후전」)

【원문】 嗣侯曹宗, 征和二年, 坐與中人姦闌入宮掖門, 入財贖完爲城旦. 嗣侯王當, 元封元年, 坐闌入甘泉上林, 免.(功臣表)

【역문】 평양후(平陽侯) 조종61이 정화 2년(기원전 91년), 환관과 간통하고 궁궐문에 함부로 들어간 죄를 받았으나 재물을 바쳐 속죄하여 완성단에 처해졌다.62 산도후 왕당이 원봉 원년(기원전 80년), 감천궁 상림원에 함부로 들어간 죄를 받아 면관되었다.63(『한서』「공신표」)

【원문】嗣侯衛伉, 太初五年, 坐闌入宮, 完爲城旦.(恩澤侯表)

【역문】 장평후 위항64이 태초(太初) 5년, 궁에 함부로 들어간 죄를 받아 완성단에 처해졌다.65(『한서』「은택후표」)

---

57 (漢)賈誼著, 『新書』[(明)程榮 纂輯, 『漢魏叢書』, 吉林大學出版社, 1992] 권1, 「等齊」, 471쪽; 『新書』: 前漢 文帝 때의 문인 賈誼의 저서. 漢나라의 폐단을 지적하여 펴낸 정치이론서. 역사적 사건에서 소재를 가져왔는데, 멀리는 殷나라 湯王의 '網開三面' 이야기에서 가깝게는 秦나라 때의 '踐敗臣履' 이야기까지 30여 편의 고사가 실려 있다.

58 尙方: 천자가 사용하는 기물을 제작하던 궁정기관.

59 『漢書』 권10, 「成帝紀」, 306쪽.

60 『漢書』 권97상, 「外戚傳」 '上官皇后', 3959쪽.

61 曹宗: 平陽懿侯 曹參의 6世孫.

62 『漢書』 권16, 「高惠高后文功臣表」, 532쪽. "征和二年, 坐與中人姦, 闌入宮掖門, 入財贖完爲城旦."

63 『漢書』 권16, 「高惠高后文功臣表」, 622쪽.

64 衛伉: 長平烈侯 衛靑의 子.

65 『漢書』 권18, 「外戚恩澤侯表」, 686쪽. "太初元年嗣侯, 五年闌入宮, 完爲城旦."

【세주 원문】 按唐律, 闌入宮門、闌入非御在所, 均在衛禁一.

【세주 역문】 『당률』에 '궁문에 난입하는 것[闌入宮門]'[66]과 '난입하였으나 어재소(御在所)가 아닌 것[闌入非御在所]'[67]은 모두 「위금」1에 있다.

◉ 失闌 실란[68]

【원문】 以明經射策甲科爲郞, 坐戶殿門失闌, 免. 注、師古曰: 戶止也, 嘉掌守殿門, 止不當入者, 而失闌入之, 故坐免也.(王嘉傳)

【역문】 명경사책갑과에 합격하여 낭(郞)이 되었는데 전문을 지킬 때에 멈추지 않고 불응하여 놓치고 함부로 들어오게 되자 죄를 받아 면직되었다. 주에 안사고가 말하였다. 호(戶)는 지(止)이니, 왕가가 전문을 맡아 지켰는데 들어갈 수 없는 자를 멈추게 하였으나 함부로 들어오는 것을 놓쳤기 때문에 죄를 받아 면관되었다.[69](『한서』「왕가전」)

◉ 不衛宮 불위궁[70]

【원문】 延熹二年, 大將軍梁冀被誅, 廣與司徒韓演、司空孫朗, 坐不衛宮, 皆減死一等, 奪爵土, 免爲庶人.(胡廣傳)

【역문】 연희 2년(159년), 대장군 양기(梁冀)가 살해되었는데, 호광(胡廣)[71]과 사도[72] 한연(韓演), 사공[73] 손랑(孫朗)이 궁을 지키지 못한 죄를 받았으나

---

66 『唐律疏議』, 第59條; 「衛禁」2 '闌入宮門', 150쪽.
67 『唐律疏議』, 第69條; 「衛禁」12 '闌入非御在所', 159쪽.
68 失闌: 난입한 것을 놓친 경우에 대한 처벌규정.
69 『漢書』 권86, 「何武王嘉師丹傳」(王嘉), 3488쪽, "以明經射策甲科爲郞, 坐戶殿門失闌免."
70 不衛宮: 궁을 지키지 않다.
71 胡廣(91年-172年)의 字는 伯始로 漢安帝時에 孝廉으로 추거되었다. 尙書郞·尙書僕射를 역임함.
72 司徒: 중국의 관명. 西周에서 처음으로 설치되어 三公의 다음에 위치하고, 六卿에 상당한다. 田土·財貨·敎育 등을 맡는다. 前漢에서는 丞相이 三公의 하나가 되지만, 哀帝의 元壽 2년(기원전 1년)에 丞相을 大司徒라 하고 있다. 後漢의 建武 27년(51년)에 大司徒는 司徒로 개칭된다.
73 司空: 『周礼』에 기록된 六官의 하나이며 『漢書』의 注에는 水와 罪人을 주관한다고 되어 있다. 刑

모두 사죄에서 한 등급 감해져 관작과 토지를 박탈하고 면관되어 서인이 되었다.[74](『후한서』「호광전」)

【세주 원문】 按唐律, 宿衛上番不到, 在衛禁一.

【세주 역문】 『당률』에 '숙위하는 사람이 상번해야 하는데 이르지 않는 것[宿衛上番不到]'은 「위금」 1에 있다.[75]

◉ 兵所居比司馬, 闌入者髡.(白帖引春秋決獄)
병사가 거처하는 곳을 사마에 견주는데, 함부로 들어오는 자는 곤형에 처한다.[76](『백첩』에서 「춘추결옥」을 인용)

◉ 官府禁無故擅入, 城門禁離載下帷.(周禮秋官士師注. 賈疏云, 離載下帷者, 謂在車離耦, 耦載而下帷, 恐是姦非, 故禁之.)
관부에는 '무고천입'[77]을 금함이 있고, 성문에는 '이재하유'[78]를 금함이 있다.[79](『주례』「추관」'사사'의 주. 가의의 소에 말하였다. '이재하유'라는 것은 수레에 혼자 앉고, 혼자타고서 휘장을 내리는 것을 이르는데, 간비일 것이 의심스러우므로 금하는 것이다.)

徒의 관리(治獄)와 治水나 각종 土木工事를 담당하였다. 당시는 각종 工事는 刑徒를 動員해서 행해진 것이어서 양자의 직장은 밀접히 관련되어 있다. 전국시대부터 한대의 문헌이나 출토사료에는 「都司空」,「次司空」(『墨子』)·「國司空」(『商君書』),「県司空」·「邦司空」(『雲夢秦簡』),「中司空」·「郡司空」·「宮司空」·「縣司空」(『二年律令』), 「獄司空」(『洪範五行伝』) 등의 存在가 기록되어 있으며 地方의 관아에도 司空이 設置되어 있었다. 그러나 前漢後期以後、治獄과 作事의 役割이 分離하자 各地에 있었던 「司空」의 명칭은 차츰 사용되지 않게 되었다. 後漢에 들어와서는 오로지 三公의 하나로써 그 명칭이 사용되었다.

74 『後漢書』 권44, 「胡廣傳」, 1509쪽.
75 『唐律疏議』, 第75條, 「衛禁」 18 '宿衛上番不到', 167쪽.
76 (唐)白居易, 『白氏六帖事類集』(文物出版社, 1987) "兵所居比司馬, 闌入者髡."
77 無故擅入: 까닭없이 함부로 들어가는 것.
78 離載下帷: 같이 탄 사람을 떠나보낸 뒤에 휘장을 내리는 것.
79 『周禮正義』 권67, 「秋官司寇」, '士師'注, 2782쪽.

⊙ **闌出入關** 난출입관[80]

【원문】 元封三年, 嗣侯杜相夫坐爲大常, 與大樂令中可當鄭舞人擅繇, 闌
出入關, 免. 注、師古曰: 擇可以爲鄭舞而擅從役使之人, 闌出入關.(功
臣表)

【역문】 원봉 3년(기원전 108년), 장수후 두상부[81]가 태상[82]이 되었는데 대악
령들과 함께 정나라의 무인(舞人)이 마음대로 노래하는 것을 합당하게
하고 관을 함부로 출입하게 한 죄를 받아 면관되었다. 주에 사고가 말하
였다. 정나라의 춤을 출 수 있게 하고 제멋대로 노역을 시키고, 통행증
도 없이 관을 출입하였다.[83](『한서』「공신표」)

【원문】 而文史繩以爲闌, 出財物如邊關乎? 注、應劭曰: 闌、妄也. 臣瓚
曰: 無符傳出入爲闌.(汲黯傳)

【역문】 [어리석은 백성들은] 법을 집행하는 관리가 국경의 관문과 같은 곳
에서 사사로이 반출된 물자를 사용한 죄명으로 그들을 처분할 것이라는
것을 어떻게 알겠는가? 주에 응소가 말하였다. '난(闌)'은 제멋대로라는
의미이다. 신찬이 말하였다. 통행중인 부전(符傳)이 없이 출입하는 것이
'난(闌)'이다.[84](『한서』「급암전」)

【원문】 今邊塞未正, 闌出不禁.(西域傳)

---

80 闌出入關: '關'을 함부로 출입하다. 통행증(符信) 없이 關門을 출입하는 행위.『史記』「汲黯列傳」
   중 裴駰의 集解에 인용된 "臣瓚曰: '無符傳出入爲闌'".
81 杜相夫: 長脩平侯 杜恬의 曾孫.
82 太常의 지위는 卿으로 1명이고 관질은 中二千石이다.
83 『漢書』권16, 「高惠高后文功臣表」, 601쪽, "(長脩平侯 杜恬 曾孫) 陽平: 三十七年, 元封三年, 坐爲
   太常與大樂令中可當鄭舞人擅繇, 闌入關, 免.": 景帝가 죽은 후 武帝 建元 元年(기원전 140년)에
   다시금 列侯들을 封地로 돌아가게 하고 關을 폐지하였다. 그러나 武帝 때 列侯들이 마음대로 封國
   밖을 벗어나는 행위는 계속적으로 금지하였다.
84 『漢書』권50, 「張馮汲鄭傳」(汲黯), 2320-2321쪽, "愚民安知市買長安中而文史繩以爲闌出財物如邊
   關乎?"

【역문】 지금 변경의 관리가 엄정하지 않으니 마음대로 변경을 나가는 것을 금할 수 없다.[85](『한서』「서역전」)

【세주 원문】 按唐律, 私度關, 在衛禁二.

【세주 역문】 『당률』에 '관을 사사로이 건너는 것[私度關]'은 「위금」2에 있다.[86]

◉ 關用傳出入 관용전출입[87]

【원문】 傳如今過所文書. 賈疏, 過所文書當載人年幾及物多少, 至關至門, 皆別寫一通, 入關家門家, 乃案勘而過, 其自內出者, 義亦然.(周禮地官司關注)

【역문】 '전(傳)'은 지금의 과소문서와 같다.[88] 가의의 소에 '과소문서에는 마땅히 사람의 나이가 몇이고 물건이 얼마나 되는지를 기재하는데 관에 이르고 문에 이르러 모두 별도의 사본 한 통으로 관가나 문가에 들어가 이에 문서를 살펴보고 통과한다. 그 안에서 나오는 자도 또한 마찬가지

---

85 『漢書』 권96하 「西域傳」, 3914쪽.

86 『唐律疏議』 第82條; 「衛禁」 25 '私度關', 172쪽.

87 關用傳出入: 關所를 통과할 때는 통행증인 '傳'을 사용하여 출입한다. 『二年律令』(彭浩 · 陳偉 · 工藤元男 主編, 『二年律令與奏讞書』, 上海古籍出版社, 2007) 「津關令」, 488-491簡, "一. 御史言, 越塞闌關, 論未有令. 請闌出入塞之津關, 黥爲城旦舂;越塞, 斬左止(趾)爲城旦;吏卒主者弗得, 贖耐; 令、丞、令史罰金四兩. 智(知)其請(情)而出入之, 及假予人符傳, 令以闌出入者, 與同罪. 非其所□爲□而擅爲傳出入津關, 以□傳令、闌令論, 及所爲傳者, 縣邑傳塞, 及備塞都尉、關吏、官屬、軍吏卒乘塞者, 禁(?)其□弩、馬、牛出, 田、波(陂)、苑(?)、牧、繕治塞、郵、門亭行書者得以符出入. 制曰:可."

88 傳, 過所: 吏民의 신분증명문서로 통용. 서한 중후기부터 傳의 호칭은 "過所"로 변하기 시작. 서북지역 漢簡에 의해 증명. 동한시기에는 傳과 같은 기능을 하는 신분증명서의 명칭으로 "過所"라는 용어가 상용하였고, 魏晉에서 唐代까지도 백성 혹은 관리가 외출 시에 통행증으로 사용. 傳을 가리키는 過所라는 명칭은 傳을 過所에서 보여준다는 의미에서 유래되었다. 통행문제에 관한 대표적인 연구로는, 大庭脩, 「漢代の關所とパスポート」, 『秦漢法制史の研究』, 創文社, 1982; 楊建, 『西漢初期津關制度硏究』, 上海古籍出版社, 2010; 紙屋正和, 「前漢時代の關と馬弩關」, 『福岡大學人文論叢』 10-2, 1978; 手塚隆義, 「馬弩關考」, 『史苑』 41-2, 1982; 冨谷至, 「漢代邊境の關所−玉門關の所在をめぐって」, 『東洋史研究』 48-4, 1990; 李均明, 「漢簡所反映的關津制度」, 『歷史研究』 2002-3 등을 들 수 있다.

이다.[89](『주례』「지관」'사관'의 주)

【원문】 十二年, 除關無用傳. 注、張晏曰: 傳信也, 若今過所也. 如淳曰: 兩行書繒帛, 分持其一, 出入關合之, 乃得過, 謂之傳也. 李奇曰: 傳棨 也. 師古曰: 張說是也. 古者或用棨, 或用繒帛, 棨者刻木爲合符也.(文 帝紀)

【역문】 12년(기원전 168년)에 관을 지날 때에는 통행증을 사용하지 않도록 하였다. 주에 장안이 말하였다. 전은 신(信)인데 지금의 과소(過所)와 같 다. 여순이 말하였다. 두 줄로 비단에 써서 나누어 그 하나를 가지고 관 에 출입할 때 그것이 합치하면 지날 수 있는 것을 전이라 한다. 이기가 말하였다. 전은 계(棨)[90]이다. 안사고가 말하였다. 장안의 설명이 옳다. 옛날에는 부신을 사용하기도 하고 비단을 사용하기도 하였는데 부신(符 信)은 나무에 새겨 부절을 합하는 것이다.[91](『한서』「문제기」)

【원문】 元年詔曰: 孝文皇帝臨天下, 通關梁不異遠方. 注、張晏曰: 孝文 十二年除關不用傳, 令遠近若一. 四年復置諸關, 用傳出入. 注、應劭 曰: 文帝十二年除關無用傳, 至此復用傳, 以七國新反, 備非常.(景帝紀)

【역문】 원년(기원전 156년)에 조서를 내려 말하였다. 효문황제께서 천하에 임하시어 관문과 교량을 통과하는 것에 대해 먼 지방도 달리하지 않았 다. 주에 장안이 말하였다. 효문 12년(기원전 168년)에 관을 지날 때에 전 을 사용하지 않도록 하였으니 먼 곳과 가까운 곳에 대해 똑같이 하였다.

---

89 『周禮正義』 권28, 「地官司徒」 '司關'注, 1105쪽.
90 棨: 符節, 標信. 관리들이 출장이나 외출시 신분을 증명하였던 물건.
91 『漢書』 권4 「文帝紀」, 123쪽; 동일한 내용이 『史記』 卷10 「孝文本紀」 436쪽, "孝景皇帝元年十月, 制詔御史: … 孝文皇帝臨天下 通關梁 不異遠方."에도 나온다. 『漢書』 권5 「景帝紀」, 138쪽, "張晏 曰: 孝文十二年, 除關不用傳, 令遠近若一." 文帝가 통행증 제도를 폐지하고 民이 자유롭게 이동할 수 있도록 한 구체적인 이유는 알 수 없다. 이에 대해 농지가 부족하였기 때문에 민의 자유로운 이 동을 보장하여 신개간지를 개척할 수 있도록 한 것이라는 의견도 있다(池田雄一, 「中國古代の'都 市'と農村」, 『中國古代の聚落と地方行政』(汲古叢書 33), 2002, 118쪽.

4년에 다시 여러 관을 설치하고 전을 사용하여 출입하도록 하였다. 주에 응소가 말하였다. 문제 12년에 관을 지날 때에는 전을 사용하지 않도록 하였는데 이때에 이르러 다시 전을 사용하도록 한 것은 7국이 반란을 일으켜서 비상시에 대비한 것이다.[92](『한서』「경제기」)

【원문】 本始四年, 詔上書入穀輸長安倉, 助貸貧民, 民以車傳載穀入關者, 得毋用傳.(宣帝紀)

【역문】 본시 4년(기원전 70년)에 조서를 내리기를, "들어온 곡식의 양을 상보하고, 장안의 창고에서 제출하고, 정부를 도와서 가난한 백성들을 진휼하는 데 협조하라. 백성들이 수레에 곡식을 싣고 함곡관에 들어갈 때에는 통행증을 사용하지 않을 수 있도록 하여라."고 하였다.[93](『한서』「선제기」)

【원문】 舊法行者持符傳, 即不稽留.(王莽傳注)

【역문】 옛 법에 통행하는 자에게 부전(符傳)을 지니게 하는 것은 체류되지 않도록 돕는 것이다.[94](『한서』「왕망전」의 주)

【원문】 繻、符也, 書帛裂而分之, 若券契矣. 蘇林曰: 繻、帛邊也, 舊關出入皆以傳, 傳煩, 因裂繻頭各以爲符信也.(終軍傳注)

【역문】 '수(繻)'는 부절이다. 비단에 써서 찢어 나누는 것으로 증명서와 같다. 소림이 말하였다. 수는 비단의 가장자리이니 옛날에 관을 출입할 때에는 모두 전을 사용하였는데 전이 번거로워서 비단의 끝부분을 찢어서

---

92 『漢書』 권5, 「景帝紀」, 137쪽, "孝文皇帝臨天下, 通關梁, 不異遠方. –張晏曰:「孝文十二年, 除關不用傳, 令遠近若一.」 … 四年春, 復置諸關用傳出入."; 秦漢時代에는 주요 關所를 포함한 국경에는 수비를 담당하고 있는 내·외부인의 출입을 관할하는 관리들이 설치되었으며, 국경을 출입할 때에는 일정한 절차에 따라 자신의 신분을 증명하고 소지한 화물에 대한 세금을 납부해야 했다.

93 『漢書』 권8, 「宣帝紀」, 245쪽, "上書入穀, 輸長安倉, 助貸貧民, 民以車船載穀入關者, 得毋用傳."

94 『漢書』 권99중, 「王莽傳」, 4122쪽, "師古曰: <u>舊法, 行者持符傳, 即不稽留</u>."

부신(符信)[95]으로 삼았다.[96](『한서』「종군전」의 주)

【원문】 過所至關津以示之也, 傳、轉也, 移轉所在, 識以爲信也.(釋名)

【역문】 과소는 관진(關津)에 이르러 보여주는 것인데 전(傳)은 전(轉)이니 이전(移轉)한 소재(所在)를 알려서 증빙으로 삼는 것이다.[97](『석명』)

【원문】 凡傳皆以木爲之, 長五寸, 書符信於上, 又以一板封之, 皆封以御史印章, 所以爲信也, 如今之過所也.(崔豹古今注)

【역문】 무릇 전은 모두 나무로 만드는데 길이는 5촌이다. 위에 부신(符信)을 쓰고 또 하나의 나무판으로 그것을 봉하여 함께 어사의 인장으로 봉하니 증빙으로 삼는 바이다. 지금의 과소와 같다.[98](최표의 『고금주』)

---

95 符信: 나무 조각 등에 글자를 쓰고 이것을 두 조각으로 쪼개어, 한 조각은 상대자에게 주고 다른 한 조각은 자기가 보관하였다가 뒷날에 서로 맞추어서 증거를 삼게 만든 물건.

96 『漢書』권64하, 「終軍傳」注, 2820쪽; "이전에 終軍이 濟南을 거쳐 (京師로 가서) 博士를 알현할 때 걸어서 關所를 들어가자 關吏가 軍에게 繻를 주었다. 軍이 묻기를, '이것으로 무엇을 합니까?' 關吏가 말하기를, '돌아갈 때의 傳으로 돌아와 서로 合符하여야한다.'고 하였다. 軍이 말하기를, '大丈夫가 서쪽으로 떠났으면[西游] 다시 傳으로써 돌아가지 않는 법입니다.'라고 하며 繻를 버리고 갔다. 軍이 謁者가 되어 郡·國으로 使行을 감에 節을 세우고 동쪽으로 關所를 나갔는데, 關吏가 그를 알아보고서는 '이 使者가 바로 전에 繻를 버렸던 儒生이다.'라고 하였다(이상은 「終軍傳」注의 본문 내용으로 『漢書』권64하, 「終軍傳」, 2819-2820쪽); 終軍이 博士弟子로 선발되어 長安에 갔을 때는 武帝 元朔年間(기원전 128-123년)이었고, 그는 濟南에서 출발하였으므로 여기서 關所는 函谷關을 가리킨다. 당시 終軍은 공식적인 허가를 받아 이동하고 있었으므로 그는 濟南에서 통행증을 발급받아 소지하고 있었을 것이다. 그런데 函谷關에서는 入關하려는 終軍에게 出關할 때 사용할 繻를 證標로 주었다. 繻는 반으로 잘랐다가 合符하여 사실 여부를 확인했던 일종의 출입증으로 보이는데, 京畿로 들어가는 사람에게 繻를 발급했다는 점은 內·外部人이 京畿를 출입할 때 일일이 파악하여 관리하였음을 보여준다.

97 (後漢)劉熙撰, 『釋名』(北京: 中華書局, 1985) 권6, 「釋書契」제19, 97쪽; 『釋名』: 後漢 말 劉熙가 지은 辭書. 같은 음을 가진 말로 어원을 설명하였다. 내용에 의해서 釋天·釋地·釋山으로 시작하여 釋疾病·釋喪制에서 끝나는 27편의 분류방법은 『爾雅』와 같으나, 소리가 비슷한 말은 의미에도 많은 관련이 있다는 聲訓의 입장에서 해설을 한 점이 특색이다. 오늘날에는 그 식물을 알 수 없는 器物과 家具에 관해 귀중한 기록이 적지 않다.

98 崔豹, 『古今注』권하, 「問答釋義」제8, "凡傳皆以木爲之, 長五寸, 書符信於上, 又以一板封之, 皆封以御史印章, 所以爲信也, 如今之過所也."; 『古今注』: 중국 晉나라의 崔豹가 名物을 고증하여 엮은 책.

【세주 원문】 按唐律, 諸不應度關而給過所及冒名請過所而度者, 各徒一年, 在衛禁二. 册府元龜一百九十一載梁開平四年詔司門過所, 先頒經中書門下點檢, 宜委宰臣趙光逢專判出給, 是五代時猶沿過所之名也.

【세주 역문】 『당률』에 '무릇 관을 건너게 해서는 안 되는데 통행증을 지급한 자나 이름을 사칭하여 통행증을 청하여 건넌 자는 각각 도형 1년에 처하는 것'은 「위금」2에 있다.[99] 『책부원귀』 권191에는, 양나라 개평 4년, 조서를 내려 "문을 맡는 통행증은 먼저 반드시 중서문하를 거쳐 점검하도록 하고, 마땅히 재상 조광봉(趙光逢)에게 맡겨 단독으로 발급을 판단하도록 하라."[100]고 하였으니 이는 오대 때에도 여전히 과소(過所)의 명칭을 따르는 것임을 알 수 있다.

⊙ 馬高五尺六寸, 齒未平, 弩十石以上, 皆不得出關

말의 키가 5척 6촌 [이상]이면서 이가 고르지 않거나, 쇠뇌가 10석 이상이면 모두 관(關)을 나갈 수 없다.

【원문】 中元四年, 御史大夫綰奏禁馬五尺九寸以上, 齒未平, 不得出關. 注、服虔曰: 馬十歲, 齒下平.(景帝紀)

【역문】 중원 4년(기원전 146년), 어사대부 위관(衛綰)이 "말의 키가 5척 9촌 이상이면서 이가 평평하게 갈리지 않았으면 관(關)을 나갈 수 없도록 금하자."고 상주하였다. 주에 복건이 말하였다. 말이 10살이면 이 아래가 마모되어서 고르다.[101](『한서』 「경제기」)

---

99 『唐律疏議』, 第83條;衛禁 26 '不應度關而給過所', "諸不應度關而給過所, 取而度者, 亦同, 若冒名請過所而度者, 各徒一年.", 174쪽.

100 (宋)王欽若 等編, 『册府元龜』(中華書局, 1988), 「立法制」, 2133쪽, "司門過所, 先須經中書門下點檢, 宜委宰臣趙光逢專判出給";『册府元龜』: 北宋의 王欽若 · 楊億 등이 眞宗의 명을 받들어 1005년에 편집에 착수, 1013년에 완성한 책. 1,000권. 고대로부터 五代까지의 역대 정치에 관한 사적을 당시 현존하던 각종 서적에서 광범위하게 채집, 帝王部에서 外臣部에 이르기까지 31개 부문으로 분류 列記하였다. 이와 같은 형식을 類書라고 하는데, 『文苑英華』, 『太平御覽』 등과 더불어 북송조에서 편찬한 대표적인 유서이다. 특히 唐 · 五代에 관한 부분은 사료적 가치가 매우 크다.

101 『漢書』 권5, 「景帝紀」, 147쪽.

【원문】 始元五年, 罷天下亭母馬及馬弩關. 注、孟康曰: 舊馬高五尺六寸齒未平, 弩十石以上, 皆不得出關.(昭帝紀)

【역문】 시원 5년(기원전 82년), 천하에 정(亭)에서 어미 말을 기르게 한 영인 '정모마(亭母馬)'와 말과 궁노(弓弩)에 대한 관을 통과하는 것을 금하는 영인 '마노관(馬弩關)'102을 파하였다.103 주에 맹강(孟康)이 말하였다. 이전에 말의 키가 5척 6촌이면서 이가 고르지 않거나, 10석 이상의 쇠뇌는 모두 관외로 반출할 수 없었다.104(『한서』「소제기」)

【원문】 禁游宦諸侯及無得出馬關者, 豈不曰諸侯國衆車騎, 則力益多.(賈誼新書)

【역문】 외지에서 제후에게 출사하는 것과 [키 크고 건강한] 말이 관외로 반출할 수 없도록 금하는 것은 제후국이 사람이 많으면 [권세가 그만큼 커지고] 거기(車騎)가 많으면 실력이 더욱 증가하기 때문이라고 어찌 말하지 않을 수 있겠는가.105(가의『신서』)

【원문】 因關馬及弩不得出, 節遊說之路, 諸侯王遂以弱, 主父偃之謀也. (劉向新序)

【역문】 관에 말과 쇠뇌를 관외로 반출할 수 없도록 하고, 유세의 길을 끊으니 제후왕들이 마침내 약해졌다. 이는 주부언106의 계책이다.107(『유향신서』)

---

102 馬弩關: 한무제(기원전 142-87년) 시대에 설치되었다가, 기원전 82년 소제 때 폐지된 병기와 말에 대한 수출 금지 조치이다. 주로 흉노의 무력증강을 견제하기 위한 조치인데, 주변의 다른 정권에 대해서도 적용했을 가능성이 높다.

103 이 구절에 대해 應劭는 武帝 때 수차례 匈奴를 정벌하고 大宛을 다시금 공격하면서 말이 소진되자 전국의 모든 亭에서 母馬를 길러 새끼를 많이 낳게 하였으며, 말 등에 弩機關을 만들었는데 이제 모두 폐지한 것이라 설명하였다.

104 『漢書』 권7, 「昭帝紀」, 222쪽. "孟康曰: 舊馬高五尺六寸齒未平, 弩十石以上, 皆不得出關. 今不禁也": 孟康은 예전에 키가 5尺 6寸이고 齒를 펼평하게 하지 않은 말과 10石 이상의 弩는 모두 關外로 반출할 수 없게 하였는데 이를 금하지 않게 되었다고 설명하였다

105 (漢)賈誼著, 『新書』[(明)程榮 纂輯, 『漢魏叢書』, 吉林大學出版社, 1992] 권3, 「壹通」, 476쪽. "所爲禁游宦諸侯及無得出馬關者, 豈不曰諸侯得衆則權益重, 國衆車騎則力益多, 故明爲之法, 無資諸侯."

106 主父偃은 漢 나라 武帝 때의 신하로 남의 비밀을 폭로하기 좋아하므로 대신들이 두려워하여 뇌물

◉ 内珠入關者死.(列女傳引漢法)

보석을 들여서 관(關)에 납입하는 자는 사형에 처한다.(「열녀전」에서 한법을 인용)

◉ 買塞外禁物　요새 밖의 금지된 물건을 사다.

【원문】 孝景二年, 嗣侯宋九坐寄使匈奴買塞外禁物, 免.(功臣表)

【역문】 효경 2년(기원전 155년), 후 송구가 흉노에게 요새 밖의 금지된 물건을 사도록 해서 부친 죄를 받아 면관되었다.[108](『한서』「공신표」)

　【세주 원문】 按唐律, 衛禁共化外人私相交易者, 準盜論.

　【세주 역문】 『당률』에 「위금」에 "외국인과 함께 사사로이 서로 교역한 자는 절도에 준하여 논죄한다."고 하였다.[109]

◉ 販賣租銖　판매한 금액에 따라 조세를 징수함

【원문】 除其販賣租銖之律. 注、師古曰: 租銖謂計其所賣物價, 平其錙銖而收租也.(食貨志)

【역문】 '판매조수'의 율을 없앴다. 주에 안사고가 말하였다. '조수(租銖)'는 판매한 것의 물건 값을 계산하고, 그 치수(錙銖)[110]를 공정하게 하여 세금

을 바쳤으며, 뒤에 제왕이 그의 누이와 간음하는 것을 말하다 멸족되었음.

107 (漢)劉向著, 『新序』((明)程榮 纂輯, 『漢魏叢書』, 吉林大學出版社, 1992.) 권10, 「善謀篇」, 387쪽, "於是上從其計因關馬及弩不得出. …"; 『劉向新序』: 중국 前漢 말기의 학자 劉向이 편집한 고사집. 雜事 5편, 刺奢, 節士 등 총10편으로 구성되어 있다. 총 176개의 이야기가 들어 있으며 각 편의 폭이 매우 크다. 이야기 묘사와 의인화 수법이 뛰어나지만 창작이 아니라 이전 사람들의 저작을 가져와 썼다는 점과 이야기의 대부분이 우언이 아니라는 점에서 평가가 엇갈린다. 세심한 구성 과정을 거쳐 가공됨으로써 서사가 간결하고 의론 전개가 유창하여 문학적 가치가 크다.

108 『漢書』 권16, 「高惠高后文功臣表」, 588쪽, "孝景中二年, 坐寄使匈奴買塞外禁物, 免."

109 『唐律疏議』, 第88條; 「衛禁」 31 '越度緣邊關塞', 177쪽.

110 錙銖: 아주 가벼운 무게를 이르는 말. 옛날 중국의 저울눈에서 기장 100개의 낱알을 1수, 24수를 1

을 거두어들이는 것이다.[111](『한서』권24하, 「식화지」)

【원문】 除其租銖之律. 注、師古曰: 租税之法, 皆依田畝, 不得雜計百物
之銖兩.(貢禹傳)

【역문】 '조수(租銖)'의 율령을 없앴다. 주에 안사고가 말하였다. 조세의 법
은 모두 토지면적에 의거하니 온갖 물건의 근소한 무게를 잡다하게 헤
아릴 수 없다.[112](『한서』「공우전」)

◉ 市買爲券, 書以別之, 各得其一, 訟則案券以正之.(周禮秋官士師注)
시장에서 매매하는 데에 권(券)을 만드는데, 문서를 나누고, 각각 그 하나를
가지는데, 소송이 발생하면 그 나눈 권을 살펴서 바로잡는다.[113](『주례』「추
관」'사사'의 주)

【세주 원문】 按唐律, 買奴婢牛馬立券, 在雜律一.

【세주 역문】 『당률』에 "노비, 말, 소를 사고 시권(市券)을 만드는 것(買奴婢牛馬立券)"
은 '잡률1'에 있다.[114]

◉ 得遺物及放失六畜, 持詣鄕亭縣廷, 大物沒入公家, 小物自畀.(周禮秋
官朝士注)
유실물을 얻거나 가축을 방실(放失)하면 향정(鄕亭), 현정(縣廷)에 알려서 큰
물건은 관부에서 몰입하고, 작은 물건은 서민들이 스스로 돌려준다.[115](『주
례』「추관」'조사'의 주)

냥, 8냥을 1치라고 한 것에서 유래한다.
111 『漢書』권24하, 「食貨志」, 1176~1177쪽.
112 『漢書』권72, 「王貢兩龔鮑傳」(貢禹), 3076쪽, "除其租銖之律" 師古曰: 租稅之法皆依田畝, 不得雜
計百物之銖兩."
113 『周禮正義』권67, 「秋官司寇」, '士師' 注, 2791쪽.
114 『唐律疏議』第422條, 「雜律」34 '買奴婢牛馬不立券', 500쪽.
115 『周禮正義』권68, 「秋官司寇」, '朝士' 注, 2824쪽.

【세주 원문】 按唐律, 得闌遺物, 在雜律二.

【세주 역문】 『당률』에 "유실물을 얻은 것(得闌遺物)"은 '잡률2'에 있다.[116]

◉ 一室二尸, 則官與之棺.(周禮秋官小行人注)

한 집에 시체가 둘이면, 관청에서 관(棺)을 준다.[117](『주례』「추관」'소행인'의 주)

◉ 私鑄鐵器煑鹽者, 鈦左趾, 沒入其器物.(食貨志)

사사로이 철기를 주조하고 소금을 파는 자는 왼쪽 발목에 차꼬를 채우고 그 기물을 몰입한다.[118](『한서』「식화지」)

◉ 私鑄錢罪黥   사주전죄경[119]

【원문】 鑄錢之情, 非殽鉛鐵及錫雜銅也, 不可得而贏, 而殽之甚微, 實皆黥罪也.(賈誼新書)

【역문】 돈을 주조하는 실상은 납과 철을 섞거나 주석에 구리를 섞지 않으면 이윤을 남길 수가 없고, 섞은 것이 매우 적더라도 [이익은 매우 많다.] 실제로 모두 경형에 처한다.[120](가의 『신서』)

【원문】 鑄銅錫爲錢, 敢雜以鉛鐵爲他巧者, 其罪黥.(食貨志)

【역문】 구리와 주석을 주조하여 돈을 만들게 하되, 감히 납과 쇠를 섞어 다른 간교를 부리는 경우는 경형에 처한다.[121](『한서』「식화지」)

---

116 『唐律疏議』, 第448條; 「雜律」60 得闌遺物不送官, 521쪽, "諸得闌遺物, 滿五日不送官者, 各以亡失罪論. 贓重者, 坐贓論. 私物, 坐贓論減二等."
117 『周禮正義』 권72, 「秋官司寇」, '小行人' 注, 3005쪽.
118 『漢書』 권24하, 「食貨志」, 1166쪽.
119 私鑄錢罪黥: 사사로이 돈을 주조하면 얼굴에 자자하는 경형에 처한다.
120 (漢)賈誼著, 『新書』 권4, 「鑄錢」, 480쪽, "然鑄錢之情, 非殽鉛鐵及石雜銅也, 不可得贏, 而殽之甚微, 其利甚厚. …, 而實皆黥罪也."
121 『漢書』 권24하, 「食貨志」, 1153쪽, "法使天下公得顧租鑄銅錫爲錢, 敢雜以鉛鐵爲它巧者, 其罪黥."

【원문】 自五銖錢起, 已來七十餘年, 民坐盜鑄錢被刑者甚衆.(貢禹傳)

【역문】 오수전[122]이 만들어진 때로부터 이미 70여 년이 지났는데 백성들은 도주전으로 형을 받는 자가 매우 많았다.[123](『한서』「공우전」)

【원문】 文帝除鑄錢令, 山對以爲錢者亡用器也, 而可以易富貴; 富貴者, 人主之操柄也, 令民爲之, 是與人主共操柄, 不可長也. 其後復禁鑄錢云.(賈山傳)

【역문】 한문제가 일반인이 주전하는 것을 금지하는 법령을 폐지하였는데[124] 가산[125]이 [반대하였는데,] 대답하기를, "전(錢)이라는 것은 쓸모없는 물건이지만, 부귀를 바꿀 수는 있습니다. 부귀라는 것은 황제가 조종하는 권력입니다. 백성으로 하여금 이것을 만들게 하는 것은 바로 황제와 함께 부귀를 조종하는 것이므로 오래 가도록 할 수는 없습니다."고 하였다. [황상은 듣지 않았는데,] 그 후 다시 백성들이 주전하는 것을 금하라고 하였다.[126](『한서』「가산전」)

【원문】 文帝之時, 縱民得鑄錢冶鐵煮鹽, 吳王擅郭海澤, 鄧通專西山, 山

---

122 五銖錢: 삼수전은 가벼워서 위조할 가능성이 많다고 하여 한 무제 元狩 5년(기원전 118)에 주조한 화폐 이름인데, 魏·晉·六朝를 거쳐 수나라에 이르기까지 통용되다가 당나라 武德 4년(621)에 폐지되었다. 무게가 5銖이며, 五銖라는 문자를 넣었다. 1수는 24분의 1兩을 말한다. 이 화폐야말로 당나라 때 '개원통보'가 발행되기 이전까지 700년 동안 중국 동전의 기본이 된 '오수전'이었다. 맨 처음에는 지방정부에서도 발행할 수 있었으나, 기원전 113년 화폐주조는 오로지 중앙정부(上林上官)만 하게 하였다. 무게는 3.35g. 오수전이 발행됨으로써 전한 말기까지 화폐제도는 안정되었다. 송대에 비교할 수 없는 액수이나, 당대 최고 전성기에 비교해도 약간 뒤질 따름으로, 기원전 2세기라는 시기를 생각하면 매우 드문 일. 이러한 다량의 화폐를 바탕으로 한대 상공업이 매우 발전하였다.
123 『漢書』 권72,「貢禹傳」, 3075쪽.
124 문제시기에 정부에서 4수전을 발행하였다. 민간도 자유롭게 발행할 수 있었으나, 오로지 4수전만 발행할 수 있게 하였다. 질을 구리와 주석만으로 한정함으로써 이를 일정하게 하였고, 이를 어기면 처벌하였다. 4수전은 50여 년 동안 시행되었는데, 무게는 2.68g이었다.
125 賈山은 漢나라 潁川 사람으로 書史에 두루 통하였다. 孝文帝 때에 治亂의 道를 말하는데 秦을 빌려 비유하고, 이름하여 '至言'이라 하였다. 言辭가 직설적이고 격렬하면서도 힘이 있어 사리의 분별을 잘했다.
126 『漢書』 권51,「賈山傳」, 2337쪽.

東奸猾咸聚吳國, 秦雍漢蜀因鄧氏, 吳鄧錢布天下, 故有鑄錢之禁.(鹽
鐵論)

【역문】 한문제 때에 백성들에게 돈을 주조하고 쇠를 불리고 소금을 만들도
록 하였다. 오왕은 제멋대로 해택(海澤)을 막아 소금을 만들고, 등통[127]
이 서산(西山)을 개발하고 주전업을 독점하였고, 산동의 간교한 무리들
이 오왕 유비(劉濞)의 휘하에 모이고, 진·옹·한·촉나라의 사람들이
등통(鄧通)에게 의부(依附)하고, 오왕 유비, 등통의 전포(錢布)가 천하에
널리 유통되니 [그 폐단이 컸다.] 그 때문에 백성들이 돈을 주조하는 것
을 금지하는 것이다.[128] (『염철론』)

【세주 원문】 按唐律, 私鑄錢, 在雜律一.

【세주 역문】 『당률』에 '사사로이 전을 주조하는 것'은 '잡률1'에 있다.[129]

◉ **加貴取息坐贓** 특히 높은 이자를 받는 것은 좌장죄에 해당한다.[130]

【원문】 若今時加貴取息坐贓.(周禮秋官朝士注)

【역문】 마치 지금 특별히 높은 이자를 받는 것은 좌장죄와 같다.[131](『주례』
「추관」 '조사'의 주)

【원문】 邵侯黃遂, 元鼎元年坐賣宅縣官故貴, 國除.(史記功臣侯表)

【역문】 기후 황수가 원정 원년(기원전 116년), 관청에 자신의 집을 고의로 비
싸게 판 죄를 받아 봉국이 없어졌다.[132](『사기』「공신후표」)

---

127 鄧通: 한문제 때의 촉군사람. 문제의 총애를 받아 사천 일대의 구리광산을 하사받고, 돈을 제작하
여 부를 축적하였다.

128 王貞珉 注譯, 『鹽鐵論譯注』(吉林文史出版社 1995) 권1, 「錯幣」, 39쪽.

129 『唐律疏議』, 第391條; 「雜律」 '私鑄錢', 480쪽.

130 坐贓罪: 부정수뢰축재죄.

131 『周禮正義』 권68, 「秋官司寇」, '朝士' 注, 2828쪽.

132 『史記』 권18, 「高祖功臣侯者年表」, 965쪽.

【세주 원문】 按唐雜律, 諸市司評物價不平者, 計所貴賤, 坐贓論.

【세주 역문】 『당률』 「잡률」에 "무릇 시장을 관리하는 관원이 물가를 평가하는 데 공평하게 하지 않았다면, 비싸게 하거나 싸게 한 만큼을 계산하여 좌장죄로 논한다."[133] 고 하였다.

● 取息過律　이자를 받는 것이 법률규정을 위반하다

【원문】 王莽時民貸以治産業者, 但計贏所得, 受息無過歲什一. 疏云, 此與周少異, 周時不計其贏所得多少.(周禮地官泉府注)

【역문】 왕망[134] 때에 백성에게 자금을 융자하여 산업을 다스렸는데 다만 소득에 이윤이 남는 것을 헤아려서 이자를 받은 것이 한 해에 10분의 1을 넘지 않았다. 소에 말하기를 이것은 주나라의 제도와 조금 다른데 주나라 때에는 그 소득에 대한 이윤이 많고 적음을 따지지 않았다.[135](『주례』 「지관」 '천부'의 주)

【원문】 旁光侯殷, 元鼎元年坐貸子錢不占租, 取息過律免. 師古注, 以子錢貸人, 律合收租, 匿不占, 取息利又多. 陵鄕侯訢, 建始二年坐使人傷家丞, 又貸穀息過律, 免. 師古注, 以穀貸人而多取其息.(王子侯表)

【역문】 방광후 은이 원정 원년(기원전 116년), 이자를 빌려주고 세금을 신고하지 않아 법률 규정에 위반되어 면관되었다. 안사고의 주에 사람들에게 이자를 빌려주면 법률에 합당하게 세금을 거두는데 숨기고 신고하지 않았고, 이자를 받는 것 또한 이익이 많았다.[136] 능향후 흔이 건시 2년,

---

133 『唐律疏議』, 第419條; 「雜律」 '市司評物價不平', 498쪽.
134 王莽(기원전 45년-기원후 23년)는 중국 前漢 말의 정치가이며 '新' 왕조(8~24)의 건국자. 갖가지 권모술수를 써서 최초로 禪讓革命에 의하여 전한의 황제권력을 찬탈하였다.
135 『周禮正義』 권28, 「地官司徒」 '泉府'注, 1100쪽, "…, 但計贏所得受息, 無過歲什一. 疏云, 此則與周少異 …"
136 『漢書』 권15상, 「王子侯表」, 447쪽, "取息過律, 會赦, 免. 師古曰: 「以子錢出貸人」"

사람을 시켜 가승을 다치게 하고 또, 곡식을 빌려주고 이자를 받은 죄를 받아 면관되었다. 안사고의 주에 곡식을 타인에게 빌려주고 그 이자를 받은 것이 많았다.[137](『한서』「왕자후표」)

【세주 원문】 按史記貨殖傳, 吳楚兵起, 長安中列侯封君行從軍旅, 齎貸子錢家, 子錢家以爲關東成敗未決, 莫肯予, 唯毋鹽氏出捐千金貸, 其息十之. 三月吳楚平, 一歲之中則毋鹽氏息十倍, 用此富埒關中. 索隱謂出一得十倍, 是漢初尚無定律也.

【세주 역문】『사기』「화식열전」을 살펴보면, 오초7국의 난이 일어났을 때 장안에 있는 열후봉군이 종군에 필요한 물품을 이자돈을 빌려 갖추려 하였다. 이자돈을 빌려주는 사람들은 제후들의 읍국이 [관동에 있는데], 관동의 성패가 아직 결정되지 않았다고 여겨 빌려주지 않으려 하였다. 오직 무렴씨가 천금을 출연해서 빌려 주었는데 그 이자가 열 배였다. 3개월 만에 오·초가 평정되어 1년 만에 무염씨의 이자가 열 배가 되어 이 때문에 부가 관중 전체에 필적하였다. 색은에 이르기를, 그 이자가 열 배였다고 하니 이는 한나라 초기에 아직 정해진 법률이 없었다는 것을 의미한다.[138]

◉ 事國人過律 사람을 부리는 것이 법률을 위반하다

【원문】 嗣東第侯劉告, 孝文十六年坐事國人過員免. 注、師古曰: 事役吏之員數也. 嗣信武侯靳亭、嗣祝阿侯高成, 孝文後三年坐事國人過律, 免.(功臣表)

【역문】 동제후 유고[139]가 효문제 16년, 사람을 부리는 데 인원이 너무 많은 데에 법에 저촉되어 면직되었다. 주에 안사고가 말하였다. '사(事)'는 사람을 부리는 것이고, '원(員)'은 수(數)이다.[140] 신무후 근정과 축아후 고성이 효문후(孝文後) 3년, 사람을 부리는 것이 법에 저촉되어 면직되었

137『漢書』권15상,「王子侯表」, 503–504쪽.
138『史記』권129,「貨殖列傳」, 3280–3281쪽, "… 子錢家以爲侯邑國在關東, … 唯無鹽氏出捐千金貸, …"
139 劉告: 東茅敬侯 劉到의 子.
140『漢書』권16,「高惠高后文功臣表」, 570쪽, "師古曰:「事謂役使之. 員, 數也.」"

다.[141](『한서』「공신표」)

【세주 원문】 按唐律職制, 若有吉凶借使所監臨者, 不得過二十人, 人不得過五日.

【세주 역문】 『당률』「직제」에 "만약 길흉이 있을 때에 감림한 자에게 사람을 보내 도 와준다면 20명을 넘을 수 없고, 사람마다 5일을 넘어서는 안 된다."고 하였다.[142]

◉ 平賈 평가[143]

【원문】 治河卒非受平賈者, 爲著外繇六月. 注、蘇林曰: 平賈以錢取人作 卒, 顧其時庸之平價也.(溝洫志)

【역문】 황하의 치수에 동원된 병사로 평가를 받지 않은 자는 곧 기록하여 변경에서 6개월간 노역하는[144] 것으로 한다. 주에 소림이 말하였다. 평 가는 돈으로 사람을 골라서 병사로 삼는 것인데 그때 평정한 인건비로 고용하는 것이다.[145](『한서』「구혁지」)

【원문】 平賈一月, 得錢二千.(同上註、如淳引律說)

【역문】 평정한 가격으로 돈을 내고 1개월 고용하였는데, 2,000전을 얻었 다.[146](위와 같은 주에서 여순이 율설을 인용)

【원문】 漢科有平庸坐臧.(晉書刑法志)

【역문】 한의 과(科)[147]에는 '평용좌장'의[148] 사항(事項)이 있다.[149](『진서』「형

---

141 『漢書』 권16, 「高惠高后文功臣表」, 533쪽, "孝文後三年, 坐事國人過律, 免."; 靳亭: 信武肅侯 靳歙 의 子; 『漢書』 권16, 「高惠高后文功臣表」 "後三年, 坐事國人過律, 免."; 高成: 祝阿孝侯 高色의 子.
142 『唐律疏議』, 第143條, 「職制」53, '役使所監臨', 225쪽.
143 平賈: 評價.
144 外繇: 징발되어 변경을 지키는 사람.
145 『漢書』 권29, 「溝洫志」, 1689–1690쪽.
146 『漢書』 권29, 「溝洫志」, 1690쪽.
147 科: 刑律의 附屬法規. 科條 혹은 事條라고도 한다. 後魏에서는 科를 格으로 하였고 唐에서는 이를

법지」)

【세주 원문】 按唐名例律, 平功庸者計一人一日爲絹三尺.

【세주 역문】 『당률』「명례률」에 "공(功)과 용(庸)을 평가하는 것은, 1인당 1일을 견(絹) 3척으로 계산한다."고 하였다.[150]

◉ 擅賦 천부[151]

【원문】 祚陽侯仁, 初元五年, 坐擅興繇賦, 削爵一級.(王子侯表)

【역문】 조양후 인이 초원 5년(기원전 44년), 멋대로 부역과 조세를 행한 죄를 받아 작일급이 깎여 [관내후가] 되었다.[152](『한서』「왕자후표」)

【원문】 斂人財物, 積藏於官, 爲擅賦.(晉書刑法志引張斐律表)

【역문】 타인의 재물을 거두어 관부(官府)에 쌓아 두는 것을 '천부(擅賦)'라 한다.[153](『진서』「형법지」에서 장비의 『율표』를 인용)

◉ 射擅 조세를 마음대로 하다

【원문】 元光二年, 嗣侯繪它坐射擅免. 注、師古曰: 方大射, 擅自罷去也.(功臣表)

沿襲하였다.

148 平庸坐贓: 平은 評價하는 것. 庸은 勞動을 말한다. 관리가 인민의 徭役勞動을 자신을 위해 사용하고 그것에 의해서 부당한 이득을 얻을 경우 부당하게 사역된 徭役勞動을 평가산정하여 그 액수에 따라서 각각 장죄를 적용시키는 것을 말한다. 『唐律疏議 · 名例』의 '平贓'에 대한 규정은 대체로 漢代 科의 "平庸坐贓"에 해당한다.

149 『晉書』 권30, 「刑法志」, 925쪽, "…, 科有平庸坐贓事."

150 『唐律疏議』34조, 「名例」34, '平贓者', 91쪽.

151 擅賦: 조세를 마음대로 하다.

152 『漢書』 권15하, 「王子侯表」, 496쪽.

153 『晉書』 권30, 「刑法志」, 929쪽, "斂人財物積藏於官爲擅賦."

【역문】 원광 2년(기원전 139년), 사후 증타[154]가 사례를 제멋대로 [그만둔] 일로 면관되었다. 주에 안사고가 말하였다. 바야흐로 대사[155]를 해야 하는데, 멋대로 그만두고 떠났다.[156](『한서』「공신표」)

【세주 원문】 按唐律, 校閱違期, 在擅興.

【세주 역문】 『당률』에 "교열하는 데 기한을 어기는 것(校閱違期)"은 「천흥」에 있다.[157]

◉ **擅發兵** 마음대로 군사를 일으키다

【원문】 未賜虎符而擅發兵, 厥罪乏興. 注、師古曰: 擅發之罪, 與乏軍興同科也.(王莽傳)

【역문】 호부[158]를 하사받지 않고 마음대로 군사를 일으키면 그 죄가 '핍흥'[159]에 해당한다. 주에 안사고가 말하였다. 군사를 마음대로 일으킨 죄는 핍군흥(乏軍興)과 동일한 사항이다.[160](『한서』「왕망전」)

【원문】 弓高侯告膠西王曰, 未有詔書虎符, 擅發兵, 王其自圖之. 邛邃自殺.(吳王濞傳)

【역문】 궁고후(弓高侯)가 교서왕(膠西王)에게 고하여 말하기를, "황제조서나

---

154 繪它: 祁毅侯 繪賀의 孫.
155 大射: 제사에 참여하기 위해서 활을 쏘는 射禮.
156 『漢書』 권16, 「高惠高后文功臣表」, 564쪽. "元光二年, 坐射擅罷, 免. 師古曰: 「方大射而擅自罷去也.」".
157 『唐律疏議』, 第229條; 「擅興」 6 '校閱違期', 303쪽.
158 虎符: 군사를 발병할 때 사용하던 兵符로써 군주와 지방의 관리가 左・右符로 나누어서 보관하고 있다가 군대를 동원하거나 명령을 내릴 때 좌・우의 符를 합히어 명령의 사실 여부를 확인하는 증표이다.
159 乏軍興: 군대의 징집, 출동 및 군용자원의 조달 등에 지장이 생기는 것. 이것은 「廐律」에 속하는데, 이는 軍馬와 관련되어 있기 때문이다.
160 『漢書』 권99하, 「王莽傳」, 4172쪽.

호부가 없었는데, 마음대로 군사를 일으켰고, 왕이 스스로 그것을 꾀하
였다."고 하였다. 공(郅)이 마침내 자살하였다.[161](『한서』「오왕비전」)

【원문】 安乃劾(竇)景, 擅發邊兵, 警惑吏人, 二千石不待符信, 而輒承景檄,
當伏顯誅.(袁安傳)

【역문】 원안[162]이 이에 두경(竇景)[163]을 탄핵하기를, "마음대로 변방의 군사
를 일으켜 관민을 불안하게 하였고, 이천석이 부신을 기다리지 않고 곧
두경의 격문을 받들었으니, 마땅히 공개 처벌을 받아야한다."고 하였
다.[164](『후한서』「원안전」)

【원문】 元狩二年, 從平侯公孫戎奴, 坐爲上黨太守發兵擊匈奴, 不以聞,
免. 軑侯黎扶, 元封元年爲東海太守, 行過擅發卒爲衛, 當斬, 會赦免.
(功臣表)

【역문】 원수 2년(기원전 121년), 종평후 공손융노가 상당 태수[165]가 되어 군
사를 일으켜 흉노를 공격하였으나 황제에게 보고하지 않은 죄로 면관되
고 [봉국이 없어졌다.][166] 대후인 여부가 원봉 원년, 동해의 태수가 되어
지나가면서 마음대로 군사를 일으켜 호위하여 그 죄가 참수에 해당되었
지만, 마침 사면을 만나 죽음을 면하였다.[167](『한서』「공신표」)

【세주 원문】 按漢時發兵, 須有虎符. 周禮春官牙璋注, 以牙璋發兵, 若今時以銅虎符
發兵. 齊王傳魏勃紿召平曰: 王欲發兵, 非有漢虎符驗也. 嚴助傳, 上新即位, 不欲

161 『漢書』 권35, 「吳王濞傳」, 1917쪽.
162 袁安(?-92년)은 後漢初期의 중국의 관료로 字는 邵公. 汝南郡汝陽(現 河南省)人으로 袁安 自身을
    포함해서 4世代에 걸쳐 5人의 三公을 배출한 後漢時代의 名門 汝南袁氏의 始祖.
163 竇景는 竇憲의 弟로 執金吾를 역임.
164 『後漢書』 권45, 「袁安列傳」, 1519쪽, "二千石不待符信而輒承景檄, 當伏顯誅."
165 『史記』에는 上郡太守로 나온다.
166 『漢書』 권17, 「景武昭宣元成功臣表」, 645-646쪽, "元狩二年, 坐爲上黨太守發兵擊匈奴不以聞, 免."
167 『漢書』 권16, 「高惠高后文功臣表」, 618쪽, "元封元年, 坐爲東海太守行過擅發卒爲衛, 當斬, 會赦,
    免."

出虎符發兵郡國, 迺遣助以節發兵會稽, 會稽守欲距不爲發, 是其證也. 唐律, 擅發兵, 在擅興.

【세주 역문】 한나라 때에 군사를 일으킴에는 모름지기 호부(虎符)가 있어야 한다. 『주례』「춘관」'아장' 주에 "아장으로써 군사를 일으킨 것은 마치 지금의 시대에 동호부(銅虎符)를 가지고 군사를 일으킨 것과 같다."[168]고 하였다. 「제왕전」에 위발이 소평을 속여서 말하기를, "제왕이 군사를 일으키고자 하나 한나라 호부가 있다는 증거가 없다."[169]고 하였다. 「엄조전」에 황상이 새로 즉위하여 호부를 내서 군국(郡國)에 군사를 일으키고 싶지 않다고 하여 이에 엄조를 보내어 사신증명서로 회계군의 군대를 징발하고자 하였는데, 회계군수는 [엄조가 병사를 징발할 수 있는 호부를 가지고 있지 않으므로] 병사징발을 거부하고자 하였으니,[170] 이것이 그 증거이다. 『당률』에 '함부로 병사를 징발하는 것[擅發兵]'은 「천흥」에 있다.[171]

⊙ 擅棄兵 마음대로 군사를 버리다

【원문】 延和四年, 嗣侯多卯, 坐與歸義趙文王將兵追反虜, 到弘農擅棄兵還, 贖罪免.(功臣表)

【역문】 연화[172] 4년(기원전 89년), [무석후(無錫侯)의] 후계자 다묘[173]가 귀의(歸義) 조문왕(趙文王)과 함께 군사를 거느리고 흉노를 쫓았는데 홍농에 이르러 마음대로 군사를 버리고 돌아와 속죄하여 면관되었다.[174](『한서』「공신표」)

【세주 원문】 按唐律, 主將臨陳先退, 在擅興.

---

168 『周禮正義』 권39, 「春官宗伯」, '典瑞' 注, 1595~1596쪽.
169 『漢書』 권38, 「高五王傳」, 1993쪽.
170 『漢書』 권64상, 「嚴助傳」, 2776쪽.
171 『唐律疏議』, 第224條; 擅興 1 '擅發兵', 298쪽.
172 延和: 漢武帝가 사용한 元號인 征和의 別表記.
173 多卯: 無錫侯多軍의 子.
174 『漢書』 권17, 「景武昭宣元成功臣表」, 658쪽.

【세주 역문】 『당률』에 "주장이 전투에 임하여 먼저 물러서는 것(主將臨陳先退)"은 '천흥'에 있다.[175]

◉ 從軍逃亡 군대를 따라 전쟁터로 갔는데 도망가는 것

【원문】 臣將種也, 請得以軍法行酒. 頃之, 諸呂有一人醉亡酒, 章追拔劍斬之而還, 報曰: 有亡酒一人, 臣謹行軍法, 斬之.(高五王傳)

【역문】 "신은 장수의 후예입니다. 청컨대 군법으로 술자리를 주관하겠습니다."라고 하였다. 잠시 후 여러 여씨 중 한 사람이 취해 술을 피해 도망갔는데 유장이 쫓아가 칼을 뽑아 목을 베고서 돌아와 보고하기를 "술을 피해 도망가는 자가 있어 신이 군법을 시행해 참수했습니다."라고 하였다.[176](『한서』「고오왕전」)

【원문】 時天下草創, 多逋逃, 故重士亡法, 罪及妻子.(魏志盧毓傳)

【역문】 천하가 처음 건국되어 죄를 짓고 도망가는 자가 많았으므로 도망친 병사에 대한 형벌이 무거웠으며 그 죄가 처자에까지 미치도록 하였다.[177](『위지』「노육전」)

【원문】 舊法, 軍徵士亡, 考竟其妻子, 太祖患猶不息. 柔曰: 士卒亡軍, 誠在可疾, 然竊聞其中時有悔者, 愚謂乃宜貸其妻子.(魏志高柔傳)

【역문】 종전의 법률에 따르면, 군에 징집된 병사가 도망가면 그 처자까지 사형에 처해야 했다. 태조(조조)는 [이와 같이 해도] 도망이 그치지 않아 근심하였다. 고유(高柔)가 상주하여 말했다. "사졸이 종군 중에 달아나는 것은 진실로 한탄스러운 일입니다. 그러나 제가 사사로이 듣건대 그

---

175 『唐律疏議』, 第234條; 「擅興」 '主將臨陣先退', 308쪽.
176 『漢書』 권38, 「高五王傳」, 1992쪽, "頃之, 諸呂有一人醉, 亡酒, 章追, 拔劍斬之, 而還報曰: 「有亡酒一人, 臣謹行軍法斬之.」"
177 『三國志』 권22, 『魏書』 권22, 「盧毓傳」, 650쪽.

중에는 후회하는 자가 있다고 합니다. 신의 어리석은 생각으로는 마땅히 그들의 처자를 관대하게 처리해야 합니다.[178](『위지』「고유전」)

【세주 원문】 按唐律, 從軍征討亡, 在捕亡.

【세주 역문】 『당률』에 '정벌에 종군하였다가 도망하는 것(從軍征討亡)'은 '포망'에 있다.[179]

◉ 失期當斬
약속한 기일에 이르지 못하고 늦어 그 죄가 참수형에 해당한다

【원문】 以將軍出北地, 後票騎失期, 當斬, 贖爲庶人.(公孫敖傳)

【역문】 장군의 신분으로 북지군에 출격하였는데, 표기장군과 약속한 기일에 이르지 못하고 늦어 그 죄가 참수형에 해당하는데, 속죄금을 내고 서인이 되었다.[180](『한서』「공손오전」)

【원문】 龐參以失期軍敗抵罪.(西羌傳)

【역문】 방참(龐參)이 시기를 놓쳐 군대가 패하여 형벌을 받아야 했다.[181](『후한서』「서강전」)

【원문】 漢法博望侯後期當死, 贖爲庶人.(李廣傳)

【역문】 한나라의 법에 따라 박망후(博望侯)가 약속한 기일에 이르지 못하고 늦었으니 그 죄가 사형에 해당하나 속죄금을 내고 서인이 되었다.[182](『한서』「이광전」)

---

178 『三國志』 권24 『魏書』 권24, 「高柔傳」, 684쪽.
179 『唐律疏議』 第45條; 「捕亡」 7 '從軍征討亡', 531쪽.
180 『漢書』 권55 「衛靑霍去病傳」(公孫敖), 2491쪽, "以將軍出北地, 後票騎, 失期當斬, 贖爲庶人."
181 『後漢書』 권87 「西羌傳」, 2889쪽.
182 『漢書』 권54 「李廣傳」, 2445쪽.

【원문】 騫後期當斬.(張騫傳)

【역문】 장건이 약속한 기일에 이르지 못하고 늦어 군법에 따라 참수형에
처해져야 했다.[183](『한서』「장건전」)

【원문】 (曹)休猶挾前意, 欲以後期罪逵.(魏志賈逵傳注引魏書)

【역문】 조휴가 오히려 앞서의 앙심을 가지고 약속한 기일에 이르지 못하고
늦은 것으로써 가규(賈逵)를 죄주고자 하였다.[184](『위지』 권15, 「가규전」의
주에서 『위서』를 인용)

【세주 원문】 按荀子君道篇引書曰不逮時者, 殺無赦, 韓詩外傳引作周制. 陳勝傳度
已失期, 失期法斬, 漢蓋沿秦制也.

【세주 역문】 『순자』「군도편」에서 『서경』을 인용하여 말하기를, "기일에 이르지 못
하고 늦은 자는 죽어도 사면을 받지 못한다."[185]고 하였는데, 『한시외전』[186]은 주제
(周制)를 인작하였다. 「진승전」에 "헤아려보니 이미 시기를 놓쳤으니 시기를 놓치면
법에 참수형에 해당한다."[187]고 하였는데, 한나라는 대개 진나라의 제도를 따른다.

◉ **亡失士卒多當斬** 군사를 많이 잃어 그 죄가 참수형에 해당한다

【원문】 出代, 亡卒七千人, 當斬, 贖爲庶人. 再出擊匈奴, 至餘吾, 亡士多,
下吏、當斬.(公孫敖傳)

【역문】 대군에 출격하여 [흉노에게 패하여] 병사 7000명을 잃었으므로 그
죄가 참수형에 해당하였지만, 속죄금을 내고 서인이 되었다. 다시 흉노

---

183 『漢書』 권61 「張騫傳」, 2691쪽.
184 『三國志』 권15 『魏書』 권15, 「賈逵傳」 注, 484쪽.
185 [清]王先謙撰, 『荀子集解(新編諸子集成)』 권6, 「君道篇」(北京: 中華書局, 1988), 239쪽. "書曰, 先時
者殺無赦, 不逮時者殺無赦."
186 『韓詩外傳』: 漢나라 때 韓嬰이 지은 책. 한영은 內傳 4권, 외전 6권을 저술하였으나, 南宋 이후 겨
우 외전만이 전하여졌음. 한영은 文帝 때 博士가 되었고, 景帝 때는 常山王劉舜太傅가 되었음.
187 『漢書』 권31 「陳勝項籍傳」, 1786쪽. "度已失期, 失期法斬."

를 치러 나아갔는데 여오수(餘吾水)에 이르러 군사를 많이 잃어 형리에게 보내져 참형에 처해지게 되었다.[188](『한서』「공손오전」)

【원문】 吏當廣亡失多爲虜所生得, 當斬, 贖爲庶人.(李廣傳)

【역문】 관리들이 판결하여, 이광이 군사를 많이 잃고 자기는 포로가 되어 살아 돌아왔으니 마땅히 참수형에 해당하는데, 속죄금을 내고 서인이 되었다.[189](『한서』「이광전」)

【세주 원문】 按項羽傳, 陳餘遺章邯書云, 所亡失已十萬數, 恐二世誅之, 漢蓋本秦制.

【세주 역문】 「항우전」에 진여[190]가 장감에게 남긴 편지에 이르기를, "이미 수십만의 병사를 잃어 이세황제에게 주살될 것이 두렵다"[191]하였으니 한나라의 제도는 대개 본래 진나라의 제도이다.

⦿ 盜增鹵獲 노획물의 수효를 거짓으로 늘려 처벌을 받다

【원문】 宣帝時以虎牙將軍擊匈奴, 坐盜增鹵獲, 自殺.(車千秋傳)

【역문】 선제 때 호아장군으로써 흉노를 정벌하였는데, 노획물의 수효를 거짓으로 늘린 죄로 자살하고 [영지는 몰수되었다].[192](『한서』「차천추전」)

【원문】 雲中守尚坐上功首虜差六級, 下吏削爵.(馮唐傳)

【역문】 운중군수 위상(魏尚)이 보고한 것과 참살한 적군의 수급이 여섯 개가 차이가 나자 사법 관리에게 보내 그를 치죄하고 그의 작위를 박탈하고 [1년의 노역형에 처하였다.][193](『한서』「풍당전」)

---

188 『漢書』 권55 「衛青霍去病傳」, '公孫敖' 2491쪽
189 『漢書』 권54 「李廣傳」, 2443쪽.
190 陳餘는 秦末漢初의 代王. 陳餘의 父는 魏国에서 벼슬. 儒術에 능함.
191 『漢書』 권31 「陳勝項籍傳」, 1805쪽.
192 『漢書』 권66 「車千秋傳」, 2887쪽.

【원문】 宜冠侯高不識, 坐擊匈奴增首不以實, 當斬贖罪免.(功臣表)

【역문】 의관후 고불식이 흉노를 정벌하였는데, 적의 머리를 늘려 숫자가 맞지 않는 죄를 받아 그 죄는 참수형에 해당하였는데, 속죄금을 내고 서인이 되었다.194(『한서』「공신표」)

【원문】 後漢楊熊起中郎趙序, 坐詐增首級, 徵還棄市.(白帖)

【역문】 후한의 양태기와 중랑 조서가 거짓으로 적군의 머리를 늘린 죄로 소환되어 기시에 처해졌다.195(『백첩』)

◉ **盜武庫兵** 무기고의 병기를 훔치다

【원문】 亦可謂盜武庫兵而殺之乎?(鹽鐵論)

【역문】 또한 무기고의 병기를 훔쳐서 죽였다고 이를 수 있습니까?196(『염철론』)

【원문】 甲盜武庫兵當棄市乎?(白帖引董仲舒公羊治獄)

【역문】 갑이 무기고의 병기를 훔치면 마땅히 기시에 처해야 합니까?197(『백첩』에서 동중서의 「공양치옥」을 인용)

【원문】 漢成帝鴻嘉三年, 廣漢鉗子盜庫兵伏誅.(水經注)

【역문】 한나라 성제 홍가 3년(기원전 18년) 광한의 겸도198들이 무기고의 병

---

193 『漢書』권50「張馮汲鄭傳」(馮唐), 2314쪽, "且雲中守尙坐上功首虜差六級, 陛下下之吏, 削其爵, 罰作之."

194 『漢書』권17「景武昭宣元成功臣表」, 648쪽.

195 (唐)白居易, 『白氏六帖事類集』(文物出版社, 1987) 권14, '詐功' 31.

196 王貞瑉 注譯, 『鹽鐵論譯注』권10, 「刑德」第55, 270쪽.

197 (唐)白居易, 『白氏六帖事類集』(文物出版社, 1987) 권13, 「刑法斷獄 …」

198 鉗子: 鉗刑을 받고 있는 자; 『漢書』「五行志」上, "是歲, 廣漢鉗子謀攻牢." 顔師古 注: "钳子, 謂鉗徒也."

기를 훔쳐 형벌을 받아 살해되었다.199(『수경주』)

【세주 원문】 按三輔黃圖武庫在未央宮, 蕭何造, 以藏兵器.

【세주 역문】 『삼보황도(三輔黃圖)』에 무기고는 미앙궁200에 있는데,201 소하가 만든
것으로 병기를 보관하였다.

◉ 放散官錢 관고의 돈을 마음대로 쓰다

【원문】 延壽在東郡時, 放散官錢千餘萬, (蕭)望之與丞相丙吉議, 吉以爲
更大赦, 不須考.(韓延壽傳)

【역문】 한연수202가 동군에 있을 때, 관고의 돈 천여 만 전을 마음대로 풀어
놓았는데, 소망지203와 승상 병길이 논의하였는데, 병길204은 마침 대사
(大赦)를 맞이하게 되었으니 더 이상 조사할 수 없다고 하였다.205(『한서』
「한연수전」)

【세주 원문】 按魏志載許允以放散官物, 徙樂浪, 是魏時猶以此科罪. 唐律放散官物,

---

199 (北魏)酈道元著, 陳橋驛校證, 『水經注校證』(北京: 中華書局, 2007) 권17 「渭水」, 425쪽, "漢成帝鴻
　　嘉三年, … 廣漢鉗子攻牢, 篡死囚, 盜庫兵, …";『水經注』: 중국 北魏 때의 학자 역도원이 저술한 중
　　국의 지리책. 3세기경의 중국의 河川誌인 『水經』에 주석을 단 것인데. 실제의 내용은 중국 각지를
　　편력한 저자의 지리적 체험과 문헌에서 얻은 華北의 지리를 서술한 것임. 중국 각지에 水路를 중
　　심하여 그 유역의 都邑 · 古蹟 · 산수 등을 기술하였음. 우리나라 지리에 관해서는 浿水의 위치를
　　고정했고, 衛滿의 도읍지인 王儉城의 소재를 확정시켰음.
200 未央宮: 중국 陝西省 西安市 교외에 있는 漢나라 고조 때 만든 궁전. 동서 길이 136m, 남북 길이
　　455m, 남쪽 측면 높이 1m, 북쪽 측면 높이 14m로 알려져 있다. 내부는 正殿, 여름에 시원한 淸涼
　　殿, 겨울에 따뜻한 온실, 氷庫인 凌室 등 화려하게 만들어졌다.
201 何淸谷, 『三輔黃圖校注』(三秦出版社, 1998) 권6 「庫」, '武庫', 330쪽; 『三輔黃圖』: 『隋書』「經籍志」
　　에 처음으로 그 저록 1권이 나타남. 지금의 본은 모두 6권. 記載秦漢時期 三輔의 城池 · 宮觀 · 陵
　　廟 · 明堂 · 辟雍 · 郊時等을 기재하였고, 周代의 舊跡을 언급하고 있다.
202 韓延壽(?-기원전 57년)의 字는 長公. 燕人이었지만 杜陵으로 移徙하였다.
203 蕭望之(?-기원전 46년)는 前漢의 政治家로 字는 長倩. 농민출신이지만, 유교의 경전을 두루 섭렵
　　하였다. 상서의 일을 담당하다가 중서의 일을 하는 환관과 대립하다가 누명으로 자결하였다.
204 丙吉(?-기원전 55년)은 前漢의 政治家로 字는 少卿. 宣帝擁立의 공로자로 丞相의 地位에 올랐다.
205 『漢書』권76 「趙尹韓張兩王傳」'韓延壽', 3214쪽, "延壽在東郡時放散官錢千餘萬 …"

坐贓論, 在廐庫.

【세주 역문】『위지』에 "허윤이 관의 물품을 낭비하여 낙랑(樂浪)으로 천사되었다."[206]
고 하였으니 이는 위나라 때에 여전히 이런 과조(科條)가 있었다는 것을 의미한다.
『당률』에 '관의 물건을 마음대로 방출하는 자는 좌장죄로 논한다.'는 것은 「구고」에
있다.[207]

◉ 受官屬飮食, 受故官屬財物
관할 주민들로부터 음식을 대접받고, 이전의 관할 주민들에게서 재물을 받다.

【원문】 元年七月, 詔曰, 吏及諸有秩, 受其官屬所監所治所行所將, 其與飮
食計償費勿論, 吏遷徙免罷, 受其故官屬所將監治送財物, 奪爵爲士伍,
免之. 無爵, 罰金二斤, 令沒入所受, 有能捕告, 畀其所受臧.(景帝紀)

【역문】 원년(기원전 156년) 7월, 조서를 내리기를, 관리 및 모든 봉록을 받는
사람들은 그 관에 속해서 살피는 곳, 다스리는 곳, 행하는 곳, 거느리는
곳에서 음식을 받으면 그 준 음식은 상환할 비용을 계산하여 갚으면 논
죄하지 않는다. 관리가 천사파면(遷徙罷免) 처분을 받으면, 그 전의 관에
속해 거느리고, 살피고, 다스리던 곳에서 보내온 재물을 받으면, 관작을
빼앗아 사오(士伍)가 되게 하고 면관한다. 작이 없으면 '벌금 2근'에 받은
것을 몰수하도록 하고 체포하여 관에 고하게 되면, 그 받은 뇌물은 고발
자에게 상으로 준다.[208](『한서』「경제기」)

【원문】 人常有言部亭長受其米肉遺者, 茂辟左右問之曰: 亭長爲從汝求
乎? 爲汝有事囑之而受乎? 將平居自以恩意遺之乎? 人曰: 往遺之耳.
茂曰: 遺之而受, 何故言耶? 人曰: 今我畏吏, 是以遺之, 吏旣卒受, 故

---

206 『三國志』 권9 『魏書』 권9, 「夏侯尙傳」, 303쪽.
207 『唐律疏議』 第216條 「廐庫」21, '放散官物', 292쪽.
208 『漢書』 권5 「景帝紀」, 140쪽, "吏及諸有秩受其官屬所監、所治、所行、所將 …."

來言耳. 茂曰: 汝爲敝人矣, 亭長素善吏, 歲時遺之, 禮也. 人曰: 苟如此, 律何故禁之, 茂笑曰: 律設大法, 禮順人情, 今我以禮敎汝, 汝必無怨惡, 以律治汝, 何所措其手足乎?(卓茂傳)

【역문】 어떤 사람이 탁무(卓茂)[209] 속하의 정장이 그가 보내온 쌀과 고기를 받았다고 말했는데, 탁무가 좌우를 물리치고 그에게 물었다. "정장이 당신에게서 요구했는가? 아니면 네가 일이 있어 그에게 부탁해서 그가 그것을 받은 것인가? 아니면 아무런 일도 없이 평소에 스스로 은혜를 느껴 보내 주었는가?" 그 사람이 말하였다. "내가 단지 그에게 보내주었을 뿐입니다." 탁무가 말하였다. "네가 보내주어서 그가 받았는데 무엇 때문에 이렇게 말하는 것인가?" 그 사람이 말하였다. "지금 나는 관리가 두려워 이 때문에 보내준 것인데, 관리가 이미 받았으므로 와서 말하는 것뿐입니다." 탁무가 말하였다. "너는 무지한 백성이다. 정장은 본래 착한 관리로 세시에 예물을 보내는 것은 예이다. 그 사람이 말하였다. "진실로 이와 같다면 법률에는 무슨 까닭으로 금한 것입니까?" 탁무가 웃으며 말하였다. "법률은 큰 법을 세우는 것이고, 예는 사람의 정을 따르는 것이다. 지금 나는 예로써 너를 가르치는 것이니 너는 반드시 원망과 미움을 없애야 한다. 법률로써 너를 다스린다면 그 수족을 둘 곳이 어디 있겠느냐?"[210](『후한서』 「탁무전」)

【원문】 淸安侯申屠臾, 元鼎元年坐爲九江太守、受故官送, 免.(功臣表)

【역문】 청안후 신도유가 원정 원닌(기원전 116년), 구상의 태수가 되어 *前任者*가 보낸 선물을 받은 죄로 면관되고 그의 봉국이 몰수되었다.[211](『한서』 「공신표」)

---

209 卓茂(?-28年)는 前漢時代末 後漢 初期에 걸쳐서의 政治家로 字는 子康. 父祖는 모두 郡守를 역임하였다. 後에 光武帝의 공신단 '雲台二十八將'과 아울러 洛陽南宮의 雲台로 현창되었다.
210 『後漢書』 권25 「卓茂列傳」, 869쪽. "人嘗有言部亭長受其米肉遺者."
211 『漢書』 권16 「高惠高后文功臣表」, 630쪽.

【원문】 鍾離意爲郡督郵, 縣亭長有受人酒醴, 郡下法記治之. 意封記曰, 政化自近及遠, 宜先淸府內, 闊略遠縣微細之懲.(白帖)

【역문】 종리의가 군독우(郡督郵)가 되었을 때 현의 정장(縣亭長)이 어떤 사람에게 주례(酒醴)를 받자 군의 판관에게 보내어 법으로 다스렸다고 기록하고 있다. 종리의가 기록을 봉함하여 말하였다. 정치는 가까운 곳으로부터 먼 곳까지 교화되니 마땅히 먼저 가까운 부내를 깨끗이 해야 먼 현의 작은 징벌을 너그러이 용서할 수 있다.(『백첩』)

【세주 원문】 按唐律, 監臨受供饋, 去官受舊官屬財物, 在職制三.

【세주 역문】 『당률』에 "감림하여 음식제공을 받은 경우와 관(官)을 떠났는데 옛 관에 속한 재물을 받은 경우"는 「직제」3에 있다.[212]

● 詐取 사취[213]

【원문】 孝景六年, 嗣侯楊毋害坐詐給人臧六百, 免. 元狩元年, 嗣侯酈平, 坐詐衡山王取金, 免.(功臣表)

【역문】 효경 6년(기원전 151년), 적천후 양무해가 타인에게 지급할 것을 속여서 6백전을 착복한 죄를 받아 면관되었다.[214] 원수 원년(기원전 122년), 고량후 역평(酈平)이 형산왕을 속여 금을 취한 죄를 받아 면관되었다.[215](『한서』「공신표」)

【세주 원문】 按唐律, 詐欺官私取財, 在詐僞.

【세주 역문】 『당률』에 "관이나 사인을 속여서 재물을 취득하는 것(詐欺官私取)"은 '사위'에 있다.[216]

---

212 『唐律疏議』第144條; 「職制」54 '監臨受供饋', 226쪽.
213 詐取: 속여서 취하다.
214 『漢書』 권16 「高惠高后文功臣表」, 582쪽.
215 『漢書』 권16 「高惠高后文功臣表」, 614쪽.

● 詐官　관원을 사칭하다

【원문】 建和元年, 詔若有擅相假印綬者, 與殺人同棄市論.(桓帝紀)

【역문】 건화 원년(147년), 조서를 내리기를, "만일 마음대로 타인의 인수를 빌려서 사용하는 경우에는 살인과 같은 죄로 기시에 처하라."고 하였다.217(『후한서』「환제기」)

【원문】 胡倩詐稱光祿大夫, 從車騎數十, 言使督盜賊, 止陳留傳舍, 太守謁見, 欲收取之, 廣明覺知, 發兵, 皆捕斬焉.(田廣明傳)

【역문】 호천이 광록대부를 사칭하였는데, 수종하는 거기(車騎)가 수십대로 명령을 받고 도적을 감독하였다고 말하자 진류(陳留)의 역참의 여사(旅舍)에 머물러 쉬고 있을 때 태수가 알현하고 거두어들이고자 하였는데, 전광명(田廣明)218이 이를 발각하여 알고 군사를 발동해 잡아서 참수하였다.219(『한서』「전광명전」)

【원문】 爲茂陵令, 御史大夫桑弘羊客詐稱御史止傳, 丞不以時謁, 客怒縛丞, 相疑其有姦, 收捕, 按致其罪, 論棄客市.(魏相傳)

【역문】 위상(魏相)이 무릉현의 현령이 되었는데, 어사대부 상홍양의 빈객이 무릉에 와서 어사라 사칭하고 현의 역참의 숙사에 머물렀다. 현령의 승이 제때에 곧장 알현하지 않았다고 객이 노하여 승을 포박하였다. 위상이 그 간악하다고 여기어 객을 붙들고 그 죄를 규명하여 기시에 처하였다.220(『한서』「위상전」)

---

216 『唐律疏議』第373條「詐偽」12, '詐欺官私取財物' 465쪽
217 『後漢書』 권7「桓帝紀」, 290쪽.
218 田廣明(?-기원전 71년)의 字는 子公으로 御史大夫를 역임.
219 『漢書』 권90「田廣明傳」, 3664쪽.
220 『漢書』 권74「魏相丙吉傳」(魏相), 3133쪽.

【세주 원문】 按唐律, 詐假官, 在詐僞.

【세주 역문】 『당률』에 "허위관직을 사칭하는 것[詐假官]"은 '사위'에 있다.[221]

⦿ 詐疾病　질병을 사칭하는 것

【원문】 正月旦, 百官朝賀, 光祿勳劉嘉、廷尉趙世, 各辭不能朝, 高賜擧
奏, 皆以被病篤困, 不謹不敬, 請廷尉治嘉罪, 河南尹治世罪.(百官志注
引蔡質漢儀)

【역문】 정월 초하루에 백관이 조하할 때에 광록훈[222] 유가[223]와 정위 조세가
각기 사죄하고 조하하지 않으니 고사(高賜)가 거주[224]하였다, "모두 병에
걸려 위독하다는 이유로 [문무의 지위를 비우고 상경지찬을 빠뜨리니],
삼가지 못하고 공경스럽지 못합니다! 청컨대, 정위가 유가의 죄를 다스
리고 하남윤이 조세의 죄를 다스리게 하여주시기 바랍니다."[225](『후한서』
「백관지」 주에 채질 「한의」를 인용하다)

【원문】 詐稱病不朝, 於古法當誅.(吳王濞傳)

【역문】 병을 사칭하고 조회에 참가하지 않은 것은 옛날 법에 따르면 사형
에 해당한다.[226](『한서』「오왕비전」)

【원문】 坐以詐疾徵下獄.(龐參傳)

【역문】 병을 사칭한 죄를 받아 하옥되다.[227](『후한서』「방참전」)

---

221 『唐律疏議』第370條; 「詐僞」 9 '詐假官假與人官', 461쪽.
222 光祿勳:卿으로 1명이고 관질은 '中二千石'이다.
223 劉嘉(?-39年)는 중국 왕망의 新代부터 後漢時代 初期의 무장으로 字는 孝孫.
224 擧奏:과오를 들추어내어 상주함.
225 『後漢書』志第25「百官志」, 3582쪽, "正月旦, 百官朝賀, 光祿勳劉嘉、廷尉趙世各辭不能朝, …"
226 『漢書』권35「荊燕吳傳傳」(吳王濞), 1906쪽, "… 今吳王前有太子之隙, 詐稱病不朝, 于古法當誅"
227 『後漢書』권51「龐參傳」, 1689쪽.

【원문】 以祠廟嚴肅, 微疾不齋, 中常侍蔡倫奏敞詐病, 坐抵罪.(何敞傳)

【역문】 사묘에서 제사를 지내는 것은 아주 엄숙한 일인데, 작은 질병으로 재계하지 못하였다. 이에 중상시 채륜[228]이 하창이 병을 사칭한 것이라고 상주하여 죄를 선고받고 면직되었다.[229](『후한서』「하창전」)

【원문】 丞相御史遂以玄成實不病, 劾奏之.(韋玄成傳)

【역문】 승상어사는 드디어 위현성[230]은 사실 병이 없었다고 하여 그를 탄핵해야 한다고 상주하였다.[231](『한서』「위현성전」)

【원문】 嗣侯韓釋之, 元朔四年, 坐詐疾不從, 耐爲隸臣.(功臣表)

【역문】 양성후 한석지가 원삭 4년(기원전 125년)에 병이 있다고 속여 따르지 않은 죄를 받아 '내위예신'으로 처벌되었다.[232](『한서』「공신표」)

【원문】 梁冀執金吾歲朝, 托疾不朝, 司隸楊雄治之, 詔以二月俸贖罪.(御覽二百三十七引謝承後漢書)

【역문】 양기는 집금오[233]로 정월에 배알하러 조정에 나가야 하는데 병을 핑계로 조회하지 않았다. 사예 양웅이 이를 다스렸는데, 조서를 내려 2개월의 봉록으로 속죄하도록 하였다.[234](『태평어람』권237에서 사승『후한서』를 인용)

---

228 蔡倫(기원후 63–121년)의 자는 敬仲으로 중국 후한 때 환관이자 종이 발명자이다. 명제 때부터 환관으로 조정에 들어간 후 화제 때 궁중의 공방 장관인 상방령에 위임. 궁중의 여러 가지 도구를 만들었다. 105년에 채륜에 의해 종이가 발명되었다.
229 『後漢書』권43「朱樂何列傳」'何敞', 1487쪽. "元興元年, 敞以祠廟嚴肅, 微疾不齋, …, 倫因奏敞詐病, 坐抵罪. 卒于家."
230 韋玄成(?–기원전 36년)은 중국의 前漢의 政治家. 字는 少翁으로 丞相 韋賢의 막내아들.
231 『漢書』권73,「韋玄成傳」, 3109쪽.
232 『漢書』권16,「高惠高后文功臣表」, 630쪽.
233 執金吾: 대궐 문을 지켜서 비상사태를 막는 일을 맡아 보았다.
234 『太平御覽』권237,「職官部」35, 257쪽.

【세주 원문】 按唐律, 詐疾病有所避, 在詐僞.

【세주 역문】 『당률』에 "질병이 있다고 속여 기피한 바(詐疾病有所避)"는 '사위'에 있다.235

◉ 詐璽書 황제의 새를 위조한 죄를 받다236

【원문】 坐詐璽書, 伏重刑, 以有功論司寇.(段潁傳)

【역문】 황제의 새서를 사칭한 죄를 받아 무거운 형벌을 받게 되었으나 공로가 있어 사구로 처벌받았다.237(『후한서』「단경전」)

---

235 『唐律疏議』第381條「詐僞」20. '詐疾病及故傷殘', 381쪽.

236 坐詐璽: 『二年律令』에서는 황제의 새서를 위조한 경우 腰斬에 처해졌고[『二年律令』9簡, "僞寫皇帝信璽·皇帝行璽, 要(腰)斬以勻(徇)"]. 이 조항은 『古人堤簡牘』第29簡의 "賊律曰僞寫皇帝信璽·皇帝行璽, 要斬, 以□"와 일치한다[湖南省文物考古硏究所·中國文物硏究所, 「湖南張家界古人堤遺址與出土簡牘槪述」, 『中國歷史文物』 2003年 2期, 76쪽). 『晋書』刑法志에 "賊律有盗章之文"이 있어서 이를 통해서도 이 條文이 漢代에는 「賊律」에 수록되어 있음을 알 수 있다. 唐律에는 詐僞一 "諸僞造皇帝八寶者, 斬. 太皇太后·皇太后·皇后·皇太子寶者, 絞. 皇太子妃寶, 流三千里,(僞造不錄所用. 但造卽坐) …"로 규정되어 있다. 唐律에는 「僞造」와 「僞寫」와의 차이가 구별되고 있지만 漢代에는 皇帝의 璽의 僞造도 僞寫였던 것 같다. 한편 『二年律令』諸侯 以下의 印의 僞造에 관한 규정도 나온다[『二年律令』10簡, "僞寫徹侯印, 棄市. 小官人, 完爲城旦舂☒]. 이 규정에 따르면, 徹侯의 印을 위조한 자는 棄市에 처한다. 小官의 印의 경우라면 完하여 城旦舂으로 처하는 것으로 되어 있다. 賊律은 沈家本, 『歷代刑法考』(北京: 中華書局), 1985, 1413쪽에 의하면, 賊律1: 大逆無道(14) 謀反, 大逆, 誹謗妖言, 祝詛, 謗毁宗室, 造作圖讖, 惡逆, 不道, 非所宜言, 大不敬, 廢格沮誹, 左道, 媚道, 降敵, 賊律2: 欺謾(2) 詆欺, 謾 詐僞, 踰封, 矯制, 賊伐樹木, 殺傷人畜産, 諸亡印, 儲峙不辦, 盗章, 賊律3: 無尊上非聖人不孝道者斬首, 毆父母, 殺季父殺兄殺弟, 殺殺父之繼母, 搏姑, 毆兄姊, 殺妻, 搗妻, 殺子, 殺使者, 亨姬不道, 殺奴婢當告官, 敢蠱人及教令者棄市, 謀殺人 /殺人, 賊殺人, 殺太傅中傅中尉謁者家丞, 殺下獄侍中, 殺一家二人, 殺十六人, 使人謀殺人, 使人殺人, 賊鬪殺人, 鬪以刃傷人, 疾病, 罵坐, 罵主, 殺奴婢, 奴婢射傷人, 保辜, 狂易殺人, 輕傷, 仇怨相報, 誤, 過失殺人不坐死, 立子奸母且乃得殺之, 無故入人室宅廬舍·上人車船牽引, 人欲犯法者其時格殺之無罪, 都城人衆走馬殺人으로 분류되어 있다. 沈家本은 賊律1과 賊律2에 『晋書』「刑法志」에 賊律로 언급한 '大逆無道, 欺謾, 詐僞, 踰封, 矯制, 賊伐樹木·殺傷人畜産, 諸亡印, 盗章, 儲峙不辦'의 10개 항목을 넣었고, 賊律3의 부분에서는 '賊이 해친다'는 정의에 부합하는 조항들을 수합하였다.

237 『後漢書』권65, 「皇甫張段列傳第」段潁, 2145쪽, "坐詐璽書伏重刑, 以有功論司寇"; 이 사례는 『漢書』「陳湯傳」의 陳湯처럼 국가를 위해 세운 '功'으로 형벌을 감면받는 사례이다. 한대만이 아니라 그 이후에도 이러한 사례는 수다하게 나온다. 唐代의 사례로는, 永徽4년(653) 房遺愛의 謀反에 연좌되었던 左驍衛大將軍 執失思力(『新唐書』권110, 「執失思力列傳」, 4117쪽)과 柴哲威, 薛萬備(『冊府元龜』권925, 「總錄部 謫累」, 10925쪽)는 각각 戰功과 勳舊임을 인정받아 死刑을 면하였으며, 垂拱3년(687)의 施州刺史 李孝逸(『舊唐書』권60, 「淮安王神通列傳」, 2344쪽)과 永昌元年(689)의

【세주 원문】 按唐律, 僞造皇帝寶及詐僞官文書增減, 均在詐僞.

【세주 역문】 『당률』에 따르면, "황제의 새(璽)를 위조하거나 관문서를 위조(詐僞)하거나 증감한 경우에 대한 처벌"은 모두 '사위'에 있다.[238]

◉ 敎人誣告　타인에게 무고를 하게 하다

【원문】 義陽侯衛山, 太始四年坐敎人誣告衆利侯當時, 棄市.(功臣表)

【역문】 의양후 위산은 태시 4년(기원전 93년)에 타인에게 중리후를 무고하게 한 죄를 받아 기시죄에 해당되었다.[239](『한서』「공신표」)

◉ 上書觸諱

글을 올리는데 잘못하여 황제의 이름 및 황제의 선조의 이름을 범하다

【원문】 元康二年, 詔曰, 聞古天子之名, 難知而易諱也, 今百姓多上書觸諱以犯罪者, 朕甚憐之, 其更諱詢諸觸諱在令前者赦之.(宣帝紀)

【역문】 원강 2년(기원전 64년)에 황제가 조서를 내려 말하기를, "짐이 듣기를 백성들은 옛날 천자의 이름을 들어는 봤으나 알기 어렵고 휘를 범하기가 쉽다. 지금 백성들이 상서할 때 휘를 범하여 죄를 받게 되는데, 짐은 이를 가련히 여기어 자신의 휘를 순이라고 고치고 이 조령이 하달되기 전에 촉휘를 범한 범죄자는 모두 사면한다."고 하였다.[240](『한서』「선제기」)

【원문】 班(頒)諱之典, 爰自漢世.(齊書王慈傳)

洛陽令 魏元忠(『舊唐書』 권92, 「魏元忠列傳」, 2952쪽)은 徐敬業을 토벌한 공로로 "免死配流"에 처해졌다.

238 『唐律疏議』 第362條 「詐僞」1 '僞造御寶', 492쪽; 『唐律疏議』 第369條 「詐僞」8 '詐僞官文書及增減', 460쪽.

239 『漢書』 권17 「景武昭宣元成功臣表」, 951쪽, "太始四年, 坐敎人誣告衆利侯當時棄市罪, 獄未斷病死."

240 『漢書』 권8 「宣帝紀」, 256쪽.

【역문】 황제의 이름 및 황제의 선조의 이름을 범하는 것을 처벌하는 법령을 반포한 것은 한대부터 시작되었다.241(『남제서』「왕자전」)

【세주 원문】 按唐律, 上書奏事犯諱, 在職制二.

【세주 역문】 안(按):『당률』에 "글을 올리거나 일을 아뢰는데 잘못하여 황제의 이름 및 황제의 선조의 이름을 범한 경우(上書奏事犯諱)"에 대하여는 '직제2'에 있다.242

◉ **擅議宗廟** 종묘의 법을 제멋대로 논의하다

【원문】 遺詔敢有所興作者, 以擅議宗廟法從事.(明帝紀)

【역문】 유언으로 조서를 내려 감히 분묘를 짓는 데 재력을 낭비하는 자가 있으면, 멋대로 종묘의 법을 논의한 것으로 처벌하도록 하였다.243(『후한서』「명제기」)

【원문】 高后時, 患臣下妄非議先帝宗廟寢園官, 故定著令, 敢有擅議者棄市. 至元帝改制, 蠲除此令, 成帝時以無繼嗣, 又復擅議宗廟之命.(韋玄成傳)

【역문】 고후 시에 신하들이 선제의 종묘침원에 대해 함부로 논의하는 것을 염려하여 법령을 제정하여 감히 선제의 종묘침원을 함부로 논의하는 자가 있으면 기시에 처하였다.244 원제 때에 이 제도를 바꾸어245 이 율령을

---

241 『南齊書』 권46 「王慈傳」, "直班諱之典, 爰自漢世", 803쪽.
242 『唐律疏議』, 第115條 「職制」25 '上書奏事犯諱', 200쪽.
243 『後漢書』 권2 「明帝紀」, 123–124쪽.
244 고조 이후 군국묘를 설치한 것은 황제가 인민의 아버지이고 한제국은 황제를 아버지로 하는 하나의 집안이라는 가족국가의 관념을 표현한 것이었다.
245 원제 때 승상였던 우정국이 사임하고 그 뒤를 이어 위현성이 승상이 되어 군국묘의 폐지가 추진되었다. 군국묘란 고조가 재위 중에 아버지인 태상황을 위해서 각 군국에 태상황묘를 만든 것을 시작으로 그 후 혜제가 고조를 제사지내기 위한 태조묘, 경제가 아버지 문제를 위해 만든 태종묘, 무제를 위한 세종묘 등이 각각 군국에 설립되었는데 68개의 군국에 167곳의 군국묘가 존재하였다. 이 군국묘가 문제가 된 것은 정기적인 제사와 시설물보존에 막대한 경비가 들어간다는 점이다 그

삭제하였다. 성제 때에 계사가 없으므로 또한 종묘에 대해 제멋대로 논
의하면 기시에 처한다는 법령을 회복하였다.[246](『한서』「위현성전」)

◉ **不擧奏** 상주하여 보고해야 할 것을 보고하지 않다

【원문】 王舅張博數遺王書, 所言悖逆無道, 王不擧奏, 而多與金錢, 辠至
不赦.(淮陽王欽傳)

【역문】 왕의 외삼촌인 장박이 몇 통의 편지를 왕에게 보냈는데, 말한 바가
패역무도한데도 왕은 상주를 조사하여 보고하지 않고 도리어 많은 금전
까지 주었으니 그 죄는 이미 사면할 수 없을 정도에 이르렀다.[247](『한서』
「회양왕흠전」)

【세주 원문】 按唐律, 事應奏而不奏, 在職制二.

【세주 역문】 안(按):『당률』에 "일을 아뢰어야 하는데 아뢰지 않으면(事應奏而不奏)"
은 '직제 2'에 있다.[248]

◉ **擧奏非是** 사실로 확인되지 않은 일을 상주하여 죄를 받다

【원문】 饒坐擧奏大臣非是, 左遷爲衛司馬. 師古注, 非是, 不以實也(蓋寬
饒傳)

보다 더 큰 문제는 군국묘라는 존재자체가 유교의 교의에 어긋난다는 점이 큰문제가 되었다. 춘추
의 의에 따르면 아버지는 서자 집에서 제사 지내면 안 되고 군주는 신하의 집에서 제사를 지내면
안 되고 왕은 제후의 집에서 제사를 지내면 안 되고 모두 적장자의 자손의 집에서 제사를 지내야
하는 것으로 되어 있다. 따라서 황제의 종묘를 군국에 설치하여 지방관에게 제사 지내게 하는 것
은 古禮에 어긋나는 것이니 폐지해야 한다는 것이다. 이 결과 군국묘는 폐지되고 동시에 여러 황
후의 능묘제사도 폐지되었다.

246 『漢書』 권73 「韋賢傳」 '韋玄成' 3125쪽, "初, 高后時患臣下妄非議先帝宗廟寢園官, …"
247 『漢書』 권80 「宣元六王傳」 '淮陽王', 3316쪽, "所言尤惡, 悖逆無道, 王不擧奏而多與金錢, 報以好
言, 罪至不赦."
248 『唐律疏議』 第117條 「職制」27, '事應奏而不奏'.

【역문】 갑관요[249]가 사실로 확인되지 않은 일을 상주하여[250] 대신을 탄핵했다는 죄를 받아 위사마[251]로 좌천되었다. 안사고의 주에 "비시(非是)는 사실이 아닌 것이다."고 하였다.[252](『한서』 「갑관요전」)

【원문】 湯坐言事非是, 幽囚久系, 歷時不決, 執憲之吏, 欲致之大辟.(陳湯傳)

【역문】 진탕의 언사(言事)에 착오가 있어서 장기간 구속되었습니다. 오랜 시간이 지나도록 판결을 내리지 않고 있는데, 법을 집행하는 관리가 그를 사형에 처하고자 준비하고 있습니다.[253](『한서』 「진탕전」)

【원문】 元狩二年, 隨成侯趙不虞坐爲定襄都尉, 匈奴敗太守, 以聞非實, 謾免(功臣表)

【역문】 원수 2년(기원전 121년), 수성후 조불우가 정양도위가 되었는데, 흉노가 패배하였다고 태수가 사실이 아닌 것을 황제에게 보고하여 속인 죄를 받아 면관되었다.[254](『한서』 「공신표」)

【세주 원문】 按唐律, 奏事不實, 在詐僞.

【세주 역문】 『당률』에 따르면, "주사(奏事)를 할 때, 속이고 사실로써 하지 않은 경우"

---

249 蓋寬饒(?-기원전 60년)의 字는 次公으로 전한의 강직하고 독선적인 법관으로 유명하다. 公卿과 貴戚들의 죄상을 몰래 조사하여 검거하자 모두 두려워하여 감히 법을 범하지 못했다고 한다. 그러나 사람들이 재해에 빠져드는 것을 너무 좋아하였고, 나무람을 좋아하여 선제의 뜻을 奸犯하게 되었으며 下吏들의 원망과 비방을 받고 자살하였다.

250 갑관요는 衛將軍 장안세의 아들 시중 陽都侯 張彭祖가 궁궐 문에서 수레에서 내리지 않았다고 탄핵하는 상주문을 올렸는데, 조사를 해보니 장팽조는 그때 궁궐 문에서 수레에서 내렸음이 확인되었다.

251 衛司馬: 衛尉의 속관의 하나로 衛士令과 같은 직책. 景帝 時에 '中大夫令'으로 개칭되었지만, 곧 衛尉로 환원되었다.

252 『漢書』 권77 「蓋寬饒傳」, 3243쪽.

253 『漢書』 권70 「陳湯傳」, 3021쪽. "今湯坐言事非是, 幽囚久系, 歷時不決, 執憲之吏欲致之大辟."

254 『漢書』 권17 「景武昭宣元成功臣表」, 646쪽. "元狩二年, 坐爲定襄都尉, 匈奴敗, 太守以聞非實, 謾, 免."

는 '사위'에 있다.[255]

◉ **選擧不實** 선거를 사실대로 하지 않다

【원문】 帝卽位, 詔曰, 今選擧不實, 邪佞未去, 權門請託, 殘吏放手, 有司
明奏罪名, 並正擧者.(明帝紀)

【역문】 명제가 즉위한 후 조서를 내려, 지금 인재를 선발함에 있어서 사실
과 다르고, 부정하고 남에게 아첨하는 사람이 제거되지 아니하고 권문
세가들이 청탁하는데, 혹리들이 [뇌물을 받아먹고 못된 짓을 하는 것을]
제멋대로 나두고 있다. 주관관리가 각종 죄행을 잘 살펴보고 상주하도
록 하고 잘못 추천한 자의 죄를 묻도록 하라.[256](『후한서』「명제기」)

【원문】 舊典選擧委任三府, 三府有選, 參議掾屬, 諮其行狀, 度其器能, 受
試任用, 責以成功, 若無可察, 然後付之尚書, 尚書擧劾, 請下廷尉, 覆
案虛實, 行其誅罰.(呂強傳)

【역문】 예전의 법전[257]에서는 선거는 삼부[258]에 맡기고 있는데, 삼부에서 인
선해서 추천하면, 좌사(佐史)들이 참여하여 논의하고, 피선인들의 행상을
자문하고, 그들의 재능을 헤아려서 시험을 보고 임용하여 그들에게 업적
을 세울 것을 요구하며 만약 추천자를 조사할 수 없으면, 상서에게 넘겨
처리하도록 한다. 상서가 탄핵을 상주하면, 정위에게 보내 사실인가 아닌
가를 심사하도록 청구하며 그에 따라 처벌을 행한다.[259](『후한서』「여강전」)

【원문】 二千石選擧不實, 是以在位多不任職.(于定國傳)

---

255 『唐律疏議』第368條, 「詐僞」7, '對制上書不以實', 458쪽.
256 『後漢書』권2, 「明帝紀」, 98쪽.
257 律令 이외의 舊來의 典章制度를 말한다.
258 三府: 승상, 태위, 어사대부.
259 『後漢書』권78 「呂強傳」, 2532쪽.

【역문】 2천석관리의 관리 선발이 사실과 부합하지 않아 그 자리에 있는 다수가 자신의 직책을 수행하지 못하고 있다.[260](『한서』「우정국전」)

【원문】 富平侯張勃舉湯茂才, 湯待遷, 父死不奔喪, 司隷奏湯無循行, 勃舉不以實, 坐削戶二百, 湯下獄.(陳湯傳)

【역문】 부평후 장발이 탕을 무재[261]로 추천하여 탕이 관직에 오르기를 기다려, 부친이 죽은 후에 상(喪)에 가지 않았다. 사예가 아뢰기를, "탕은 마땅히 있어야 할 품행을 갖추지 않았고, 장발이 탕을 추천한 것은 사실과 다릅니다."라고 하였다. 이 때문에 장발의 봉지 200호가 삭감되고 탕이 하옥되었다.[262](『한서』「진탕전」)

【원문】 元延元年, 詔舉方正, 仁陽侯立舉陳咸, 方進奏咸不當舉方正, 並奏立選舉故不以實.(翟方進傳)

【역문】 원연 원년(기원전 12년)에 조서로 방정직언의 인사를 선거하라고 하였는데, 홍양후 왕립이 진함을 [방정]으로 추거하였다. 적방진[263]이 상주하기를 "진함[264]은 방정직언의 인재로 선발될 조건에 부합되지 않으며 왕립의 선거는 고의로 사실대로 하지 아니하였습니다."라고 하였다.[265] (『한서』「적방진전」)

【원문】 司隷奏(延年孫)業爲太常選擧不實, 業坐免官.(杜延年傳)

---

260 『漢書』 권71 「雋疏于薛平彭傳」(于定國), 3043쪽.

261 茂才: 원래는 秀才였는데, 동한 때 광무제 유수의 이름을 피해 수재를 무재로 고치었다.

262 『漢書』 권70 「陳湯傳」, 3007쪽, "富平侯張勃與湯交. … 元帝詔列侯舉茂材, 勃舉湯. 湯待遷, 父死不奔喪, 司隷奏湯無循行, 勃選舉故不以實, 坐削戶二百, 會薨, 因賜諡曰繆侯. 湯下獄論."

263 翟方進(?-기원전 7년)의 字는 子威로 집안은 대대로 미천하였지만, 翟方進의 父, 翟公의 代에 이르러 학문을 좋아해 郡文學이 되었다.

264 陳咸의 字는 子康으로 沛郡相이었던 御史大夫 陳萬年의 子. 略歷 18歲에 父의 任子에 의해서 郎이 되었다. 재능이 뛰어나고 강직하여 자주 근신을 지탄하는 상주를 하였다.

265 『漢書』 권84 「翟方進傳」, 3419쪽, "後二歲餘, 詔舉方正直言之士, 紅陽侯立舉咸對策, 拜爲光祿大夫給事中. 方進復奏: … 幷劾紅陽侯立選舉故不以實."

【역문】 사예가 황상에게 상주하여 "두연년의 손자 두업이 태상이 되었을 때 추천한 선거인이 실제와 맞지 않습니다."라고 하여 두업이 면관되었다.[266](『한서』「두연년전」)

【원문】 爲濟陰太守, 以擧吏不實免.(胡廣傳)

【역문】 제음의 태수이었을 때, 관리를 추천한 관리가 실제와 부합하지 않는 것으로 밝혀져서 면관되었다.[267](『후한서』「호광전」)

【원문】 戴涉坐所擧人盜金下獄, 帝以三公參職, 乃策免融.(竇融傳)

【역문】 대섭이 추천한 사람이 금을 훔친 죄를 범하여 하옥되자 황제는 삼공참직으로써 [자신의 직책을 다 하지 못하였다 하여] 책서를 내려 두융[268]을 면관하였다.[269](『후한서』「두융전」)

【원문】 有薦士於丹者, 因選擧之, 而後所擧者陷罪, 丹坐以免.(王丹傳)

【역문】 왕단에게 어떤 선비를 추천하였다. 그로 인하여 왕단[270]은 조정에 그를 추천하였는데, 후에 추천된 사람이 죄를 범하게 되자 왕단은 죄를 받아 면관되었다.[271](『후한서』「왕단전」)

【원문】 元朔元年, 山陽侯張當居爲太常, 坐選子弟不以實, 免. 韓立子淵爲執金吾, 坐選擧不實, 免. 張譚爲御史大夫, 竟寧三年坐選擧不實免.(百官公卿表)

---

266 『漢書』권60 「杜周傳」(杜業), 2682쪽, "…, 會司隸奏業爲太常選擧不實, 業坐免官, 復就國."
267 『後漢書』권44 「胡廣傳」, 1509쪽.
268 竇融(기원전15년-기원전 62년)은 중국 왕망의 新代부터 後漢時代 初期에 걸쳐서의 무장. 정치가. 字는 周公. 河西에 割拠한 新末後漢初의 群雄의 1인으로 後에 後漢草創期의 功臣이 된 인물이다.
269 『後漢書』권23 「竇融列傳」, 807쪽, "大司徒戴涉坐所擧人資金下獄, 帝以三公參職, 不得已乃策免融."
270 王丹은 王莽을 섬겨 中山太守가 되고, 大司空을 역임. 劉秀가 거병했을 때 항복하여 將軍이 되었다. 전투 중에 전사했다.
271 『後漢書』권27 「王丹傳」, 932쪽.

【역문】 원삭 원년(기원전 128년), 산양후 장당거가 태상이었는데, 그가 자제를 선거한 것이 사실과 다른 죄를 받아 면관되었다.[272] 한립자연이 집금오이었는데, 그가 한 선거가 사실과 다른 죄를 받아 면관되었다.[273] 장담이 어사대부이었는데, 경녕 3년(기원전 31년)에 그가 한 선거가 사실과 다른 죄를 받아 면관되었다.[274](『한서』「백관공경표」)

【원문】 嗣侯王勳, 坐選舉不實, 罵廷史不敬, 免.(恩澤侯表)

【역문】 공성후 왕훈이 선거를 부실하게 하고 정사[275]를 욕한 죄를 받아 '대불경'으로 면관되었다.[276](『한서』「외척은택후표」)

【원문】 陽嘉四年, 太尉施延以選舉貪污, 免.(袁宏後漢紀)

【역문】 양가 4년(기원전 135년), 태위 시연이 탐오한 자를 선거하여 면관되었다.[277](원굉『후한기』)

【원문】 建初八年十二月己未, 詔自今以後, 審四科闢召, 及刺史、二千石, 察舉茂才尤異者, 孝廉、廉吏, 務實, 校試以職, 有非其人, 不習官事, 正舉者故舉不實爲法罪之.(御覽六百二十八引漢官儀)

【역문】 건초 8년(83년) 12월 말, 조서를 내려 말하기를, 지금부터 4과[278]에 근거하여 인재를 등용하는데, 자사[279] · 2천석관리는 재능이 매우 뛰어

---

272 『漢書』 권19 하, 「百官公卿表」, 772쪽.

273 『漢書』 권19 하, 「百官公卿表」, 830쪽.

274 『漢書』 권19 하, 「百官公卿表」, 822쪽.

275 廷史: 廷史는 廷尉의 史. 즉 廷尉의 屬吏로 書記를 맡았다.

276 『漢書』 권18, 「外戚恩澤侯表」, 698쪽. "鴻嘉二年, 侯勳嗣, 十四年, 建平二年, 坐選擧不以實, 罵廷史, 大不敬, 免."

277 (晉)袁宏撰, 周天游校注 『後漢記』(天津古籍出版社, 1987) 권18 「順帝紀」4年, "夏四月甲子. 太尉施延以選擧貪汙免"

278 四科: 『太平御覽』 권628, 「治道部」9, '貢擧' 上, 926쪽. "一曰德行高妙, 志節淸白; 二曰經明行修, 能任博士; 三曰明曉法律, 足以決疑, 能案章覆問, 文任御史;四曰剛毅多略, 遭事不惑, 明足照奸, 勇足決斷, 才任三輔"

279 刺史: 군현을 통솔하는 주 刺史는 처음부터 존재했던 것은 아니고, 무제 원봉 5년(기원전 106년)에

난 자를 선거하고, 효렴·염리는 성실함에 중점을 두고, 교시에 근거하여 직위를 분배한다. 하지만 그 기준에 미달하여 관직을 맡길 수 없으면, 이들을 추천한 자는 이전에 추천한 것이 사실에 맞지 아니한 것으로 처벌한다.[280](『태평어람』 권628에서 『한관의』를 인용)

【세주 원문】 按史記范雎傳, 秦法任人而所任不善者, 各以其罪罪之, 漢蓋沿秦制也. 楊倫傳任嘉所坐狼籍, 未受辜戮, 而改典大郡者, 此等非案坐舉主, 無以禁絶姦萌. 貢禹傳亦言守相選舉不以實及有臧者輒行其誅, 亡但免官. 魏志何夔傳可修保舉故不以實之令, 上以觀朝臣之節, 下以塞爭競之原. 據此知漢中葉以後, 積久廢弛, 至魏時竟不復坐舉主也. 唐律貢舉非其人, 在職制一, 保任不如所任, 在詐僞.

【세주 역문】 안(按):『사기』 「범수전」에 "진나라 법에서는 사람을 추천했는데, 추거된 사람이 형편없는 사람임이 드러나면 추거한 사람과 추거된 사람이 죄가 동일하다"[281]고 하였다. 한나라는 대개 진나라의 법을 계승하였다. 『후한서』 「양륜전」에 의하면, "임가의 행위는 엉망진창이어서 마땅히 사형을 받았어야 했으나 사형을 받지 않고 오히려 대군을 관장하는 신분이 되었으니 그를 추천한 사람을 치죄하지 않으면 간사한 악의 싹을 금절할 수 없다."[282]고 하였다. 『한서』 「공우전」에서는, "제후국의 상이나 군수가 선발 추천한 인재가 [추천한 내용이] 사실과 다르거나 뇌물을 받는 숨기는 행위가 있으면 사형에 처하여야 하고 단지 면관하는 것만으로는 안 된다"[283]고 하였다. 『위지』 「하기전」에서는 "인재를 보증하고 추천한 사람이 사실에 맞지 않는 경우에 대한 징계 법령을 제정해서 위로는 조정대신의 절조를 관찰하고, 아래로는 자리를 두고 다투는 경쟁의 근원을 끊어야 합니다."[284]고 하였다. 이에 근거하면, 한나라 중엽 이후에는 이 규정이 오랫동안 폐지되거나 이완되었고 위나라

처음 설치되었다. 자사는 원래 상설 감찰관이었으나 후한시기에는 군현을 직접 다스리는 지방관이 되었다.

280 『太平御覽』 권628, 「治道部」 9, '貢擧' 上, 926쪽.
281 『史記』 권79 「范雎蔡澤列傳」, 2417쪽, "秦之法, 任人而所任不善者, 各以其罪罪之."
282 『後漢書』 권79상 「儒林列傳」(楊倫), 2564쪽.
283 『漢書』 권72 「王貢兩龔鮑傳」(貢禹), 3079쪽, "相·守選舉不以實, 及有臧者, 輒行其誅, 亡但免官."
284 『三國志』 권12 「魏書」 권12, 「何夔傳」, 381쪽, "又可俾保舉故不以實之令, 使有司別受其負. 在朝之臣, 時受敎與曹並選者, 各任其責. 上以觀朝臣之節, 下以塞爭競之源."

때에는 추천한 자에게 죄를 묻지 않았다. 『당률』에서는 적합하지 않은 인물을 추천한[貢擧非其人] 것은 「직제」 1에 있다.[285] 보증한 것이 보증한 내용과 같지 않으면[保任不如所任]은 「사위」에 있다.[286]

◉ 更相薦擧 서로 번갈아 추천하다

【원문】 長安令楊興與捐之相善, 捐之謂興曰: 京兆尹缺, 使我得見言君. 興曰: 我復見言君房也. 石顯奏興捐之更相薦譽, 請論如法, 捐之棄市. (賈捐之傳)

【역문】 장안 영인 양흥과 가연지는 서로 사이가 좋기에 가연지가 양흥에게 말하기를, 경조윤[287] 자리가 비어 있으니 자신이 황상을 만나면 양흥을 천거하겠다고 하였다. 양흥이 말하였다. 내가 다시 황상을 알현하면, 그대를 천거하겠다. 석현은 양흥과 가연지가 서로 번갈아 추천하여 [고위 관리가 되고자 하였다.] 법에 따라 죄를 처벌할 것을 청하여 가연지는 기시에 처하였다.[288](『한서』「가연지전」)

【원문】 (弘)恭(石)顯奏望之(週)堪(劉)更生朋黨相稱擧.(蕭望之傳)

【역문】 홍공과 석현이[289] 상주하기를, "소망지와 주감, 유경생은 붕당을 만들어 서로를 칭찬하며 추천하였다."고 하였다.[290](『한서』「소망지전」)

---

285 『唐律疏議』第92條 職制 2, '貢擧非其人', 183쪽.

286 『唐律疏議』第386條 詐僞 25, '保任不如所任', 474쪽.

287 京兆尹: 고대중국의 官職名. 京師近郊를 관할하는 行政長官의 官名으로서 使用되며 漢代에는 그 統括하는 행정구획의 명칭이기도 하였다.

288 『漢書』권64 「賈捐之傳」, 2835쪽, "長安令楊興新以材能得幸, 與捐之相善, 捐之欲得召見, 謂興曰: 「京兆尹缺, 使我得見, 興曰: 「我復見, 言君房也.」… 令皇后父陽平侯禁與顯共雜治, 奏 「興捐之懷詐僞, 以上語相風, 更相薦譽, … 請論如法.」 捐之竟坐棄市."

289 弘恭과 石顯은 中書의 일을 맡고 있던 환관으로 선제는 유학을 그다지 따르지 않고 법률에 능숙한 관리를 임용하였다. 蕭望之는 이들을 억제하고 중서에 환관이 아닌 유생을 임명해야 한다고 주장하여 이들과 사이가 크게 벌어졌다. 결국 천자의 총애를 받는 환관들에 의해 모함을 받고 자결하게 되었다.

290 『漢書』권78 「蕭望之傳」, 3286쪽.

【원문】 於是武擧公孫祿可大司馬, 而祿亦擧武, (王)莽風有司劾奏武公孫
祿互相稱擧, 皆免.(何武傳)

【역문】 이에 하무는 공손록을 가히 대사마를 맡을 수 있다고 추천하였고
공손록은 또한 하무[291]를 천거하였다. [태후는 마침내 스스로 왕망을 대
사마로 임용하였다.] 왕망은 담당관리에게 하무와 공손록이 서로 추천
하였다고 탄핵하도록 암시하여 모두 면관되었다.[292](『한서』「하무전」)

【원문】 上書言(翟)方進與(淳于)長深結厚, 更相稱薦, 長陷大辟, 獨得不坐
(杜業傳)

【역문】 [두업이] 상서하여 말하였다. "방진과 순우장은 돈독한 관계를 가지
고 있어 서로 칭찬하며 천거하였는데, 순우장이 대죄를 범하였으나 [승
상 적방진]만이 연좌되지 않았습니다."[293](『한서』「두업전」)

【원문】 (王)甫曰: 卿更相拔擧, 迭爲脣齒, 其意如何?(范滂傳)

【역문】 왕보가 말하기를 경들이 서로 천거해주고 마치 입술과 이와 같이 항
상 같이 있으니 그 뜻은 무엇을 의미하는가?[294](『후한서』 권67,「범방전」)

【원문】 典郡四年, 坐與宗正劉軼, 少府丁鴻等更相屬托.(馬嚴傳)

【역문】 [마엄이] 진류군을 4년 관리하였는데, 종정 유질, 소부 정홍 등이 서
로 결탁한 죄를 받았다.[295](『후한서』「마엄전」)

【원문】 華陰丞嘉上封事, 言朱雲兼資文武, 可使以六百石秩試守御史大

---

291 何武는 前漢의 政治家로 宣帝의 時代에 활동하였다.
292 『漢書』 권86 「何武傳」, 3487쪽. "於是武擧公孫祿可大司馬, 而祿亦擧武, 莽風有司劾奏武 公孫祿
互相稱擧, 皆免."
293 『漢書』 권60 「杜業傳」, 2679쪽. "業上書言:「方進本與長深結厚, 更相稱薦, 長陷大惡, 獨得不坐」".
294 『後漢書』 권67 「范滂傳」, 2205쪽.
295 『後漢書』 권24 「馬嚴傳」, 861쪽.

夫, 匡衡以爲大臣國家股肱, 明主所愼擇. 而嘉猥稱雲, 欲令爲御史大
夫, 妄相擧薦, 疑有姦心, 嘉竟坐.(朱雲傳)

【역문】 회음현 승가가 밀봉한 상주문을 황제에게 올리면서 말하였다. "주
운296은 문무의 재능을 겸비하였으니, 육백석의 봉록을 받는 임시 어사
대부로 임명하여 능력을 다하게 함이 좋을 듯합니다." [태자의 소부] 광
형297이 대답하였다. "대신은 나라의 기둥이니 현명한 군주는 신중히 선
발해야 합니다. 가는 뜻을 왜곡하여 주운을 칭송함으로써 그에게 어사
대부를 맡기려 하고 있습니다. 이처럼 함부로 서로 추천하는 데는 간사
한 마음이 있지 않나 의심됩니다."가는 마침내 연좌되었다.298(『한서』 「주
운전」)

● 三互
혼인을 맺은 가족과 두 주(幽州, 冀州)는 서로 번갈아 관리가 될 수 없다

【원문】 初朝議以州郡相黨, 人情比周, 乃制婚姻之家, 及兩州人士, 不得
對相監臨. 至是復有三互法, 禁忌轉密, 選用艱難. 注云, 三互謂婚姻之
家及兩州人不得交互爲官也.(蔡邕傳)

【역문】 당초에 논의에 참석한 조정대신의 의견은 주군의 관리들이 서로 결
당하고 민간습속은 서로 결탁하여 사익을 꾀한다고 하여, 이에 혼인이
관계가 있는 가문과 두 주(幽州와 冀州)는 서로 관리·감독할 수 없다고
하였다. 다시 삼호법이 출현함에 이르러 금기가 더욱 엄밀하여 (관원을)

---

296 朱雲의 字는 游. 魯人이었는데, 平陵으로 옮겼다. 키가 8척으로 풍채가 매우 당당하며 용기와 완
  력으로 유명하였다. 젊었을 때는 협객들과 어울려 그들의 도움으로 원수를 갚은 적도 있었다.
297 匡衡의 字는 稚圭로 집안은 대대로 농부였지만, 匡衡은 학문을 좋아해 소작으로 학비를 염출하고
  학문에 매진하여 경서에 밝았다.
298 『漢書』 권67 「楊胡朱梅云傳」(朱雲), 2912-2913쪽, "元帝時, 琅邪貢禹爲御史大夫, 而華陰守丞嘉上
  封事, 言 「(생략)平陵硃雲, 兼資文武, 忠正有智略, 可使以六百石秩試守御史大夫, 以盡其能」 …. 太
  子少傅匡衡對, 以爲 「大臣者, 國家之股肱, 萬姓所瞻仰, 明王所愼擇也」 …, 欲令爲御史大夫, 妄相
  稱擧, 疑有奸心, … 嘉竟坐之."

선택하여 채용하는 것이 매우 어려워졌다. 주에 이르기를, 삼호라는 것은 혼인을 맺은 가족과 두 주에서는 서로 번갈아 관리가 될 수 없다는 것이다.[299](『후한서』「채옹전」)

【원문】 史弼遷山陽太守, 其妻鉅野薛氏女, 以三互自上, 轉拜平原相.(蔡邕傳注引謝承後漢書)

【역문】 사필[300]이 산양태수로 옮겼는데, 그 처가 거야의 설씨 딸로, 삼호로 스스로 올려서 다시 평원국상으로 옮겼다.[301](『후한서』「채옹전」 주에서 사승『후한서』를 인용)

⦿ 阿黨 간사하고 공정하지 못함[302]

【원문】 阿黨, 謂治獄吏以私恩曲撓相爲也.(禮記月令注)

【역문】 아당은 감옥을 다스리는 관리가 사적인 감정으로 법을 왜곡하여[303] 서로 도와주는 것[304]을 말한다.[305](『예기』「월령」 주)

【원문】 諸侯有罪, 傅相不擧奏, 爲阿黨.(高五王傳注)

【역문】 제후들이 죄가 있는데, 제후왕의 승상이 그것을 아뢰지 않으면 아당에 처해진다.[306](『한서』「고오왕전」 주)

---

299 『後漢書』권60 「蔡邕傳」, 1990쪽. 初, 朝議以州郡相黨, 人情比周, 乃制婚姻之家及兩州人士不得對相監臨. 至是復有三互法, 禁忌轉密, 選用艱難. 注云, 三互謂婚姻之家及兩州人不得交互爲官也.

300 史弼은 동한 말년의 인물로서 상서, 평원상직을 맡았다.

301 『後漢書』권60 「蔡邕傳」, 1991쪽.

302 예를 들어 오초칠국의 난이 평정된 후 중앙에서 파견된 관리가 제후왕의 죄를 묵인하는 것을 처벌하는 것을 阿黨律이라 함

303 曲撓: 枉法. 법을 왜곡하다.

304 相爲: 서로 도와주는 것.

305 『禮記集解』권17 「月令」, 487쪽.

306 『漢書』권38, 「高五王傳」 注, 2002쪽.

【원문】 稜孫演, 桓帝時爲司徒, 大將軍梁冀被誅, 演坐阿黨抵罪, 以減死
論.(韓稜傳)

【역문】 한릉의 손자 한연307은 환제 때의 사도가 되었는데, 대장군 양기가
살해되고, 한연은 아당의 죄를 받아 처벌을 받게 되었다. [후에] 형벌이
감해져 사형을 면하였다.308(『후한서』「한릉전」)

【원문】 大司馬(傅)喜阿黨大臣, 無益政治.(朱博傳)

【역문】 대사마 부희309는 대신들을 따라 사사로이 법을 왜곡하니, 정치에
도움이 되지 못한다.310(『한서』「주박전」)

【원문】 馮石劉喜以阿黨閻顯江京等策免.(馮魴傳)

【역문】 풍석311과 유희는 염현·강경에게 아부하여 모두 파면되었다.312(『후
한서』「풍방전」)

【원문】 有司擧奏專權驕奢, 策收印綬, 自殺, 阿黨者皆免.(侯覽傳)

【역문】 담당 관원이 후람313이 권력을 휘두르고, 교만하고 사치함을 아뢰어
검거하고, 천자는 책서를 내려 후람의 인수를 회수하고, 자살하였다. 후

---

307 韓演은 후한 한릉의 손자로서 순제 때에 단양 태수. 환제 때는 사도. 대장군 양기가 죽자 아당으로
죄를 지어 사형을 면하고 군으로 돌아갔다.
308 『後漢書』권45, 「韓稜傳」, 1536쪽.
309 傅喜(?-10年)의 字는 稚游로 漢의 哀帝의 祖母인 元帝의 傅昭儀의 從弟.
310 『漢書』권83, 「薛宣朱博傳」, 3407쪽. "大司馬喜至尊至親, 阿黨大臣, 無益政治."
311 馮魴(기원전 1년-85년)의 字는 孝孫. 王莽의 末에 縣豪에 거스른 知人을 庇護하고, 妻子를 人質로
삼았는데도 따르지 않은 것으로 상찬되었다.
312 『後漢書』권33, 「朱馮虞鄭周列傳」(馮魴), 1150쪽. "石與喜皆以阿黨閻顯、江京等策免."
313 侯覽(?-172)은 漢桓帝 時의 宦官. 中常侍가 되어 延熹年間에 關內侯를 사작. 아첨과 교활함으로
승진하여 권세를 믿고 탐욕과 사치를 부리면서 수만 금의 뇌물을 받았다. 梁冀를 살해할 때 참여
한 공으로 高郷侯에 봉해졌다. 靈帝 建寧 초에 督郵 張儉이 탄핵하는 글을 올렸는데, 그 문장은 잘
라 없애고 거꾸로 장검이 李膺, 杜密 등과 당파를 만든다고 무고했다. 이로써 장검 등이 죽임을 당
했고, 살해되거나 유배를 당한 사람이 3백여 명에 이르고, 투옥된 사람만도 6, 7백 명에 이르렀다.
나중에 권력을 독점했다는 이유로 탄핵을 받아 印綬를 빼앗기자 자살했다

람에게 아부한 자들은 모두 면관되었다.314(『후한서』「후람전」)

【세주 원문】 按阿黨亦曰阿附, 韓演以阿黨抵罪, 已見稜傳而黃瓊傳又云, 梁冀被誅, 太尉胡廣, 司徒韓演, 司空孫朗, 皆坐阿附免, 是其證也. 袁安傳阿附反虜, 法與同罪, 魏志有十餘縣長吏, 多阿附貴戚, 贓汙狼籍, 於是奏免其八.

【세주 역문】 아당은 또한 아부라고도 하는데, 한연은 아당 때문에 죄를 지어 처벌받았고, 이는 「한릉전」에서 볼 수 있다.315 「황경전」에서 또 이르기를, 양기가 피주되고, 태위 호광 · 사도 한연 · 사공 손랑은 모두 아부하여 죄를 지어 면관되었다고 하는데,316 이것이 바로 그 증거이다. 「원안전」에서는 아부하거나 반역자는 법이 같은 죄로 처벌된다고 하였고,317 『위지』에서는, 십여 현의 장리들이 대부분 귀족과 친척에게 영합하였고, 재물을 탐하여 뇌물을 받고 직책을 파는 일이 횡행하였으므로 이에 [조조가] 상주하여 그 중에 여덟 명이 면관되었다.318

◉ **附益** 부익319

【원문】 建武二十四年, 詔有司申明舊制阿附蕃王法. 注、阿曲附益王侯者, 將有重法.(光武紀)

【역문】 건무 24년(기원전 48년), 유관 부서의 관원에게 조서를 내려 이전에 제정한 번왕에게 아부하면 처벌하는 형법을 자세히 밝히도록 하였다. 주에 "왕후에게 아부하면 장차 엄중한 처벌이 있다."고 하였다.320(『후한

---

314 『後漢書』 권78, 「宦者列傳」(侯覽), 2524쪽. "熹平元年, 有司擧奏覽專權驕奢, 策收印綬, 自殺. 阿黨者皆免."
315 『後漢書』 권45 「韓稜傳」, 1536쪽.
316 『後漢書』 권61 「黃瓊傳」, 2036쪽.
317 『後漢書』 권45 「袁安傳」, 1518쪽.
318 『三國志』 권1 「魏書」 권1, 「武帝紀」, 3~4쪽.
319 附益法: 제후들이 흔히 뇌물을 대신들에게 주어 황제에게 좋은 말을 하도록 하였다. 이런 상황에 근거하여 제정한 것이 부익법이다. 조정의 대신들이 제후들과 결탁하여 부정당한 이익을 얻도록 도와주거나 혹은 자신이 뇌물을 받는 것을 부익이라 하며 엄중한 자는 사형에 처한다. 부익법의 반포는 여러 제후를 고립시키고 약화시키기 위한 것이었다.

서』「광무제기」)

【원문】 設附益之法. 注、張晏曰: 律鄭氏說封諸侯過限曰附益, 或曰阿媚王侯, 有重法也.(諸王侯表)

【역문】 부익의 법을 설치하였다. 주에 장안이 말하기를, 율에 정씨가 설명하기를, 제후를 봉하는데, 한도가 넘는 것을 부익이라 하고 혹은 제후들에게 아첨하면 중한 형벌에 처한다고 하였다.[321](『한서』「제후왕표」)

【원문】 汝昌侯傅商, 元嘉元年, 坐外附諸侯, 免.(恩澤侯表)

【역문】 여창후 부상은 원가 원년(기원전 151년)에 밖에서 제후들에게 아부한 죄를 받아 면관되었다.[322](『한서』「은택후표」)

【원문】 附下罔上, 擅以地附益大臣, 皆不道.(匡衡傳)

【역문】 부하와 동료들의 편을 들어 황상을 기만하여 함부로 토지를 대신들에게 주는 것은 모두 '부도'[323]에 해당한다.[324](『한서』「광형전」)

【원문】 孝武皇帝時, 重附益諸侯之法.(新序)

【역문】 효무 황제 때, 제후들에게 부익하는 것을 엄하게 처벌하였다.[325](『신서』)

---

320 『後漢書』 권1하, 「光武帝紀」, 76쪽.
321 『漢書』 권14 「諸侯王表」, 396쪽, "張晏曰: 律鄭氏說, 封諸侯過限曰附益. 或曰阿媚王侯, 有重法也.」"
322 『漢書』 권18 「外戚恩澤侯表」, 713쪽, "元壽元年, 坐外附諸侯免."
323 不道: 사람으로서 해서는 안 될 행위를 하는 것. 漢律에는 大逆不道·罔上不道·大不敬不道 등처럼 천자에 대한 죄를 필두로 천자 이외의 극악무도한 행위를 不道라고 하지만, 어떠한 행위가 不道에 해당하는가 하는 정확한 규정은 律에 나타나지 않는다. 대체로 황제의 존엄에 대한 훼손, 봉건통치질서의 파괴를 막기 위한 것이라 할 수 있다. 『唐律』「名例」에는 十惡의 하나로서 死罪의 죄인이 아닌 자를 1家3人 以上 살해하는 것, 사람을 살해한 후 사체를 분해하는 것, 呪術에 의하여 타인을 害하는 것 등의 죄에 한정되어 있다.
324 『漢書』 권81 「匡衡傳」, 3346쪽, "附下罔上, 擅以地附益大臣, 皆不道."
325 (漢)劉向著, 『新序』[(明)程榮 纂輯, 『漢魏叢書』, 吉林大學出版社, 1992.] 권10, 「善謀」하, 제10 387쪽.

【세주 원문】 按論語先進季氏富於周公, 而求也爲之聚斂, 而附益之, 是春秋時已有此語. 說苑引泰誓附下而罔上者死, 漢律蓋多本古制.

【세주 역문】 『논어』「선진」에 "계씨는 주공보다 더욱 부유했는데, 염구가 그를 위하여 무거운 세금을 부과하고 심하게 거둬 그의 재산을 더욱 늘려주었다."라고 하였다. 이것은 '부익(附益)'이라는 말이 춘추시기에 있었다는 것을 의미한다. 『설원』에서 『서경』「태서」의 "아랫사람의 비위를 맞추고 군주를 기만하면 사형에 처한다."[326]를 인용하였는데, 이는 한율이 대부분 옛 제도에 근거한 것임을 알 수 있다.

◉ 左道 좌도[327]

【원문】 皆奸人惑衆, 挾左道.(郊祀志)

【역문】 모두 간사한 무리들이 백성들을 속이는 것이고, 사교의 도[左道]를 낀 것이다.[328](『한서』 권25 하, 「교사지」)

【원문】 不知而白之, 是背經術, 惑左道也, 皆在大辟.(杜延年傳)

【역문】 모르면서 보고하였다면 경학·유술에 어긋나고 사교의 도[左道]로 미혹하는 것이다.[329](『한서』「두연년전」)

【원문】 當賀良等執左道, 亂朝政, 皆伏誅.(李尋傳)

【역문】 하량 등이 사교의 도[左道]를 선양하고 조정을 어지럽혀 모두 사형

---

326 『說苑』 권1. "君道泰誓曰: 「附下而罔上者死, 附上而罔下者刑 …」

327 左道: 비정통적인 것. 사술. 정도에 어긋나는 것.

328 『漢書』 권25 하 「郊祀志」, 1260쪽; 한나라 성제는 20세에 즉위하여 40여 세가 되도록 아들이 없었다. 그는 方士들의 말을 듣고, 귀신에게 제사 드리는 데에 열중하였다. 성제에게 귀신이나 仙道에 대하여 이야기를 했던 많은 사람들은 손쉽게 높은 버슬자리를 언었다. 이렇게 성제는 그들의 말만을 믿고 장안의 교외에 있는 上林苑에서 대대적으로 제사를 올리며 하늘에 복을 기원하였다. 그러나 많은 비용만을 낭비하였을 뿐 아무런 효험이 없었다. 이 때 谷永이 성제에게 상서하여 올린 글이다.

329 『漢書』 권60 「杜周傳」(杜延年), 2680쪽, "不知而白之, 是背經術惑左道也:二者皆在大辟."

에 처하였다.³³⁰(『한서』「이심전」)

【원문】 左將軍丹奏商執左道以亂政, 甫刑之闢, 皆爲上戮.(王商傳)

【역문】 좌장군 사단이 상주하기를, "왕상이 사교의 도[左道]에 집착하여 정 치를 문란하게 하였습니다. 『상서』「보형」의 법에 근거하면 응당 사형 에 해당합니다."331라고 하였다.(『한서』「왕상전」)

【원문】 許皇后坐執左道, 廢處長定宮.(淳于長傳)

【역문】 허황후가 사교의 도[左道]에 집착하여 죄를 받아 [폐위되고] 장정궁으 로 옮겼다.332(『한서』「순우장전」)

◉ 乏祠 제사를 빠트리다

【원문】 太初二年, 睢陵侯張昌坐爲太常乏祠, 免. 注、師古曰: 祠事有闕 也.(功臣表)

【역문】 태초 2년(기원전 109년), 수릉후 장창은 태상이 되어 제사를 빠트린 죄를 받아 면관되었다. 주에서 안사고가 말하였다. "제사는 마땅히 해야 할 일인데, 이를 빠뜨렸다."333(『한서』「공신표」)

【세주 원문】 按唐律, 諸大祀以故廢事者徒二年, 在職制一.

【세주 역문】 안(按):『당률』에 "무릇 큰 제사를 지내는데, 고의로 일을 그르치게 한 경 우에는 도형2년에 처한다(諸大祀以故廢事者徒二年)"는 '직제1'에 있다.334

---

330 『漢書』 권75 「李尋傳」, 3193쪽.
331 『漢書』 권82 「王商傳」, 3374쪽.
332 『漢書』 권93 「淳于長傳」, 3731쪽.
333 『漢書』 권16 「高惠高后文功臣表」, 596쪽, "元鼎二年, 侯昌嗣, 十二年, 太初二年, 坐爲太常乏祠, 免."
334 『唐律疏議』 第98條 「職制」 8 '大祀不預申期及不如法', 187쪽.

⦿ **不齋** 부재[335]

【원문】 嗣侯蕭勝, 坐不齋, 耐爲隷臣. (功臣表)

【역문】 사후 소승은 부재(不齋)로 죄를 받아 '내위예신'으로 처벌되었다.[336]
(『한서』 「공신표」)

【원문】 元狩元年, 衛尉充國坐齋不謹, 棄市. (百官公卿表)

【역문】 원수 원년(기원전 122년)에 위위(衛尉)[337] 조충국은 제사를 지내기 전
에 몸을 단정히 하지 않은 죄를 받아 기시에 처하였다.[338](『한서』 「백관공
경표」)

【세주 원문】 按唐律職制, 大祀散齋不宿正寢者, 一宿答五十.

【세주 역문】 『당률』 「직제」에 대사의 산재 기간에 제사를 지내는 정침(선조의 제사
를 지내는 방)에서 취침하지 않는 자는 하루에 태50대에 처한다.[339]

⦿ **犧牲不如令** 제사 지낼 때 사용하는 희생을 법령대로 하지 않다

【원문】 元狩六年, 嗣侯欒賁坐爲太常犧牲不如令, 免. (功臣表)

【역문】 원수 6년(기원전 117년), 사후 난분이 태상이 되어 제사 지낼 때 사용
하는 희생을 법령대로 하지 않는 것으로 법에 저촉되어 면직되었다.[340]
(『한서』 「공신표」)

---

335 不齋: 제사를 지내거나 전례를 하기 전에 몸을 깨끗이 하고 삼가지 않은 것에 대한 처벌.
336 『漢書』 권16 「高惠高后文功臣表」, 543쪽.
337 衛尉: 卿으로 1명이고 관질은 '中二千石'이다 지나라 시기부터 있었고 한나라 때 이것을 계승히였
으며 군사를 거느리고 왕궁의 문을 지키는 관리를 말한다.
338 『漢書』 권19하 「百官公卿表」, 776쪽, "衛尉充國, 三年坐齋不謹棄市."
339 『唐律疏議』 第99條 「職制」9 '大祀散齋弔喪問疾', 189쪽.
340 『漢書』 권17 「景武昭宣元成功臣表」, 636쪽, "元狩六年, 坐爲太常雍犧牲不如令, 免."

【원문】 元封四年, 酇侯蕭壽成爲太常, 坐犧牲不如令論.(百官公卿表)

【역문】 원봉 4년(기원전 107년), 찬후 소수성이 태상이 되어 제사 지낼 때 사용하는 희생을 법령대로 하지 않는 것에 연루되어 논죄되었다.[341](『한서』 「백관공경표」)

【세주 원문】 按唐律, 大祀犧牲不如法, 在廐庫.

【세주 역문】 안(按): 『당률』에 "대사(大祀)에 바칠 희생을 법대로 하지 않는 것(大祀犧牲不如法)"은 '구고(廐庫)'에 있다.[342]

◉ 不會   회의에 참석하지 않다

【원문】 建成侯拾, 元鼎二年坐賀元年十月不會, 免. 注、師古曰: 時以十月爲歲首, 有賀而不及會也.(王子侯表)

【역문】 건성후 습이 원정 2년(기원전 115년) 원년 10월에 하례하는 날에 조회하지 않은 것에 연루되어 면직되었다. 안사고가 말하기를 10월 매년의 시작으로 하였는데 하례가 있는데 나아가지 않았다.[343](『한서』「왕자후표」)

【세주 원문】 按唐律, 職制應集而不至者, 笞五十.

【세주 역문】 『당률』「직제」에 "모여야 하는데, 이르지 않은 자는 태형50대에 처한다."[344]고 하였다.

---

341 『漢書』 권19하 「百官公卿表」, 777쪽.
342 『唐律疏議』 第200條 「廐庫」5, '大祀犧牲養飼不如法', 380쪽.
343 『漢書』 권15상 「王子侯表」, 458–459쪽.
344 『唐律疏議』, 第100條 「職制」10, '祭祀有事於園陵', 189쪽.

◉ **不合衆心** 중인들의 마음에 맞지 않는다

【원문】 哀帝亦欲改易大臣, 遂策免武曰: 君擧錯煩苛, 不合衆心.(何武傳)

【역문】 애제 또한 대신을 바꾸려고 생각하여, 드디어 책서를 내려 하무를 파면하면서 말하였다. "그대는 일을 하는 것이 번거롭고 까다로워서 중인들의 마음과 맞지 않는다."고 하였다.345(『한서』「하무전」)

【원문】 高安侯董賢, 元壽二年, 坐爲大司馬不合衆心, 免, 自殺.(恩澤侯表)

【역문】 고안후 동현은 원수 2년 대사마가 되었는데, 중인들의 마음에 맞지 않아 면관되어 자살하였다.346(『한서』「은택후표」)

◉ **軟弱不勝任** 나약하여 업무를 감당할 수 없다

【원문】 古者大臣坐罷軟不勝任者, 不謂罷軟, 曰下官不職.(賈誼新書)

【역문】 전에 대신들이 나약하여 그 직무를 감당할 수가 없어 죄를 받게 되는 경우 "나약하여 임무를 수행할 수 없다"고 하지 않고 "속하 최선을 다해 맡은 바 임무를 수행할 수 없다"고 하였다.347(가의『신서』)

【원문】 尊子伯亦爲京兆尹, 坐軟弱不勝任, 免.(王尊傳)

【역문】 왕존의 아들 왕백이 경조윤이 되었는데, 나약하여 업무를 감당할 수 없다하여 면관되었다.348(『한서』「왕존전」)

【원문】 丈夫爲吏正, 坐殘賊免, 追思其功效, 則復進用矣. 一坐軟弱不勝

---

345 『漢書』 권86 「何武傳」, 3486쪽.
346 『漢書』 권18 「恩澤侯表」, 713쪽.
347 (漢)賈誼著, 『新書』 권2 「階級」, 474쪽.
348 『漢書』 권76 「趙尹韓張兩王傳」(王尊), "尊子伯亦爲京兆尹, 坐奧弱不勝任免."

任免, 終身廢棄, 無有赦時, 其羞辱甚於貪污坐臟.(尹賞傳)

【역문】 대장부로서 관리가 되면 잔석[349]죄를 받아 면직되는 것을 두려워하지 말아야 하고 후일 그 효과를 보게 되면 다시 직분을 회복할 수 있다. 한번 나약하여 임무를 감당할 수 없는 죄를 받아 면직되면 평생 폐기되고 다시 직분을 회복할 수 없으며, 사면을 받을 수도 없으며 그 수모는 탐오죄[350]로 부정축재하여 죄를 받는 것보다 더욱 엄중하다.[351](『한서』「윤상전」)

【원문】 廣漢太守扈商, 軟弱不任職, 寶到部, 親入山谷, 諭告群盜, 非本造意, 渠率皆得悔過自出, 遣歸田裡. 自劾矯制, 奏商爲亂首. 注、師古曰: 由商不任職, 致有賊盜, 故云爲亂首也.(孫寶傳)

【역문】 광한의 태수 호상은 나약하여 임무를 감당할 수 없었기에 손보가 익주에 와서 직접 [도적의 근거지인] 산속에 들어가서 도적무리에 통고하기를, "강도짓이 본심에서 나온 것이 아니고 압박으로 어쩔 수 없이 한 것이고, 수종 모두 잘못을 뉘우치고 스스로 나온다면, 고향으로 보내주겠다."라고 하였다. 곧이어 교제(矯制)[352]라고 자신의 잘못을 스스로 적발하고 [호상은 나약하여 임무를 감당할 수 없었기에] 호상이 반란의 두목이라고 상주하였다. 주에 안사고가 말하였다. 호상이 임무를 감당할 수 없었기에 도적이 나타났으니 반란의 두목이라고 하였다.[353](『한서』「손보전」)

【원문】 光祿大夫張譚仲叔爲京兆尹, 不勝任, 免.(百官公卿表)

---

349 殘賊: 사람이나 物件을 殘忍하게 害치는 것.
350 貪污: 관리가 직무의 편리를 위해 배임. 절도. 다른 사람의 재산을 취득하거나 혹은 기타 수단을 사용하여 공공 재산을 점유하여 사용하는 것.
351 『漢書』 권90 「酷吏傳」(尹賞), 3675쪽, "丈夫爲吏, 正坐殘賊免. 追思其功效, 則復進用矣. 一坐軟弱不勝任免, 終身廢棄無有赦時, 其羞辱甚於貪污坐臟."
352 矯制: 즉 矯詔. 詔令에 假託해서 일을 하는 것. 制는 詔書. 『二年律令』이나 『漢書』에 의하면 矯制는 '大害', '害', '不害' 등 몇 개의 등급으로 나누어져 처벌하였음을 알 수 있다.
353 『漢書』 권76 「蓋諸葛劉鄭孫毌將何傳」(孫寶), 3258쪽, "廣漢太守扈商者, …"

【역문】 광록대부 장담의 동생이 경조윤이 되었으나 임무를 감당할 수 없어 면직되었다.[354](『한서』「백관공경표」)

【세주 원문】 按魏志鍾繇傳注引魏略云, 又聰明蔽塞, 爲下所欺, 弱不勝任數罪, 謹以劾, 臣請法車徵詣廷尉治繇罪.

【세주 역문】 『위지』의 「종요전」의 주에서 『위략』에서 이른 것을 인용하여 이르기를, "종요는 총명하나 답답한 사람으로서 아랫사람들로부터 놀림을 당하고 연약하여 직무를 감당할 수 없습니다. 삼가 탄핵하오니, 신은 종요를 법대로 정위에게 압송하여 그의 죄를 다스릴 것을 청합니다."고 하였다.[355]

◉ 免罷守令, 自非詔徵, 不得妄到京師(蘇不韋傳引漢法)
파면된 수령은 만일 조정에서 조서로 부르지 않으면 마음대로 장안에 올 수 없다.[356](『후한서』「소불위전」에서 「한법」을 인용)

◉ 非正　제후왕·열후 등의 봉작을 계승할 때 적장자로 계승되지 않는 것

【원문】 元始三年, 嗣平周侯丁滿, 坐非正免. 元壽二年, 嗣汝昌侯傅昌, 以商兄子紹奉祀封, 坐非正免. 陽新侯鄭業, 坐非正免. 元延三年, 嗣榮平侯趙岑, 坐父欽詐以長安女子王君俠子爲嗣, 免.(恩澤侯表)

【역문】 원시 3년(3년), 평주후 정만이 비정으로 죄를 받아 면직되었다.[357] 원수 2년(기원전 121년), 여창후 부창이 부상 형의 아들로 작위를 계승하여 비정으로 죄를 받아 면직되었다.[358] 양신후 정업이 비정으로 죄를 받아 면직되었다.[359] 원연 3년(기원전 10년), 사후 영평후 조잠은 아버지 조

---

354 『漢書』 권19하 「百官公卿表」, 819-820쪽.
355 『三國志』 권13 『魏書』 권13 「鍾繇華歆于朗傳」(鍾繇), 394쪽, "又聰明蔽塞, 爲下所欺, 弱不勝任, 數罪謹以劾, 臣請法車徵詣廷尉治繇罪."
356 『漢書』 권31 「蘇不韋傳」, 1107쪽, "漢法, 免罷守令, 自非詔征, 不得妄到京師."
357 『漢書』 권18 「外戚恩澤侯表」, 711쪽.
358 『漢書』 권18 「外戚恩澤侯表」, 712-713쪽.

흠이 장안 여자 왕군협의 아들에게 작위를 계승한 죄를 받아 면직되었다.360 (『한서』「은택후표」)

【원문】 復陽侯陳彊, 元狩二年, 坐父拾非嘉子免. 嗣杜侯福, 河平四年坐非子免.(功臣表)

【역문】 부양후 진강361은 원수 2년(기원전 121년)에 진강의 부친 진습이 진가의 아들이 아닌 죄를 받아 면직되었다.362 두후 복은 하평 4년 아들이 아닌 죄를 받아 면직되었다.363(『한서』「공신표」)

【원문】 岑坐非子免, 國除.(趙充國傳)

【역문】 잠이 아들이 아님이 밝혀져 면직되었고 제후국이 폐지되었다.(『한서』 권69,「조충국전」)

【세주 원문】 按唐律, 非正嫡詐承襲, 在詐僞.

【세주 역문】 안(按):『당률』에 '정처소생의 적자가 아니면서 속이고 계승한(非正嫡詐承襲)' 것은 '사위'에 있다.364

● 稟給 관가에서 양식을 제공하다

【원문】 建武六年, 詔郡國有穀者, 給稟高年鰥寡孤獨、及篤癃無家屬、貧不能自存者, 注, 漢律, 今亡.(光武紀)

【역문】 건무 6년(기원전 30년)에 "군국에서 곡식이 있는 자는 늙은 홀아비 ·

359 『漢書』 권18 「外戚恩澤侯表」, 713쪽.
360 『漢書』 권18 「外戚恩澤侯表」, 694쪽.
361 陳彊: 전한의 장군 陳胥는 고조 7년(기원전 200년)에 복양후로 되었다. 무제 원수 2년(기원전 121년)에 부친 진습이 진가의 아들이 아닌 것이 밝혀져서 국호를 폐지당하였다.
362 『漢書』 권16 「高惠高后文功臣表」, 579쪽, "元狩六年, 坐爲太常雍犧牲不如令, 免."
363 『漢書』 권17 「景武昭宣元成功臣表」, 651쪽, "侯福嗣, 河平四年, 坐非子免."
364 『唐律疏議』 第371條 「詐僞」10, '非正嫡詐承襲', 463쪽.

홀어미·고아 및 늙어서 의지할 데 없는 사람, 그리고 빈궁하여 생존하기 어려운 사람에게 양식을 제공하라"고 명령하였다. 주, 한율에 이런 법이 있었으나 지금은 없어졌다.[365](『후한서』「광무제기」)

【원문】 元和三年, 詔嬰兒無父母親屬, 及有子不能養食者, 稟給如律.(章帝紀)

【역문】 원화 3년(86년)에 조서를 내려 "부모와 친척이 없는 아이와 자식이 있으나 키울 능력이 없는 자에게 율의 규정처럼 식량을 지급하라."고 하였다.[366](『후한서』「효장제기」)

【세주 원문】 按程大昌演繁露云, 風俗通論漢法九章, 因言曰: 夫吏者治也, 當先自正, 然後正人, 故文書下如律令, 言當承憲履繩, 動不失律令也. 今道流符咒家, 凡行移悉仿官府制度, 則某符咒之云如律令者, 是仿官文書爲之.

【세주 역문】 정대창의 『연번로』에 "『풍속통』에서 한법구장을 논하였는데, 인하여 말하였다." 대저 관리는 치자이다. 응당 자신을 먼저 바르게 한 다음에 다른 사람을 바르게 할 수 있다. 때문에 문서 아래에는 '율령과 같다.'라고 한다. 말은 법을 따라서 올바른 도를 실천해야 하며, 행동은 율령을 잃어서는 안 된다."[367]는 것이다. 지금 도가에서 민가에 퍼트리는 부적과 주문은 모두 관부제도를 모방하여 문서를 발송하고 조회하는데, 어떤 부적과 주문에서 이르기를 '율령과 같다'라고 한다. 이것은 관문서의 형식을 모방하여 만든 것이다.

---

365 『後漢書』 권1하 「光武帝紀」, 47쪽. "其命郡國有穀者, 給稟高年、鰥、寡、孤、獨及篤癃、無家屬貧不能自存者　如律."

366 『後漢書』 권3 「肅宗孝章帝紀」, 154쪽.

367 (南宋)程大昌撰, 『演繁露』(四庫全書本) 권12, '如律令', 852-172쪽; 『演繁露』: 全書는 모두 16권으로 구성되었는데, 宋代의 程大昌이 지은 것으로 '格物致知'를 宗旨로 하여 三代에서 宋朝에 이르는 雜事 488항을 수록되었다.

⊙ 稟假貧人　가난한 사람에게 식량과 돈을 빌려주다

【원문】 (憲弟)瓖坐稟假貧人, 徙封羅侯. 注、稟假貧人, 非侯家之法, 故坐焉.(竇憲傳)

【역문】 두환이 가난한 백성에게 식량과 돈을 빌려준 죄를 받아 옮겨서 나후로 봉하였다. 주, 가난한 백성에게 식량과 돈을 빌려주는 것은 후가 정한 법이 아니므로 처벌을 받게 되었다.[368](『후한서』「두헌전」)

【원문】 是時長吏、二千石, 聽百姓謫罰者輸贖, 號爲義錢, 託爲貧人儲, 而守令因以聚斂. 永平章和中, 州郡以走卒錢給貸貧人, 司空劾案, 州及郡縣皆坐免黜, 今宜遵前典, 蠲除權制.(虞詡傳)

【역문】 당시 장리·태수가 백성들 가운데 처벌받아야 할 사람에게 처벌 대신에 속전을 받는데, 이를 '의전(義錢)'이라 하였다. 가난한 사람을 위한 저축이라고 칭하나 수령들은 이로 인하여 이런 방식으로 백성들의 재물을 거두어 모은다. 영평[369] 장화[370] 연간에 주군에서 주졸전(走卒錢)[371]으로써 가난한 자에게 돈을 빌려주는데, 사공이 탄핵하여 주와 군현에서 연루된 자를 모두 면직처분하고. 지금은 예전의 제도에 따라서 권제(權制)[372]를 삭제하였다.[373](『후한서』「우후전」)

【세주 원문】 按唐律, 出納官物有違, 在廐庫.

【세주 역문】 안(按):『당률』에 "관물의 출납을 주고받는 것(出納官物有違)"은 '구고(廐庫)'에 있다.[374]

---

368 『後漢書』 권23 「竇憲傳」, 820쪽.
369 永平: 東漢 明帝 劉莊의 연호.
370 章和: 東漢 章帝 劉炟의 연호.
371 走卒錢: 卒更의 역을 면제받는 대신에 납부하는 '전'을 가리킨다.
372 형편에 따라 임시 방편으로 만든 제도나 절차.
373 『後漢書』 권58 「虞詡傳」, 1872쪽.
374 『唐律疏議』第222條 「廐庫」27. '出納官物有違', 295쪽.

◉ **稟貧人不實** 빈민의 인원수를 사실로써 보고하지 아니하다

【원문】 拜陳留太守, 坐稟貧人不實, 司寇論.(魯丕傳)

【역문】 진류의 태수가 된 후, 빈인의 인원수가 사실과 다른 것이 밝혀져 사구로 처벌하였다.[375](『후한서』「노비전」)

◉ **度田不實** 토지와 호구조사를 사실대로 하지 아니하다[376]

【원문】 河南尹張伋及諸郡守十餘人, 坐度田不實, 皆下獄死.(光武紀)

【역문】 하남윤 장급과 여러 군의 관리자 10여 명이 도전이 사실에 맞지 않은 죄를 받아 모두 사형에 처하였다.[377](『후한서』「광무제기」)

【원문】 是時天下墾田, 多不以實, 又戶口年紀, 互有增減, 詔下州郡檢核其事, 而刺史太守, 多不平均. 於是遣謁者考實, 具知姦狀. 隆坐徵下獄, 其疇輩十餘人皆死, 以隆功臣, 特免爲庶人.(劉隆傳)

【역문】 당시 천하의 개간한 땅의 통계수치는 사실과 달랐고, 또한 호구와 나이가 서로 증가·감소된 경우가 있다. 각 주의 군에게 이를 조사하라는 조서를 내렸지만 자사·태수가 거의 대부분 고르지 않았다. 이에 황제는 알자를 파견하여 빠짐없이 거짓된 상황을 알아내었으며 유륭[378]이 죄를 받아 하옥되고 그의 같은 무리 10여명을 모두 사형에 처하였다. 유륭은 공신으로 특별히 면관하고 서인으로 하였다.[379](『후한서』「유륭전」)

---

375 『後漢書』권25 「魯丕傳」, 884쪽. "拜陳留太守. 視事三期, 後坐稟貧人不實, 徵司寇論."
376 度田은 동한 초년에 광무제가 봉건국가의 토지와 노동력에 대한 통제를 강화하고 정부의 조세와 부세를 증가하기 위한 정책이다. 건무 15년(기원전 39년)에 광무제는 각 주, 현에 토지와 호구를 조사하게 하였는데 이를 '도전'이라고 한다.
377 『後漢書』권1하 「光武帝紀」, 66쪽
378 劉隆(?-57년)의 字는 元伯으로 南陽 安衆侯 劉崇의 宗室. 光武帝의 功臣이며 '雲台二十八將'의 第16位에 위치.
379 『後漢書』권22 「朱景王杜馬劉傅堅馬列傳」(劉隆), 781-782쪽. "是時, 天下墾田多不以實, 又戶口年紀互有增減. 十五年, 詔下州郡檢核其事, 而刺史、太守多不平均, …, 於是遣謁者考實, 具知奸狀.

【원문】 坐度人田不實, 以章有功, 但司寇論.(李章傳)

【역문】 인구와 토지의 수치가 사실과 다른 죄를 받아 조정에 소환되었으나 이장이 공로가 있어 사구로 처벌하였다.[380](『후한서』「이장전」)

【원문】 般上書吏擧度田, 欲令多前, 可申敕刺史二千石, 務令實核, 其有增加, 皆與脫田同罪.(劉般傳注引華嶠後漢書)

【역문】 유반이 상서하기를, "관리가 전지의 면적을 측량하여 보고하는데, 지난해보다 많게 하려고 하자면, 자사·2천석관리에게 명령을 내려서 반드시 힘써 실제에 따라 조사하도록 하고, 만약 증가한 것이 있으면, 백성의 전지를 빼앗은 것과 같은 죄에 처하십시오."라고 하였다.[381](『후한서』「유반전」 주에서 화교의 『후한서』를 인용)

【원문】 永以度田不實, 被徵.(東觀漢記鮑永傳)

【역문】 포영은 도전한 것이 사실과 맞지 않은 것이 밝혀져 소환되었다.[382] (『동관한기』「포영전」)

【세주 원문】 按晉書傅玄傳, 玄上便宜五事, 首以二千石雖奉務農之詔, 猶不勤心以盡地利, 昔漢氏以墾田不實, 徵殺二千石以十數, 臣愚以爲宜申漢氏舊典, 以警戒天下郡縣, 皆以死刑督之. 是此律至晉已廢也.

【세주 역문】 『진서』「부현전」에 부현[383]은 5사에 관한 것을 상서하였다. 먼저 "2천석 관리가 농업에 힘쓰라는 조령을 힘을 다해 받든다 하더라도 다만 마음을 부지런히 쓰는 것만으로는 토지가 가진 잠재력을 모두 다할 수 없습니다. 전에 한왕조에서는

明年. 隆坐徵下獄. 其疇輩十餘人皆死. 帝以隆功臣. 物免為庶人."

380 『後漢書』 권77 「酷吏列傳」.(李章), 2493쪽. "後坐度人田不實徵. 以章有功. 但司寇論."

381 『後漢書』 권39 「劉趙淳于江劉周趙列傳」(劉般), 1305쪽. "…. 皆使與奪田同罪."

382 劉珍 等 撰, 吳樹平 校注, 『東觀漢記校注』(中州古籍出版社, 1987) 권14 「鮑永傳」, 558쪽의 주 31).

383 傅玄: 낭중에 임명되어 『魏書』 편찬에 참가하였던 중국 서진 때의 문신 겸 학자. 홍농태수. 부마도위. 사마교위 등의 관직을 지냈다. 주요 저서에는 유학사상의 필요성을 강조하는 내용의 『傅子』가 있다.

개간한 전지로 사실과 달리 허위보고하여 소환되어 살해된 2천석관리가 10여 명에
이르렀습니다. 신은 응당 한나라 때의 옛 법전을 실행하여 천하의 군현의 관리들에
게 경계하고 모두 사형에 처하여 그들을 감독해야 한다고 생각합니다."384고 하였다.
이것을 볼 때 이 율은 진(晉)나라 때에 이미 폐지되었다.

◉ **田租三十稅一** 전조는 수확량의 1/30을 세로 하다385

【원문】 漢興, 天下旣定, 高帝約法省禁, 輕田租, 什五而稅一.(食貨志)

【역문】 한나라가 흥기하여 천하가 이미 평정되었을 때, 고조는 법령을 간
　　　 략하게 하고 금제를 줄였으며 전조를 경감하여 1/15세로 하였다.386(『한
　　　 서』「식화지」)

【원문】 減田租, 復什五稅一, 注、 鄭展曰: 漢家初什五稅一, 儉於周什稅
　　　 一也, 中間廢, 今復之也.(惠帝紀)

【역문】 전조를 경감하여 다시 1/15세로 하였다. 주에 정전이 말하였다. 한
　　　 나라 초기에는 호마다 1/15세로 하고, 그 후 주나라의 1/10세로 제한했
　　　 는데, 중간에 폐지하였다가 지금 다시 회복하였다.387(『한서』「혜제기」)

【원문】 三年, 令民半出田租, 三十而稅一.(景帝紀)

【역문】 3년, 백성들로 하여금 전조를 반만 내도록 하여 1/30세로 하였
　　　 다.388(『한시』「경제기」)

---

384 이상은 『晉書』 권47, 「傅玄傳」. 인용한 것은 5사 중에서 두 번째, 즉 2사에 해당한다.
385 田租三十稅一: 전조 1/30세. 한대의 주요세제는 수확의 1/30을 납부하는 田租와 16~65세의 남녀가
　　 매년 120錢을 납부하는 算賦. 3~14세가 내는 口賦로 이루어졌다.
386 『漢書』 권24상 「食貨志」, 1127쪽. "漢興, … 天下旣定, … 上於是約法省禁 輕田租, 十五而稅一".
387 『漢書』 권2 「惠帝紀」, 85쪽.
388 『漢書』 권5 「景帝紀」에는 위의 문장과 정확히 일치하는 것은 찾을 수 없었다. 다만, "詔曰:「農,
　　 天下之大本也, 民所恃以生也, 而民或不務本而事末, 故生不遂. 朕憂其然, 故今茲親率群臣農以勸
　　 之. 其賜天下民今年田租之半.」"이 있는데, 이를 가리키는 것 같다.

【원문】 詔曰: 頃者師旅未解, 用度不足, 故行什一之稅. 今軍士屯田, 糧儲差積, 其令郡國收見田租三十稅一, 如舊制.(光武紀)

【역문】 조서를 내려 말하였다. "얼마 전 전쟁이 끝나지 않았고 국가의 재력이 부족하여 전조를 1/10세로 하였다. 지금은 군사가 둔전하고 양식 축적도 비교적 늘어났으니 군국에 명하여 현재 보유하고 있는 전지에서 전조를 1/30세로 걷도록 해서 예전의 [경제황제]와 같이 하도록 하여라."[389](『후한서』「광무제기」)

【원문】 古者制田, 百步爲畝, 什而籍一. 先帝哀憐百姓之愁苦, 衣食不足, 制田二百四十步爲一畝, 率三十而稅一.(鹽鐵論)

【역문】 옛날에 전지 100보를 1무로 하였고 [백성들은 정전제에 따라서 경작을 하였고] 수확의 1/10을 세금으로 하였는데, 선제[390]가 백성의 고통과 의식이 부족함을 가련히 여겨 전지 240보를 1무로 하여 전조를 거의 1/30세로 하였다.[391](『염철론』)

◉ 十傷二三實除減半 십상이삼실제감반[392]

【원문】 若今十傷二三, 實除減半. 疏云, 擧漢法以況, 謂漢時十分之內傷二分三分, 餘有七分八分在. 實除減半者, 謂就七分八分中爲實在, 仍減去半不稅, 於半內稅之.(周禮地官司稼注)

【역문】 만일 현재의 10분의 2, 3정도가 피해를 보면 실제로는 세를 절반 감면한다. 소에서 이르기를, 한나라 법을 들어 그 뜻을 비유하였다. 예를 들면 한나라에서는 10분의 2, 3정도가 피해를 보면 10분의 7, 8 정도가 남는다. 실제로 절반을 감면받는 자는 10분의 7, 8정도는 남은 것인데,

---

389 『後漢書』 권1하 「光武帝紀」, 50쪽.
390 先帝: 여기서는 武帝를 가리킨다.
391 王貞珉 注譯, 『鹽鐵論譯注』 권3, 「未通」 第15, 87쪽, "古者, 制田百步爲畝, 民井田而耕, 什而籍一 …."
392 十傷二三實除減半: 수확의 10분의 2, 3정도가 피해를 보면 실제로는 세를 절반 감면한다.

이에 줄여서 반은 세금을 내지 않고, 반 내에서 세금을 내는 것을 이르는 것이다.393(『주례』「지관」'사가'의 주)

【원문】 詔今年郡國秋稼, 爲旱蝗所傷, 其什四以上勿收田租, 芻藁: 有不滿者, 以實除之. 注、所損十不滿四者, 以見損除也.(和帝紀)

【역문】 금년 제후국들이 가을에 곡식을 거두었으나 가뭄과 메뚜기 때문에 재해를 입었다. 그 피해가 전체의 10분의 4이상이면 전조와 추고394세를 걷지 않고, 모자라면 실제정황에 근거한다는 조서를 내리었다. 주, 손해가 10분의 4가 안되면 실제정황에 근거하여 조세를 면제한다.(『후한서』「화제기」)395

◉ 被災害什四以上　피재해십사이상396

【원문】 建始元年, 詔郡國被災什四以上, 毋收田租.(「成帝紀」)

【역문】 건시 원년(기원전 32년), 조서를 내려, "군국의 백성으로 재해를 입어

---

393 『周禮正義』 권31, 「地官司徒」'司稼'注, 1237–1238쪽, "疏云, 鄭擧漢法以況義, 十傷二三者, 謂漢時十分之內, 傷二分三分, 餘有七分八分在. 實除減半者, 謂就七分八分中爲實在, 仍減去半不稅, 於半內稅之."

394 芻와 藁에 대해서는 다음 사료 참고. 『漢書』권48, 「賈誼傳」, 2255쪽, "師古曰: '… 芻, 所食之草也. …'";『漢書』권69, 「趙充國傳」, 2985쪽, "師古曰: 芟, 乾芻也. 藁, 禾稈也. 石, 百二十斤, 稈音工旱反.";『二年律令』, 240간, 241간, "入頃芻藁, 頃入芻三石; 上郡地惡, 頃入二石; 藁皆二石. 令各入其歲所有, 毋入陳, 不從令者罰黃金四兩. 收入芻藁, 縣各度一歲用芻藁, 足其縣用, 其餘令頃入五十五錢以當芻藁. 芻一石當十五錢, 藁一石當五錢(1頃마다의 芻藁를 들일 때에는, 1頃당 芻 3石을 납입시키고, 上郡의 경우에는 地質이 나쁘므로, 1頃당 芻 2石을 들인다. (납입해야 할)藁의 경우는 모두 2石이다. 그해에 거둔 바를 각각 납입하도록 하되, 오래된 것은 들이지 않게 한다. 令을 따르지 않을 경우의 벌금은 黃金 4兩이다. 芻藁를 거두어들일 때, 縣에서는 한 해에 쓰이는 芻藁를 각각 헤아려서, (일단) 그 縣에서 쓸 것을 채우고, 그 나머지는 1頃마다 55錢을 납입하게 하여 芻藁를 갈음하게 한다. 芻 1石은 15錢에 해당하고, 藁 1石은 5錢에 해당한다)." 『二年律令』, 242간, "芻藁節貴於律, 以入芻藁時平賈(價)入錢(芻藁가 만일 律보다 貴하다면 芻藁를 납입시키는 때이 評價額으로씨 錢을 들이도록 한다)."

395 『後漢書』권4「和殤帝紀」, 174쪽, "今年郡國秋稼爲旱、蝗所傷, 其什四以上勿收田租、芻藁: 有不滿者, 以實除之".

396 被災害什四以上:재해로 10분의 4 이상에 해당하는 피해를 입다.

그 피해가 전체의 10분의 4이상이면 그 전조를 걷지 말라"고 하였다.[397]
(『한서』「성제기」)

【원문】 詔令水所傷縣邑及他郡國災害什四以上, 民貲不滿十萬, 皆無出今年租賦.(哀帝紀)

【역문】 수재로 직접 피해를 입은 현과 기타 군국에서 그 피해가 재산의 10분의 4 이상이고 자산이 10만이 안 되는 백성들은 모두 금년의 조세를 면제한다는 조서를 내리었다.[398](『한서』「애제기」)

【원문】 熹平四年, 詔令郡國遇災者, 減田租之半, 其傷什四以上, 勿收責.(靈帝紀)

【역문】 희평 4년(175년)에 영제는 재해를 입은 군국에서 전조를 절반 감면하고 재산의 10분의 4 이상의 피해를 입었으면 빚을 면제한다는 조서를 내리었다.[399](『후한서』「영제기」)

【원문】 出爲淸河太守, 坐郡中被災害什四以上免.(何武傳)

【역문】 청하의 태수로 나아가게 되었는데, 그 군에서 전체 재산의 10분의 4 이상의 피해를 보게 된 죄를 받아 면관되었다.[400](『한서』「하무전」)

【세주 원문】 按唐律, 部內旱澇霜雹, 在戶婚二.

【세주 역문】 안(按):『당률』에 "관할 지역 내에 가뭄·장마·서리·우박·벌레·메뚜기의 피해를 당한 곳이 있으면(部內旱澇霜雹)"은 '호혼2'에 있다.[401]

---

397 『漢書』권10「成帝紀」, 318쪽. "郡國被災什四以上, 毋收田租".
398 『漢書』권11「哀帝紀」, 337쪽. "其令水所傷縣邑及他郡國災害什四以上, 民貲不滿十萬, 皆無出今年租賦".
399 『後漢書』권8「靈帝紀」, 337쪽.
400 『漢書』권86「何武傳」, 3484쪽.
401 『唐律疏議』第169條「戶婚」20. '不言急妄言部內旱澇霜雹', 247쪽.

◉ 河決 황하의 제방이 터지다

【원문】 建始三年, 尹忠爲御史大夫, 坐河決, 自殺.(百官公卿表)

【역문】 건시 3년(기원전 30년)에 윤충이 어사대부가 되었는데, [1년이 되어] 황하의 제방이 터진 죄를 받아 자살하였다.[402](『한서』「백관공경표」)

【세주 원문】 按唐律, 失時不修堤防, 在雜律一.

【세주 역문】 『당률』에 "제방을 수리하지 않았거나 수리했어도 때를 놓쳤다면(失時不修堤防)"은 '잡률1'에 있다.[403]

◉ 郵程 우정[404]

【원문】 如今郵行有程矣.(周禮地官掌節注)

【역문】 지금처럼 '우(郵)'를 통한 문서전달에는 정해진 시간·거리 규정이 있는 것과 같다.[405](『주례』「지관」'장절'의 주)

【원문】 其驛騎也, 三騎行晝夜, 千里爲程.(漢舊儀)

【역문】 그 역참에 비치해두는 말은 세 마리로써 온종일 천리 길을 달리는 것을 '정'으로 한다.[406](『한구의』)

---

402 『漢書』 권19하 「百官公卿表」, 824쪽, "尹忠爲御史大夫, 一年坐河決自殺."
403 『唐律疏議』 第424條 「雜律」36, '失時不修堤防', 504쪽.
404 郵程: '郵'는 역참과 우체국이 연계된 도로를 말한다. 程: 문서전달과 관련해서는 정해진 시간, 거리 등을 뜻한다. 즉 郵程은 배달 소요시간의 기준을 말한다. 郵설치 규정은 지리적 조건에 따라 일정하지 않았다: 5里1郵: 『史記』 권55 「留侯世家」·『後漢書』 「百官志5」, "五里一郵, 郵人居間, 相去二里半"; 10里1郵 및 20里1郵: 『二年律令』 「行書律」, 264簡;30里1郵: 「行書律」(266): "北地、上、隴西、卅里一郵"; 中程: 규정 시간 내에 문서전달의 임무를 완수; 過程: 규정 시한의 초과.
405 『周禮正義』 권28 「地官司徒」 '掌節' 注, 1116쪽.
406 『漢舊儀』 권상, "… 三騎行, 晝夜行千里爲程.", 63쪽.

【세주 원문】按唐律, 驛使稽程, 在職制二.

【세주 역문】『당률』에 "역마를 이용하는 사신이 일정을 지체하였으면(驛使稽程)은" '직제2'에 있다.[407]

◉ 八月案比 팔월안비|[408]

【원문】今時八月案比. 疏、漢時八月案比, 而造籍書. 周以三年大比, 未知定用何月, 故以漢法況之.(周禮地官小司徒注)

【역문】지금은 매년 8월에 호적과 인구를 조사한다. 소, 한나라 때 8월에 호적과 인구를 조사하여 호적을 만든다.[409] 주나라는 3년에 한 번씩 호적과 인구를 조사하는데 어느 달로 정했는지를 몰라 한나라의 법에 비교하였다.[410](『주례』「지관」'소사도'의 주)

【원문】高祖四年八月, 初爲算賦, 故漢率用八月算人.(東漢會要)

【역문】한고조 4년(기원전 203년) 8월에 호구에 따라 세를 처음으로 징수하였기에 한나라에서는 8월에 인구를 조사하였다.[411](『동한회요』)

---

407 『唐律疏議』第123條「職制」33, '驛使稽程', 208쪽.

408 八月案比: 안비는 '안호비민'이라고 하는데 한대에 호구에 대한 등기와 조사를 말한다. 한대에는 8월에 호구에 대한 등기와 조사를 한다.

409 『二年律令』328簡, "恒以八月令鄕部嗇夫、吏、令史相襍案戶籍, 副臧(藏)其廷(8월에는 항상 향부 색부・리・영사에게 함께 호적을 조사하게 하고, 호적의 副本을 관청에 보관한다."

410 『周禮正義』권20, 「地官司徒」'小司徒'注, "漢時八月案比而造籍書, 周以三年大比, 未知定用何月, 故司農以漢法八月況之."

411 徐天麟 撰, 『東漢會要』(上海: 上海古籍出版社, 1978) 권31, 「食貨」, '算賦', 453쪽.

⊙ **望後利日** 15일 이후 길일에 형을 집행한다[412]

【원문】 若今時望後利日. 疏、利日, 即合刑殺之日.(周禮秋官卿士注)

【역문】 지금처럼 15일 이후 길일에 형을 집행한다. 소에 리일(利日), 곧 사
형을 집행하기 좋은 날이다.[413](『주례』「추관」'경사'의 주)

【세주 원문】 按唐律有禁殺日, 在斷獄二.

【세주 역문】 『당률』에 '금살일(禁殺日)'[414]이 있는데, 이는 '단옥2'에 있다.[415]

⊙ **考竟** 고경[416]

【원문】 獄死曰考竟, 考得其情, 竟其命於獄也.(釋名)

【역문】 감옥에서 죽은 것을 고경이라 한다. 사실을 조사하다가 감옥에서
목숨을 잃은 것이다.[417](『석명』)

【원문】 永初元年, 詔自今長吏被考竟未報.(安帝紀)

【역문】 영초 원년(기원전 107년), 조서를 내리어 명하기를, "지금까지 장리가
고문을 받고도 답변을 듣지 못한 경우에는 …."[418](『후한서』「安帝紀」)

---

412 '望後'는 15일 이후, 즉 한대에서는 사형이 15일 이후에 집행되었음을 말한다. 달이 사라지는 망후
   는 음양으로 보면 음에 속했고, 형을 집행하는 기간이라고 생각되었던 것이다. 한대는 月 후반부
   에 형을 집행하였다.
413 『周禮正義』「秋官司寇」, '卿士' 注, 2797쪽, "若今時望後利日也者, 月大則十六日爲望, 月小則十五
   日爲望. 利日, 即合刑殺之日是也."
414 禁殺日: 특정된 날에는 죽이는 것을 금지한다. 즉 十直日이 이에 해당하는데, 十直이란 道家에서
   10齋日(佛敎에서 殺生하지 않고 素食하도록 한 매월 1일·8일·14일·15일·18일·23일·24
   일·28일·29일·30일)에 下界로 내려와 세상의 善惡을 살핀다는 諸神을 말한다
415 『唐律疏議』第496條「斷獄」28 '立春後秋分前不決死刑', 571쪽.
416 考竟: 옥에서 고문하여 범죄사실을 추궁하는 것. 즉 고문.
417 劉熙撰, 『釋名』(北京: 中華書局, 1985) 권8, 「釋喪制」제27, 130-131쪽.
418 『後漢書』권5「安帝紀」, 208쪽.

【원문】 陽嘉三年, 詔以久旱, 京師諸獄, 無輕重皆且勿考竟.(順帝紀)

【역문】 양가 3년(134년), 조서를 내리기를, "가뭄이 오랫동안 지속되었으니 성내의 각 안건에 대하여 죄의 경중이 없이 모두 잠시 고문 추궁하지 말라."고 하였다.[419](『후한서』「순제기」)

【원문】 其令中都官系囚, 罪非殊死, 考未竟者, 一切任出, 以須立秋(質帝紀)

【역문】 성내의 감옥에 있는 죄인들 가운데, 그 죄가 사형에 해당되지 않거나 아직 고문을 마치지 못한 죄인을 모두 임시로 석방하도록 하고 입추에 가서 다시 그 죄를 묻도록 하라고 명령하였다.[420](『후한서』「질제기」)

【원문】 遷臨淮太守, 數年坐法免. 注, 東觀漢記曰:坐考長吏囚死獄中.(朱暉傳)

【역문】 임회 태수로 다시 복직되고 몇 년이 되어 죄를 받아 면직되었다.『동관한기』에서 말하였다. 현관 이상의 관리를 심문을 하다가 감옥에서 죽은 죄를 받았다.[421](『후한서』「주휘전」)

【세주 원문】 按唐律, 斷獄死罪囚辭窮竟. 疏義曰: 謂犯死罪囚辭狀窮竟. 度尚傳, 詔書徵尚到廷尉辭窮受罪. 急就篇辭窮情得具獄堅, 義與唐律同. 然則考竟者, 乃考實以竟其事, 非謂竟其命於獄中也. 釋名恐誤.

【세주 역문】 『당률』에「단옥(斷獄)」에서는 "사죄수가 도리에 어긋나서 항변할 말이 없을 때까지 마치는 것"[422]이라 하였다. 「소의」에서는 "사죄를 범한 죄수가 도리에 어긋나서 항변할 말이 없을 때까지 마치는 것"[423]이라 하였다. 『후한서』「도상전」에

---

419 『後漢書』권6「順帝紀」, 263쪽, "詔以久旱, 京師諸獄無輕重皆且勿考竟."
420 『後漢書』권6「質帝紀」, 278쪽, "其令中都官繫囚罪非殊死考未竟者, 一切任出, 以須立秋."
421 『後漢書』권43, 「朱樂何列傳」(朱暉), 1458~1459쪽, "再遷臨淮太守, … 數年, 坐法免, … 注東觀記曰:「坐考長吏囚死獄中, 州奏免官.」"
422 『唐律疏議』第471條「斷獄」3. '死罪囚辭窮竟雇倩人殺', 547쪽.
423 위와 같음.

서는 도상부터 정위까지 불렀는데, 도상은 도리에 어긋나고 항변할 말이 없어서 본래대로 치죄에 응하였다.[424] 『급취편』에서는, "도리에 어긋나고 항변할 말이 없고 또 그 뜻을 얻으면 국문하는 관리가 그 재판을 빈틈없이 갖추고 완성하는 것이다"[425]고 하였다. 뜻은 『당률』과 같다. 그런즉 조사하여 추궁하는 자는 그 사실을 조사하여 그 일을 끝까지 다하는 것이고 감옥에서 목숨을 다하는 것을 이르는 것은 아니다. 『석명』은 아마도 잘못 해석한 것 같다.

◉ 讀鞫 독국[426]

【원문】 漢世問罪謂之鞫.(尙書呂刑正義)

【역문】 한나라 때 죄를 심문하는 것을 국[427]이라고 한다.[428](『상서정의』, 「여형」)

【원문】 讀鞫已, 乃論之. 疏鞫、謂劾囚之要辭, 行刑之時, 讀已乃論其罪.
(周禮秋官小司寇注)

【역문】 죄인의 죄를 기록한 문서를 읽고 이에 그 죄를 논한다. 소, 국은 죄인을 탄핵하는 판결문으로 형법을 집행할 때 읽고 나서 그 죄행을 논함을 이른다.[429](『주례』, 「추관」 '소사구' 주)

【원문】 臣孤恩負義, 自陷重刑, 情斷意訖, 無所復望. 廷尉鞫遣, 歐刀在前, 棺絮在後.(袁敞傳)

【역문】 신이 배은망덕하여 스스로 중형에 빠지게 되었고 정의(情意)는 단절

---

424 『後漢書』 권38 「張法滕馮度楊列傳」(度尙), 1287쪽.
425 『急就篇』 권4 '窮情得具獄堅', 304쪽.
426 讀鞫: 죄인의 죄를 기록한 문서를 읽는 것. 즉 판결문을 가르킨다.
427 鞫: 범죄자를 심문하고 범죄사실을 규명하는 것.
428 『尙書正義』 권19 · 「呂刑」 제29, 552쪽, "漢世問罪謂之鞫, 斷獄謂之劾, 謂上其鞫劾文辭也."
429 『周禮正義』 권65 「秋官司寇」, '小司寇' 注, 2768쪽.

되고, 다시 기대할 바도 없다. 정위는 심문하여 보내고 육형을 집행하는 도는 앞에 있고, 관서는 뒤에 있다.[430](『후한서』「원창전」)

【원문】 孝宣倍深文之吏, 立鞫訊之法.(宋書謝莊傳)

【역문】 효선(한선제)은 법을 집행하는 데 가혹한 관리들을 버리고 [정사(廷史)와 군국이 함께] 국신하는 법을 만들었다.[431](『송서』「사장전」)

【세주 원문】 按唐律斷獄二, 諸獄結竟, 徒以上各呼囚及其家屬具告罪名, 仍取囚服辨.

【세주 역문】 『당률』「단옥」2에 "옥사가 종결되었을 때, 도형 이상이면 각각 죄수와 그 가속을 불러 판결된 죄명을 갖추어 알리고 이어서 죄수의 승복을 받는다"[432]고 하였다.

◉ 乞鞫 판결에 복종하지 않고 再審을 청구하다[433]

【원문】 徒論決滿三月, 不得乞鞫.(周禮秋官朝士注)

【역문】 형도는 판결을 내리고 3개월이 지났으면, 재심을 청구할 수 없다.[434](『주례』「추관」'조사' 주)

【원문】 二歲刑以上, 得以家人乞鞫.(晉書刑法志)

【역문】 2세형 이상의 도형(徒刑)에 대하여 죄인의 가족들이 재심을 청구할

---

430 『後漢書』 권45 「袁敞傳」, 1524쪽.
431 『宋書』 권85 「謝莊傳」, 2172쪽.
432 『唐律疏議』 第490條 「斷獄」22 '獄結竟取服辯', 568쪽.
433 秦漢 시기에는 죄인의 가속들이 再審을 청구할 수 있도록 허락하였지만 魏에서는 二年徒刑 이상에 대해서는 乞鞫을 허락하지 않았다. 唐에서는 魏의 제도를 계승하여 徒 以上으로 판결된 죄인에 대하여 "唯止告示罪名, 不須問其服否"로 하였고, 『二年律令』에서는 "罪人獄已決, 自以罪不當欲乞鞫者, 許之. 乞鞫不審, 加罪一等. 其欲復乞鞫, 當刑者, 刑乃聽之. 死罪不得自乞鞫, 其父母兄弟夫妻子欲乞鞫, 許之. 其不審, 黥爲城旦舂. 年未盈十歲爲乞鞫, 勿聽. 獄已決盈一歲, 不得乞鞫."이라 하여 乞鞫에 대해서 자세한 내용이 나오고 있다.
434 『周禮正義』 권68 「秋官司寇」, '朝士' 注, 2827쪽.

수 있는 [법규를 없앤다.]435(『진서』「형법지」)

◉ **辭訟有券書爲治之.**(周禮秋官朝士注)

송사에는 권서가 있어서 그것을 증거로 재판을 하고 판결을 한다.436(『주례』
「추관」'조사' 주)

◉ **書罪** 죄를 표기하다

【원문】 楬頭明書其罪法. 疏、明用刑以板書其姓名及罪狀, 著於身.(周禮
秋官司烜注)

【역문】 머리에 그 죄상을 적어 표시하다. 소, 용형(用刑)에는 그 성명 및 죄
명을 판서하여 밝히고 몸에 붙인다.437(『주례』「추관」'사항' 주)

【원문】 故常願捐一旦之命, 不待時而斷姦臣之首, 縣於都市, 編書其罪,
使四方明知爲惡之罰.(諸葛豊傳)

【역문】 저는 항상 남은 생명을 바쳐서 조정에 공헌하기를 원하기 때문에
수시로 간신의 머리를 베어 시장에 걸어두고 그들의 죄악을 써서 사방
의 사람들로 하여금 악한 자를 징벌했다는 것을 명백히 알게 하고자 합
니다.438(『한서』「제갈풍전」)

【원문】 叱吏斷頭, 持還縣所剝鼓, 置都亭下, 署曰:「故侍中王林卿坐殺人
埋冢舍, 使奴剝寺門鼓.」(何並傳)

【역문】 수하에게 머리를 잘라 현아로 가져오게 해서 현당 앞에 깨진 북 위

---

435 『晉書』 권30 「刑法志」, 926쪽, "二歲刑以上, 除以家人乞鞫之制."
436 『周禮正義』 권68, 「秋官司寇」, '朝士' 注, 2827쪽, "爲有券參書者爲治之. 辨讀爲別, 謂別券也."
437 『周禮正義』 권70, 「秋官司寇」 '司烜氏' 注, 2915쪽, "明書其所犯之罪狀與所讞之刑法, 著罪人之頭
也."
438 『漢書』 권77 「蓋諸葛劉鄭孫毋將何傳」 '諸葛豊', 3249쪽.

에 걸어두고 도정 아래 두었는데, 서명하여 말하기를, "전의 시중 왕림 경은 살인죄를 받아 이곳 묘사(墓舍)를 지키는 무덤에 묻고 노예로 하여금 관아의 문 앞의 북을 부수도록 하였다."고 하였다.[439](『한서』「하병전」)

【원문】 大書帛於其背. 注、賈山云, 衣赭衣, 書其背, 漢之罪人如此.(惠棟 後漢書補注)

【역문】 크게 그 등에 있는 비단에 그의 죄를 표기하였다.[440] 주에 가산이 이르기를, 붉은 색의 죄수복을 입히고[441] 그 등에 그의 죄를 표기하였으니, 한의 죄인은 이와 같다.(혜동 『후한서』 보주)

◉ 鞫獄不實   옥사를 국문한 것이 사실과 맞지 않다

【원문】 新時侯趙弟, 太始三年, 坐爲太常鞫獄不實, 入錢百萬贖死, 而完 爲城旦.(공신표)

【역문】 신치후 조제가 태시 3년(기원전 94년)에 태상이 되었는데, 옥사를 국문한 것이 사실과 다른 죄를 받아 1백만전을 내고 사형을 속(贖)하여 '완위성단'이 되었다.[442](『한서』「공신표」)

【원문】 下廣漢廷尉獄, 又坐賊殺不辜, 鞫獄故不以實, 擅斥除騎士, 乏軍 興數罪.(趙廣漢傳)

【역문】 조광한[443]을 정위의 옥에 가두게 하였다.[444] 또 고의로 무고한 자를

---

439 『漢書』 권77 「蓋諸葛劉鄭孫母將何傳」(何並), 3266-3267쪽. "叱吏斷頭持還, 縣所剝鼓置都亭下. 署 曰:「故侍中王林卿坐殺人埋冡舍, 使奴剝寺門鼓.」"

440 『後漢書』 권63 「李杜列傳」. "大署帛於其背."

441 『睡虎地秦墓竹簡』 「司空」. "城旦舂衣赤衣, 冒赤巾氈(성단용은 붉은색의 죄수복을 입고, 머리에는 붉은색의 모직 천을 씌운다.)".

442 『漢書』 권17 「景武昭宣元成功臣表」, 661쪽.

443 趙廣漢: 字는 子都로 一代의 名臣으로 법을 집행하는데, 權貴를 피하지 않았다. 漢昭帝 後期와 漢 宣帝 前期에 활동하였다. 선제 옹립에 참여하여 關內侯를 하사받았다.

살해하였고, 심문을 할 때에 고의로 사실을 왜곡하였으며, 기사를 제멋대로 쫓아버려서 군율을 어기게 한 따위의 여러 가지 죄를 범하였다.[445] (『한서』「조광한전」)

【원문】 踐祚, 改元, 立皇后太子, 赦天下. 每赦, 自殊死以下, 及謀反大逆不道, 諸不當得赦者, 皆赦除之. 命下丞相御史, 復奏可, 分遣丞相御史乘傳駕行郡國, 解囚徒, 布詔書. 郡國各分遣吏傳殿車馬行屬縣, 解囚徒.(初學記二十引漢舊儀)

【역문】 천자가 즉위하거나 연호를 바꾸거나 황후·태자를 세우는 경우 천하에 사면령을 내린다. 사면을 내릴 때마다 참수형 이하 및 모반·대역부도, 모든 사면할 수 없는 자 등을 제외하고 모두 사면한다. 승상·어사에게 명령을 내리고 다시 상주해서 비준을 받고 승상·어사를 나누어 파견하는데 전가를 타고 군국에 가서 죄수를 풀어주고 조서를 반포한다. 군국은 각각 관리를 나누어 파견하는데 역참의 거마를 타고 속현으로 가서 죄수를 풀어준다.[446](『초학기』권20에서 『한구의』를 인용)

◉ **陳赦前事** 사면 전의 일을 상주하여 진술하다

【원문】 詔有司無得擧赦前事.(哀帝紀)

【역문】 조서를 내려 말하기를, "주관부서의 관리는 사면 이전의 일을 거론할 수 없다."고 하였다.[447](『한서』「애제기」)

【원문】 自今以來, 有司無得陳赦前事置奏上. 有不如詔書爲虧恩, 以不道

---

444 당시 승상 魏相이 상주하여 조광한이 정위의 조사를 받게 되었다. 그 결과 광한의 보고와 크게 다른 것이 확인되고 司直 蕭望之가 광한을 탄핵하여 상주하였다.
445 『漢書』권76 「趙尹韓張兩王傳」(趙廣漢), 3205쪽, "下廣漢廷尉獄, 又坐賊殺不辜, 鞠獄故不以實. 擅斥除騎士乏軍興數罪"
446 (唐)徐堅撰, 『初學記』(中華書局, 1962) 권20, 「政理部」(赦), 469쪽.
447 『漢書』권11 「哀帝紀」, 336쪽, "有司無得擧赦前往事."

論.(平帝紀)

【역문】 지금부터 주관부서의 관리는 사면 전의 일을 이유로 해서 상주할 수 없다. 만약 조서와 같이 하지 않으면 은혜를 어그러트리는 것으로 하고, 부도로 처벌한다.[448](『한서』「평제기」)

【원문】 御史中丞劾尊妄詆欺, 非謗赦前事.(王尊傳)

【역문】 어사중승이 왕존을 탄핵하기를, "망령되게 사면 전의 일을 꾸며 내어 비방하고 왜곡하여 대신들을 고발하였습니다."[449]고 하였다.[450](『한서』「왕존전」)

【원문】 皆知(傅)喜、(何)武前已蒙恩詔決事, 更三赦, 博執左道, 虧損上恩.(朱博傳)

【역문】 모두 부희(傅喜)·하무(何武)가 앞서서 이미 황상의 은조를 입어 결단을 내리시어 세 차례의 사면을 거쳤는데도 주박은 방문좌도(旁門左道)에 집착하여, 황상의 은혜에 손상을 입히고 있습니다.[451](『한서』「주박전」)

【원문】 鍾威所犯, 多在赦前.(何並傳)

【역문】 종위가 범한 바의 죄는 대부분 사면 전의 일이다.[452](『한서』「하병전」)

【세주 원문】 按唐律, 以赦前事相告言, 在鬪訟四.

【세주 역문】 『당률』에 "사면령이 내리기 이전의 일을 서로 고발한 자는(以赦前事相告言)"에 대하여는 '투송(鬪訟)4'에 있다.[453]

---

448 『漢書』 권12 「平帝紀」, 348쪽.
449 왕존이 승상 匡衡과 어사대부 張譚을 탄핵한 것에 대한 고발 내용이다.
450 『漢書』 권76 「趙尹韓張兩王傳」(王尊), 3232쪽, "御史丞問狀, 劾奏尊妄詆欺非謗赦前事."
451 『漢書』 권83 「薛宣朱博傳」(朱博), 3408쪽, "皆知喜、武前已蒙恩詔決, 事更三赦, 博執左道, 虧損上恩."
452 『漢書』 권77 「何並傳」, 3268쪽.

◉ 率 솔[454]

【원문】 制衆建計謂之率(晉書刑法志引張斐律表)

【역문】 여러 사람을 지도해서[455]계획을 세우는 것을 '솔(率)'이라 한다.[456]
(『진서』「형법지」에서 장비의 『율표』를 인용)

【원문】 孤兒幼年未滿十歲, 無罪而坐率. 注、服虔曰: 率, 坐刑法也. 如淳
曰: 率, 家長也. 師古曰: 幼年無罪, 坐爲父兄所率而并徙, 如說近之.(萬
石君傳)

【역문】 고아로 어릴 적에 10세 미만, 죄는 없었으나 '솔(率)'로 죄를 받았다.
주에 복건이 말하였다. '솔(率)'은 형법에 연루되는 것이다. 여순이 말하
였다. '솔(率)'은 가장(家長)이다. 사고가 말하였다. 부형이 거느린 바가
되어 함께 옮겨 다닌 죄를 받았는데, 여설이 사실에 가깝다.[457](『한서』「만
석군전」)

【원문】 民有誣告濟爲謀叛主率者.(魏志蔣濟傳)

【역문】 백성 가운데 장제가 모반을 주도한 수령이라고 무고하는 자가 있었
다.[458](『위지』권14,「장제전」)

【세주 원문】 按唐賊盗律謀叛條, 有率部衆百人以上、及所率雖不滿百人等語. 又小
注、協同謀計乃坐,被驅率者非. 餘條被驅率者, 準此. 疑率本漢律中語, 唐蓋沿漢
律也.

---

453 『唐律疏議』第354條「鬪訟」53. '以赦前事相告言', 442쪽.
454 率: 師와 같다. 頭目, 首惡의 뜻.
455 制衆: 많은 사람을 협박해서 몰고 가는 것. 建計: 계획을 세워 음모를 꾸미는 것.
456 『晉書』권30「刑法志」, 928쪽, "斂人財物積藏於官爲擅賦."
457 『漢書』권46「萬石君傳」, 2198쪽.
458 『三國志』권14『魏書』권14,「蔣濟傳」, 450쪽.

【세주 역문】『당률』「적도율」'모반조'에 거느린 무리가 백 명 이상이면(率部衆百人以上), 및 거느린 무리가 비록 백 명 미만이이도(所率雖不滿百人) 등의 말이 있다. 또한 작은 주에 협동해서 모의를 계획해야 비로소 처벌하며, 강제로 동원된 '피구솔자(被驅率者)'[459]의 경우에는 처벌하지 않는 것을 말한다. 다른 조문에서도 강제로 동원된 '피구솔자(被驅率者)'의 경우에는 이것에 따른다.[460] 등의 말이 있는데, 아마도 솔(率)은 본래 한율 중의 말로 당은 대개 한율을 따른 것이다.

◉ 減死一等 사죄에서 1등급 감하다

【원문】 元和元年. 郡國中都官繫囚減死一等.(章帝紀)

【역문】 원화 원년(84년)에 군국의 도성 내에 감금된 죄수를 사죄에서 1등급 감한다.[461](『후한서』「효장제기」)

【원문】 廷尉免冠爲弟請一等之罪. 注、如淳曰: 減死罪一等.(何並傳)

【역문】 정위가 모자를 벗고 동생을 위해 사죄에서 1등을 감해줄 것을 청하였다. 주에 여순이 말하였다. 사죄에서 1등급 감한다.[462](『한서』「하병전」)

【원문】 元帝初元五年, 輕殊死刑三十四事, 哀帝建平元年, 輕殊死刑八十一事, 其四十二事手殺人者減死一等.(梁統傳)

【역문】 원제 초원5년(기원전 44년), 경감한 34건은 마땅히 참수해야 할 판결이고, 애제 건평 원년에 경감한 81건은 본래 참수해야 할 판결이고, 그 42건은 손수 살인자를 사죄에서 1등 감하였다.[463](『후한서』「양통전」)

---

459 강제를 거부할 수 없는 상황에 있는 자. 적법행위의 기대가능성이 없는 경우를 말한다.
460 『唐律疏議』第354條「鬪訟」53, '以赦前事相告言', 442쪽.
461 『後漢書』권3「孝章帝紀」, 147쪽.
462 『漢書』권77「何並傳」, 3268쪽.
463 『後漢書』권34「梁統傳」, 1166쪽.

【세주 원문】 按魏志鍾繇傳, 科律自有減死一等之法, 是減死一等, 亦漢律中語也.

【세주 역문】 『위지』 「종요전」에 법률에 본래 사죄에서 1등 감면해주는 법령이 있는데, 이 사죄에서 1등 감면해주는 제도는 또한 한율 중의 말이다.[464] (『위지』 「종요전」)

◉ 二百五十以上 이백오십 이상[465]

【원문】 二百五十以上者, 當時律令坐罪之次, 若今律條言一尺以上、一疋以上矣. (蕭望之傳注)

【역문】 250 이상은 당시 율령에서 죄를 받는 등급순서로 지금의 율조에서 1척 이상,[466] 1필 이상과 같은 말이다.[467] (『한서』 「소망지전」 주)

◉ 十金以上 십금 이상

【원문】 師古曰: 十金以上, 當時律定罪之次, 若今律條言一尺以上, 一匹以上. (匡衡傳注)

【역문】 사고가 말하였다. 10금 이상은 당시 율령에서 죄를 결정하는 등급순서로 지금의 율조에서 1척 이상, 1필 이상과 같은 말이다.[468] (『한서』 「광형전」 주)

---

464 『三國志』 권13 『魏書』 권13 「鍾繇傳」, 397쪽, "夫五刑之屬, 著在科律, 自有減死一等之法."
465 二百五十以上: 죄의 처벌 기준이 되는 수치. 뇌물을 받고 청탁하거나 훔친 돈의 액수를 기준으로 처벌하는데, 『秦律』에서는 훔친 돈이 330전 이상이면 城旦舂, 110전 이상이면 隸臣妾으로 처벌하였다.
466 一尺以上、一疋以上: "타인의 재물을 받고 청탁한 자로 … 1尺 이상은 태형 40대에 처하고, 1匹마다 1등씩 가중하며, 죄의 최고형은 流刑 2천5백리이다(『唐律疏議』 「職制」)."
467 『漢書』 권78 「蕭望之傳」 注, 3282쪽.
468 『漢書』 권81 「匡衡傳」 注.

● **晝夜共百刻** 주야공백각[469]

【원문】 漏之箭晝夜共百刻, 冬夏之間有長短焉, 太史立成法, 有四十八箭. 疏、此據漢法而言.(周禮春官挈壺氏注)

【역문】 누전[470]에는 낮과 밤을 합하여 총 100개의 금이 새겨져 있다. 태사가 법을 만들었는데, 48개의 전이 있다. 소에 이르기를, 이것은 한의 법에 근거하여 말한 것이다.[471](『주례』「춘관」 '설호씨' 주)

【원문】 馬融云, 晝有五十刻, 夜有五十刻, 據日出日入爲限. 蔡邕以爲星見爲夜, 日入後三刻, 日出前三刻皆屬晝, 晝有五十六刻, 夜有四十四刻. 鄭康成注尚書云, 日中星以爲日見之漏五十五刻, 不見之漏四十五刻, 與蔡校一刻也, 大略亦同.(禮記月令疏.)

【역문】 마융이 말하였다. 낮에는 50각이 있고, 밤에도 50각이 있다. 일출[472]과 일입[473]을 근거로 하여 한계로 삼는데, 채옹은 별이 보이는 것을 밤이라 생각하여 일입 후 3각, 일출 전 3각은 모두 낮에 속한다고 하여 낮에는 56각이 있고, 밤은 44각이 있다고 하였다. 정강성(鄭康成)주의 『상서』에서 이르기를, 낮에 중성[474]이 보이는 것을 기준으로 하여 낮에는 물시계의 눈금을 55각으로 하고, 보이지 않는 것을 밤으로 하여 45각으로 하였다.[475](『예기』「월령」 소)

---

469 晝夜共百刻: 누전에는 밤과 낮 모두 100개의 금이 새겨져 있다. 춘분과 추분은 주야 각각 50刻이고, 동지의 晝漏는 40刻, 夜漏는 60刻인데, 하지는 역으로 晝漏는 60刻, 夜漏는 40刻이었다. 즉 동지와 하지는 주야가 각각 20刻 차이가 있었다. 晝漏 60刻, 夜漏 40刻의 경우 晝 1時段은 12刻, 夜 1時段은 8刻이었다. 한대 국가의 모든 제례와 관원의 복무가 1일 100각의 시간표에 따라 수행되었고, 한대의 위정자들도 물시계에 기초한 시제의 확립을 국가 안녕의 중요한 관건의 하나로 인식하였다(이성규, 「진한제국의 계시행정」, 『역사학보』 222집, 2014. 103쪽).

470 漏箭: 물시계 속에 세운 은으로 만든 화살. 눈금이 새겨져 있다.

471 『周禮正義』 권58 「夏官司馬」 '挈壺氏' 注, 2416쪽.

472 日出: 태양이 막 떠오른 상태로 晝로 분류된 것 가운데 가장 이른 시간.

473 日入: 태양이 지평선 밑으로 내려가 시선에서 없어진 상태.

474 中星: 28宿 中 해가 질 때와 돋을 때 하늘 正南쪽에 보이는 별로 昏中星 · 旦中星이 있다.

475 『禮記集解』 권15 「月令」 疏, 426쪽; 1일 100각제에서 가장 간편한 방법은 주야의 구분 없이 각수

로 시간을 표시하는 것이었다. 이에 비해 16時制는 주야의 구분 없이 연속된 時段이었다. 이에 따른 시칭은 매우 다양하였다. 참고로 懸泉漢簡의 32時稱을 살펴보면 아래와 같다(『張德芳, 『懸泉漢簡研究』, 甘肅文化出版社, 2009, 69~84쪽; 위의 도표는 2012년 진한간독강독회에서 발표한 유영아의 정리).

16時	18時	32時	懸泉漢簡32時稱 설명
平旦	平旦	平旦	- 돈황, 거연지역뿐 아니라 중원 각 지역에서 대체로 일출 이전 지평선에서 해가 떠오르기 전 두 시간 정도를 의미.
日出	日出	日出	- 晝夜의 운행을 따라 형성된 가장 이른 시간개념.
		蚤食	- 민간에서 '日出三干'이라는 속칭이 존재. - 태양이 떠오르는 고저를 형용한 것. 一干, 二干, 三干의 구별이 어느 지역에서 모두 명확하게 묘사되지는 않지만, 장기간 사용으로 인한 공통된 인식이 생겨서 현천한간과 거연한간에 남아 있게 됨.
蚤食	蚤食	蚤食	- 蚤食와 食時가 같이 취급되거나 지금의 아침식사의 의미로 취급되기도 함. 명확하지는 않다. - 食時 앞에 蚤食이 쓰이고 있는데 蚤와 早는 서로 통한다.
食時	食時	食時	- 12시칭 중에서도 보편적으로 쓰였다. 비교적 고정된 칭호였다.
		日中	- 鋪時뒤에 鋪坐가 놓이는 것과 食時를 중심으로 전후를 구분하는 시간대. - 食坐는 食時 후에 잠시 앉아 휴식하는 시간을 의미.
日未中	東中	日未中	- 日未中은 日失中과 대응되어 日中의 前後시간대를 가리킨다. - 문헌 중에 隅中·禺中과 日失·日昃에 해당된다. - 居延과 金關漢簡에서는 각 日東中과 日西中이라 칭해진다. - 日未中은 『左傳』과 『周禮』에만 등장하고 기타 문헌상에서는 禺中과 隅中만 쓰인다. - 日未中은 서북일대 특히 돈황과 금관일대에서만 쓰이던 용어.
日中	日中	日中	- 夜半과 같이 晝夜의 중추선으로 기타 시간대의 座標로 고찰된다. - 사용범위가 넓다. 문헌상 기재를 참고하면 日中은 正午이다.
日失	西中	日失	- 日跌의 通假. - 문헌에서 日跌 외에 日昃, 日仄, 日側 등이 있는데 태양이 서쪽으로 지는 일정한 시간대를 지칭. - 日失中은 거연, 돈황의 한간에서만 보인다.
		日入	- 金關簡과 懸泉漢簡에서만 확인된다. 문헌에도 사례가 보이지

			않는다. - 餔時를 전후로 시간을 나눈 것. 문서전달상의 정밀함을 위한 세분화.
餔時	餔時	餔時	- 餔를 전후로 蚤餔-〈餔時〉-餔坐-下餔로 구분된다.
		夜食	- 食坐와 동일하게 餔食이후 잠시 쉬는 시간을 가리킨다. - 현천한간 중에서 이 시간대는 32시칭이 언급된 木牘 이외에는 확인되지 않는다. 金關簡과 居延新簡참조하였다.
下餔	下餔	下餔	- 16時稱과 18時稱 내에서 餔時와 日入사이의 독립된 시간대 - 西北6種簡외에 『長沙馬王堆漢墓帛書·五十二病方』과 문헌상에도 사례가 적지 않다.
		夜半	- 대체적으로 황혼 전의 시간대를 가리킨다. '朝夕'으로 倂記되어 많이 등장한다. - 문헌에서 夕時는 '朝'와 대칭되어서 비교적 큰 시간범위임을 나타내고 현천한간에서는 下餔와 日未入 사이의 비교적 작은 시간단위로 쓰임. - 현천한간에는 夕時를 더욱 세분하여 '下夕時'를 夕時 이후에 두고 있다.
		晨時	- 태양 일몰 전의 상태. 문헌에는 보이지 않으며 현천한간과 金關簡 중에서 확인된다. - 日且入과 蚤桑楡時(桑楡時)도 일몰 전의 시간대로 쓰임.
日入	日入	日入	- 태양이 지평선 밑으로 내려가 시선에서 없어진 상태
昏時	昏時	昏時	- 黃昏. 일몰 후, 하늘의 색이 아직 완전히 검게 변하기 전의 상태. - 문헌에서는 黃昏이 쓰이지만, 서북지역 한간에서 黃昏이 쓰이는 예는 懸泉置簡에서 한 차례. - 入昏도 쓰임.
		定昏	- 『淮南子·天文訓』"至於蒙穀 是謂定昏" - 金關簡에서 1例 이외 모두 현천한간에서 보임.
夜食	夜食	夜食	- 食時와 餔時 외에 邊防의 將士들이 밤에 식사를 한 끼 더하는 시간이 시칭으로 고정된 것.
人定	人定	人定	- 夜半前의 시간대. - 夜過人定의 용법도 보이는데, 人定의 前後를 구분하는 것으로 보임.
		幾少半	- 幾라는 것은 매우 근접하다는 의미를 가지고 있어서, 夜少半 전의 아주 작은 시간.

【세주 원문】 按哀帝紀, 以建平元年爲太初元年, 號曰陳聖劉太平皇帝漏刻, 以百二十爲度. 注、韋昭曰: 舊漏晝夜共百刻, 今增其二十, 是中葉曾爲異制也. 唐律名例稱日者以百刻, 蓋沿漢制.

【세주 역문】 『한서』「애제기」에 '건평원년(기원전 6년)'을 '태초원장원년(기원전 5년)'으로 고치고, '진성유태평황제'로 부르고 주야 시간을 계산하는 '누각(漏刻)'을 고쳐서 [1백도를] 120도로 하였다. 주에 사고가 말하기를, "전에는 주야 100각이었는데, 지금 20각을 늘렸다."[476] 이것은 중간 무렵에 늘린 것으로 '이제(異制)'가 된 것이다. 『당률』「명례」에 "일(日)이라고 하는 것은 100각으로써 한다(稱日者以百刻)"[477]는 것은 대개 한의 제도에 따른 것이다.

		夜少半	夜少半	- 人定과 夜半의 중간 정도의 의미. 3분의1.
			夜過少半	- 夜少半을 중심으로 三等令한 것의 일부 시간.
			夜幾半	- 夜少半을 중심으로 三等令한 것의 일부 시간. =夜末半, 夜且半
夜半	夜半	夜半	- 日出, 日中과 같이 시간의 좌표가 되는 개념. - "夜東禺中"이라는 야반 전의 시칭도 있음.
			夜過半	- 夜過半 이후 인간의 활동이 상대적으로 적어진다.
	夜大半	夜大半	- 夜過半 이후 인간의 활동이 상대적으로 저어진다. 夜少半을 세분화한 것과 같은 개념은 아니다.
晨時	晨時	大晨	- 하늘이 밝아오기 전의 시간대.
鷄鳴	鷄鳴	鷄前鳴	- 鷄鳴을 삼등분하여 쓴 것.
		鷄中鳴	- 鷄鳴을 삼등분하여 쓴 것.
		鷄後鳴	- 鷄鳴을 삼등분하여 쓴 것.
		幾旦	- 晨時라는 시칭이 비교적 보편적으로 쓰임.

476 『漢書』권11 「哀帝紀」, 340쪽. "以建平二年爲太初將元年. 號曰陳聖劉太平皇帝. 漏刻以百二十爲度 師古曰: '舊漏晝夜共百刻, 今增其二十.'"
477 『唐律疏議』第55條 「名例」55, '稱日者以百刻' 여기에서는 日, 年, 衆, 謀에 대해서 정의하고 있다.

漢律考

6

沿革考一
연혁고

【원문】 漢自高祖約法三章, 蕭何造律, 及孝文即位, 躬修玄默, 其時將相, 皆舊功臣, 少文多質, 議論務在寬厚, 刑罰太省, 斷獄四百, 有刑措之風焉. 孝武外事四夷之功, 內盛耳目之好, 徵發煩數, 百姓貧耗, 窮民犯法, 姦軌不勝. 於是招進張湯趙禹之屬, 條定律令, 法令之繁, 自武帝始也. 宣帝少在閭閻, 知民疾苦, 及即尊位, 即置廷平, 齋戒決事, 號稱治平. 元帝因鄭昌之議下, 詔刪定律令, 有司奉行故事, 鉤撫微細, 以塞詔旨, 哀、平以降, 王氏秉國, 多改漢制. 及光武中興, 解王莽之繁密, 還漢世之輕法. 其時梁統請重刑罰, 桓譚請校科比, 群臣又上言宜增科禁, 皆寢不報. 明帝號稱苛察, 郎官率用鞭杖, 章帝素知人厭明帝苛切, 事從寬厚, 感陳寵之議, 則除慘酷之科; 深元元之愛, 則著胎養之令, 故史稱明帝察察, 章帝長者. 和殤以降, 王室寢微, 建安中葉, 應劭有刪定律令之議. 然其時政在曹氏, 無可爲者. 蓋自蕭何定律, 三百餘年之間, 代有增損, 其間天子之詔令, 臣工之建議, 尚有可得而考者. 玆依編年之例, 詳者於篇, 作沿革考.

【역문】 한나라는 고조의 '약법3장'부터, 소하가 율을 만들고, 효문제[1]가 즉

위하기까지 몸소 청정무위의 정치를 수행하고 당시의 대신이나 장군들은 모두 한초 이래의 공신들로 꾸미는 것을 경시하고 질박함을 즐겼고, 정치를 논함에 관대인후(寬大仁厚)를 힘썼고, 형벌이 크게 감해졌는데, 중죄로 판결받은 것이 1년에 400인에 지나지 않아 형벌은 방치해두고 사용되지 않는 기풍을 이루었다. 한무제[2]가 즉위하면서 대외적으로는 사방의 이적을 정복하는 데 힘쓰고, 내로는 향락의 욕구를 추구하는 데 크게 힘썼다.[3] 인적 물적 자원에 대한 징발(徵發)이 빈번히 행해져 백성들의 빈곤과 소모는 더욱 심해지고,[4] 빈곤한 백성들은 法을 어기고, [혹리들은 그들을 가차 없이 처벌하였지만], 간악한 행위를 막을 수 없었다. 이에 장탕[5]이나 조우[6]와 같은 무리들을[7] 등용해서 일조일조 세밀히 법령을 제정하였는데, 법령의 번창은 무제 때부터 시작하였다. 선제[8]는

1 孝文: 漢의 文帝. 諱은 恒. 天子. 在位는 기원전 180~157년. 高祖의 中子. 高后 8년에 高后가 崩하자 17세의 나이로 즉위하였다. 그의 재위기간 동안에 국가 전장제도의 기틀이 잡히고, 흥성기로 접어들 수 있는 기반을 마련하였다. 특히 물자 유통을 원활히 하기 위하여 사수전을 제조하였고, 늘어나는 변방 수비 비용을 마련하기 위하여 晁錯의 納粟授爵策을 채용하였다.

2 漢武帝: 재위 기원전 141~87년으로 이름은 徹. 景帝의 아들. 재위 초에는 국가에는 큰일이 없었고, 경제가 안정이 되어 도시나 촌락의 미곡 창고는 모두 가득 찼으며, 부고에도 재화가 남아돌았다. 『漢書』食貨志에 의하면, "경사의 금고에는 화폐가 億錢이나 쌓여 있으나 돈꿰미가 썩어 셀 수 없었고, 태창의 곡식은 묵은 곡식이 계속 쌓여 넘쳐났다"고 한다. 그러나 대규모 토목공사와 여러 차례의 대외정벌을 거치면서 국고가 쇠잔하고 인구가 감소하였다.

3 事: 從事, 進行; 外事四夷之功: 武帝가 百粤과 西南夷를 平定하고 匈奴를 격파하고, 西域과 통했던 사실들을 가리킨다; 盛: 극히 만족하다는 의미. 이와 관련하여 『漢書』「食貨志」에서는 "外事四夷, 內興功利, 役費並興"이라 표현하고 있다.

4 顔師古注: "耗, 損也."; 百姓貧耗: 백성들이 빈핍하여 인구가 감소한 것; 『漢書』「食貨志」: "功費愈甚, 天下虛耗, 人復相食"; 『漢書』「昭帝紀」: "海內虛耗, 戶口半減."

5 張湯: 武帝 시에 御史, 太中大夫, 廷尉를 거쳐 御史大夫의 자리에 올랐다. 太中大夫이었을 때 趙禹와 함께 『越宮律』二十七篇을 저술하였다. 漢武帝 시기의 가장 대표적인 酷吏. 新財政政策, 즉 염철전매, 告緡令 등의 시행을 보장해준 실질적인 지원세력이었다. 그 정책이 지나치게 혹독하여 朱買臣 등에게 탄핵을 받았고 이에 자살하였다.

6 趙禹: 武帝 시기에 刀筆吏에서 御史로 승천하였다가 中大夫, 廷尉 등의 직책을 맡았다. 『朝律』六篇의 저술이 있다.

7 屬: 類, 輩.

8 宣帝: 衛皇后 所生의 劉據의 손자 劉詢. 字는 次卿. 기원전 74년~49년 재위. 어릴 때 父인 戾太子가 巫蠱를 당해 민간에서 자랐다. 백성의 고통을 잘 이해하여 즉위 후 유능한 인재를 등용하고 백성의 요역과 부세를 경감하였다. 元平 元年(기원전 74년) 霍光과 대신들이 昌邑王 賀를 폐위한 후 그를 옹립하였다. 地節 2년(기원전 68년) 곽광 사후 친정하여 吏治를 정돈하는 데 힘쓰고 황권을 강화하였다. 地節 4년(기원전 66년) 곽광의 아들인 大司馬 霍禹가 모반을 일으키자 황후 霍氏를

어릴 때 민간에서 자라서 백성들의 어려움을 알고 있었는데, 즉위할 때에 이르러, 즉시 '정평'9을 설립해서 재계(齋戒)하여 송사를 판결했다. '치평'이라고 불렀다. 원제는 정창의 건의에 의하여 조서를 내려 이때까지의 율령을 정리하였으나 유사는 여전히 선례를 봉행하고, 사소한 문제만을 건드리고, 사소한 사례만을 열거함으로써 황제의 조칙의 뜻을 막았다. 애제·평제 이후 왕씨가 나라의 정권을 얻고 한나라의 제도를 많이 바꿨다. 광무 중흥10 때에 이르러 왕망의 번거롭고 세밀한 법을 풀고 한나라 때의 가벼운 법으로 되돌아갔다. 그때 양통(梁統)11이 형벌을 무겁게 하기를 청하고, 환담(桓譚)12이 과비(科比)를 수정하기를 청하며, 여러 신하들이 마땅히 과금(科禁)을 추가해야 한다고 아뢰었으나 황제의 승낙을 받지 못했다. 명제는 가혹하게 나라를 다스렸다, 낭관(郎官)이 자주 채찍과 곤장을 사용하였다. 장제가 원래부터 사람들이 명제의 가혹함을 싫어하는 것을 알고 있으며 관대하게 일을 처리하고, 진총(陳寵)13의 건의에 감동하여 가혹한 과조를 폐지했다; 백성에 대한 사랑을 깊게 해서 태양령(胎養令)14을 만들었다. 그리하여 역사에서 명제는 가혹·번세(煩細)하고 장제는 장자라고 칭해진다.15 화제·상제 이후, 왕실이 점

폐위하고 霍氏 세력들을 철저히 제거하였다. 흉노의 呼韓邪單于를 漢에 귀부시켜 흉노의 漢에 대한 위협을 없앴다. 神爵 3년(기원전 59년) 西域都護를 설치하여 이로부터 서역에 정령을 시행하고 서역과 중원의 경제·문화적 교류를 증진시켰다.

9 廷平: 즉 廷尉平. 廷尉의 속관으로 左右平이 있었는데 後漢에서는 右平을 생략하고 左平1인을 두었다. 재판을 담당하며 隋 이후에는 大理寺評事라고 칭하였다.

10 光武中興: 광무제는 어려서 유학을 좋아하였기 때문에 이를 존중하여 교육을 크게 일으켰다. 때문에 그의 시기를 '光武中興'이라고 부른다.

11 梁統의 字는 仲寧으로 중국의 왕망의 新代부터 後漢時代初期에 걸쳐서 활동한 武將 및 政治家. 河西에 세력을 확장한 新末-後漢初의 群雄의 1인인 竇融의 측근. 後에 後漢草創期의 功臣의 1人으로 되었다.

12 桓譚의 字는 君山으로 후한초기의 사상가. 著書에 『新論』 29권이 있다.

13 陳寵의 先祖는 대대로 율령을 익혔는데, 진총도 그 가업을 계승하였다. 獄訟을 맡아 공평하게 처리하였는데, 尚書로 옮긴 후 煩苛함을 없애고 너그럽게 정치를 할 것을 상주하여 章帝가 채택하였다.

14 胎養令: 東漢의 章帝는 明帝의 후를 이어 관용의 정치를 하였는데, 임신한 여자에게 稻穀을 지급하여 태아의 성장에 도움이 되도록 하였다.

15 東漢의 明帝는 光武帝의 遺訓을 계승하여, 儒家思想을 존중하고, 공신들을 우대하였고, 자신을 가

점 쇠퇴하고, 건안중엽에 응소가 율령을 삭감하여 정리하자는[16] 건의가 있었다. 그러나 그때는 조씨가 정권을 손에 쥐고 있어서 [법률을 산정]할 수 있는 자가 없었다. 아마도 소하가 율령을 만들 때부터 삼백년 동안 때로 더하거나 덜한 것이 있었다. 그 기간에 임금의 조령이나 신하의 건의 중에 아직 고증할 수 있는 것이 있다. 이에 편년의 사례에 의하여 이 편에서 상세하게 저술하고 연혁고를 작성했다.

◉ 高帝 고제[17]

【원문】 漢元年冬十一月, 召諸縣豪傑曰: 父老苦秦苛法久矣, 誹謗者族, 耦語者棄市. 吾與諸侯約, 先入關者王之, 吾當王關中, 與父老約法三章耳. 殺人者死, 傷人及盜抵罪, 餘悉除去秦法.(紀)

【역문】 한원년(기원전 206년) 겨울 11월에 여러 현의 호걸들을 모집하여 말하기를, "부노들이 오래전부터 진나라의 가혹한 법에 시달려 왔습니다. 국정을 비방하는 자는 일족이 멸족되어 왔고, 길에서 모여서 이야기를 나누는 자가 잡혀가서 저잣거리에서 참수를 당하기도 하였습니다. 내가 이곳에 오기 전에 제후들과 약속을 했는데, '관중에 먼저 들어간 자가 왕이 된다.'고 하였습니다. 그러므로 내가 마땅히 관중의 왕이 될 것입니다. 더불어 [왕의 자격으로]부노들과 법3장[18]만을 정할 것을 약속합니다.

르친 교사에 대하여는 제자의 예로 대하였고, 외척의 정치 간여를 금지하였다. 황하를 다스려 인민들에게 수재의 피해를 덜어주었고, 백성의 생활이 풍족해졌다. 東漢의 章帝는 明帝의 후를 이어 관용의 정치를 하였고, 농업을 장려하고 요역과 조세를 경감하였다. 明帝와 章帝 時代는 30여 년이었는데, 동한의 치세로 '明章之治'로 칭해진다.

16 顔師古注: "刪, 刊也. 有不便者, 則刊而除之."

17 高帝는 漢의 초대 皇帝로 기원전 202년–195년간 재위하였다. 농민출신으로 기원전 209년 陳勝·吳廣의 난 이후 거병. 기원전 206년 咸陽을 공략하고, 기원전 202년에는 項羽를 격파하고 帝位에 올랐다.

18 約法三章: 기원전 206년 漢高祖 劉邦이 秦을 격파하고 처음으로 함양에 들어갔을 때 法三章을 약속하였다고 한다. 約法三章의 해석에는 이설이 있다. 즉 '約'은 절약·생략의 뜻이며, 秦의 법을 폐지하고 다만 3장으로 생략하였다(內田智雄의 해설). 이에 대하여 冨谷至는 約法三章의 約은 '約束'의 約으로 해석해야 한다고 보았다;『史記』 권8 「高祖本紀」, 362쪽. "與父老約, 法三章耳";『漢書』

사람을 죽인 자는 사형에 처하고 남을 해치거나 도둑질을 한 자는 그 죄에 따라 처벌을 하겠다는 것입니다. 나머지 진나라의 정한 모든 법률은 폐지할 것입니다."고 하였다.[19](『사기』「고조본기」)

【원문】 其後四夷未附, 兵革未息, 三章之法, 不足以御姦. 於是相國蕭何捃摭秦法, 取其宜於時者, 作律九章.(刑法志)

【역문】 그리하여 진의 번잡하고 가혹한 법률조문을 삭제하게 되었고 백성들은 크게 기뻐하였다.[20] 그 후 사방의 이적들은 여전히 귀부(歸附)하지 않았고 전쟁도 종식되지 않은 상태여서 3장의 법은 사악한 행위를 방지하기에 충분하지 않았다.[21] 이에 재상인 소하는 진율(秦律) 가운데 시세에 적절한 것을 모아서[22] 『구장률』[23]을 제정하였다.[24](『한서』「형법지」)

【원문】 四年八月初爲算賦.(紀)

【역문】 한고조 4년(기원전 203년) 8월에 성인인두세를 처음으로 만들었다.[25] (『한서』권1상, 「고제기」1上)

【원문】 七年, 令郎中有罪耐以上請之.(紀)

【역문】 7년(기원전 200년), 낭중(郎中)으로 죄가 내(耐) 이상이면 상청[26]하도

권1, 「高帝紀」 "初順民心作三章之約."

19 『史記』권8, 「高祖本紀」, 362쪽.

20 說: 悅과 同.

21 顔師古注: "御, 止也."

22 顔師古注: "攖摭, 謂收拾也."

23 九章: 즉 『九章律』. 蕭何가 秦律을 참조하여 "三族之法", "連坐之法"을 삭제하고, 「盜律」, 「賊律」, 「囚律」, 「捕律」, 「雜律」, 「具律」 등 六律을 취하고 여기에 「戶律」「興律」「廐律」의 三篇을 추가하여 『九章律』이 되었다.

24 『漢書』권23「刑法志」, 1096쪽.

25 『漢書』권1上「高帝紀」1上, 46쪽; 初爲算賦: 일반적으로 한이 처음으로 인두세를 징수한 것이 아니라 진의 인두세 '賦'를 산부로 개편하여 징수한 것으로 보고 있다.

26 上請: 先請이라고 하며 일정 관직 이상의 자를 체포하고 구속하기 전에 황제에게 재가를 청하는 것.

록 하였다.27(『한서』「고제기」)

【원문】 是年制詔御史, 自今以來, 縣道官獄疑者各讞所屬二千石官, 二千
石官以其罪名當報之. 所不能決者, 皆移廷尉, 廷尉亦當報之. 廷尉所
不能決, 謹具為奏所當比律令以聞.(刑法志)

【역문】 [高祖 7년(기원전 200년)에] 어사에게 조서를 내렸다. "지금부터 지방의
현(縣)·도(道)의 관리가28 판결하기 어려운 사건은 각각 자신이 소속된
군수(郡守)에게 보고하고29 군수는 각각 적합한 죄명을 결정하여 현(縣),
도(道)에 회답하도록 하라. 군수가 판결하기 어려운 안건은 모두 정위(廷
尉)에게 보고하도록 하고 정위는 마땅히 신중하게 판결하여 상보(上報)
하도록 하라. 정위가 결정하기 어려운 안건은 삼가 신중하게 자료를 갖
추어서 상주하고 마땅히 비교하고 참조할 만한 율령을 첨부하여 황제에
게 보고하도록 하라."고 하였다.30(『한서』「형법지」)

【원문】 十一年, 令諸侯王通侯, 常以十月朝獻, 及郡各以其口數率人歲六
十三錢, 以給獻費.(紀)

【역문】 11년(기원전 196년) 명령을 내려 말하였다. "제후왕·열후는31 항상
10월에 입조하여 헌공(獻貢)을 하도록 한다. 각군에서는 인구수에 따라
계산하여,32 매 사람이 1년에 63전을 조정에 헌비(獻費)로 납부하도록 하
여라."33(『한서』「고제기」)

---

27 『漢書』 권1하 「高帝紀」, 63쪽, "令郎中有罪耐以上, 請之."
28 道: 소수민족이 거주하는 변경지역의 縣을 道라 한다.
29 二千石: 여기에서는 郡太守를 가리킨다.
30 『漢書』 권23 「刑法志」, 1106쪽.
31 通侯: 列侯. 원래는 徹侯라고 하였다. 武帝의 名이 '徹'이기 때문에 避諱되어 '通侯' '列侯'라고 하였
다.『漢書』 等의 記錄에서는 通常 '列侯'라 부르고 있다.
32 師古曰: 「率, 計也.」
33 『漢書』 권1하 「高帝紀」, 70쪽.

【원문】張蒼定章程.(紀)

【역문】장창(張蒼)은 장정(章程)[34]을 만들었다.[35](『한서』「고제기」)

【원문】高祖令賈人不得衣絲乘車.(史記平準書)

【역문】고조는 상인들이 비단옷을 입거나 수레를 타지 못하게 하였다.[36]
(『사기』「평준서」)

【세주 원문】按食貨志云, 今法律賤商人, 是已著爲律也. 群書治要四十五引政論云,
律令雖有輿服制度, 然禁之又不密, 賈人之列, 戶蹈逾侈矣. 又云: 婢妾皆戴瑱褋之
飾, 而被織文之衣, 是中葉以後, 此令已漸馳也.

【세주 역문】『한서』「식화지」에서 이르기를, "지금 법률에서 상인을 천하게 여기
니"[37]라고 하였다. 이것은 이미 율로 기록되었음을 의미한다. 『군서치요』45에서 『정
론』을 인용하여 이르기를, "율령에 이미 여복제도가 있지만, 그것에 대한 금제 또한
조밀하지 않아서, 상인의 진열에서 호는 황음 사치한 행위가 규정을 벗어나 있다."[38]
라고 하였고, 또 이르기를, "비첩은 모두 옥으로 장식한 진체(瑱褋)를 쓰고, 비단무늬
의 옷을 입었다."[39]고 하였으니, 이것은 한 중엽 이후 이 영이 점차 이완된 것을 의미
한다.

---

34 高祖는 계산에 능하고 律曆에 밝았던 張蒼의 재능을 높이 평가하여 郡國의 上計를 주관하는 計相
으로 임용하였다. 이때 音律과 曆法을 정리하고 바로잡았으며, 또한 『章程』을 제정하였다. 『章程』
은 曆數와 도량형의 계산에 관한 법률규정을 말한다. 『史記』권130「太史公自序」, 3319쪽의 如淳
注에 "章, 曆數之章術也. 程者, 權衡丈尺斛斗之平法也."라고 하였다.

35 『漢書』권1하「高帝紀」, 81쪽.

36 『史記』권30「平準書」, 1418쪽.

37 『漢書』권24상「食貨志」, 1133쪽.

38 魏徵 等 撰, 『群書治要』(王雲五主編, 『叢書集成初編』, 商務印書館, 1936年) 권45, 783쪽. "律令雖
有興服制度, 然 … 禁之又不密, 今使列肆賣侈功, 商賈鬻僭服, 百工作淫器, 民見可欲, 不能不賣, 賈
人之列, 戶蹈逾侈矣."

39 『群書治要』권45, 783쪽.

◉ **惠帝**　혜제[40]

【원문】 孝惠卽位, 叔孫通定宗廟儀法, 及稍定漢諸儀法. (叔孫通傳)

【역문】 효혜가 즉위하여 숙손통[41]이 종묘의법(宗廟儀法)을 제정하고, 한나라의 각종 의법이 점차 제정되었다.[42](『한서』「숙손통전」)

【원문】 以(叔孫)通爲奉常, 遂定儀法, 未盡備通而終. (禮樂志)

【역문】 숙손통을 봉상(奉常)[43]으로 삼아 드디어 의법(儀法)을 제정하였으나, 모두 구비하여 끝까지 통하지는 못하였다.[44](『한서』「예악지」)

【원문】 秦有天下, 悉內六國禮儀, 採擇其善, 雖不合聖制, 其尊君抑臣, 朝廷濟濟, 依古以來, 至於高祖, 光有四海, 叔孫通頗有所增益減損, 大抵皆襲秦. 故自天子稱號, 下至佐僚及宮室官名, 少所變改. (史記禮書)

【역문】 진이 천하를 얻음에 이르러 6국의 예의를 모두 받아들이고 그중에 좋은 것을 택하여 비록 성제에는 부합되지 않았지만 군주를 존경하고 신하들을 억제하여 조정에 위의(威儀)를 나타내는 것이 옛 법에 따랐다. 한고조에 이르러 사해(四海)에 빛이 비추고, 숙손통이 추가와 삭감하는 것이 자못 많았는데, 대체로 진나라의 제도를 이어받았다. 때문에 천자의 칭호에서 부터 아래로는 속관이나 궁실관명에는 바꾸는 것이 적었다.[45](『사기』「예서」)

40　孝惠: 高祖의 太子이고, 재위는 기원전 195~188년. 呂后의 친자이며 諱는 盈. 漢의 제2代 황제로 16세에 즉위하여 7년간 재위하였다. 총명하고 인덕이 있었으나 재위기간 동안 끊임없이 呂后의 간섭을 받다가 呂后에게 廢되었다.

41　叔孫通: 劉邦이 稱帝 시에 群臣들이 예절을 지키지 않자 古禮와 秦儀를 결합시킨 조정의 禮儀規章을 만들었다.

42　『漢書』 권43 「叔孫通傳」, 2129쪽.

43　奉常: 太常.

44　『漢書』 권22 「禮樂志」, 1030쪽.

45　『史記』 권23 「禮書」, 1159~1160쪽.

【원문】 爵五大夫、吏六百石以上, 及宦皇帝而知名者, 有罪當盜械者, 皆頌系. 上造以上、及內外公孫耳孫有罪當刑, 及當爲城旦春者, 皆耐爲鬼薪白粲. 民年七十以上, 若不滿十歲有罪當刑者, 皆完之.(紀)

【역문】 작위가 5대부 이상인 자,[46] 600석 이상의 장리 및 황제의 근신(近臣)[47]으로 잘 알려진 자로 죄를 지어 족쇄를 채우게 된 자는 너그러이 풀어주도록 한다. 상조 이상 및 내공손·외공손·내이손·외이손[48]이 죄가 있어 육형에 해당하거나 성단용에 해당하면, 내해서 귀신백찬으로 한다. 백성 중에 70세 이상자나 10살 미만자가 죄를 지어 형벌에 처해야 하는 경우에 모두 육형을 면하고 신체를 완전하게 보존할 수 있다.[49](『한서』「혜제기」)

【원문】 元年, 民有罪, 得買爵三十級, 以免死罪.(紀)

【역문】 [혜제 원년(기원전 194년) 동(冬) 12월] 백성에게 죄가 있더라도, 작 30급[50]을 사면 사죄를 면할 수 있게 하였다.[51](『한서』「혜제기」)

---

46 上造 이상의 유작자와 그 처 및 일정 범위 내의 종실성원이 肉刑·城旦刑에 상당하는 죄를 범하였을 때, 耐鬼薪白粲刑에 해당되는 것을 규정. 똑같은 내용이 『二年律令』에 보이며 『睡虎地秦墓竹簡』·『奏讞書』에도 유사한 규정이 있다; 『奏讞書』 案例十八, "篡逐縱囚, 死罪以, 縣爲城旦. 上造以上耐爲鬼薪"; 『睡虎地秦墓竹簡』, 129쪽, "有爲故秦人出, 削籍, 上造以上爲鬼薪, 公士以下刑爲城旦."

47 宦皇帝: 『漢書』「惠帝紀」에 보이는 '宦皇帝'는 ① 諸侯王이 아니라 皇帝에게 출사한 者(文穎說), ② 皇帝에게 書·學을 가르치는 宦官(如淳說), ③ 秩祿이 낮지만, 皇帝의 知遇를 얻은 者(顔師古說) 등으로 이해되어 왔다. '宦皇帝'에 반드시 '知名'이 부가되지 않은 이상, 먼저 顔師古의 說은 성립되지 않는다. 如淳의 說 역시 문제가 있다. 그는 '宦'을 '宦官'으로 한정하였는데, 이 점은 顔師古에 의해 비판되었고, 睡虎地秦簡에 수없이 보이는 '宦'字의 용례 역시 如淳의 설을 지지하지 않는다. 한편 『二年律令』에 등장하는 용례들을 검토해 보면, '吏'와 '宦(皇帝)'은 대개 겹치지 않고 병렬되어 나온다(따라서 文穎의 說을 채택하면, 吏는 諸侯王에게 출사한 者가 될 것이다). '吏'의 신분이 秩祿에 의해 표시되는 것에 대하여 '宦皇帝'는 秩祿에 의해 표시되는 것이 아니라는 것이 밝혀졌다. 아마도 '宦皇帝'는 그러한 통상적인 관료기구의 범위 밖에 별도로 설치되었을 것이다. 郎中·謁者 등이 '宦皇帝'의 범주에 들어갈 것이다.

48 耳孫: 증손.

49 『漢書』 권2 「惠帝紀」, 85쪽.

50 買爵三十級: 應劭에 의하면 1급당 2000전이므로 贖死는 30급을 買爵해야 하므로 6만전이 필요하다; 『漢書』 권2, 「惠帝紀」, "應劭曰:一級直錢二千, 凡爲六萬, 若今贖罪入三十疋縑矣."; "師古曰:「令出買爵之錢以贖罪.」"

【원문】 四年, 省法令妨吏民者, 除挾書律.(紀)

【역문】 4년(기원전 191년)에 법령 중에 관리와 백성들에게 방해가 되는 것을 제거하고 '협서율'52을 폐지하였다.53(『한서』「혜제기」)

【원문】 六年, 令民得買爵.(紀)

【역문】 6년(기원전 189년)에 백성이 작을 살 수 있게 했다.54(『한서』「혜제기」)

◉ 高后　고후55

【원문】 元年, 詔曰: 前日孝惠皇帝言, 欲除三族罪妖言令, 議未決而崩, 今除之.(紀)

【역문】 원년(기원전 184년)에 조서를 내려 말하기를, "효혜황제 생전에 '삼족죄'56와 '요언령'57을 폐지하려고 했으나 논의가 결정되지 않았는데 별세했다. 지금 이 두 개의 법령을 폐지한다."고 하였다.58(『한서』「고후기」)

【원문】 高后時, 復弛商賈之律, 然市井之子孫, 亦不得仕宦爲吏.(史記平準書)

---

51 『漢書』권2 「惠帝紀」, 88쪽.
52 挾書律: 금서 소지를 금하는 법.
53 『漢書』권2 「惠帝紀」, 90쪽.
54 『漢書』권2 「惠帝紀」, 91쪽.
55 高后: 高祖의 皇后. 呂雉. 惠帝의 뒤를 이어 기원전 188-180년에 이르기까지 대략 8년간 실질적으로 천하를 통치하였다. 이를 흔히 '臨朝稱制'라 한다. 사마천은 이러한 이유로 「高祖本紀」다음에 「呂太后本紀」를 두었다.
56 三族罪: 『漢書』景帝紀에 三國魏의 如淳의 注에 "律, 大逆不道, 父母妻子同産皆棄市."라 하여 漢代에 三族의 범위는 부모 · 처자 · 형제임을 보여주고 있다. 또한 景帝 때(기원전 154년)에 일어난 제후국의 반란(오초칠국의 난)을 진압할 때, 제후들이 그들의 적이었던 鼂錯를 처형할 때, 鼂錯은 요참에 처하고 부모 · 처자 · 형제는 모두 기시에 처한 사례가 있다. 三族에는 다음과 같은 異說이 있다. ① 父族, 母族, 妻族. ② 父, 子, 孫. ③ 父母, 兄弟, 妻子. ④ 父兄弟, 自己兄弟, 子兄弟.
57 妖言令: 유언비어의 날조를 금지한 것으로 거짓을 말한 사람에게 내리는 일종의 무고죄 형벌이다.
58 『漢書』권3 「高后紀」, 96쪽.

【역문】 고후 때에는 [천하가 처음으로 안정되었기 때문에] 다시 상고(商賈)에 관한 법률을 완화하였다. 그러나 시정[59]의 자손은 여전히 벼슬길에 나아가 관리가 될 수 없었다.[60]('『사기』「평준서」)

【원문】 定著令, 敢有擅議宗廟者, 棄市.(韋玄成傳)

【역문】 법령을 제정하여 감히 [종묘에 대해] 제멋대로 논의하는 자는 기시에 처하는 것으로 하였다.[61](『한서』「위현성전」)

◉ 文帝 문제[62]

【원문】 元年, 盡除收帑相坐律令.(紀)

【역문】 원년(기원전 179년)에 수노상좌율령(범인의 아내를 노비로 몰수한다는 율령)[63]을 완전히 폐지했다.[64](『漢書』「文帝紀」)

【원문】 應劭曰: 秦法一有罪, 並坐其家室, 今除此律.(史記集解)

【역문】 응소가 말하기를, "진나라에서는 한 사람이 죄를 지으면 그의 가실이 함께 연좌된다. 지금은 이 율령을 폐지한다."고 하였다.[65](『사기』「효문본기」)

---

59 市井: 시장. 성시. 무뢰. 여기에서는 상고, 즉 상인을 의미한다.
60 『史記』 권30 「平準書」, 1418쪽.
61 『漢書』 권73 「韋玄成傳」, 3125쪽, "定著令, 敢有擅議者棄市."
62 文帝: 諱은 恒. 天子. 在位는 기원전 180~157년. 高祖의 中子. 高后 8년에 高后가 崩하자 17세의 나이로 즉위하였다. 그의 재위기간 동안에 국가 전장제도의 기틀이 잡히고, 흥성기로 접어들 수 있는 기반을 마련하였다. 특히 물자 유통을 원활히 하기 위하여 사수전을 제조하였고, 늘어나는 변방 수비 비용을 마련하기 위하여 晁錯의 納粟授爵策을 채용하였다.
63 收: 본인의 잘못보다는 夫, 혹은 夫의 범죄와 관련하여 妻子가 적몰되는 것을 법률용어로 秦漢律에서는 이를 '收'라고 하고 있다. 『二年律令』에 나오는 몰수 규정에는, 『二年律令』, 174簡, "罪人完城旦春·鬼薪以上, 及坐奸腐者, 皆收其妻·子·財·田宅(죄인으로 完城旦春·鬼薪 이상 및 간통으로 궁형에 연루된 자는 모두 그 妻·子·財·田宅을 몰수한다.)"; 應劭曰: "帑, 子也. 秦法, 一人有罪, 并其室家, 今除此律." 顔師古曰: "帑讀與奴同, 假借字也."
64 『漢書』 권4 「文帝紀」, 110쪽.
65 『史記』 권10 「孝文本紀」, 419쪽, "集解應劭曰: 「帑, 子也. 秦法一人有罪, 并坐其家室, 今除此律.」"

【원문】 是年三月養老具爲令.(紀)

【역문】 이해 3월에 양노에 대한 상세한 법령조문을 제정하였다.[66](『한서』 「문제기」)

【원문】 二年, 詔曰: 今法有誹謗妖言之罪, 是使衆臣不敢盡情而上無由聞過失也, 將何以來遠方之賢良? 其除之. 民或祝詛上以相約, 而後相謾, 吏以爲大逆. 其有他言, 吏又以爲誹謗. 此細民之愚, 無知抵死, 朕甚不取. 自今以來, 有犯此者, 勿聽治.(紀)

【역문】 [2년(기원전 178년) 5월에] 조서에서 말하기를, "지금의 법에는 비방[67]과 요언을 전파하는 사람에게 죄를 내리니, 모든 신하들이 하고 싶어 하는 바의 말을 하지 못하게 하여 황제로 하여금 자신의 과실을 알지 못하게 한다. 앞으로 어떻게 현명한 자들을 멀리서 오도록 할 수 있겠느냐? 이 법률을 폐지해야 한다. 백성들이 황제를 저주한 후에 서로 비밀을 지키겠다고 약속을 했는데 나중에 서로 고발하니, 관리가 이것은 대역(大逆)이라고 하고 만약 그때 불복하는 말을 하면 관리가 그것을 비방이라고 한다. 이런 것들은 어리석은 백성들이 무식해서 범한 죄에 불과한데 사죄로 처리하는 것은 적절하지 않다고 생각한다. 지금부터 무릇 이 율조를 범한 자는 모두 처벌하지 말라."고 하였다.[68](『한서』 「문제기」)

【원문】 四年, 絳侯周勃有罪, 逮詣廷尉詔獄. 賈誼上疏曰: 古者廉恥節禮, 以治君子, 故有賜死而無戮辱. 是以黥劓之罪, 不及大夫, 今自王侯三公之貴, 皆天子所改容而禮之也, 而令與衆庶同黥劓髡刖笞僇棄市之法, 被戮辱者不大迫乎? 夫嘗已在貴寵之位, 今而有過, 廢之可也, 退之可也, 賜之死可也. 滅之可也. 若夫束縛之, 系緤之, 輸之司寇, 編之徒

---

66 『漢書』 권4, 「文帝紀」, 113쪽. "豈稱養老之意哉! 具爲令."
67 『史記』 권8, 「高祖本紀」, "父老苦秦苛法久矣. 誹謗者族, 偶語者棄市, … 與父老約法三章耳. 「殺人者死. 傷人及盜抵罪」餘悉除去秦法 …."
68 『漢書』 권4, 「文帝紀」, 118쪽.

官, 司寇小吏, 詈罵而笞笞之, 殆非所以令衆庶見也. 是時丞相周勃免
就國, 人有告勃謀反, 逮係長安獄治, 卒無事, 故誼以此諷上. 上深納其
言, 是後大臣有罪皆自殺, 不受刑. 至武帝時, 稍復入獄, 自寧成始.(文
獻通考)

【역문】 4년(기원전 176년)에 강후 주발(周勃)[69]이 죄가 있어서 체포하여 정위
의 감옥[70]에 보냈다. 가의가 상소하여 말하기를, "옛날에 염치예절로 군
자를 다스렸다. 그래서 사사(賜死)를 내려도, 큰 치욕을 주며 살육하지
않았다. 얼굴에 글자를 새기거나 코를 잘리는 형벌은 대부에게 미치지
않았다. 지금 왕후 · 삼공의 귀인(貴人)들은 모두 천자가 표정을 바꿔서
예로 대하는 사람들인데 백성들과 같이 얼굴에 글자를 새기거나 코를
자르거나 머리카락을 자르거나 때리거나 기시(棄市) 등의 형벌로 처벌하
게 하는데, 이때 살육의 모욕을 받는 사람은 천자와 매우 가까운 사람이
아니었는가? 일찍이 존경과 총애를 받는 지위에 있었던 사람이 지금 잘
못한 것이 있으면 작위를 폐해도 되고, 관직을 파해도 되고, 죽여도 되
고, 가족을 멸해도 된다. 만약 그를 속박하여 묶어서 끌고 가서 사구(司
寇)에게 보내서 도관(徒官)[71]의 관할에 편입하여 사구와 소리가 그를 욕
하고 때리니, 일반 백성들에게 [이러한 모습을] 보게 해서는 안 된다."라고
하였다. 이때 승상 주발은 면직되어 봉국(封国)으로 돌아가는데 어떤 사
람이 주발이 모반이라고 신고하여 주발을 묶어서 장안으로 압송하여 감
옥에 보내면서 죄를 다스렸다. 결국에 모반한 일이 없었고, [그는 작위를
회복했다.] 때문에 가의(賈誼)가 주발의 일로써 [한문제가 대신을 치벌힐 때 신
중히 해야 한다고] 권하였다. 황제가 그의 말을 깊이 받아들여 이후에 대신
들이 죄를 저지르면 모두 자살하도록 하였고 육형을 가하지 않았다. 한

---

69 周勃(?-기원전 169년)은 秦末부터 前漢初期에 걸쳐서의 武將이며 政治家로 爵位는 絳侯이다. 諡
    號는 武侯. 기원전 209년에 劉邦이 병사를 일으켰을 때 劉邦을 따랐다. 원래는 沛에서 機織業을
    하였으며 장의업을 부업으로 하였다.
70 詔獄: 황제의 조령을 받들어 범인을 구금하는 감옥.
71 徒官: 형도를 관리하는 관료기구.

무제 때에 이르러 영성(寧成)부터 시작해 대신의 범죄에 감옥으로 보내는 것이 점차 회복되었다[72](『문헌통고』 권163, 「형고(刑考)」 2).

【원문】 五年除錢律.(史記將相名臣表)

【역문】 5년(기원전 175년)에 주전의 율[73]을 없애니 [백성이 주전을 할 수 있게 되었다.][74](『사기』 「장상명신표」)

【원문】 十二年, 除關無用傳.(紀)

【역문】 12년(기원전 168년)에 입관 출관할 때 사용하는 통행증을 폐지했다.[75](『한서』 「문제기」)

【원문】 十三年, 除秘祝.(紀)

【역문】 13년(기원전 167년)에 비축관(秘祝官)[76]을 없앴다.[77](『한서』 「문제기」)

【세주 원문】 按王安石云, 文帝除秘祝法, 爲蕭何法之所有.

【세주 역문】 왕안석이 이르기를, "한문제가 제거한 비축관(秘祝官)은 소하가 제정한 법에 있다."고 하였다.

【원문】 是年五月除肉刑.(紀)

【역문】 이해(기원전 167년) 5월에 육형을 폐지했다.[78](『한서』 「문제기」)

---

72 『文獻通考』 권163, 「刑考」二, 中華書局, 1986, 1414쪽.
73 錢律: 개인이 함부로 동전을 주조할 수 없다는 율.
74 『史記』 권22, 「將相名臣表」, 1126쪽, "除錢律, 民得鑄錢."
75 『漢書』 권4, 「文帝紀」, 123쪽.
76 秘祝: 황제를 위해 신령에게 복을 빌고 재앙을 없애 줄 것을 기도하는 일을 관장하는 관리. 기도의 내용은 황제에게만 알리고 신하들에게는 비밀로 했기 때문에 비축이라고 하였다.
77 『漢書』 권4, 「文帝紀」, 125쪽.
78 『漢書』 권4, 「文帝紀」, 125쪽.

【원문】 太倉令淳于公有罪, 當刑詔獄, 逮係長安. 淳于公無男, 有五女, 當
行會逮, 罵其女曰: 生子不生男, 緩急非有益. 其少女緹縈, 自傷悲泣,
乃隨其父至長安. 上書曰: 妾父爲吏, 齊中皆稱其廉平, 今坐法當刑. 妾
傷夫死者不可復生刑者不可復屬, 雖後欲改過自新, 其道亡繇也. 妾願
沒入爲官婢, 以贖父刑罪, 使得自新. 書奏, 天子憐悲其意. 遂下令曰:
制詔御史, 蓋聞有虞氏之時, 畫衣冠, 異章服以爲戮, 而民弗犯, 何治之
至也. 今法有肉刑三而奸不止, 其咎安在? 非乃朕德之薄而教不明與?
吾甚自愧. 故夫訓道不純, 而愚民陷焉. 詩曰: 愷弟君子, 民之父母, 今
人有過, 教未施而刑已加焉, 或欲改行爲善而道亡繇至, 朕甚憐之. 夫
刑至斷支體, 刻肌膚, 終身不息, 何其刑之痛而不德也, 豈爲民父母之
意哉? 其除肉刑, 有以易之. 及令罪人各以輕重, 不亡逃, 有年而免, 具
爲令. 丞相張蒼、御史大夫馮敬奏言, 肉刑所以禁奸, 所由來者久矣.
陛下下明詔, 憐萬民之一有過被刑者, 終身不息, 及罪人欲改行爲善而
道亡繇至, 甚盛德, 臣等所不及也. 臣謹議請定律曰: 諸當完者, 完爲城
旦春; 當黥者, 髡鉗爲城旦春; 當劓者, 笞三百; 當斬左趾者笞五百, 當
斬右趾、及殺人先自告、及吏坐受賕枉法、守縣官財物而即盜之、
已論命復有笞罪者, 皆棄市. 罪人獄已決完爲城旦春, 滿三歲爲鬼薪白
粲, 鬼薪白粲一歲爲隷臣妾, 隷臣妾一歲免爲庶人. 隷臣妾滿二歲爲司
寇, 司寇一歲及作如司寇二歲, 皆免爲庶人. 其亡逃及有耐罪以上, 不
用此令. 前令之刑城旦春歲而非禁錮者, 完爲城旦春歲數以免. 臣昧死
請. 制曰可.(刑法志)

【역문】 한문제 재위13년(기원전 167년) 후, 제국(齊國)의 태창(太倉)의 장관[79]
인 순우공(淳于公)[80]이 죄를 지어 육형에 처해지게 되었는데, 한문제는

---

79 太倉令: 관직이름. 국가의 곡식창고를 관장하였다. 大司農이 속관으로 경사의 식량수급을 담당했
다. 진나라가 설치하고 한나라가 답습했다. 秩祿은 6백석이다. 한나라가 제후왕국에 설치하여 곡
물창고를 주관하도록 하고 그 장을 태창령이라고 했다.
80 淳于公: 漢初의 이름난 의사로 姓은 淳于, 名은 意로 太倉令을 역임하였기 때문에 '倉公'이라고도
칭하였다.

조정의 옥리에게 조령을 내려 그를 체포하여 장안으로 압송하도록 하였다.[81] 순우공은 아들이 없고 딸만 다섯을 두었다. 그가 체포되었을 때, 자신의 딸들을 꾸짖으면서 말하였다. "낳은 자식이 모두 여자아이이고 아들이 하나도 없다 보니 급한 일을 당해도 아무 쓸모가 없구나." 그의 막내[82]딸 제영(緹縈)은 마음이 상해 눈물을 흘리며 그 아버지를 따라 함께 장안에 도착하여 황제에게 상서하여 말하였다. "저의 부친은 관리가 되어 제나라에서는 모두 청렴하고 공평하다는 말을 듣고 있습니다. 지금 법에 저촉되어 아버지는 형벌을 받게 되었습니다. 제가 애통해 하는 것은 죽은 사람은 다시 회생할 수 없고, 육형을 받은 자는 다시 원상태로 회복할 수 없고, 후에 잘못을 뉘우치고 스스로 새로워지고자 해도 이미 그 방법이 없다고 하는 점입니다. 원컨대, 저를 몰수하여 관비(官婢)로 삼고 대신 부의 육형을 속면(贖免)해주시고, 부친께서 스스로 새롭게 살아갈 수 있는 기회를 주십시오."[83] 이 상서가 천자에게 올라가자 천자는 이를 대단히 애처롭게 생각하여 조령(詔令)을 내려서 말하였다. "어사대부에게 제조(制詔)한다.[84] 유우씨(有虞氏)의 시기에는[85] 죄를 범한 자를 육형으로 처벌하는 대신에 의관에 특수한 색이나 도문을 그려서 복장을 일반인과 구별하여 범죄자의 표시로 삼고 형살(刑殺)의 상징으로 삼았다.[86] 그런데 그것만으로도 백성들이 죄를 범하지 않았고 사회는 매

---

81 詔獄: 황제의 조령을 받들어 범인을 구금하는 감옥.

82 少: '小'와 通한다.

83 沒入: 범죄자의 가족과 재산을 관부에서 몰수하는 것. 秦代에는 '收孥의 法'이 있었고, 흔히 籍沒로 표현된다. 『史記』「商君列傳」: "事末利及怠而貧者, 舉以爲收孥".

84 制詔: 본래 '制', '詔'라는 말은 秦始皇帝가 만든 용어로 '命'을 '制'로 '令'을 '詔'로 해서 문서행정의 용어로써 정하였다. 요컨대, '制詔'라는 말은 '命令'이라는 뜻을 가지고 있다. 출토간독에는 '制詔御史'라는 말이 기록된 文書簡이 빈번히 보이며 그와 함께 '制曰可'도 확인된다. 거기에는 '制 詔御史' '制 曰可'처럼 '制'아래에 1글자분의 공백이 보인다. '制'는 '命'한다는 의미를 가지며 황제가 내리는 글의 처음에 설치되는 상투어이고 일종의 상징어라 할 수 있다. 制詔御史의 御史는 御史大夫를 가리킨다(內田智雄 編, 冨谷至補, 『譯注中國歷代刑法志(補)』東京, 創文社, 2005, 279쪽).

85 有虞氏: 전설 속의 상고시대의 부락 이름. 거주지는 蒲阪(지금의 산서성 永濟縣 蒲州鎭) 일대에 있었으며 五帝 가운데 舜이 이 부락의 수장이었다. 순임금의 성씨로 즉 순임금의 치세를 말한다. 요임금의 성씨는 陶唐氏이다.

86 여기서는 象刑, 즉 象徵刑.

우 안정되었다. 현재 법률에 육형은 3가지가 있지만,[87] 죄를 짓는 사람
이 없어지지 않고 있다. 그 잘못은 어디에 있는 것일까? 그것은 짐의 덕
이 부족하고 교화가 불명(不明)해서가 아니겠는가! 짐은 그것을 심히 부
끄러워한다. 대저 백성을 가르쳐 인도함이 바르지 않으면, 우매한 백성
은 죄악에 빠지게 된다.[88] 『시경』에서 말하였다. '온화하고 단정한 우리
군자, 만백성의 부모이시다.'[89] 현재 사람들이 잘못이 있으면, 교화를 실
시하기도 전에 형벌을 먼저 가하여 혹 잘못을 반성하여 선행을 하고자
해도 할 수 있는 방법이 없으니 짐은 그것을 심히 안타깝게 생각한다.
죄인의 지체를 절단하거나 피부와 근육을 상해하는 육형을 받으면, 평
생 동안 그 신체를 다시 온전히 재생할 수 없을 것이니 이러한 형벌이
얼마나 고통스럽고 부도덕한 행위인가?[90] 어찌 백성의 부모된 자의 뜻에
부합한다고 일컬을 수 있겠는가? 육형을 폐지하고 육형을 대신할 만한
다른 방법을 강구하도록 하라.[91] 아울러 죄인에 대해서는 그 죄의 경중
에 따라서 복형(服刑) 기간 내에 도망가지 않고 형기를 마치면 면해서 서
인으로 하라.[92] 이상의 내용을 빠짐없이 갖추어 조령으로 하라." 승상[93]
장창(張蒼)과[94] 어사대부 풍경(馮敬)[95]이 상주하여 말하였다. "육형은 간
사를 막기 위한 수단으로 생긴 것이고 그 유래는 매우 오래되었습니다.
폐하께서는 성명(聖明)한 조령(詔令)을 반포하셨는데, 백성이 한 번 잘못
을 범하여 육형에 처해지면 평생 동안 그 신체를 온전히 재생할 수 없
고, 또 범행을 뉘우치고 선행을 행하고자 해도 그 방법이 전혀 없게 됨

---

87 黥·劓·刖을 말한다.
88 道: 導와 통한다.
89 『詩經』「大雅」(泂酌).
90 支: '肢'와 통한다. 斷支體:劓·刖 등의 肉刑을 말한다.
91 有以易之: 肉刑으로 처벌하는 조목을 다른 律條로 바꿈.
92 종전에 終身 無期刑徒였던 城旦春, 隸臣妾 등의 勞役刑徒는 終身無期였는데, 이에 형기를 설정하
  여 有期의 刑徒로 바꾸라는 의미.
93 丞相: 전한 초기에는 相國이라고 칭했으며 太尉, 御史大夫와 함께 三公으로 일컬어졌다.
94 張蒼은 秦의 御史였는데 漢나라에 항복하여 北平侯에 봉해졌다. 律曆이나 圖書計籍에 밝았다. 御
  史大夫를 거쳐 文帝의 初에 丞相으로 되었다.
95 馮敬은 文帝 初의 典客을 거쳐 御史大夫가 되었다. 忠直으로 평가받았다.

을 매우 불쌍하게 생각하셨는데, 폐하의 성덕에는 감히 우리의 생각이 미처 미치지 못하였습니다. 신들은 삼가 신중히 논의를 거쳐 확정한 형법을 다음과 같이 청하옵니다.[96] '무릇 이제까지 완형(完刑)에 해당하는 자는[97] 고쳐서 완(完)하여 성단용(城旦舂)으로 한다. 경형(黥刑)에 해당하는 자는 곤겸성단용(髡鉗城旦舂)으로 한다. 의형(劓刑)에 해당하는 자는 태삼백(笞三百)으로 한다. 참좌지(斬左止)에 해당하는 자는 태오백(笞五百)으로 한다.[98] 참우지(斬右止)에 해당하거나 살인하고 발각되기 전에 자수한 자,[99] 뇌물을 받고 법을 어긴 관리, 관의 재물을 관리하는 직책에 있으면서 도둑질한 관리, 이미 판결을 받고 죄명이 정해진 뒤에 더욱 태형에 상당하는 죄를 범한 자는 모두 기시로 한다.[100] 죄인의 옥이 이미 결정되어 완성단용이 된 자는 복역(服役) 3년이 되면 귀신백찬(鬼薪白粲)

---

96 議請定律: 漢初에 실행한 朝議 제도로 중대한 國事의 경우 丞相, 御史大夫의 공동 議定을 통하여 皇帝에게 참고하도록 제공한다.

97 "諸當完者, 完爲城旦舂": 完은 肉刑을 가하지 않고 신체를 온전히 보존한다는 의미. 臣瓚은 "完爲城旦舂"의 完을 髡으로 해석함. 髡은 髡鉗城旦舂. 臣瓚이 이를 完이 아닌 髡으로 본 이유는, 문장대로 해석할 경우, 完을 完으로 즉, 完城旦舂을 完城旦舂으로 고치라고 하는 것이 되어 文意가 통할 수 없기 때문이었다. 臣瓚의 해석 이후 濱口重國, 內田智雄, 高潮・徐世虹 등이 많은 사람들이 이 견해를 따르고 있다. 顔師古도 臣瓚의 주석을 인용하여 完城旦舂의 完을 髡으로 보았다. 그러나 이 完을 그대로 보아야 한다고 하는 견해는 若江賢三과 冨谷至에 의해 제시되었다. 若江賢三은 諸完의 諸에 주목하여 漢文帝의 刑法改革 이전에 完城旦 이외에 完司寇, 完隷臣妾 등의 여러 完刑이 있었는데, 결국 刑法改革 이후 이러한 여러 종류의 完刑을 모두 정리하여 完城旦舂 하나로 통일하였다고 한다. 冨谷至는 漢文帝의 刑法改革 이전에는 髡鉗城旦舂이 존재하지 않았다는 점을 들어 完을 髡으로 수정하지 않고 그대로 完으로 보아야 한다는 견해를 제시하고 있다.

98 『秦簡』의 경우엔 단순한 加罪의 사례로 斬左趾가 黥城旦+斬左趾으로 되어 있는데, 『二年律令』「具律」의 斬左趾는 累犯 加重의 형태로 累+劓+斬左趾으로 되어 있다. 『秦簡』과 『二年律令』「具律」의 사례를 통하여 斬左趾에는 黥城旦+斬左趾, 黥+劓+斬左趾의 2가지 형태가 존재하고 있음을 알 수 있다. 이에 대하여 斬右趾는 『二年律令』「具律」의 기록만을 근거로 할 경우, 黥에서 시작하여 3번의 누범가중을 거칠 때 비로소 斬右趾가 되는 경우와 劓에서 시작하여 2번의 누범가중을 거치는 경우, 斬左趾에서 시작하여 1번의 누범가중을 거치는 경우로 생각할 수 있다.

99 自告: 自首.

100 "當斬右止, 及殺人先自告, 及吏坐受賕枉法, 守縣官財物而卽盜之, 已論命復有笞罪者, 皆棄市."에 대한 일반적인 해석은 "斬右止에 해당하거나 살인하고 발각되기 전에 자수한 자, 뇌물을 받고 법을 어긴 관리, 관의 재물을 관리하는 직책에 있으면서 도둑질한 관리, 이미 판결을 받고 罪名이 정해진 뒤에 더욱 笞刑에 상당하는 죄를 범한 자는 모두 棄市로 한다."이다. 이에 대하여 張建國은 이 문장을 1. 當斬右止, 及殺人先自告, 皆棄市. 2. 吏坐受賕枉法, 已論命復有(籍)笞罪者, 皆棄市. 3. (吏)守縣官財物而卽盜之, 已論命復有(籍)笞罪者, 皆棄市.로 각각 분리하여 해석하고 있다. 止: 足. 趾. 論命: 심판을 거쳐 죄명이 확정된 것. 吏坐受賕枉法: "謂曲公法而受略者也"(顔師古注)

으로 한다. 귀신백찬으로 1년을 복역하면 예신첩(隸臣妾)으로 한다. 예신첩이 복역 1년이면 면하여 서인으로 한다. 예신첩은 복역 2년이 되면 사구(司寇)가 된다.[101] 사구 1년 및 작여사구(作如司寇)는 복역 2년으로 면하여 서인으로 한다. 그러나 도망을 하거나 거듭해서 내죄(耐罪)[102] 이상의 죄를 범한 자는 이 영을 적용받지 않는다.[103] 이 법령의 시행 이전의 형성단용(刑城旦舂)으로 몇 년 간 복역하고 있으면서 금고(禁錮)되지 아니한 자는 완성단용의 세수(歲數)에 따라 면죄한다.'[104] 신들은 감히 죽음을 무릅쓰고 청하옵니다."[105] 황제가 조서를 내려[106] "윤허한다."고 하

---

101 司寇: 刑罰名. 죄인을 감독.

102 完과 耐를 동일시하는 견해도 있지만, 『秦簡』과 『二年律令』에서는 完과 耐가 분리되어 있었음이 다음의 사례에서 확인된다. "捕蒷罪, 即端以劍及兵刃刺殺之, 可(何)論? 殺之, 完爲城旦; 傷之, 耐爲隸臣."(『秦簡』, 204쪽) "當戍, 已受令而逋不行盈七日, 若戍盜去署及亡盈一日到七日, 贖耐; 過七日, 耐爲隸臣; 過三月, 完爲城旦. 當奔命而逋不行, 完爲城旦."(『二年律令』, 389簡) "城旦舂亡, 黥, 復城旦舂. 鬼薪☐白粲也, 皆笞百. 隸臣妾、收人亡, 盈卒歲, 繫城旦舂六歲; 不盈卒歲, 繫三歲, 自出殹. ☐ ☐. 其去繫三歲亡, 繫六歲; 去繫六歲亡, 完爲城旦舂."(『二年律令』, 165簡) "盜臧直過六百六十錢, 黥爲城旦舂; 六百六十到二百卅錢, 完爲城旦舂; 不盈二百卅到百一十錢, 耐爲隸臣妾"(『二年律令』, 55簡) 그러나 『秦簡』에서는 刑에 대한 完의 의미로 耐가 사용된 경우도 확인된다. "葆子獄未斷而誣【告人, 其罪】 當刑鬼薪, 勿刑, 行其耐, 有(又)毄(繫)城旦六歲.」 可(何)謂『當刑爲鬼薪』?"(『秦簡』 p.199.)

103 위의 사료를 이해하는 데에는 몇 가지 곤란한 점이 있기 때문에 일부학자들은 다른 방식으로 새롭게 해석을 가하고 있다. 예를 들면, 濱口重國은 完城旦의 형기가 4년임을 들어 "完城旦舂滿三歲"의 三을 二로 고쳐야 한다고 보았고, 司寇와 作如司寇의 형기는 동일하므로 作如司寇二歲의 二는 一의 잘못이라고 보았다. 若江賢三은, "1. 完爲城旦舂, 滿三歲爲鬼薪白粲. 鬼薪白粲一歲, 免爲庶人. 2. 完爲城旦舂, 滿三歲爲隸臣妾. 隸臣妾一歲, 免爲庶人."으로 鬼薪白粲과 隸臣妾 부분을 분리해서 해석하고 있고, 滋賀秀三은, "罪人獄已決, 完爲城旦舂滿三歲, 爲鬼薪白粲. 鬼薪白粲一歲, [免爲庶人. 鬼薪白粲滿二歲], 爲隸臣妾. 隸臣妾一歲, 免爲庶人. 隸臣妾滿二歲, 爲司寇. 司寇一歲, 及[司寇]作如司寇二歲, 皆免爲庶人."으로 하여 문장을 추가하여 재구성하고 있다. 이에 대하여 張建國은 "罪人獄已決, 完爲城旦舂, 滿三歲爲鬼薪白粲. 鬼薪白粲一歲, 爲隸臣妾. 隸臣妾一歲, 免爲庶人. (鬼薪白粲滿三歲爲隸臣, 隸臣一歲, 免爲庶人.) 隸臣妾二歲, 爲司寇. 司寇一歲, 及作如司寇二歲, 皆免爲庶人." 이라 하여 顔師古注를 본문에 삽입하여 해석하고 있다. 張建國 씨처럼 해석할 경우 完城旦舂의 형기는 5년, 鬼薪白粲의 형기는 4년, 隸臣妾의 형기는 3년이 된다.

104 內田智雄은 "前令之城旦舂歲而非禁錮者"에 대한 해석을 본문처럼 "城旦舂으로서 몇 년인가 복역하고 있으면서"로 해석하고 있지만, 高潮 · 徐世虹은 "肉刑廢止의 詔令이 나오기 이전에 城旦舂의 노역에 복역한 것이 一年이 된 형도는"으로 해석하고 있다. 若江賢三도 刑城旦舂을 선고받고 복역한 것이 一年이 자로 해석하고 있다. 대체로 많은 사람들이 歲안에 '一'이 생략된 것으로 보고 있다.

105 昧死: 冒死. 고대에 신하가 황제에게 상서할 때 흔히 쓰는 상투적 표현으로 황제에 대한 敬畏를 표현한 것.

106 制: 帝王의 命令. 『獨斷』에는, 황제의 명령 중에 制書에 대해 해설했던 조서가 나온다. "制書, 帝者

였다.[107](『한서』권23, 「형법지」)

【원문】 是年除田租稅律.(史記將相名臣表)

【역문】 이해(기원전 167년)에 [육형과] 전조세율[과 수졸령]을 없앴다.[108](『사기』「장상명신표」)

【원문】 是年除戌卒令.(同上)

【원문】 이해(기원전 167년)에 수졸령을 폐지하였다.[109](『사기』「장상명신표」)

【원문】 後元年, 新垣平詐覺謀反, 夷三族.(紀)

【역문】 후원년(기원전 163년)에 신원평(新垣平)이 그의 속임수가 발각되자 살해될까 두려워 모반을 기도하여 삼족까지 주멸되었다.[110](『한서』「문제기」)

【원문】 後七年, 令天下吏民, 令到, 出臨三日, 皆釋服, 無禁取婦、嫁女、祠祀、飲酒食肉, 自當給喪事服者, 皆無踐.(注、徒跣也)、絰帶無過三寸, 無布車及兵器. 無發民哭臨宮殿中, 當臨者皆以旦夕各十五舉音, 禮畢罷, 非旦夕臨時, 禁無得擅哭臨以下. 服大紅十五日, 小紅十四日, 纖七日, 釋服. 他不在令中者, 皆以此令比類從事, 布告天下.(紀)

【역문】 후7년(기원전 157년)에 천하의 관리와 백성들은 조령이 도달하고부터 3일간 곡조(哭弔)하고서 상복을 벗는다. 부인을 얻고, 딸을 시집보내고, 제사지내고, 술을 먹거나 고기를 먹는 것을 금지할 필요가 없다. 상을 치르는 사람과 복상(服喪)하는 사람이 모두 맨발일 필요가 없다(주에

制度之命也. 其文曰制詔. 三公赦令贖令之屬是也. … 凡制書有印使符. 下遠近皆璽封. 尙書令印重封."(『獨斷』)

107 『漢書』권23, 「刑法志」, 1097-1099쪽.
108 『史記』권22, 「將相名臣表」, 1127쪽.
109 『史記』권22, 「將相名臣表」, 1127쪽.
110 『漢書』권4, 「文帝紀」, 128쪽, "後元年 冬十月, 新垣平詐覺, 謀反, 夷三族."

아무것도 신지 아니한 발이다). 상복(喪服)을 입을 때, 머리와 허리에 두르는 삼으로 된 띠는 3촌을 넘으면 안 되고 송장(送葬)할 때는 차와 병기(兵器)가 있으면 안 된다. 남녀백성을 발동하여 궁전에 가서 울면서 조문하게 하지 말며 궁전에서 울어야 되는 자는 아침과 밤에 각 15번 우는 소리를 낸 후에 상례를 끝나면 곧 정지한다. 아침과 저녁의 곡제(哭祭)시간을 제외하고 함부로 울면 안 된다. 하장(下葬) 이후 대공(大功)은 복상 15일, 소공(小功)은 복상 14일, 시마(緦麻)는 복상 7일, 이 이후에 모두 효복(孝服)[111]을 벗는다. 나머지 이 조령에서 포함하지 않는 것은 이 조령에 참조해서 처리해야 한다. 이 규정을 전국에 포고하여야 한다.[112](『한서』「문제기」)

【원문】 令民入粟邊六百石爵上造, 稍增至四千石爲五大夫, 萬二千石爲大庶長.(食貨志)

【역문】 백성에게 곡식을 변경에 납입하도록 하여 600석이면, 상조(上造)[113]의 작을 내리고, 점차 늘려서 4,000석에 이르면 오대부(五大夫),[114] 12,000석은 대서장(大庶長)[115]을 살 수 있게 하였다.[116](『한서』「식화지」)

【원문】 作酎金律.(禮儀志注)

---

111 孝服: 상중(喪中)에 있는 상제(常制)나 복인이 입는 예복(禮服).
112 『漢書』 권4. 「文帝紀」, 132쪽.
113 上造: 한대의 20등급작에서 상조는 2급으로 『二年律令』에서는 2頃2宅을 지급받는 것으로 규정됨.
114 五大夫: 한대의 20등급작에서 9급에 해당한다. 왕선겸의 『漢書補注』(北京, 中華書局, 1983)에서는 錢大昭의 『漢書辨疑』를 인용하여 8급 공승까지를 민작, 五大夫에서 徹侯까지를 관작으로 보고 있다. 이와 관련하여 『二年律令』의 이하와 같은 규정이 주목된다. 『二年律令』, 305簡, "自五大夫以下, 比地爲伍, 以辨券爲信, 居處相察, 出入相司. 有爲盜賊及亡者, 輒謁吏, 典. 田典更挾里門篇(籥), 以時開[五大夫 이하로부터 택지가 인접한 자들을 伍로 구성하고, □(券)을 나눈 것을 증빙으로 하여, 거처에서 서로 살피고, 출입을 서로 규찰한다. 도적질하거나 도망자가 있으면 즉시 吏에게 알리다. 甲典과 田典은 번갈아 里門의 자물쇠를 맡아 (정해진) 시간에 맞추어 (里門을) 연다]." 즉 이 규정은 五大夫 이상의 거주 공간이 그 이하와 달랐다는 것이다.
115 大庶長: 20등급 작의 18급에 위치하며 關內侯 바로 아래에 위치한다. 『二年律令』에서는 90頃90宅을 지급받는 것으로 규정됨.
116 『漢書』 권24(상), 「食貨志」, 1134쪽.

【역문】 주금률117을 만들었다.118(「예의지」 주)

◉ 景帝 경제119

【원문】 元年, 詔曰: 吏受所監臨, 以飮食免, 重; 受財物, 賤買貴賣, 論輕. 廷尉與丞相更議著令.(紀)

【역문】 경제 원년(기원전 156년), 조서하여, "관리가 하속(下屬)으로부터 음식을 접대받고 면직되는 것은 지나치게 무겁게 처벌하는 것이다. 재물을 받고 싸게 사서 비싸게 파는 것은 지나치게 가볍게 처벌하고 있다. 정위와 승상이 논의한 후에 바꿔서 법령으로 제정하여 명기하라"고 하였다.120(『한서』 「경제기」)

【원문】 是年詔曰: 加笞與重罪無異, 幸而不死, 不可爲人. 其定律: 笞五百曰三百, 笞三百曰二百.(刑法志)

【역문】 이해에 조서를 내려서, "태를 가하는 것과 사형이 다를 바가 없는데,121 요행히 살아난다 하더라도 사람 노릇을 할 수 없다. 그 율을 새로이 개정하여 태오백을 태삼백으로 하고, 태삼백을 태이백으로 하라."고 하였다.122(『한서』 「형법지」)

---

117 酎金律: 주금률은 제후왕과 열후들이 바치는 헌금이 부족하거나 함량이 부족할 때 처벌하는 규정이다.

118 『後漢書』 志第4, 「禮儀志」, 3104쪽.

119 景帝: 漢文帝의 長子. 기원전 157년-141년 在位. 景帝는 文帝의 유풍을 계승하여 農桑을 중시하고, 節儉하고, 刑罰을 줄였다. 부역과 세금을 가벼이 하고 중농억상 정책을 취하고, 수리사업으로 농업 생산의 발전을 가져왔다. 또 晁錯의 의견을 받아들여 제후의 봉지를 삭감하였고, 吳楚七國의 亂을 평정하였다. 재임기간 동안 경제는 번영하였고 정치는 안정되었으며, 인구가 증가하였다. "文景之治"라는 평가를 받게 되었다. 孝景은 그의 시호이다.

120 『漢書』 권5, 「景帝紀」, 140쪽.

121 重罪: 여기에서는 死刑을 가리킨다.

122 『漢書』 권23, 「刑法志」, 1100쪽; "笞五百, 笞三百, 笞二百": 笞五百+髠鉗城旦春, 笞三百+髠鉗城旦春, 笞二百+髠鉗城旦春을 의미한다.

【원문】 二年, 令天下男子年二十始傅(紀)

【역문】 경제 2년(기원전 155년), 천하의 남자는 20세부터 병역과 요역의 의무[123]를 지도록 하였다.[124](『한서』「경제기」)

【원문】 中元二年, 改磔曰棄市, 勿復磔(紀)

【역문】 중원 2년(기원전 148년)에 지체(肢體)를 찢어 죽이는 책형(磔刑)을 기시로 고치고, 다시 책(磔)을 쓰지 못하도록 하였다.[125](『한서』「경제기」)

【원문】 四年, 死罪欲腐者, 許之.(紀)

【역문】 중원 4년(기원전 146년)에 사형을 받게 되는 죄인이 궁형으로 사형을 대신하고자 하면 허락한다.[126](『한서』「경제기」)

【원문】 是年, 復置諸關用傳出入.(紀)

【역문】 경제 4년(기원전 153년), 관(關)에서 출입증을 사용하는 제도를 다시 설치하였다.[127](『한서』「경제기」)

【원문】 五年, 詔曰: 諸獄疑, 雖文致於法而於人心不厭者, 輒讞之.(紀)

【역문】 중원 5년(기원전 145년)에 또 조서를 내려서, "의혹이 있어서 판결하기 어려운 모든 안건에 대하여, 비록 옥리가 교묘하게 법을 적용하여 유죄의 판정을 내렸다 하더라도 인심에 납득되기 어려운 경우에는 마땅히 다시 자세히 조사하여 사실을 가려서 재판을 하도록 하라."고 하였다.[128]

---

123 傅: 요역·병역의 의무를 이행하도록 등록하는 것.
124 『漢書』 권5, 「景帝紀」, 141쪽.
125 『漢書』 권5, 「景帝紀」, 145쪽.
126 『漢書』 권5, 「景帝紀」, 147쪽.
127 『漢書』 권5, 「景帝紀」, 143쪽; 한문제 12년에 關에서 출입증을 사용하는 제도를 없앴는데, 오초칠국의 난으로 다시 그 제도가 부활되었다. 『漢書』 권5, 「景帝紀」, "應劭曰:「文帝十二年除關無用傳, 至此復用傳. 以七國新反, 備非常.」"
128 『漢書』 권5, 「景帝紀」, 148쪽.

(『한서』「경제기」)

【원문】 六年, 定鑄錢僞黃金棄市律.(紀)

【역문】 중원 6년(기원전 144년), 위조황금을 제조하면 기시에 처한다는 율[129]을 제정하였다.[130](『한서』「경제기」)

【원문】 是年詔曰: 加笞者, 或至死而笞未畢, 朕甚憐之. 其減笞三百曰二百, 笞二百曰一百. 又曰: 笞者, 所以敎之也, 其定箠令.(刑法志)

【역문】 중원 6년(기원전 144년)에 조서를 내려서, "태를 받는 죄인 가운데는 혹 이미 죽었는데 태수를 채우지 못하는 경우가 있는데, 짐은 그것을 매우 가련하게 생각한다. 태3백을 감해서 2백으로 하고, 태2백을 감해서 1백으로 하라."고 하였다. 또 말하기를, "태형은 백성을 가르치기 위한 것이니, 그 태형에 관한 규정[131]을 법령으로 확정하라"고 하였다.[132](『한서』「형법지」)

【원문】 是年五月詔曰: 夫吏者, 民之師也, 車駕衣服宜稱. 吏六百石以上, 皆長吏也, 亡度者或不吏服, 出入閭里, 與民亡異. 令長吏二千石車朱兩轓, 千石至六百石朱左轓. 車騎從者不稱其官衣服, 下吏出入閭巷亡吏體者, 二千石上其官屬, 三輔擧不如法令者.(紀)

【역문】 중원 6년(기원전 144년)에 5월에 조서를 내려서, "대저 관리는 백성의 스승으로 거가(車駕)와 의복(衣服)이 관직지위와 맞아야 한다. 6백석 이상의 관리는 모두 장리(長吏)인데, 등급이 없는 옷을 입거나 혹은 관복을 입지 않고, 향리를 출입하니 백성과 다를 바가 없다. 장리 2천석은 수레

---

129 荀悅『漢紀』에서는 '律'을 '令'이라고 하였다.
130 『漢書』 권5,「景帝紀」, 148쪽.
131 箠: 대나무로 제작한 笞刑의 刑具. 후세의 태형의 제작 도구는 竹이 아니라 荊이었다; 敎: 敎訓; 敎刑:『尙書』「虞書」舜典: "扑作敎刑";『漢書』「景帝紀」: "乃召有司減笞法, 定箠令."
132 『漢書』 권23,「刑法志」, 1100쪽.

위에 싣는 양변의 바람막이를 홍색으로 칠한 수레에 타고, 1천석에서 6
백석까지는 좌변의 바람막이를 홍색으로 칠한 수레를 타도록 한다. 거
기(車騎)의 수종(隨從)자가 그 관복에 어울리지 않고, 하급관리가 여항(閭
巷)을 출입할 때 체통이 없는 자는 2천석이 그 관속(官屬)에게 알리고 삼
보(三輔)¹³³의 관리는 법령을 지키지 않는 관리를 적발하여 들추어내라."
고 하였다.¹³⁴(『한서』「경제기」)

【원문】 後元年詔曰: 獄, 重事也. 人有智愚, 官有上下. 獄疑者讞有司. 有
司所不能決, 移廷尉. 有令讞而後不當, 讞者不爲失.(紀)

【역문】 후원년(기원전 143년) 조서를 내려서, "재판은 중대한 일이다. 사람들
에게는 지우(智愚)의 차이가 있고, 관(官)에는 상하(上下)의 구별이 있다.
판결하기 어려운 안건은 상급기관에 보고하여 재결을 받아 판결하면,¹³⁵
그 후 판결이 잘못된 것이 밝혀진다 하더라도 그것은 보고하여 판결한
자의 과실로 하지 않는다."¹³⁶(『한서』「경제기」)

【원문】 三年, 著令, 年八十以上, 八歲以下, 及孕者未乳師朱儒當鞠繫者,
頌繫之.(刑法志)

【역문】 후원 3년(기원전 141년)에 "마땅히 법령으로 제정하여 명기하라. 80

---

133 三輔: 景帝 때 內史는 左·右內史로 양분되었고, 武帝 太初 元年(기원전 104년)에는 三輔인 京兆
尹·左馮翊·右扶風로 나뉘었다. 三輔의 장관은 他郡의 장관보다 지위가 높았고, 掾吏 역시 다른
郡보다 지위가 높았다. 漢의 京畿는 특수 지역으로 三輔의 관원의 地位·級別·待遇가 다른 군국
보다 높은 대우를 받았던 것이다. 즉 三輔의 장관은 중앙의 경급의 조관계통, 郡國은 지방행정계
통으로 그 계통을 달리하여 대우를 받았다. 內史가 三分되면서 관할관의 명칭도 바꾸어 右內史를
京兆尹, 左內史는 左馮翊으로 개칭하였다(『漢書』卷28上 「地理志」京兆尹, 1543쪽, "京兆尹, 故秦
內史, 高帝元年屬塞國. 二年更爲渭南郡, 九年罷. 復爲內史, 武帝建元六年分爲右內史, 太初元年更
爲京兆尹.";『漢書』卷28上 地理志 左馮翊, 1545쪽, "左馮翊, 故秦內史, 高帝元年屬塞國, 二年更名
河上郡, 九年罷. 復爲內史, 武帝建元六年分爲左內史, 太初元年更名左馮翊.";『漢書』卷28上 地理
志 右扶風, 1546쪽, "右扶風, 故秦內史, 高帝元年屬雍國, 二年更爲中地郡, 九年罷. 復爲內史 武帝
建元六年分爲右內史, 太初元年更名主爵都尉爲右扶風.")
134 『漢書』권5「景帝紀」, 149쪽.
135 讞: 죄를 결정하기 어려운 경우에 上級기관에 上言해서 그 판결을 청하는 것.
136 『漢書』권5「景帝紀」, 150쪽.

세 이상의 노인과 8세 이하의 어린아이 및 임신 중인 여자,[137] 두 눈이 먼 음악사(音樂師), 주유(朱儒)[138] 등으로 심문을 거쳐 구속될 사람은 옥중에서 몸을 구속하는 형구를 채우지 말라."[139]고 하였다.[140](『한서』「형법지」)

【원문】 其令郡國務勸農桑, 益種樹, 可得衣食物. 吏發民若取庸采黃金珠玉者, 坐臧爲盜. 二千石聽者, 與同罪.(紀)

【역문】 [후원 3년(기원전 141년)에] 군현과 봉국으로 하여금 농상에 힘쓰게 하고, 심는 면적을 확대하도록 하여 의식물을 얻을 수 있게 하라. 관리가 백성을 징발하여 노역을 시키고 또는 그들을 고용하여 황금주옥을 채취하면, 도적과 같은 죄로 하라. 이천석관리가 그것을 듣고 그대로 두면 같은 죄로 처벌한다.[141](『한서』「경제기」)

【원문】 復修賣爵令(食貨志)

【역문】 다시 매작령(賣爵令)을 고쳤다.[142](『한서』「식화지」)

【원문】 景帝以錯爲內史. 法令多所更定.(晁錯傳)

【역문】 경제는 조조[143]를 내사로 기용하여 많은 법령을 수정하였다.[144](『한

---

137 孕者未乳: 임신하였으나 분만하지 않은 사람. 곧 임신부.
138 朱儒: 즉 侏儒. 신체가 단소한 사람. 왕후·귀족가의 애완의 대상. 가내노예로 侍奴婢와 같은 역할을 담당하였다.
139 頌: '容'과 通함. 즉 관용. 頌系: 비록 구속하더라도 桎·梏 등의 형구를 채우지 않는 것.
140 『漢書』 권23 「刑法志」, 1106쪽.
141 『漢書』 권5 「景帝紀」, 152-153쪽.
142 『漢書』 권24(상), 「食貨志」, 1135쪽;작위의 가격을 낮춰 백성을 불러 모았음을 말한다.
143 晁錯는 기원전 200년에 태어나서 154년에 죽은 서한의 대신으로 潁川 출신이다. 영천은 지금의 하남성 禹縣이다. 어렸을 때 張灰에게 申不害, 商鞅 등의 형명학을 배웠다. 문제 때 문학으로 천거되어 太常掌故가 되어 진나라 때 박사를 지냈던 伏生으로부터 尙書를 구술받아 정리했다. 후에 太子舍人, 門大夫, 博士, 太子家令 등의 관직을 역임하면서 태자 劉啓(후의 景帝)로부터 깊은 신임을 받았다. 그는 흉노에 대해 강경하게 대처해야 한다고 하면서 수차에 걸쳐 '官兵事疏', '守邊勸農疏', '募民實塞疏' 등의 상소를 올렸다. 한서 藝文志에 그의 저서 31편을 기재했다고 했으나 지금은 8편만이 전해지고 있다. 그의 행적은 『漢書』 晁錯傳, 食貨志, 荊燕吳傳 등에서 볼 수 있다.
144 『漢書』 권49, 「晁錯傳」, 2299쪽, "景帝卽位, 以錯爲內史. 錯數請間言事, 輒聽, 幸傾九卿, 法令多所

서』「조조전」)

【원문】 令當棄市欲斬右趾者許之.(魏志鍾繇傳)

【역문】 기시에 해당하는 자가 참우지를 원하면 이를 허락하게 하였다.[145] (『위서』「종요전」)

● 武帝 무제

【원문】 孝武卽位, 招進張湯、趙禹之屬, 條定法令, 作見知故縱、監臨部主之法.(刑法志)

【역문】 한무제(漢武帝)가 즉위하면서 장탕이나 조우와 같은 무리들을 등용해서 일조일조 세밀히 법령을 제정하고 견지고종(見知故縱)[146]이나 감림부주(監臨部主)[147]의 법을 만들었다.[148](『한서』「형법지」)

【원문】 張湯制越宮律(御覽刑法部引張斐律序)

【역문】 장탕(張湯)이 『월궁률(越宮律)』[149]을 만들었다.[150](『태평어람』 권638 「형법부」4에서 장비 『율서』를 인용)

更定."

145 『三國志』 권13, 『魏書』 권13, 「鍾繇傳」, 397쪽, "使如孝景之令, 其當棄市, 欲斬右趾者許之." 이 文章을 그대로 읽으면 景帝 時期에 死刑의 代替刑으로 斬右趾刑이 復活되었다고 보지 않을 수 없다. 실제로 濱口重國도 景帝 時期에 一時的으로 斬右趾刑이 復活되고 곧 再次 廢止된 것으로 解釋하고 있다. 이에 比하여 冨谷至는 斬右趾의 復活을 主張했던 鍾繇가 鈦左右趾를 斬右趾로 착각한 것으로 보고 있다(冨谷至, 「漢代刑罰制度考證-鈦左右趾刑」, 『秦漢刑罰制度の硏究』, 同朋社, 1998).

146 見知故縱의 法: 타인이 죄를 범한 것을 알면서도 고의로 묵인하는 것을 처벌하는 법.

147 監臨部主의 法: 부하가 죄를 범했을 경우 그 감독을 맡고 있는 자나 책임자를 連坐시키는 법. 범인 소재의 관부나 그 상급기관, 감찰 관리까지 처벌을 받는다.

148 『漢書』 권23, 「刑法志」 1101쪽.

149 『越宮律』: 張湯이 저술한 『越宮律』 27篇. 『越宮律』은 宮廷警衛에 관한 律令으로 逸失되었다. 후인의 고증을 거쳐 "궁문에 출입시에는 출입증이 있어야 한다"라든가 "朝服을 입지 않고 궁전에 나가는 것은 不敬에 해당한다" 등의 삼십여 조목이 밝혀졌다.

150 『太平御覽』 권638, 「형법부」4, 26쪽.

【원문】 趙禹作朝會正見律(御覽刑法部引張斐律序)

【역문】 조우(趙禹)가 『조회정견율(朝會正見律)』151을 만들었다.152(『태평어람』 권638 「형법부」4에서 장비 『율서』를 인용)

【원문】 作左官之律(諸侯王表)

【역문】 좌관의 율153을 만들었다.154(『한서』 「제후왕표」)

【원문】 作沈命法(減宣傳)

【역문】 심명법155을 만들었다.156(『사기』 「감선전」)

【원문】 重首匿之科(梁統傳)

【역문】 수닉157의 죄를 무겁게 처벌하는 법을 만들었다.158(『후한서』 「양통전」)

【원문】 太常著功令(儒林傳)

【역문】 태상은 『공령』159에 명시되도록 청하였다.160(『한서』 「유림전」)

---

151 『朝會正見律』: 『朝律』이라고 칭하며 諸侯들이 天子를 朝賀할 때와 관련된 법률이다.

152 『太平御覽』 권638, 「형법부」4, 26쪽.

153 左官之律: 服虔은 "제후에게 사환하는 것을 좌관이라 하는데, 절대로 제후에게 사환할 수 없도록 한 것이었다."좌관이란 사람으로서 본래 右를 숭상하는 것이 도리인데, 천자를 버리고 제후를 섬기므로 좌관이라 하였다. 즉 왕후에게 아첨하여 따르는 자에게는 형벌을 부과하는 것.

154 『漢書』 권14, 「諸侯王表」, 395쪽.

155 沈命法: 群盜가 일어났음에도 적발하지 않고 적발했으나 체포한 자가 일정한 수에 미치지 못할 경우에는 2천 석 이하에서 말단 관리까지 그 책임자는 모두 사형에 처한다는 법.

156 『史記』 권122, 「酷吏列傳」(減宣傳), 3151쪽.

157 首匿: 주모자, 범죄의 우두머리를 숨기는 것. 한율에서 '수닉죄'는 주로 謀反, 謀大逆 등 봉건통치에 위해를 가하는 엄중한 범죄를 가리킨다. 수닉죄를 지은 자는 모두 중형에 처해졌다.

158 『後漢書』 권34, 「梁統傳」, 1166쪽.

159 功令: 사고주에서 功令은 편명으로 지금의 選擧令과 같다고 하였다.(師古曰: 「新立此條, 請以著於功令. 功令, 篇名, 若今選擧令.」) 『肩水金關漢簡』(參), 73EJT31:163 " · 功令諸自言功勞皆證其歲與計俱新視事若有相前後其等不上功來歲並數上"

160 『漢書』 권88 「儒林傳」 3594-3596쪽, "請著功令. 注, 師古曰, 新立此條, 請以著於功令. 功令、篇名, 若今還擧令."

【원문】 定令, 令票騎將軍秩祿與大將軍等.(霍去病傳)

【역문】 법령을 정식으로 확정하여 표기장군의 질록을 대장군의 질록과 같게 하였다.[161](『한서』「곽거병전」)

【원문】 著令, 令封君以下至三百石吏以上差出牝馬.(食貨志)

【역문】 법령을 제정하여 봉군[162] 이하 3백석 이상의 관리로 하여금 등급에 따라 암말을 기르게 하였다.[163](『한서』「식화지」)

【원문】 嗣侯召延, 元封六年, 坐不出持馬, 要斬.(功臣表)

【역문】 여경후(黎頃侯) 소연(召延)이 원봉 6년(기원전 105년)에 암말을 내지 않은 죄를 받아 참수형에 처해졌다.[164](『한서』「공신표」)

【원문】 令民得畜邊縣, 官假馬母, 三歲而歸, 及息什一(食貨志)

【역문】 백성들로 하여금 변현[165]에서 가축을 기를 수 있도록 하였으며, 관에서 어미 말을 3년 동안 빌려주었다가 되돌려 받았고, 그 이식은 10분의 1로 하였다.[166](『한서』「식화지」)

【원문】 下緡錢令.(食貨志)

【역문】 민전령(緡錢令)[167]을 반포하였다.[168](『한서』「식화지」)

---

161 『漢書』 권55, 「霍去病傳」 2488쪽.
162 封君: 봉읍을 하사받은 귀족.
163 『漢書』 권24하, 「食貨志」, 1173쪽.
164 『漢書』 권16, 「高惠高后文功臣表」, 627쪽.
165 畜邊縣: 『史記』 「平準書」에는 '畜牧邊縣'으로 되어 있다.
166 『漢書』 권24하, 「食貨志」, 1173쪽; 息什一: 10마리의 어미 말을 빌려주고 이식으로 망아지 한 마리를 받는 것이다.
167 『漢書』 권6, 「武帝紀」, "初算緡錢" 무제 원정 3년(기원전 114년)이다.
168 『漢書』 권24하, 「食貨志」, 1169쪽.

【원문】 張湯奏, 顔異九卿, 見令不便, 不入言而腹非, 論死, 是後有腹非之法比.(食貨志)

【역문】 장탕이, "안이(顔異)가 9경으로서 법령의 불편함을 알고도 아뢰지 않고 속으로 비방한 죄를 따져서 사형에 처하여야 한다."고 아뢰었다. 이로부터 복비(腹非)의 법169의 예가 생겼다.170(『한서』「식화지」)

【원문】 吏二千石有罪先請.(劉屈氂傳)

【역문】 [司直은] 2천석관이다. 마땅히 체포하고 구속하기 전에 황제에게 재가를 청하여야 한다.171(『한서』「유굴리전」)

【원문】 加口錢.(明帝紀注引漢儀注)

【역문】 구전172을 늘렸다.173(『후한서』「광무제기」 주에서 『한의』 주를 인용.)

【원문】 始啓河右四郡, 議諸疑罪而謫徙之.(魏書刑罰志)

【역문】 [한나라 무제 때에] 처음 하서(河西) 4군을 설치하고,174 여러 가지 죄를 정하기 어려운 자를 의논하여 벌로써 이들을 이주시켰다.175(『위서』「형벌지」)

【원문】 徙天下姦猾吏民於邊.(紀)

---

169 腹非:『史記』 권30, 「平準書」에서는 '腹誹'로 되어 있다.
170 『漢書』 권24(하), 「食貨志」, 1168쪽. "湯奏當異九卿見令不便, 不入言而腹非, 論死, 自是後有腹非之法比."
171 『漢書』 권66, 「公孫劉田王楊蔡陳鄭傳」(劉屈氂), 2881쪽. "吏二千石, 當先請."
172 口錢: 한대의 口賦錢으로 7세 이상~14세 이하의 미성년으로부터 징수하는 인두세.
173 『後漢書』 권2, 「明帝紀」가 아니라 『後漢書』 권1하, 「光武帝紀」의 내용이다. 『後漢書』 권1하, 「光武帝紀」, 74쪽. "漢儀注曰:「人年十五至五十六出賦錢, 人百二十, 爲一算. 又七歲至十四出口錢, 人二十, 以供天子; 至武帝時又口加三錢, 以補車騎馬.」"
174 河右: 河西. 河西4군은 한나라 무제 때 설치한 황하 이서의 4군 곧. 元鼎 2년(기원전 115년)에 설치한 武威(감숙성 涼州), 酒泉(감숙성 肅州) 2군 및 6년(기원전 111년)에 증치한 張掖(감숙성 甘州), 敦煌(감숙성 沙州) 2군을 말한다.
175 『魏書』 권111, 「刑罰志」, 2874-2875쪽.

【역문】 천하의 간악하고 교활한 관리와 백성을 변방으로 옮겼다.[176](『한서』 「무제기」)

【원문】 天漢四年, 令死罪入贖錢五十萬減死一等.(紀)

【역문】 천한 4년(기원전 97년), 사죄에 해당하는 죄인에게 50만전을 내게 하여 사죄를 1등 감면시켜주도록 하였다.[177](『한서』「무제기」)

◉ 昭帝　소제[178]

【원문】 始元元年, 詔往時令民共出馬, 其止勿出.(紀)

【역문】 시원 4년(기원전 83년). 조서를 내려서, "전에는 백성들로 하여금 말을 바치도록 했는데, 지금부터는 그 법령을 정지하고 백성들에게 말을 납부하지 말도록 하여라."고 하였다.[179](『한서』「소제기」)

【원문】 六年, 令民得以律占租.(紀)

【역문】 6년(기원전 81년)에 [전국의 관영매매를 정지시키고], 백성들로 하여금 국가 율령에 근거하여 스스로 납부해야 할 납부액수를 신고하게 하였다.[180](『한서』「소제기」)

---

176 『漢書』 권6, 「武帝紀」, 179쪽.
177 『漢書』 권6, 「武帝紀」, 205쪽.
178 昭帝: 재위는 기원전 87~74. 중국 전한의 제8대 황제. 기원전 81년 여러 군국의 현량을 등용하여 무제시대의 여러 정책의 개폐를 논하였다.
179 『漢書』 권7, 「昭帝紀」, 221쪽; 始元元年이 아니라 始元4년의 일이다.
180 『漢書』 권7, 「昭帝紀」, 224쪽.

● 宣帝　선제[181]

【원문】 宣帝初卽位, 溫舒上書, 言宜尙德緩刑, 上善其言.(路溫舒傳)

【역문】 선제초 즉위하였을 때, 노온서(路溫舒)[182]가 상서하여, "덕을 숭상하고 형을 경감할 것을" 주장하였는데, 황제가 그 말을 좋아하였다.[183](『한서』「노온서전」)

【원문】 本始四年, 詔律令有可蠲除以安百姓, 條奏.(紀)

【역문】 본시 4년(기원전 70년)에 조서를 내려서, "법률의 조령 중에 없애서 백성을 편안하게 할 수 있는 것이 있다면, 그 폐지할 조례를 상주하여라."고 하였다.[184](『한서』「선제기」)

【원문】 地節三年, 初置廷尉平四人.(紀)

【역문】 지절 3년(기원전 67년)에 처음으로 정위평[185] 4인을 두었다.[186](『한서』「선제기」)

【원문】 是年諫議大夫鄭昌上疏, 言今明主躬垂明德, 雖不置廷尉平, 獄將自正. 若開後嗣, 不若刪定律令, 律令一定, 愚民知所避畏, 姦吏無所弄權柄. 今不正其本, 而求其末, 世衰毁則廷平招權而爲亂首矣.(荀悅漢紀)

---

181 宣帝: 漢의 제9대 天子로 武帝의 曾孫. 즉 衛皇后 所生의 劉據의 손자 劉詢. 字는 次卿. 기원전 74년~49년 재위. 어릴 때 父인 戾太子가 巫蠱를 당해 민간에서 자랐다. 백성의 고통을 잘 이해하여 즉위 후 유능한 인재를 등용하고 백성의 요역과 부세를 경감하였다. 神爵 3년(기원전 59년) 西域都護를 설치하여 이로부터 서역에 정령을 시행하고 서역과 중원의 경제·문화적 교류를 증진시켰다.

182 路溫舒는 처음에는 獄의 小吏였는데, 律令을 배워서 獄史가 되었다. 이후 廷尉史를 지냈다. 일찍이 德을 숭상하고 刑을 경감할 것을 주장하였고 이후 승진을 거듭하여 臨淮의 太守가 되었다.

183 『漢書』권51, 「路溫舒傳」, 2368–2371쪽.

184 『漢書』권8, 「宣帝紀」, 245쪽.

185 廷尉平: 廷尉의 속관으로 左右平이 있었는데 後漢에서는 右平을 생략하고 左平1인을 두었다. 재판을 담당하며 隋 이후에는 大理寺評事라고 칭하였다.

186 『漢書』권8, 「宣帝紀」, 250쪽.

【역문】 이해 간의대부 정창(鄭昌)[187]이 상소해서 말하였다. "지금 성명(聖明)한 군주가 현명한 판결을 내려주시면[188] 비록 정위평(廷尉平)을 설치하지 않아도 재판은 저절로 바르게 될 것입니다. 만약 후사(後嗣)를 계몽(啓蒙)하고자 한다면, 율령을 삭감하여 정리하는 것이 낫습니다.[189] 율령이 일단 정해지면 백성들이 두려움을 회피할 줄 알게 되고, 교활한 관리들이 멋대로 권력으로써 사람을 마음대로 좌우할 수 없게 됩니다. 지금 법률의 근본을 바르게 하지 않고 정위평을 두어 그 말(末)만을 바로잡으려 하고 있는데,[190] 정치가 쇠퇴하여 훼손되면, 정평(廷平)[191]이 권력을 휘둘러서 세상을 어지럽히는 우두머리가 될 것입니다."[192](순열 『한기』)

【원문】 四年二月, 詔曰: 人從軍屯及給事縣官者, 大父母死未滿三月, 皆勿徭, 令得葬送., 盡其子道(陳忠傳)

【역문】 4년(기원전 66년) 2월, 조서를 내려서, "군대를 따라 함께 주둔하거나 관부를 위해 일을 하는 자가 조부모가 죽은 지 3개월 미만이면, 모두 노역에 종사시키지 말고, 그들로 하여금 조부모의 장례를 지낼 수 있게 하여 그 자식이 된 도리를 다할 수 있도록 하게 하라."[193](『후한서』「진충열전」)

【원문】 是年五月, 詔曰: 自今子首匿父母, 妻匿夫, 孫匿大父母, 皆勿坐. 其父母匿子, 夫匿妻, 大父母匿孫, 罪殊死, 皆上請廷尉以聞.(紀)

【역문】 지절 4년(기원전 66년) 5월, 조서를 내려서, "지금부터 자식이 부모의 죄를 숨기고, 처가 지아비의 죄를 숨기는 것, 손자가 조부모의 죄를 숨

---

187 鄭昌의 字는 次卿. 동생 鄭弘과 함께 학문을 좋아해 경서나 법률에 밝았다. 鄭昌은 太原太守, 涿郡 太守를 역임하였고, 동생 鄭弘은 南陽太守가 되어 각각 치적을 쌓아 칭송되었다.
188 躬垂明聽: 친히 스스로 안건을 처리; 正: 치우치지 않고 온당하게 처리함.
189 顏師古注: "刪, 刊也. 有不便者, 則刊而除之."
190 本: 근본. 여기에서는 법률을 제정하는 것을 가리킨다. 末: 廷尉平을 설치한 것.
191 廷平: 즉 廷尉平.
192 (漢)荀悅撰, 『漢紀』(中華書局, 2002), 206쪽.
193 『後漢書』권46, 「陳忠列傳」, 1560쪽.

기는 것은 모두 죄를 논하지 않는다. 부모가 아들의 죄를 숨기고, 지아비가 처의 죄를 숨기고, 조부모가 손자의 죄를 숨기는 것은 모두 참수의 죄에 처하고, 모두 정위에게 올려서 보고한 후 처벌하도록 하라."고 하였다.194(『한서』「선제기」)

【원문】 是年九月, 詔曰: 今繫者或以掠辜若飢寒瘐死獄中, 何用心逆人道也! 朕甚痛之. 其令郡國歲上繫囚以掠笞若瘐死者所坐名、縣、爵、里, 丞相御史課殿最以聞.」(紀)

【역문】 지절 4년(기원전 66년) 9월, 조서를 내려서, "지금 구금된 자 가운데, 더러는 고문을 당하여 죽거나 굶주림과 추위로 옥중에서 죽는 일도 있으니 이 얼마나 용심(用心)이 인도를 거스르는 것인가? 짐은 이를 매우 애통해 한다. 군국에 명하여 해마다 옥에 갇혀 고타당하거나 병들어 옥사한 죄수의 숫자와 이 일을 주관한 관리의 성명·소속 현(縣)·관작(官爵)·거주지를 보고하고, 승상(丞相)과 어사(御史)는 전최(殿最)195를 매겨서 다시 보고하도록 하라."고 하였다.196(『한서』「선제기」)

【원문】 元康三年, 令三輔毋得以春夏摘巢探卵, 彈射飛鳥. 具爲令.(紀)

【역문】 원강 3년(기원전 63년), 삼보(三輔)197의 여러 현에 영을 내려 "봄, 여름철에는 새의 둥지를 뒤지며 알을 찾거나, 나는 새를 쏘아 맞추지 않도록 금령으로 갖추도록 하여라."고 하였다.198(『한서』「선제기」)

【원문】 元康四年, 詔曰: 朕念夫耆老之人, 髮齒墮落, 血氣旣衰, 亦無暴逆

---

194 『漢書』 권8, 「宣帝紀」, 251쪽.

195 殿最: 軍功이나 考課의 우열 등급을 나타내는 말로 우수한 성적은 最, 열등한 성적은 殿이라 하였다.

196 『漢書』 권8, 「宣帝紀」, 252~253쪽.

197 三輔: 전한 武帝 때 장안을 중심으로 한 3개의 행정구획. 경조(京兆, 장안을 포함하는 동부)·좌풍익(左馮翊, 북부)·우부풍(右扶風, 서부) 등을 통틀어 일컬음.

198 『漢書』 권8, 「宣帝紀」, 258쪽.

之心, 今或羅于文法, 執于囹圄, 不得終其年命, 朕甚憐之. 自今以來, 詔諸年八十以上, 非誣告殺傷人, 他皆勿論.(紀)

【역문】 원강 4년(기원전 62년), 조서를 내려서 "짐(朕)이 생각하기에 연노(年老)한 사람은 머리카락이나 치아도 빠지고 혈기가 쇠락하여 포악한 마음도 없어진다. 현재 어떤 노인[199] 가운데는 법률[200]에 저촉되어 제재를 받고 체포되어 뇌옥에 들어가 그 천수를 다하지 못하는 경우가 있는데, 짐은 이들을 매우 불쌍하게 생각한다. 지금부터 80세 이상인 자는 타인을 무고하거나 살상하는 경우를 제외하고는 모두 논하지 말라."고 하였다.[201](『한서』「선제기」)

【원문】 神爵二年, 上方用刑法. 蓋寬饒奏封事曰: 方今聖道寖微, 儒術不行, 以刑餘爲周召, 以法律爲詩書. 書奏, 上以寬饒爲怨謗, 遂下獄. 寬饒引佩劍自殺.(荀悅漢紀)

【역문】 신작 2년(기원전 60년)에 황상이 마침 형법으로 나라를 다스렸는데,[202] 갑관요[203]가 밀봉한 상주문을 올려서, "지금 성인의 도가 점점 쇠미해져서 유가의 학술이 시행되지 않으며, 궁형을 받은 환관으로 '주공과 소공'[204]을 삼고, 법률로써 '『시경』과 『서경』'을 삼고 있습니다."라고 상주하였다. 황상은 갑관요가 [반성하지 않고 오히려] 원망하고 비방하고 있다고 생각하여 드디어 옥에 가두었다.[205] 갑관요는 패도를 꺼내 자살하였다.[206](순열『한기』)

---

199 耆:老. 60세 이상을 일컬음.
200 文法: 法律.
201 『漢書』권8,「宣帝紀」, 258쪽.
202 이때 형제는 한창 형법을 즐겨 사용하여 환관 출신 상서를 신임하였다.
203 蓋寬饒: 율령잡고하의 주 237) 참조.
204 周召: 周公과 召公.
205 이 글이 상주되자 황제는 갑관요가 남을 원망하고 비방하는 버릇을 고치지 않았다고 판단하여 그 글을 중이천석에게 내려 보냈다. 그 당시 집금오가 검토하여 그가 한 말은 천자의 자리를 선양하라는 뜻이므로 대역부도의 죄라고 판결하였다.
206 (漢)荀悅撰,『漢紀』(中華書局, 2002), 336–337쪽.

【원문】 三年, 詔曰: 吏不廉平則治道衰, 今小吏皆勤事而奉祿薄, 欲其毋侵漁百姓, 難矣. 其益吏百石以下奉十五.(紀)

【역문】 신작 3년(기원전 59년), 조서를 내려서, "관리들이 청렴하고 공평하지 못하면 다스리는 도가 쇠약해진다. 지금 소리(小吏)들이 일을 근면하게 하고 있지만 봉록이 적어 백성들을 침탈하지 않으려고 해도 어렵다. 1백석[207] 이하의 관리에게 봉록의 10분의 5를 늘려 주어라."고 하였다.[208] (『한서』「선제기」)

【원문】 五鳳二年, 詔曰:「夫婚姻之禮, 人倫之大者也. 酒食之會, 所以行禮樂也. 今郡國二千石或擅爲苛禁, 禁民嫁娶不得具酒食相賀召. 由是廢鄕黨之禮, 令民亡所樂, 非所以導民也. 勿行苛政.」(紀)

【역문】 오봉 2년(기원전 56년), 조서를 내려서, "혼인의 예는 인륜지대사이고 술과 음식을 차려 모이는 것은 통상적인 예악을 행하는 것이다. 지금 군국의 2천석 지위의 관리들 중에서 어떤 자는 제멋대로 가혹한 금지령을 만들어 백성들의 혼인에 술과 음식을 갖추지 못하게 하여 서로 축하하려 모이는 것을 금하고 있다. 이 때문에 향당의 예가 폐해져 백성들이 즐거워할 바를 없애고 있으니 이는 백성을 인도하는 것이 아니다. 가혹한 정령을 행하지 말라."고 하였다.[209](『한서』「선제기」)

【원문】 黃龍元年, 詔吏六百石位大夫有罪, 先請之.(紀)

【역문】 황룡 원년(기원전 49년)에 조서를 내려 말하였다. "6백석 봉록의 관리는 지위가 대부에 해당하니 체포하여 구속하기 전에 황제에게 재가를 청하도록 하라."[210](『한서』 권8, 「선제기」)

---

207 100석의 봉록을 뜻함. 石은 斛으로, 漢代의 1斛은 약 19리터.
208 『漢書』 권8, 「宣帝紀」, 263쪽.
209 『漢書』 권8, 「宣帝紀」, 265쪽.
210 『漢書』 권8, 「宣帝紀」, 274쪽. "吏六百石位大夫, 有罪先請."

【원문】 宣帝時于定國刪定律令科條.(唐六典注)

【역문】 선제 때 우정국[211]이 율령의 과조(科條)를 정리[212]하였다.[213](『당육전』 주)

【원문】 于定國爲廷尉, 凡九百六十卷, 大辟四百九十條, 千八百八十二事 (魏書刑罰志)

【역문】 우정국은 정위가 되었을 때 [각종 법률을 모았는데] 그것이 모두 9백60권이었다. 사형(大辟)이 4백90조, 1천8백82사항이었다.[214](『위서』 권111, 「형벌지」)

◉ 元帝 원제[215]

【원문】 元帝初立, 乃下詔曰: 夫法令者, 所以抑暴扶弱, 欲其難犯而易避也. 今律令煩多而不約, 自典文者不能分明, 而欲羅元元之不逮, 斯豈刑中之意哉! 其議律令可蠲除輕減者, 條奏.(刑罰志)

【역문】 원제가 즉위초(기원전 48년)에 이르러 조서를 내렸다. "대저 법령이라는 것은 포악한 것을 억누르고 약소한 것을 도와주기 위한 것으로 그 목적은 백성들로 하여금 죄를 범하는 것을 어렵게 하고 법을 지키는 것을 쉽게 하도록 하고자 하는 것이다. 지금의 율령은 번다하고 간략하지

---

211 于定國은 昭帝時에 御史, 御史中丞, 光祿大夫 등의 직책을 역임. 宣帝 時에 廷尉로 발탁되어 공정하고 신중하게 법을 집행하였다. 판결을 하기에 불확실한 경우에는 가볍게 처리하였다. 漢의 宣帝 때 丞相을 지내고 후에 西平厚로 봉해졌고 그의 아들 永은 御史大夫가 되었고 후에 역시 제후로 봉해졌다.

212 刪定: 필요 없는 글자나 구절을 지워 정리함.

213 (唐)李林甫等撰, 『唐六典』(陳仲夫點校本, 中華書局, 1992), 「尚書刑部」 권第6, 181쪽.

214 『魏書』 권111, 「刑罰志」, 2070쪽, "于定國爲廷尉, 集諸法律, 凡九百八十卷, 大辟四百九十條, 千八百八十二事"

215 元帝: 기원전 49년에서 33년 재위. 宣帝의 子. 8세 때에 태자가 되었다. 어려서부터 유술을 좋아하여 유생을 등용할 것을 선제에게 건의하기도 하였다. 名儒인 蕭望之, 周堪에게 尚書를 맡기고, 貢禹, 匡衡 등을 승상에 임명하였다. 또한 환관에게 정권을 맡기고 외척을 중용하였다.

않아서 법률을 주관하는 관리조차 분명히 알지 못하면서도 지식이 미치지 못하는 바의 백성을 속박하고자 하니[216] 이것이 어찌 형벌을 바르게 적용하려는 본래의 뜻이 될 수 있겠는가? 그 율령 중 경감하거나 면제할[217] 수 있는 것을 토의해서 낱낱이 조목을 써서 상주하도록 하라."[218] (『한서』「형법지」)

【원문】 初元五年, 省刑罰七十餘事. 除光祿大夫以下至郞中保父母同産之令. 注, 應劭曰: 舊時相保, 一人有過, 皆當坐之.(紀)

【역문】 초원 5년(기원전 44년), 70여 사항의 판례를 경감시키고 광록대부[219] 이하부터 낭중에 이르기까지 부모와 친형제에 대한 상호보증의 법령[220]을 없앴다. 주(注)에 응소가 "옛날에는 상호보증하여 한 사람이 죄가 있으면 모두 연좌되는 것이 당연하였다."고 하였다.[221](『한서』「원제기」)

【원문】 是年輕殊死刑三十四事.(東觀漢記)

【역문】 초원 5년(기원전 44년)에 참수형 34사항의 판례를 경감하였다.[222](『동관한기』「양통전」)

【원문】 蠲除擅議宗廟棄市令.(韋玄成傳)

【역문】 종묘에 대해 함부로 의론하면 기시형에 처한다는 법령을 없앴다.[223]

---

216 約: 簡明; 典文者: 執法者; 文: 法令條文; 羅: 網羅; 元元: 百姓; 不逮: (생각이) 미치지 못하다; 顔師古注: "羅, 網也. 不逮, 言意識所不及."

217 蠲除: 免除.

218 『漢書』권23, 「刑法志」, 1103쪽.

219 관직명. 조정의 고문관. 진대(秦代)에 낭중령[郞中令. 진대(秦代) 관직의 하나. 9경(九卿)의 일원으로 궁전의 문호(門戶)를 관장하였음]의 속관이던 중대부를 한(漢) 무제(武帝) 때 광록대부라 고쳐 불렀다. 삼공(三公) 다음가는 벼슬이었으나 실권은 없는 명예직이었다.

220 서로 보증하는 관계에서 한 사람이 죄과가 있는 경우 모두를 연좌시키는 令이다.

221 『漢書』권9, 「元帝紀」, 285-286쪽.

222 『東觀漢記』권15, 「梁統傳」, 591쪽.

223 『漢書』권73, 「韋玄成傳」, 3125쪽, "初, 高后時患臣下妄非議先帝宗廟寢園官, 故定著令, 敢有擅議者棄市. … 至元帝改制, 蠲除此令(고후 시에 신하들이 선제의 종묘침원에 대해 함부로 논의하는 것

(『한서』「위현성전」)

⦿ **成帝** 성제[224]

【원문】 河平中, 復下詔曰: 甫刑云, 五刑之屬三千, 大辟之罰其屬二百, 今
大辟之刑千有餘條, 律令煩多, 百有餘萬言, 其與中二千石、二千石、
博士及明習律令者議減死刑及可蠲除約省者.(刑罰志)

【역문】 하평(河平) 연간에 이르러[225] 또다시 조서를 내려 말하였다. "『보형
(甫刑)』에 이르기를,[226] '오형(五刑)의 조목에는 모두 3천 조가 있고, 사형
에 속하는 형벌 조목에는 모두 2백 조가 있다.'라 하였다. 지금 사형의
조목에는 1천여 조가 있고, 율령은 번잡하여 1백여만 자에 달하는데, 그
'중2천석', '2천석', 박사 및 율령에 밝은 자와 함께 사형을 감면하거나 생
략할 수 있는 율조를 토의하라."[227](『한서』「형벌지」)

【원문】 鴻嘉元年, 年未滿七歲, 賊鬪殺人及犯殊死者, 上請廷尉以聞, 得
減死.(刑罰志)

【역문】 홍가 원년(기원전 20년)에 "7세 미만의 아동으로 고의살인죄(故意殺人
罪)·투구살인죄(鬪毆殺人罪) 및 참수형에 해당되는 경우를 제외하고
는[228] 정위에게 보고하고 정위는 황제에게 상주하여 사형을 감면받을 수

을 염려하여 법령을 제정하여 감히 선제의 종묘침원을 함부로 논의하는 자가 있으면 기시에 처하
였다. 원제 때에 이 제도를 바꾸어 이 율령을 삭제하였다. … 제 때 이르러 고쳐서 이 법령을 폐지
하였다.)"

224 成帝: 元帝의 아들. 기원전 33년~7년 재위. 字는 太孫. 母后는 王皇后로 즉위 후 王鳳을 大司馬大
將軍領尙書事로 삼아 朝廷의 政事를 총람하였다. 왕씨의 외삼촌들을 모두 열후로 봉하였다. 성제
이후 각지에 인민의 반란이 발생하여 이를 계기로 前漢王朝가 급속히 몰락하였다.

225 河平: 成帝의 연호 가운데 하나. 기원전 28년~기원전 25년.

226 『甫刑』·『尙書』의 篇名. 「呂刑」이라고도 稱한다. 인문은 "大辟之罰, 其屬二百, 五刑之屬三千."으로도
되어 있다.

227 『漢書』 권23 「刑法志」, 1103쪽.

228 賊鬪殺人: 즉 故意殺人과 鬪毆殺人을 뜻한다;『二年律令』, 21簡, "賊殺人, 鬪而殺人, 棄市, 其過失
及戲而殺人, 贖死. 傷人, 除.", 『二年律令』, 22簡, "謀賊殺·傷人未殺, 黥爲城旦舂.", 『二年律令』,

있다."고 하였다.229(『한서』「형벌지」)

【원문】 永始四年, 靑綠民所常服, 且勿止. 注, 師古曰: 然則禁紅紫之屬.(紀)

【역문】 영시 4년(기원전 13년), 조서를 내려 '청록색은 백성들의 평상복의 색이므로 또한 금지하지 말라'고 하였다. 주(注)에 사고가 "따라서 홍색과 자색 종류를 금지한 것이 된다."고 하였다.230(『한서』 권10, 「성제기」)

【원문】 復擅議宗廟棄市令.(韋玄成傳)

【역문】 "종묘를 함부로 의론하면 기시형에 처한다."는 명령을 부활시켰다.231(『한서』「위현성전」)

◉ 哀帝 애제232

【원문】 哀帝卽位, 諸侯王、列侯、公主、吏二千石及豪富民多畜奴婢, 田宅亡限, 與民爭利, 百姓失職, 重困不足. 其議限列. 有司條奏: 諸王、列侯得名田國中, 列侯在長安及公主名田縣道, 關內侯、吏民名田, 皆無得過三十頃. 諸侯王奴婢二百人, 列侯、公主百人, 關內侯、吏民三十人. 年六十以上, 十歲以下, 不在數中. 賈人皆不得名田、爲吏, 犯者以律論. 諸名田畜奴婢過品, 皆沒入縣官.(紀)

【역문】 애제가 즉위하여 조서를 내려서, "제후왕, 열후, 공주, 이천석의 관리 및 호족(豪族) 부민(富民)은 노비를 많이 거느리고 그 전택(田宅)에는 한도가 없다. 백성과 이익을 다투어 백성들이 직분을 잃어 너무나 곤궁

23簡, "賊殺人 · 及與謀者, 皆棄市. 末殺, 黥爲城旦舂."; 殊死: 斬首刑; 賊鬪: "兩訟相趣, 謂之鬪. 兩和相害, 謂之戲, 無變斬擊, 謂之賊."(『晉書』「刑法志」)

229 『漢書』 권23 「刑法志」, 1106쪽.
230 『漢書』 권10 「成帝紀」, 325쪽.
231 『漢書』 권73 「韋玄成傳」, 3125쪽.
232 哀帝: 기원전 6년~기원후 1년 재위.

하고 부족하다. 어떻게 제한할 것인가 조열(條列)하여 상주하라."고 하였다. 담당관리가 조목별로 써서 상주하였다. "제왕과 열후는 다스리는 나라 안에서 소유하고 있는 명전,[233] 장안에 있는 열후와 공주는 다른 현이나 도에 소유하고 있는 명전, 관내후와 이민(吏民)이 소유하고 있는 명전은 모두 30경을 넘을 수 없다. 제후왕의 노비는 200명, 열후와 공주의 노비는 100명, 관내후나 이민(吏民)의 노비는 30명을 넘을 수 없다. 60세 이상과 10세 이하는 그 수에 들어가지 않는다. 상인들은 모두 명전을 소유하거나 관리가 될 수 없다. 이를 범한 자는 법률로 논죄한다. 명전과 노비의 수량이 등급을 넘는 경우, 모두 현관에서 몰수한다."[234](『한서』「애제기」)

【원문】 除任子令及誹謗詆欺之法.(紀)

【역문】 '임자령'[235] 및 이 '비방저기의 법'[236]을 없앴다.[237](『한서』「애제기」)

【원문】 有司無得舉赦前往事.(紀)

【역문】 담당관리는 사면 이전의 일을 거론[238]할 수 없다.[239](『한서』「애제기」)

【원문】 建平元年, 輕殊死刑八十一事(東觀漢記)

【역문】 건평 원년(기원전 6년), 참수형 81사항의 판례를 경감하였다.[240](『동

---

233 名田: 국가에 의해 수전된 전택은 호주의 명의로 명전된 이후 자손에게 전할 수 있는 권리가 있었나. 『史記』商君列傳에는 "明尊卑爵秩等級, 各以差次名田宅, 臣妾衣服以家次." 즉 田宅, 臣妾, 衣服을 私家의 名號 하에 둔다고 되어 있다. 私家의 名號 하에 田宅을 두는 것에서 자연히 '名田'의 명칭이 발생하였다.
234 『漢書』 권11, 「哀帝紀」, 336쪽.
235 任子令: 吏二千石 이상은 재직 3년을 넘으면, 한 사람을 그 인물 여하에 관계없이 '郎'에 보임(보증시켜서 임명하는 것)하는 것이 가능한 법령.
236 誹謗詆欺之法: 비방하고 속이는 것을 처벌하는 법.
237 『漢書』 권11, 「哀帝紀」, 336쪽.
238 陳赦前事: 사면 전의 일을 상주하여 진술하다.
239 『漢書』 권11, 「哀帝紀」, 336쪽.
240 『東觀漢記』 권15, 「梁統傳」, 591쪽.

⦿ 平帝 평제[241]

【원문】 平帝卽位, 詔曰: 夫赦令者, 將與天下更始, 誠欲令百姓改行絜己,
全其性命也. 往者有司多擧奏赦前事, 累增罪過, 誅陷亡辜, 殆非重信
愼刑, 洒心自新之意也. 及選擧者, 其歷職更事有名之士, 則以爲難保,
廢而弗擧, 甚謬於赦小過擧賢材之義. 對諸有臧及內惡未發而薦擧者,
皆勿案驗. 令士厲精鄕進, 不以小疵妨大材. 自今以來, 有司無得陳赦
前事置奏上. 有不如詔書爲虧恩, 以不道論. 定著令, 布告天下, 使明知
之.(紀)

【역문】 평제가 즉위하여(기원후 1년) 조서를 내려서, "대사면령은 천하인에
게 스스로 새롭게 할 기회를 제공하는 것이고, 진실로 백성들이 행실을
고치고 자신을 깨끗하게 하여 성명(性命)을 온전히 하게 하는 것이다. 이
전에 담당관리가 사면령 이전의 일까지 거론해 상주하여 그들의 죄과를
누가하여 주살 혹은 무고죄에 빠트렸는데, 그리하여서는 믿음을 두텁게
하고 형벌을 신중히 하고 마음을 씻어 스스로 일신하려고 하는 짐의 뜻
에 맞지 않는다. 또한 인재를 천거하는 데 있어 직무나 사업의 경험이
풍부한 유명한 선비에 대해서는 옛날의 죄과를 이유로 보증하기 어렵다
고 하여 폐하여 천거하지 않는 것은 작은 죄는 용서하고 어진 인재를 등
용한다는 뜻에 매우 어긋난다. 수뢰(收賂)를 하였거나 숨겨진 나쁜 일이
아직 드러나지 않은 상태로 천거된 자들에 대해서는 모두 불문에 부치
고 조사하지 말고, 선비를 부지런히 힘쓰고 앞으로 나아가게 하여 작은
허물로 큰 재주를 방해하지 않도록 하라. 지금부터 담당 관리는 사면령
이전의 일까지 거론하여 상주하는 일이 없도록 하라. 만일 조서대로 행

---

241 平帝: 기원전 8년-기원후 8년에 활동했다. 한 평제는 기원전 1년에 大司馬 王莽의 추대에 의해 황
제가 되었으며, 5년 후 왕망의 딸과 결혼했다.

하지 않는다면 황은(皇恩)을 해친 것으로 여기고 부도(不道)의 죄로 논죄한다. 법령을 제정하여 천하에 포고하여 분명히 알게 하라."고 하였다.242(『한서』「평제기」)

【원문】 元始元年, 公、列侯嗣子有罪, 耐以上先請(紀)

【역문】 원시 원년(1년), 공·열후와 자손이 죄가 내(耐)243 이상이면 먼저 황상에게 단죄를 청할 수 있다.244(『한서』「평제기」)

【원문】 天下女徒已論, 歸家, 顧山錢月三百(紀)

【역문】 [원시 원년(1년)에] 천하의 여자 형도로 재판을 받고 죄행이 이미 결정되었으면, 집으로 돌려보내는데, 매월 3백전을 내도록 한다.245(『한서』「평제기」)

【원문】 四年, 詔曰: 其明敕百寮, 婦女非身犯法, 及男子年八十以上七歲以下, 家非坐不道, 詔所名捕, 它皆無得繫. 其當驗者, 卽驗問. 定著令.(紀)

【역문】 원시 4년(4년)에 조서를 내리기를, "분명하게 백료(百寮)에게 밝혀 경계하도록 한다. 부녀들 중에서 직접 범행을 저지르지 않은 자와, 80세 이상 7세 이하의 남자에 대해서는 조령에서 지명한 바의 체포자가 아니면, 모두 구속할 수 없다. 마땅히 험문(驗問)해야 할 자는 마땅히 험문한다. 이것을 법령으로 제정하라."고 하였다.246(『한서』「평제기」)

---

242 『漢書』 권12, 「平帝紀」, 348쪽.
243 耐罪: 輕刑의 명칭. 원래 수염을 벗겨내는 형이었지만, 여기에서는 2년형 이상을 말함. 文帝의 刑制改制 이후, 髡刑도 耐罪의 범주로 들어와 耐罪가 髡鉗 및 司寇까지의 徒刑 전체를 가리키게 되었다.
244 『漢書』 권12, 「平帝紀」, 349쪽.
245 『漢書』 권12, 「平帝紀」, 351–352쪽, "天下女徒已論, 歸家, 顧山錢月三百."
246 『漢書』 권12, 「平帝紀」, 356쪽.

【원문】 哀平卽位日淺, 丞相嘉等, 猥以數年之間, 虧除先帝舊律百有餘事, 咸不厭人心.(袁宏後漢紀)

【역문】 애제가 즉위한 지 얼마 안 되어 승상 왕가(王嘉)[247]가 수년 사이에 함부로[248] 先帝의 법령 100여 사항을 삭감·폐기하여[249] 모두 민심의 불만[250]을 초래하기도 하였습니다.[251](원굉『후한기』권6,「광무황제기」12년조)

◉ 光武帝 광무제[252]

【원문】 光武長於民閒, 頗達情僞, 至天下已定, 務用安靜, 解王莽之繁密, 還漢世之輕法. 注, 莽春夏斬人於市, 一家鑄錢, 保伍人沒入爲官奴婢, 男子檻車, 女子步, 鐵鎖琅鐺其頸, 愁苦死者十七八.(循吏傳)

【역문】 광무제가 백성들 사이에서 태어나고 자라서 세간의 진위에 상당히 통달하였고 천하가 이미 평정되자 안정에 힘을 썼다. 왕망의 번다하고 조밀한 법을 없애고 한대(漢代)의 관대하고 간략한 법으로 돌아갔다. 주에 "왕망은 봄과 여름에 시장에서 처형하였다. 일가가 사사로이 돈을 주조하자 오인(伍人)들을 죽이거나 관노비로 삼고, 남자는 함거에 태우고

---

247 王嘉: 전한 平陵人. 字는 公仲. 明經射策甲科로 郎이 되었고, 나중에 南陵丞과 長陵尉를 지냈다. 成帝 鴻嘉 연간에 太中大夫로 전격 승진했으며, 외직으로 나가 九江과 河南의 太守를 지냈다. 후에 大鴻臚가 되고, 京兆尹으로 옮겼다가 御史大夫에 올랐다. 哀帝 建平 3년(기원전 4년) 丞相이 되고, 新甫侯에 봉해졌다. 누차 충간을 올렸는데, 哀帝의 寵臣 董賢의 배척을 받아 誣告로 獄死하였다.
248 猥: 함부로. 외람되이. 분수에 넘치게. 야비함.
249 虧除: 毁壞. 廢棄.
250 厭: 만족.
251 (東晉)袁宏撰, 『後漢紀校注』(天津:天津古籍出版社出版, 1981) 권6,「光武皇帝紀」12년조;『晉書』권30,「刑法志」에도 이 내용이 나오는데, 거기에서는, "丞相王嘉等猥以數年之間, 虧除先帝舊約, 穿令斷律, 凡百餘事, 或不便於政, 或不厭人心."으로 되어 있다;『後漢書』梁統傳, "丞相王嘉輕爲穿鑿, 虧除先帝舊約成律."
252 光武帝: 後漢의 초대 황제로 재위는 기원후 25~57년. 자는 文叔으로 光武帝는 시호이다. 高祖 劉邦의 9세손. 400여 개의 縣을 통합하여 관리의 수를 줄였으며, 중앙에는 尙書의 권한을 강화하고, 지방에는 병권을 장악하고 있던 都尉를 폐지하여, 중앙집권적 정치체제를 공고히 하였다. 유학을 장려하고, 명분과 節義를 존중하였으며, 선비를 우대하는 등 후한의 禮敎主義的인 정치 방침을 확립하였다.

가고 여자는 걸어가게 했는데, 목에 철쇄와 방울을 달아서 근심과 고통 속에 죽은 자가 10에 7-8명이었다.[253](『후한서』「순리열전」)

【원문】 建武二年, 詔曰: 頃獄多冤人, 用刑深刻, 朕甚愍之. 孔子云: 刑罰 不中, 則民無所措手足. 其與中二千石、諸大夫、博士、議郎議省刑 法.(紀)

【역문】 건무 2년(26년) 조서를 내려서, "요즘 옥에 억울한 죄로 갇힌 사람이 많아 형벌을 쓰는 것이 잔혹하니 짐이 그들을 매우 가련히 여긴다. 공자 께서 '형벌이 적절하지 않으면 백성들은 수족을 둘 곳이 없다'[254]고 하였 다. 중이천석,[255] 제 대부,[256] 박사, 의랑[257]과 의론하여 형벌을 줄이도록 하라."고 하였다.[258](『후한서』「광무제기」)

【원문】 是年五月, 詔曰: 民有嫁妻賣子欲歸父母者, 恣聽之. 敢拘執, 論如 律.(紀)

【역문】 건무 2년(26년) 5월, 조서를 내려서, "백성 중에서 가(嫁)해서[259] 남의 처로 된 여아나 팔아 보낸 아들로 [노비가 된 자 중에] 부모에게 돌아가고 자 하는 자가 있으면 자유로이 허락하고, 이들을 감히 구금하는 자는 율 령에 따라 논죄하라."고 하였다.[260](『후한서』「광무제기」)

【원문】 三年七月, 詔曰: 吏不滿六百石下至墨綬長相, 有罪先請. 男子八

---

253 『後漢書』 권76, 「循吏列傳」, 2457쪽.
254 『論語』, 「子路」 제13.
255 중이천석의 봉급을 받을 수 있는 관리. 石은 斛으로, 漢代의 1斛은 약 19리터. 주로 九卿을 가리킨 다. 후한대의 九卿은 태상, 광록훈, 위위, 태복, 정위, 대홍려, 종정, 대사농, 소부.
256 大夫: 官名. 光祿大夫、太中大夫、中散大夫、諫議大夫를 말한다.
257 議郎: 官名. 光祿勛에 속하며, 조정에서의 회의에 참가하여 의견을 말하는 것을 직무로 하다
258 『後漢書』 권1, 「光武帝紀」, 29쪽.
259 嫁: 시집보내다는 의미인데, 단순히 시집보낸 것이 아니라 경제적 어려움 때문에 어린 나이에 돈 을 받고 팔았다는 의미가 있다. 넓은 의미로 인신매매의 일종으로 이해할 수 있겠다.
260 『後漢書』 권1, 「光武帝紀」, 30쪽.

十以上, 十歲以下, 及婦人從坐者, 自非不道, 詔所名捕, 皆不得繫. 當
驗問者卽就驗. 女徒雇山歸家.(光武紀)

【역문】 건무 3년(27년) 7월에 조서를 내려 말하기를, "관리 6백석 이하에서
흑색의 수를 두르는 현장·국상(國相)에 이르기까지 죄가 있으면 체포하
여 구속하기 전에 황제에게 재가를 청하도록 하였다. 80세 이상 10세 이
하의 남자와 범죄자에 연좌된 부인의 경우에 그들 스스로 '부도(不道)'의
죄를 범하거나, 혹은 조서 중 체포를 지명한 것이 아니라면, 모두 구속
할 수 없다. 마땅히 조사해야 할 자가 있으면 즉시 신문한다. 여자 형도
(刑徒)는 고산법에 따라 귀가시킨다."261고 하였다.(『후한서』「광무제기」)

【원문】 六年, 其命郡國有穀者, 給稟. 高年、鰥、寡、孤、獨及篤癃、無
家屬貧不能自存者, 如律.(紀)

【역문】 건무 6년(30년), 각 군국의 곡물을 많이 소유하고 있는 자에게 명하
여 노인·홀아비·과부·고아·가족이 없는 자·병이 중한 자·가난하
여 스스로 생활할 수 없는 자에게 곡식을 분배하도록 하되 율령과 같이
실시하라.262(『후한서』「광무제기」)

【원문】 七年, 詔中都官、三輔、郡、國出繫囚, 非犯殊死, 皆一切勿案其
罪. 見徒免爲庶人. 耐罪亡命, 吏以文除之.(紀)

【역문】 건무 7년(31년), 조서를 내려 수도에 있는 관부(官府), 삼보263 지역,
각 군과 국에 조서를 내려 옥에 간힌 수인을 내보내고, 사형에 해당하는
죄를 범한 자가 아니면 모두 그 죄의 취조를 그만두게 하였다. 현재 노

---

261 『後漢書』권1,「光武帝紀」上, 35쪽, "庚辰, 詔曰:「(생략) 男子八十以上, 十歲以下, 及婦人從坐者,
自非不道, 詔所名捕, 皆不得繫. 當驗問者卽就驗. 女徒雇山歸家.」"
262 『後漢書』권1하,「光武帝紀」하, 47쪽.
263 三輔: 서한이 창건될 때 수도인 장안을 포함한 인근지역을 京畿라 하고 그 관할 구역을 京兆尹, 右
扶風, 좌左馮翊으로 나누어 三輔라 칭하고 각 구역의 치안을 담당하는 장관에 좌우내사, 主爵都尉
등을 두었다.

역을 하고 있는 자는 면하여 서인이 되게 했다. 내죄를 범하고 도망한 자는 관리가 그들의 성명을 기록한 후에 죄를 면제했다.[264](『후한서』「광무제기」)

【원문】 是年五月, 詔吏人遭饑亂及爲靑、徐賊所略爲奴婢下妻, 欲去留者, 恣聽之. 敢拘制不還, 以賣人法從事.(紀)

【역문】 건무 7년(31년) 5월 조서를 내려 "관리나 백성으로 기아나 전란을 만난 자 및 청주(靑州)・서주(徐州)의 도적에게 당하여 노비나 첩이 된 자는 고향으로 돌아갈 것인지 그대로 머물 것인지는 본인의 의사에 따라 허락하게 하였다. 감히 구금하여 돌려보내지 않는 자는 사람을 팔아넘겼을 때의 법[265]으로 처벌하도록 하라."고 하였다.[266](『후한서』「광무제기」)

【원문】 十一年二月, 詔曰: 天地之性, 人爲貴, 其殺奴婢, 不得減罪.(紀)

【역문】 건무 11년(35년) 2월 조서를 내려서, "천지의 성 가운데 사람이 가장 귀하다. 노비를 죽인 자는 그 죄가 감해질 수 없다."고 하였다.[267](『후한서』「광무제기」)

---

264 『後漢書』권1하, 「光武帝紀」하, 51쪽.
265 賣人法: 『二年律令』67簡, "智(知)人略賣人而與買, 與同罪. 不當賣而和爲人賣, 賣者皆黥爲城旦舂. 買者智(知)其請(情), 與同罪.[어떤 사람이 타인을(사람을) 유괴해서 팔고 있는 것을 알면서(도) 거래 관계를 가지면 같은 죄에 처한다. 부당한 인신매매를 중개한 경우 팔던 자는 모두 黥城旦舂에 처한다. 산 자가 그 사정을 알았다면 같은 죄에 처한다.]"; 『魏書』刑罰志에는 盜律로써 『略人・略 賣人・和賣人爲奴婢者, 死』라 하는 규정이 나오는데, 이 규정과 『二年律令』의 내용은 거의 일치한다. 『魏書』刑罰志에는 略人이 略賣人・和賣人과 함께 열거되어 있다. 즉 略人을 당시 성행했던 人身賣買의 일종으로 파악하고 있는 것이다; "鬻賣妻子"(『晉書』劉琨傳); "有賣鬻男女者"(『魏書』高宗紀); "或賣鬻男女以爲僕隷者"(『魏書』肅宗紀); "貧者賣妻兒"(『宋書』沈懷文傳); "民皆賣鬻兒女"『魏書』, 崔孝暐傳); "民有嫁妻賣子 …"(『後漢書』, 光武帝紀上); "質妻賣子"(『魏書』, 薛虎子傳); "乃有質賣妻兒"(『南齊書』, 王敬則傳); "雇妻鬻子"(『資治通鑑』, 唐僖宗 乾符元年 正月條); "漢興, 接秦之敝, 諸侯並起, 民失作業, 而大饑饉. 凡米石五千, 人相食, 死者過半, 高祖乃令民得賣子, 就食蜀漢."(『漢書』, 食貨志); "諸知畧和誘和同相賣及畧和誘部曲奴婢而買之者, 各減賣者罪一等."(『唐律疏議』「賊盜」48).
266 『後漢書』권1하, 「光武帝紀」하, 52쪽.
267 『後漢書』권1하, 「光武帝紀」하, 57쪽.

【원문】 是年八月, 詔曰: 敢灸灼奴婢, 論如律, 免所灸灼者爲庶人.(紀)

【역문】 이해 8월 조서를 내려 이르기를 '감히 노비에게 화인(火印)을 한 자는 율에 따라 논죄하고, 화인(火印)을 당한 자는 [노비의 신분에서 벗어나] 서인이 되도록 허가한다.[268](『후한서』「광무제기」)

【원문】 是年十月, 詔除奴婢射傷人棄市律.(紀)

【역문】 이해 10월 조서를 내려 노비가 활을 쏘아 사람을 상하게 한 경우에 기시에 처한다는 율을 없앴다.[269](『후한서』「광무제기」)

【원문】 十三年, 高山侯梁統上疏請嚴刑, 不報.(文獻通考)

【역문】 건무 13년(37년) 고산후 양통[270]이 상소하여 엄한 형벌을 청하였으나 황제의 승낙을 받지 못했다.[271](『문헌통고』)

【세주 원문】 略曰: 自高祖之興, 至于孝宣, 猶因循舊章, 不輕改革, 海內稱理, 至初元、建平, 所減刑罰百有餘條, 而盜賊浸多, 歲以萬數. 刑輕之作, 反生大患. 議上, 不報.(梁統傳)

統拜太中大夫, 在朝廷數陳便宜, 以爲法令旣輕, 下姦不勝, 宜重刑罰, 以遵舊典.(書鈔五十六引續漢書)

【세주 역문】 [양통이 상소하여 엄한 형벌을 청하였으나 황제의 승낙을 받지 못한 것을] 줄여서 살펴보면, "고조(高祖)가 흥기한 때로부터 선제(宣帝)에 이르기까지 옛 전장(典章)을 따르고 가벼이 개혁을 하지 않으니 천하가 잘 다스려졌습니다. 초원 연간과 건평 연간에 형벌을 감한 것이 백여 조항이나 되니 도적이 더욱 많아져 1년에 만

---

268 『後漢書』 권1하, 「光武帝紀」하, 58쪽.

269 『後漢書』 권1하, 「光武帝紀」하, 58쪽.

270 梁統은 왕망의 新代부터 後漢時代 初期에 걸쳐 활약한 무장이자 정치가. 字는 仲寧. 왕망정권 말기에 河西에 세력을 확장한 군웅의 한 사람으로 후한 초창기의 공신의 한사람. 梁統은 강직한 성격으로 법률을 좋아했다.

271 『文獻通考』 권163, 「刑考」二, 中華書局, 1986, 1419쪽.

수에 이르렀습니다. 형벌이 가볍게 되자 도리어 큰 우환이 생겼습니다."고 하였다. 의론을 황상에게 상주하였으나 알리지 않았다.[272](『후한서』 권34, 「양통열전」)

양통이 태중대부[273]로 임명되자 조정에서 여러 차례 [법령을] 이용하는 데 편리한 것을 진술해서 법령이 지나치게 가벼워져 간악한 일이 끊이지 않으니 마땅히 형벌을 무겁게 하여 옛 법전을 따라야 한다고 하였다.[274](『서초(書鈔)』 권56에서 『속한서(續漢書)』를 인용)

【원문】 是年十二月, 詔益州民自八年以來被略爲奴婢者, 皆一切免爲庶人. 或依託爲人下妻, 欲去者, 恣聽之; 敢拘留者, 比青、徐二州以略人法從事.(紀)

【역문】 13년(37년) 12월, 조서를 내려서 "익주의 백성 가운데 건무(建武) 8년 이래 [공손술(公孫述)에게] 약탈되어 노비가 된 자에 대해서는 모두 면제하여 서인이 되도록 하라. 또한 의탁하여 남의 소첩이 되었지만 돌아가고자 하는 자가 있으면 자유로이 허락한다. 감히 그들을 잡아 가두는 자는 청주(青州)와 서주(徐州)의 사례와 같이 사람을 약탈했을 때의 법[275]에 따

---

272 『後漢書』 권34, 「梁統列傳」, 1169쪽의 전문은 다음과 같다. "自高祖之興, 至于孝宣, 君明臣忠, 謨謀深博, 猶因循舊章, 不輕改革, 海內稱理, 斷獄益少. 至初元、建平, 所減刑罰百有餘條, 而盜賊浸多, 歲以萬數. 閒者三輔從橫, 群輩並起, 至燔燒茂陵, 火見未央. 其後隴西、北地、西河之賊, 越州度郡, 萬里交結, 攻取庫兵, 劫略吏人, 詔書討捕, 連年不獲. 是時以天下無難, 百姓安平, 而狂狡之埶, 猶至於此, 皆刑罰不衷, 愚人易犯之所致也. 或從遠方, 四面會合, 遂攻取庫兵, 劫略吏人, 國家開封侯之科, 以軍法追捕, 僅能破散」也. 由此觀之, 則刑輕之作, 反生大患;惠加姦軌, 而害及良善也. 故臣統願陛下采擇賢臣孔光、師丹等議. 議上, 遂寑不報."

273 太中大夫: 진나라때 설치. 한나라가 계승한 관직. 조정의 공론과 고문에 응하는 직책으로 일정한 직책이 없이 황제의 명이 있을 때에 한하여 업무를 보았다. 궁중에 기거하면서 명의상으로는 郎中令의 속관이었으나 실제로는 광록훈의 지휘를 받지 않았던 황제의 고급 참모에 해당했다. 봉록은 1천석으로 給事中, 侍中으로 불리며 황제의 측근에서 보좌했기 때문에 영향력이 매우 컸다.

274 (唐)虞世南撰. 『北堂書鈔』(欽定四庫全書) 권56, 889-227쪽.

275 略: 사람을 유괴하는 것. 혹은 강제로 인신매매하는 것. 앞에서는 '賣人法'이라고 되어 있는데, 여기에서는 '略人法'으로 되어 있다. 즉 유괴나 강제로 인신매매하는 것이나 거의 구분되지 않았음을 알 수 있다. 유괴죄에는 범인의 처자도 연좌된다. 『宋書』 何尙之傳에는 "義熙五年, 吳興武康縣民王延祖爲劫, 父睦以告官. 新制, 凡劫身斬刑, 家人棄市."이 나온다. 東晉末의 「新制」에는 犯人의 家人은 棄市로 되는 것을 알 수 있다. 『宋書』 何承天傳에는 元嘉七年頃의 것으로써 "吳興餘杭民薄道舉爲劫. 制同籍期親補兵"이라는 기사가 보인다. 『隋書』 刑法志에는 梁律로써 "劫身皆斬, 妻子補兵."이 나온다. 唐律에는 "諸有所規避, 而執持人爲質者, 皆斬. 部司及隣伍知見, 避質不格者, 徒

라 처벌하라."고 했다.[276](『후한서』「광무제기」)

【원문】 十四年, 羣臣請增科禁, 不許.(文獻通考)

【역문】 14년(38년), 여러 신하들이 과금(科禁)을 늘릴 것을 청하였는데 허락하지 않았다.[277](『문헌통고』)

【세주 원문】 群臣上言: 古者肉刑嚴重, 則人畏法令; 今憲律輕薄, 故姦軌不勝. 宜增科禁, 以防其源. 詔下公卿. 林奏以爲宜如舊制, 不合翻移. 帝從之.(杜林傳)

【세주 역문】 여러 신하들이 상소하여 "옛날에는 육형(肉刑)[278]이 엄중하여 사람들이 법령을 두려워하였는데 지금은 법률이 가벼워 그 때문에 사악한 일[279]이 만연합니다. 마땅히 과금을 늘려 악의 근원을 방지해야 합니다."라고 하였다. [광무제가] 조서를 내려 공경(公卿)에게 하문하였다. 두림[280]이 상주하여 "마땅히 구제(舊制)와 같이 하여야 하고, 변경해서는 안 됩니다."라고 하였다. 광무제는 이를 따랐다.(『후한서』「두림전」)

【원문】 十六年, 遣使者下郡國, 聽群盜自相糾摘, 五人共斬一人者, 除其罪. 吏雖逗留回避故縱者, 皆勿問, 聽以禽討爲效. 其牧守令長坐界內盜賊而不收捕者, 又以畏懦捐城委守者, 皆不以爲負, 但取獲賊多少爲殿最, 唯蔽匿者乃罪之. 於是更相追捕, 賊並解散. 徙其魁帥於它郡, 賦田受稟, 使安生業.(紀)

【역문】 16년(40년), 사자(使者)를 파견하여 군국으로 내려 보내, 도적들이

二年."(『唐律疏議』賊盜 11)으로 규정되어 있다.

276 『後漢書』 권1하, 「光武帝紀」하, 63쪽.

277 『文獻通考』 권163, 「刑考」二, 中華書局, 1986, 1419쪽. 科禁: 禁令.

278 신체의 특정 부분을 손상시키는 형벌. 묵(墨), 의, 궁(宮), 대벽(大辟)의 총칭.

279 姦軌: "凡亂在外爲姦, 在內爲軌.(『左傳』 '李賢注')" 즉 亂이 바깥에 있으면 姦이고, 안에 있으면 軌이다.

280 杜林은 王良의 후임으로 大司徒司直으로 되고 建武 11년(35年), 光禄勳으로 임명되어 公平한 人材 등用에 심혈을 기울였기 때문에 칭송을 받았다.

스스로 서로를 규탄하고 들추게 하여 5명의 도적이 함께 1명의 도적을 베면 그 5명의 죄를 없애 주었다. 관리로서 비록 도적을 토벌하러 가지 않거나 머뭇거리고 도적을 체포하는 일을 회피하고 고의로 놓아준 자라 하더라도 모두 죄를 묻지 않고 사로잡아 토벌하는 것으로써 본보기가 되도록 허용했다. 주(州)·군(郡)·현(縣)의 장으로 경내에 도적이 있는 데도 붙잡지 않은 자, 또한 두렵고 나약하여 성을 버리고 임무를 다하지 않은 자에 대해서도 모두 죄로 삼지 않았다. 다만, 도적 포획의 많고 적음에 따라 평가[281]를 하고, 단지 도적을 숨겨주는 자는 벌하게 하였다. 이러한 방침에 따라 서로 추격하고 체포하여 도적은 모두 해산했다. 도적의 우두머리는 다른 지역으로 옮겨 전지(田地)를 주고 곡식을 받아 생업을 안정시켰다.[282](『후한서』「광무제기」)

【원문】 十八年, 詔曰: 今邊郡盜穀五十斛, 罪至於死, 開殘吏妄殺之路, 其蠲除此法, 同之內郡.(紀)

【역문】 18년(42년), 조서를 내려서, "현재 변경에서는 곡식을 50곡(斛) 훔치면 죄가 사형에 이르게 된다. 가혹한 관리들에게 함부로 사람을 죽이는 길을 열어주었으니 이 법을 없애고 내지와 같게 하라."고 했다.[283](『후한서』「광무제기」)

【원문】 十九年, 馬援條奏越律與漢律駁者十餘事, 與越人申明舊制以約束之(馬援傳)

【역문】 19년(43년), 마원[284]이 월나라 율령과 한나라 율령이 다른 부분[285] 10여 사항을 조목별로 써서 상주하고, 월인과 함께 구법을 자세히 밝혀 사

---

281 殿最: 관원들의 근무성적을 심사하여 우열을 매기던 일로서, 上을 最, 下를 殿이라고 함.
282 『後漢書』 권1하, 「光武帝紀」하, 67쪽.
283 『後漢書』 권1하, 「光武帝紀」하, 69쪽.
284 馬援은 왕망 말기부터 후한 초기에 걸친 무장으로 字는 文淵으로 光武帝에게 벼슬해 공을 세웠다. 그의 딸인 馬皇后는 後漢 2대 황제인 明帝의 황후로 되었다.
285 駁: 李賢注에 의하면, 駁이란 동떨어져 다른 것을 말한다.

람들에게 약속하였다.²⁸⁶(『후한서』「마원열전」)

【원문】 二十二年, 令徒皆弛解鉗, 衣絲絮. 注, 舊法, 在徒役者不得衣絲
絮, 今赦許之.(紀)

【역문】 22년(46년)에 "죄수는 모두 칼을 풀고 비단이나 무명으로 된 옷을 입
히도록 하라"고 하였다. 주에 "구법에는 죄수로 노역을 하는 자는 비단
이나 무명으로 된 옷을 입을 수 없었다. 지금 이것을 허용한 것이다."라
고 하였다.²⁸⁷(『후한서』「광무제기」)

【원문】 二十四年, 詔有司申明舊制阿附蕃王法.(紀)

【역문】 24년(48년), 담당 관리에게 조서를 내려 이전에 제정한 여러 제왕에
게 아부하는 자를 처벌하는 형법을 분명하게 하도록 하였다.²⁸⁸(『후한서』
「광무제기」)

【원문】 二十六年, 詔有司增百官奉. 其千石已上, 減於西京舊制; 六百石
已下, 增於舊秩.(紀)

【역문】 26년(50년), 담당 관리에게 조서를 내려 문무백관의 봉록을 늘리게
했다. 1천석 이상인 자는 서경²⁸⁹의 구 제도보다도 봉록을 감하고, 6백석
이하인 자는 전한의 구 봉록보다 늘렸다.²⁹⁰(『후한서』「광무제기」)

【원문】 二十八年, 詔死罪繫囚皆一切募下蠶室, 其女子宮(紀) 三十一年亦
有此令.

---

286 『後漢書』 권24, 「馬援列傳」, 839쪽.
287 『後漢書』 권1하, 「光武帝紀」하, 74쪽.
288 『後漢書』 권1하, 「光武帝紀」하, 76쪽.
289 西京: 西漢 즉, 前漢의 딴 이름. 前漢의 도읍 長安이 後漢의 都邑 洛陽의 서쪽에 있었기 때문에 생
긴 이름.
290 『後漢書』 권1하, 「光武帝紀」하, 77쪽.

【역문】 28년(52년), 조서를 내려 압송된 사형수는 사형을 면제하고 모두 궁형에 처하고, 여자 사형수는 유폐한다. 31년(55년)에도 이 법령이 있었다.291(『후한서』「광무제기」)

【원문】 二十九年, 詔天下繫囚自殊死已下減本罪各一等, 不孝不道, 不在此書.(袁宏後漢紀)

【역문】 29년(53년), 조서를 내려 "천하에 간혀있는 죄수들 중 참수형이하부터는 본래의 죄를 각각 한 등급씩 감하는데, 불효나 부도는 해당되지 이 조서를 적용하지 않는다."고 하였다.292(원굉『후한기』「후한광무황제기」)

【원문】 桓譚上疏, 請令通義理明習法律者, 校定科比, 一其法度. 桓譚上疏, 書奏, 不省.(桓譚傳)

【역문】 환담293이 상소를 올려 "지금 의리에 정통하고 법률을 명확히 알고 숙달된 자로 하여금 법조문과 판례294를 교정하고, 그 법도를 통일해야 합니다."라고 청했다. 상서는 상주되었지만 채택되지 않았다.295(『후한서』「환담열전」)

---

291 『後漢書』 권1하, 「光武帝紀」하, 80쪽; 『後漢書』 권1하, 「光武帝紀」하, 81쪽.

292 袁宏撰, 『後漢紀校注』 권8, 226쪽.

293 桓譚(기원전 40년~기원후 31년): 後漢 초기의 사상가. 字는 君山. 沛郡(安徽省)人. 著書에 『新論』 29卷이 있다. 『新論』은 時說의 眞僞를 묻는 것으로 王充思想이 선구적 역할을 하였다. 工商批判, 神仙說批判, 神滅論 등에서 예리한 비판정신을 엿볼 수 있다.

294 科比: 科라는 것은 법의 조문, 比라는 것은 그 판례를 말한다.

295 『後漢書』 권28上, 「桓譚傳」, 959쪽. "又見法令決事 …. 今可令通義理明習法律者, 校定科比, 一其法度, 班下郡國, 蠲除故條, 如此, 天下知方, 而獄無怨濫矣. 書奏, 不省."

● **明帝** 명제[296]

【원문】 明帝卽位, 詔天下亡命殊死以下, 聽得贖論, 死罪入縑二十匹, 右
趾至髡鉗城旦舂十匹, 完城旦舂至司寇作三匹. 其未發覺, 詔書到先自
告者, 半入贖.(紀)

【역문】 명제가 즉위하여 조서를 내려 "천하의 도망자 가운데 사형수 이하
인 자는 속형[297]을 할 수 있게 허락하여, 사형수는 비단 20필, 우지[298]부
터 곤겸성단용[299]은 10필, 완성단용부터 사구작[300]은 3필을 내야 한다.
아직 범죄가 발각되지 않았는데 조서가 도착하여 먼저 자수한 자는 그
절반을 납부한다."고 했다.[301](『후한서』「현종효명제기」)

【세주 원문】 按永平三年, 詔有司詳刑愼罰, 明察單辭(紀)

【세주 역문】 영평 3년(60년), 담당 관리에게 조서를 내려 형을 상세히 하고 벌을 신중
히 하여 단사(單辭)[302]를 분명히 살피게 하였다.[303](『후한서』「현종효명제기」)

---

296 明帝: 재위 57~75년. 이름은 劉莊. 묘호는 顯宗. 시호는 명제. 中國 후한의 2대 황제. 光武帝의 아
들. 匈奴를 토벌하고 班超를 派遣하여 또다시 서역 支配를 確立하였다. 그의 재위 기간 중에 중국
에 불교가 유입된 것으로 추정된다. 명제가 죽은 후에 그의 아들인 章帝가 황위를 계승했다.

297 贖刑: 돈을 바치고 형을 면하거나 돈을 받고 형을 면해주는 일. 先秦 시기에는 贖罪를 銅으로 사용
하였고, 漢代에는 黃金, 後漢 이후부터는 絹과 金을 겸용하였다. 程樹德의 魏律考에 의하면, 贖死
刑이 一等, 贖髡刑이 四等, 贖完刑·贖作刑이 각각 三等으로 모두 합쳐 十一等이 된다고 한다. 『秦
簡』과 『二年律令』이 출토되기 이전에 문헌사료에는 원래 죄수에게 1차로 판결을 내린 후 재물을
납입하면 감형하거나 방면해주는 경우만 주로 나타났으나, 簡帛자료에는 오히려 처음부터 1차형
으로 贖刑을 부과하여 소정의 贖金을 납입하게 하고, 2차형으로 감면하는 것은 없는 형태가 正刑
임을 보여주고 있다. 또 秦漢律에서 기존의 노역형에 '贖'을 붙여 표현하던 형태(贖城旦舂)에서 晋
律에서는 年數에 '贖'을 붙이는 형태(贖四歲)로 정리되었다.

298 右趾: 오른 발을 절단하는 형벌.

299 髡鉗城旦舂: 漢文帝 시기에 肉刑이 廢止되면서 刑城旦舂이 髡鉗城旦舂으로 바뀌고 漢景帝 時期
에 이르러서 鈦左右止城旦舂이 생겨났다.

300 司寇作: 作刑에 속한다. 作刑은 勞役刑을 말하는 것으로 程樹德의 魏律考에 의하면, 漢制에는 三
歲刑인 鬼薪白粲, 二歲刑인 司寇作, 一歲刑인 罰作復作은 모두 作刑이었으므로 魏의 제도도 漢代
와 똑같았을 것이라고 보고 있다. 이에 비하여 濱口重國은 魏의 作刑을 漢의 一歲刑, 半歲刑, 三月
刑으로 보고 있다.

301 『後漢書』권2, 「顯宗孝明帝紀」, 98쪽.

302 單辭: 한쪽만의 주장으로 증거가 될 수 없는 말.

【원문】 八年, 詔三公募郡國中都官死罪繫囚, 減罪一等, 勿笞, 詣度遼將軍營, 屯朔方、五原之邊縣, 妻子自隨, 便占著邊縣, 父母同産欲相代者, 恣聽之. 其大逆無道殊死者, 一切募下蠶室. 亡命者令贖罪各有差.(紀)

【역문】 8년(65년), 삼공[304]에게 조서를 내려 "군국과 중도관[305]에 사죄로 구금되어 있는 사람을 모아 죄를 한 등급 감해주고, 매질을 하지 않게 하고, 도료장군의 군영으로 보내어 삭방군·오원군의 변경 현에 주둔시키고, 그 처자가 스스로 따라가면 변경 현으로 호적을 옮겨주고,[306] 그 부모나 형제로서 대신하려고 하는 자는 자유로이 그것을 허락하라. 대역무도죄로 참수형을 받은 자는 모두 궁형을 위한 옥으로 옮기고, 도망자는 죄를 속환함에 각각 차등이 있게 하라."고 하였다.[307](『후한서』「현종효명제기」)

【원문】 九年, 詔郡國死罪囚減罪, 與妻子詣五原朔方, 占著所在.(紀)

【역문】 9년(66년), 조서를 내려 "군국의 사형수는 죄를 감하고 처자와 함께 오원군·삭방군에 데리고 가서 그곳으로 호적을 옮겨주도록 하라"[308]고 하였다.[309](『후한서』「현종효명제기」)

【원문】 十六年, 詔令郡國中都官死罪繫囚減死罪一等, 勿笞, 詣軍營, 屯朔方、敦煌; 妻子自隨, 父母同産欲求從者, 恣聽之; 女子嫁爲人妻, 勿與俱. 謀反大逆無道不用此書.(紀)

---

303 『後漢書』 권2, 「明帝紀」, 105쪽. "三年春正月癸巳, 詔曰. …. 以及蠱賊, <u>詳刑愼罰, 明察單辭</u>, 夙夜匪懈, 以稱朕意."

304 三公: 丞相, 太尉, 御史大夫를 이름.

305 中都官: 경사에 소재하는 정부의 각 부서.

306 占著: 名籍에 기재되는 것을 말한다.

307 『後漢書』 권2, 「明帝紀」, 111쪽.

308 『後漢書』 권2, 「明帝紀」, "九年春三月辛丑. <u>詔郡國死罪囚減罪, 與妻子詣五原·朔方占著</u>, … 又復其口筭."

309 『後漢書』 권2, 「明帝紀」, 112쪽.

【역문】 16년(73년), 조서를 내려, "군국과 중도관에 사죄로 구금되어 있는 사람을 모아 죄를 한 등급을 감해주고, 매질을 하지 않게 하며, 군영으로 보내어 삭방군·돈황군에 주둔시켰다. 그 처와 자식이 스스로 따라가고, 부모와 친형제로서 따르기를 요구하는 자는 자유로이 그것을 허용하지만, 여자로서 시집을 가 남의 처가 된 자는 함께 가지 말라. 모반·대역·무도는 이 조서를 적용하지 않는다."고 하였다.[310](『후한서』 「현종효명제기」)

【원문】 十七年, 令武威、張掖、酒泉、敦煌及張掖屬國, 繫囚右趾已下任兵者, 皆一切勿治其罪, 詣軍營.(紀)

【역문】 17년(74년), 무위군·장액군·주천군·돈황군 및 장액속국[311]의 죄수 중에 우지형 이하로 병사를 맡을 수 있는 자에게 영을 내려 모두 그 죄를 벌하지 않고 군영으로 보냈다.[312](『후한서』「현종효명제기」)

【원문】 明帝時政事嚴峻, 故卿皆鞭杖.(袁宏後漢紀)

【역문】 명제 때에 시행한 정사가 엄준(嚴峻)하여[313] 구경(九卿)에게 모두 편장(鞭杖)을 가했다.[314](원굉『후한기』권18 「후한효순황제기」)

【세주 원문】 明帝性褊察, 常以事怒郞梁崧, 以杖撞崧, 崧走入牀下. 上怒甚, 疾言曰: 郞出, 郞出. 崧曰: 天子穆穆, 諸侯煌煌, 未聞人君自起撞郞? 上乃赦之.(御覽九十一及二百十五引)

【세주 역문】 명제의 성격이 편협하고 엄격해서, 항상 일로써 낭인 양숭에게 화를 내

---

310 『後漢書』 권2, 「明帝紀」, 121쪽.
311 張掖屬國: 張掖郡의 소수민족을 관리하기 위해 설치된 기관.
312 『後漢書』 권2, 「明帝紀」, 122쪽.
313 政事嚴峻: 이에 대하여 『晉書』 刑法志에서는 "明帝는 타고난 天性이 명석해서 아래 사람이 하는 詐僞를 잘 파악했기 때문에 尙書가 상주해서 형벌을 결정하는데, 시행한 징벌이 苛酷·煩碎하다고 할 정도였다."라 하고 있다.
314 袁宏撰, 『後漢紀校注』 권18, 「後漢孝順皇帝紀」, 507쪽. "政嚴事峻, 九卿皆鞭杖."

서 양숭에게 장(杖)을 가하려 하자 양숭이 침상 아래로 달려 들어갔다. 명제가 분노하여 사납게 말하기를 "낭 나오너라. 낭 나오너라."고 하였다. 양숭이 말하기를, "황제는 장중하고, 제후는 빛나니 군주가 스스로 낭을 몽둥이로 때린다는 말은 듣지 못했습니다."라고 하였다. 이에 황제는 그를 용서하였다.[315]('태평어람』권91 및 권215를 인용)

◉ 章帝 장제[316]

【원문】 建初五年, 詔曰: 今吏多不良, 擅行喜怒, 或案不以罪, 迫脅無辜, 致令自殺者, 一歲且多於斷獄, 甚非爲人父母之意也.(紀)

【역문】 건초 5년(80년), 조서를 내려서, "지금 관리들 중에 불량한 자가 많고, 멋대로 감정에 따라 행동하고, 혹은 죄의 유무에 관계없이 취조하고, 무고한 자를 협박하여 자살에 이르게 되는 자가 한 해에 행해지는 단옥(斷獄)[317]보다 많은 경우도 있으니, 이는 심히 (천자로서) 백성의 부모된 자의 뜻이 아니다."라고 하였다.[318]('후한서』「숙종효장제기」)

【원문】 七年, 詔天下繫囚減死一等, 勿笞, 詣邊戍. 妻子自隨, 占著所在. 父母同産欲相從者, 恣聽之. 有不到者, 皆以乏軍興論. 及犯殊死, 一切募下蠶室. 其女子宮. 繫囚鬼薪、白粲已上, 皆減本罪各一等, 輸司寇作. 亡命贖. 死罪入縑二十四, 右趾至髠鉗城旦春十四, 完城旦至司寇

---

315 『太平御覽』권91, 「皇王部」 16, '後漢顯宗孝明皇帝' 788쪽, 華嶠 『後漢書』를 인용; 『太平御覽』 권215, 「職官部」 13, 85쪽, 華嶠 『後漢書』를 인용.
316 章帝(75–88년): 明帝의 다섯째 아들로 성격이 寬厚하고 儒學을 좋아하였다. 시호는 孝章皇帝이다. 세금을 감면하고 유교를 진흥시킴과 아울러 정부 지출을 줄임으로써 그의 재위 기간에 문화를 발달시켰다. 명제에 이어 후한의 황금 시기를 이루었다고 한다.
317 斷獄: 범죄사실에 따라 재판을 하고 刑罰을 결정하는 것. 『唐律疏議』에서는 "決斷之法"으로 해석한다. 『斷獄律』이라는 명칭은 魏代부터 시작한다. 魏代에 李悝의 『囚法』에서 一篇이 나뉘어져 나오고, 北齊에 이르러 『捕律』과 합쳐져 『捕斷律』이라고 개명하였다. 後周에 이르러 『斷獄律』이라 하였다.
318 『後漢書』 권3, 「肅宗孝章帝紀」, 140쪽.

三匹, 吏人有罪未發覺, 詔書到自告者, 半入贖.(紀 元和元年章和元年詔
略同)

【역문】 7년(82년), 조서를 내려 "천하의 죄수들에게 사형을 한 등급 감해주
며, 매질하지 말며, 변방에 보내 지키게 하라. 그 처자가 스스로 따라가
면 변경 현으로 호적을 옮겨주고,[319] 그 부모나 형제로서 따르고자 하는
자는 자유로이 그것을 허용한다. 도착하지 않는 자가 있으면 핍군흥(乏
軍興)[320]의 율에 따라 논죄한다. 또한 사형에 해당하는 자는 모두 모아
잠실에 보내고 여자 사형수는 유폐한다. 죄수 중 귀신형과 백찬형 이상
인 자는 모두 본래의 죄에서 각각 한 등급을 감하고 사구작형의 노역에
처한다. 도망자가 속죄를 하려면 사죄(死罪)는 비단 20필, 우지형부터
곤겸성단용형은 10필, 완성단에서부터 사구까지는 3필을 납입시킨다.
관리 중에 죄가 있는데 발각되지 않았고, 조서가 도착한 날 자수한 자는
그 절반을 납부시킨다."고 하였다.[321](『후한서』「숙종효장제기」 원화 원년과
장화 원년의 조서는 대략 같다.)

【원문】 建初中, 有人侮辱人父者, 而其子殺之, 肅宗貰其死刑而降宥之,
自後因以爲比, 遂定其議, 以爲輕侮法.(張敏傳)

【역문】 건초[322] 중에 어떤 이의 부친을 모욕한 이가 있었는데 그의 아들이
모욕한 자를 살해하였다. 숙종(肅宗)이 그의 사형을 사면하고 용서를 내
렸다. 이 이후부터 관례를 형성하였고 이러한 논의가 정해져 내려와 '경
모법'[323]이 되었다.[324](『후한서』「장민열전」)

---

319 占著: 名籍에 기재되는 것.
320 乏軍興: 군사행동이나 군수물자의 조달에 있어 잘못을 저지른 죄. 사형에 해당한다.
321 『後漢書』 권3, 「肅宗孝章帝紀」, 143쪽; 『後漢書』 권3, 「肅宗孝章帝紀」, 146~147쪽.
322 建初: 장제의 연호로 76년~83년.
323 경모법을 성문법화하려는 움직임에 대하여 비서관이었던 張敏은, "경모법은 선대왕의 특별한 은
혜에 의한 것이지 성문법화해서 이것을 율령으로 발표한 것은 아닙니다. … 아무쪼록 이것을 성문
법화해서 후세에 전해서는 안 됩니다."라고 상주하여 和帝는 결국 장민의 의견을 수용하게 된다.
삼국시대 黃初 4년(223년)에 『三國志』 魏書文帝紀에는, "상란 이후 싸움은 아직 평정되지 못하고,
천하의 사람들은 서로 살상하고 있다. 지금 海內가 처음으로 평정되었는데, 감히 사사로이 복수하

【원문】 元和元年, 詔曰: 自往者大獄已來, 掠考多酷, 鉆鑽之屬, 慘苦無極. 念其痛毒, 怵然動心. 書曰『鞭作官刑』, 豈云若此? 宜及秋冬理獄, 明爲其禁.(紀)

【역문】 원화 원년(84년), 조서를 내려서 "이전의 대옥(大獄)[325] 사건 이래로 고문이 무자비한 경우가 많고, 첩(鉆)이나 찬(鑽) 등[326]의 종류는 잔혹하기 그지없다. 그 고통을 생각하니 슬퍼서 마음이 흔들린다. 『서경』에 '채찍으로 관리를 다스리는 형으로 삼는다.'[327]고 한 것이 어찌 이와 같은 처사를 이른 것이겠는가. 마땅히 가을과 겨울에 재판이 행해지는 시기에 명확하게 이 고문을 금지하도록 하라."고 하였다.[328](『후한서』「숙종효장제기」)

【세주 원문】 肅宗初, 寵爲尙書, 是時承永平故事, 吏政尙嚴切, 尙書決事, 率近於重. 寵以帝新卽位, 宜改前世苛俗. 帝敬納寵言, 每事務於寬厚. 其後遂詔有司, 絶鉆鑽諸慘酷之科, 解妖惡之禁, 除文致之請, 讞五十餘事, 定著於令.(陳寵傳)

【세주 역문】 숙종 초에 진총이 상서가 되었다. 그 당시는 영평 연간의 고사(故事)를 계승하여 통치는 엄격한 것을 숭상하고 있어, 상서가 판결을 의론할 때에는 대부분 중과[329]를 따랐다. 진총은 장제(章帝)가 새로 즉위하였으므로 마땅히 전대(前代)의 가혹한 풍속을 고쳐야 한다고 생각했다. 장제(章帝)는 진총의 상언[330]을 정중히 받아

는 자가 있다면 모두 족멸하겠다."라 하는 복수 금지령이 나오고 있다.

324 『後漢書』 권44, 「張敏列傳」, 1502~1503쪽.

325 大獄: 明帝 永平 13년에 일어난 楚王 劉英의 모반사건.

326 鉆鑽: 鉆는 鉗과 同. 鑽은 膝蓋骨을 제거할 때 사용하는 송곳. 즉 臏刑. 모두 酷刑. 양자는 모두 古代에 施行한 殘酷한 肉刑.

327 『尙書正義』 권3, 「舜典」, 65쪽, "象以典刑, 流宥五刑, 鞭作官刑, 扑作教刑.(象刑으로 常刑을 삼고, 流刑으로 五刑을 대체함으로 寬宥함을 보여주고, 鞭刑으로 잘못을 범한 관리를 징계하고, 笞刑으로 학업에 태만한 生員들을 체벌하였다.)"

328 『後漢書』 권3, 「肅宗孝章帝紀」, 146쪽.

329 重科: 죄에 비하여 무거운 형벌.

330 『後漢書』 권76, 「陳寵傳」, 1549쪽, "臣聞先王之政, 賞不僭, 刑不濫, 與其不得已, 寧僭不濫. … 聖賢之政, 以刑罰爲首. 往者斷獄嚴明, 所以威懲姦惡, 姦惡旣平, 必宜濟之以寬. 陛下卽位, 率由此義, 數詔羣僚, 弘崇晏晏. 而有司執事, 未悉奉承, 典刑用法, 猶尙深刻. 斷獄者急於笞格酷烈之痛, 執憲者煩於詆欺放濫之文, 或因公行私, 逞縱威福. 夫爲政猶張琴瑟, 大弦急者小弦絶. 故子貢非臧孫之猛

들여 모든 일을 너그럽고 후하게 처리하는 데 힘썼다. 그 후 마침내 유사(有司)에 조를 내려 첩찬(鉆鑽)³³¹을 비롯한 모든 참혹한 과(科)를 폐지하도록 하였다. 요악(祅惡)의 금(禁)을 해제하고,³³² 법률상으로는 유죄이지만 인심에 납득되기 어려워³³³ 특별히 천자의 재가를 받아야 했던 오십여 사항을 제거하여 율령으로 편성하도록 하였다.³³⁴(『후한서』「진총전」)

【원문】 是年令郡國募人無田欲徙它界就肥饒者, 恣聽之. 到在所, 賜給公田, 爲雇耕傭, 賃種餉, 貰與田器, 勿收租五歲, 除筭三年. 其後欲還本鄕者, 勿禁.(紀)

【역문】 이해, 군국에 영을 내려 "밭이 없는 자로 다른 지역으로 옮겨 비옥한 토지로 가고자 하는 자를 모집하여 자유로이 이주하는 것을 허락하라. 그곳에 도착하면 공전을 주고, 경작을 위해 경용(耕傭)³³⁵을 고용하고, 종향(種餉)³³⁶을 빌려주고, 농기구를 빌려주며, 세금을 5년 동안 거두지 말고, 구산(口算)을 3년 동안 없애도록 하라. 그 후에 고향으로 돌아가고자 하는 자가 있으면 그것을 금하지 말라."고 하였다.³³⁷(『후한서』 권3, 「숙종효장제기」)

法, 而美鄭喬之仁政. … 方今聖德充塞, 假于上下, 宜隆先王之道, 蕩滌煩苛之法. 輕薄箠楚, 以濟羣生; 全廣至德, 以奉天心."

331 李賢 注에 "蒼頡篇曰: 鉆, 持也. 說文曰: 鉆, 鐵鉗也. … 鑽, 臏刑, 謂鑽去其臏骨也."라고 하였듯이, "鉆"은 철로 만든 刑具[鐵鉗]로서 목을 결박하는 데 사용하는 것이고, "鑽"은 그 자체로 臏骨을 드러내는 酷刑을 의미한다. 또한 『後漢書』권3, 「章帝本紀」에서도 "自往者大獄已來, 掠考多酷, 鉆鑽之屬, 慘苦無極."라고 하여, "鉆鑽"을 酷刑의 대표적 형태로 표현하였다.

332 祅:妖와 同. "祅惡: 유언비어에 의해서 인심을 어지럽히는 행위. 『漢書』高后紀:"元年春正月, 詔曰, 「前日孝惠皇帝言, 欲除三族罪, 妖言令.」"顔師古注:"罪之重者, 戮及三族, 過誤之語, 以爲妖言. 今爲重酷, 皆除之."

333 文致: 법률조문을 牽强附會로 援用하여 무고한 사람에게 죄명을 가하여 죄인으로 만드는 것. 文致:『漢書』景帝紀:"諸獄疑, 若雖文致于法而于人心不厭者, 輒讞之." 즉 옥리가 교묘하게 법을 적용하여 유죄의 판결을 내렸다하더라도 인심에 납득되기 어려운 경우를 말한다. 『漢書』于定國傳:"冬月治請讞" 顔師古注:"讞, 平議也"『睡虎地秦墓竹簡』「法律答問」:"擅殺, 刑, 髡其後子, 讞之."

334 『後漢書』권46, 「陳寵傳」, 1549쪽; 定著于令: 명확히 법률상으로 규정함.

335 耕傭: 농번기에 고용하는 품팔이꾼.

336 種餉: 볍씨.

337 『後漢書』권3, 「肅宗孝章帝紀」, 145쪽.

【원문】 是年十二月, 詔曰:往者妖言大獄, 所及廣遠, 一人犯罪, 禁至三屬, 莫得垂纓仕宦王朝. 如有賢才而沒齒無用, 朕甚憐之, 非所謂與之更始也. 諸以前妖惡禁錮者, 一皆蠲除之, 以明棄咎之路, 但不得在宿衛而已.(紀)

【역문】 이해 12월 조서를 내려 "지난번 요망한 말에 의해 일어난 대옥(大獄)[338] 사건은 그것이 미치는 곳이 넓고 멀어, 한 사람이 죄를 범하면 금고(禁錮)가 삼속(三屬)[339]에 이르고, 조정에서 관복[340]을 입고 관직을 담당하지 못한다. 만약 현재(賢才)가 있더라도 평생 임용되지 못하니 나는 이것을 매우 불쌍히 여긴다. 이것은 다시 시작하는 기회를 준다는 것이 아니다. 이전에 요언(謠言)으로 죄를 짓고 금고형을 받을 모든 사람들은 모두 그 죄를 없애서 허물을 버리는 길을 밝히되 다만 숙위[341]의 직에는 있을 수 없게 한다."고 하였다.[342](『후한서』「숙종효장제기」)

【원문】 二年胎養其爲令.(紀)

【역문】 원화 2년(85년), 임신한 여자에게 곡식을 1인당 3두씩 하사하는 법령을 제정하였다.[343](『후한서』「숙종효장제기」)

【원문】 是年, 又詔曰: 方春生養, 萬物莩甲, 宜助萌陽, 以育時物. 其令有司, 罪非殊死且勿案驗, 及吏人條書相告不得聽受, 冀以息事寧人, 敬

---

338 明帝 永平13년에 일어난 楚王 劉英의 모반사건.
339 三屬: 父族, 母族, 妻族의 三族.
340 垂纓: 축 늘어지는 관과 띠. 고대 신하들이 왕을 알현할 때마다 사용한 장식이다. 후에 관직의 대명사가 된다.
341 宿衛: 궁궐을 숙직하며 지키는 일. 또는 그러한 사람.
342 『後漢書』 권3, 「肅宗孝章帝紀」, 147~148쪽.
343 『後漢書』 권3, 「肅宗孝章帝紀」, 159쪽; 『後漢書』 권3, 「章帝紀」, 148쪽, "二年春正月乙酉, 詔曰: 「令云『人有産子者復 勿筭三歲』. 今諸懷姙者, 賜胎養穀人三斛, 復其夫, 勿筭一歲, 著以爲令.」(원화2년 3월. 조서를 내려 "영에 '아이를 낳는 자가 있으면 부역을 면제하고, 구산(口算, 인두세)을 3년 면제한다'고 되어있다. 지금, 여러 회임하고 있는 자에게는 갓난아이를 키우는 데 필요한 곡식을 1인당 3斛씩 준다. 그 지아비의 부역도 면제하고, 구산을 1년 면제한다. 이상의 것을 기록하고 법령으로 만들라"고 하였다.

奉天氣. 立秋如故.(紀)

【역문】 원화 2년(85년) 또 조서를 내려 "바야흐로 봄이 낳아 기르고 만물이 껍질을 깨고 싹을 틔우니 마땅히 그 싹이 자라는 것을 도와 계절에 맞는 작물을 기르도록 하라. 담당관리에게 명령하여 죄가 참수형이 아니면 재판을 하지 말고, 관리가 조목별로 써서 죄상을 고발하면 들어주지 않도록 하라. 요역을 멈추어 백성들을 편안하게 하기를 바라고, 천기를 공경하고 받들기를 바라노라. 입추에는 원래대로 하도록 하라"고 하였다.344(『후한서』「숙종효장제기」)

【원문】 是年七月定律, 無以十一月、十二月報囚.(紀)

【역문】 원화 2년(85년) 7월, 율을 정하여 11월 12월에는 죄수를 재판, 처형할 수 없게 하였다.345(『후한서』「숙종효장제기」)

【원문】 漢舊事斷獄報重, 常盡三冬之月, 是時帝始改用冬初十月而已. 元和二年, 旱, 長水校尉賈宗等上言, 以爲斷獄不盡三冬, 故陰氣微弱, 陽氣發泄, 招致災旱, 事在於此. 帝以其言下公卿議, 寵奏曰:「夫冬至之節, 陽氣始萌, 故十一月有蘭、射干、藝、荔之應. 時令曰:『諸生蕩, 安形體.』天以爲正, 周以爲春. 十二月陽氣上通, 雉雛雞乳, 地以爲正, 殷以爲春. 十三月陽氣至, 天地已交, 萬物皆出, 蟄蟲始振, 人以爲正, 夏以爲春. 三微成著, 以通三統. 周以天元, 殷以地元, 夏以人元. 若以此時行刑, 則殷、周歲首皆當流血, 不合人心, 不稽天意. 月令曰:『孟冬之月, 趣獄刑, 無留罪.』明大刑畢在立冬也. 又:『(孟)[仲]冬之月, 身欲寧, 事欲靜.』若以降威怒, 不可謂寧;若以行大刑, 不可謂靜. 議者咸曰:『旱之所由, 咎在改律.』臣以爲殷、周斷獄不以三微, 而化致康平, 無有災害. 自元和以前, 皆用三冬, 而水旱之異, 往往爲患. 由此言

---

344 『後漢書』 권3, 「肅宗孝章帝紀」, 148쪽.
345 『後漢書』 권3, 「肅宗孝章帝紀」, 153쪽.

之, 災害自爲它應, 不以改律. 秦爲虐政, 四時行刑, 聖漢初興, 改從簡
易. 蕭何草律, 季秋論囚, 俱避立春之月, 而不計天地之正, 二王之春,
實頗有違. 陛下探幽析微, 允執其中, 革百載之失, 建永年之功, 上有迎
承之敬, 下有奉微之惠, 稽春秋之文, 當月令之意, 聖功美業, 不宜中
疑.」書奏, 帝納之. 遂不復改.(陳寵傳)

【역문】 한(漢)의 고사(故事)에는 재판을 하고 사형(死刑)을 논죄[346]하는 데는
항상 겨울인 10월, 11월, 12월을 모두 이용했다.[347] 이때 장제는 처음으
로 이를 고쳐 겨울의 시작인 10월만을 이용하기로 했다. 원화 2년에 가
뭄이 들었다. 장수교위(長水校尉)[348] 가종(賈宗) 등이 상주하여 "재판을
행하는 때에 겨울 3개월 모두를 이용하지 않으므로 음의 기운이 미약하
고 양의 기운이 흘러나오고 있는데 가뭄을 부른 원인은 여기에 있습니
다."라고 하였다. 장제는 그 의견을 공경(公卿)에게 내려 의론하게 하였
다. 진총이 상주하여 아뢰기를 '무릇 동지의 절기에 양의 기운이 처음으
로 일기 시작하므로 11월에는 란(蘭), 사간(射干), 운(芸), 려(荔)[349]가 돋

---

346 李賢注. 報는 論이라는 의미이다. 重은 死刑이라는 의미이다.

347 중국 고대의 전통적 음양사상으로 계절에 관해서 말하자면, 만물이 생육하는 시기(봄과 여름)는
양기가 성하고. 반대로 가을과 겨울이 되면 음기가 강해 만물이 죽는다고 본다. 형벌과 덕치도 각
각 음과 양의 범주에 들어있고. 음인 형벌의 집행은. 음인 가을과 겨울에 실시해야만 했다. 구체적
으로 전한 시기에 죄의 재판과 처리는 三冬月에만 해야 했다. 적어도 입춘이 되면 형을 집행할 수
없었고, 미결된 채 赦令이 내려져 사면되었다. 사형에 대해서는 적어도 입춘 전까지 집중해서 집
행되었다고 해도 좋을 것이다. 단 사형 중에도 가장 무거운 모반대역죄를 범한 자의 처형은 가을
을 기다리지 않고 형을 집행했다. 후한시대는 전한시기에 비해 유교적 예교주의가 제도 전반에 있
어 색채가 짙어진다. 후한시기 동안. 입춘을 지나면 원칙적으로 사형의 집행은 이뤄지지 않고, 시
대가 흐르면서 가벼운 죄는 계절의 관련을 받지 않게 된다. 그리고 당대가 되어, 獄官令에 '사형에
관한 법 절차와 형 집행은 입춘부터 추분까지는 정지하라'고 규정되어 있다. 또 이것을 위반하면
징역 1년형에 처한다고 斷獄律에 적혀 있다. 사형을 집행하는데도 정해진 시기가 있었고, 1개월 중
에도 집행하기 적당한 날이 정해져 있었다. 유학 경전의 하나인 『周禮』「秋官」, '鄕士'에 "날을 골
라 사형하고, 이것을 3일간 진열한다"에 대한 후한 鄭衆의 注에는 "干支의 조합 상태가 좋은 날을
고른다. 오늘날로 말하면, 望後日." 「望後日」은 15일 이후. 즉 한대에는 사형이 15일 이후에 집행되
었음을 말한다. 당대에는 사형을 집행해서는 안 되는 날이 있었고, 그에 대한 자세한 규정이 있었
다. 大祭祀날. 대제 전날의 致齊日(근신일) 朔日(1일) 朢日(15일), 卜筮(8일 전후)과 上弦(20일 전후
후). 24기에 해당하는 날(입춘, 경칩과 같은 24절기), 비오는 날, 날이 밝지 않은 시간, 斷屠日(1, 8,
14, 15, 18, 23, 24, 28, 29, 30), 이상의 날은 사형을 해서는 안 된다고 唐獄官令에 쓰여 있다.

348 長水校尉: 관직명. 東漢때에 설치한 五校尉 중의 하나이며, 중앙 禁衛軍 중의 胡騎兵을 통솔하였
다. 品秩은 比2천석, 삼국시대에 4품이었으며, 屬官을 두었다.

아나는 반응이 있습니다. 시령350에는 '모든 생물이 움직이고,351 신체를 안정시킨다.'352라고 되어 있습니다. 천통(天統)은 (11월을) 정월로 삼고 주(周)는 (11월을) 봄으로 삼습니다.353 12월에 양의 기운이 상승하고 꿩은 울고 닭은 알을 낳습니다. 지통(地統)은 (12월을) 정월로 삼고, 은(殷)은 (12월을) 봄으로 삼습니다. 13월354에 양의 기운은 이미 고루 미치고 천지는 이미 교합하여, 만물이 모두 (땅에서) 나오고 겨울잠 자던 벌레가 비로소 움직입니다. 인통(人統)은 (13월을) 정월로 삼고, 하(夏)는 (13월을) 봄으로 삼습니다. 이와 같이 세수(歲首)의 차이에 의해 삼정(三正)이 확실히 나타나게 되어 삼통(三統)355을 통하는 것입니다. 주(周)는 천통(天統)을, 은(殷)은 지통(地統)을, 하(夏)는 인통(人統)을 이용했습니다. 만약 이러한 때에 형벌을 행한다면 은(殷)과 주(周)의 세수(인 11월과 12월)에 모두 피를 흘리게 되어 인심에 합하지 않고 천의를 살피지 않는 것입니다. 월령에 이르길, '맹동의 달(인 10월)에 형벌을 빨리 행하고 죄가 있는 자를 남겨 두어서는 안 된다.'고 되어 있습니다. 분명하게 사형이 끝나는 것은 입동의 시기입니다. 또한 중동의 달(인 11월)에는 몸이 편안하고자 하고, 일은 고요하고자 합니다. 만약 큰 형벌을 행한다면 고요하다고 할 수 없습니다. 의론하는 자들이 모두 말하기를 '가뭄이 든 까닭은 법률을 고친 것에 있습니다.'라고 하고 있습니다. 신이 생각하기에는, 은(殷)과 주(周)는 처형을 행하는 데 있어서 삼정의 달을 이용하지 않았지만 그 교화는 태평을 가져왔고 재해는 없었습니다. 원화 연간 이전에는

---

349 射干은 범부채의 뿌리. 芸은 香草, 荔는 산에서 나는 골풀.

350 時令: 月令.

351 李賢注. 蕩은 動이라는 의미이다.

352 李賢注. "禮記月令, 仲冬諸生蕩, 君子齋戒, 安形性也." 『禮記』 월령에 "仲冬에 모든 생물은 움직이고 군자는 齋戒하고 심신을 안정시킨다."라고 되어 있다.

353 李賢注. 正과 春은 모두 시작이라는 의미이다. 11월은 만물이 희미하고 아직 확실하지 않다. 天統은 11월을 正으로 하고, 주는 11월을 歲首로 한다.

354 李賢注. 13월은 唐의 正月을 말한다.

355 三統: 삼통설이란 역대왕통을 흑 백, 적의 세 가지 계통으로 환원해서 설명하는 것으로 하를 흑통, 은을 백통, 주를 적통으로 하고, 이후 삼통의 순환을 교체의 이법으로 삼았다. 이 사상은 전한 말에 유흠이 강조했는데 그 원형은 이미 무제 때에 나타났다.

모두 (사형을 행하는 데에) 겨울 3개월을 이용하지 않았지만 홍수나 가뭄 같은 이변은 종종 사람들의 우환이 되었습니다. 이러한 것들로부터 말씀드리자면, 재해는 다른 일에 따른 반응이지, 법률을 고친 것이 그 원인이지는 않습니다. 진(秦)이 포학한 정치를 하고 사시사철 형벌을 행하여 성스러운 한나라가 처음 흥기하자 이것을 고쳐 간이에 따랐습니다. 소하가 법률을 새로 만들어 계추(9월)에 죄수를 논죄하고 그와 함께 (형벌을 집행하는 데에) 입춘의 달을 피했지만 천지의 정(正)과 삼왕의 봄을 고려하지 않은 것은 실로 (정도에) 어긋남이 있습니다. 폐하께서 유원하고 미묘한 도리를 탐구, 분석하시고 실로 중정(中正)의 도를 견지하시어 백년에 걸친 잘못을 고치시고 영원히 남을 공적을 세우시어 위로는 천의를 따른 경(敬)이 있고, 아래로는 삼정을 받든 은혜가 있어 춘추의 문장에 합치하고 월령의 뜻에 맞으니 이는 위대한 공로(功業)이자 아름다운 업적으로 중도에 바꾸어서는 안 됩니다."라고 하였다. 글은 상주되었고 장제가 이를 받아들여 다시는 고치지 않았다.[356](『후한서』「진총전」)

【원문】 三年, 詔曰: 蓋君人者, 視民如父母, 有憯怛之憂, 有忠和之敎, 匍匐之救. 其嬰兒無父母親屬, 及有子不能養食者, 稟給如律.(紀)

【역문】 원화 3년(86년), 조서를 내려 "대개 군주인 자는 백성을 부모와 같이 보고, 슬퍼하고 비통해 하는 근심이 있고, 진실되고 온화한 가르침이 있고, 전력을 다해 구할 수 있어야 한다. 갓난아이로 부모나 친척이 없는 자나 아이가 있으나 먹이고 키울 수 없는 자가 있으면 율령과 같이 곡식을 주도록 하라."고 하였다.[357](『후한서』「숙종효장제기」)

【원문】 是年, 郭躬條諸重文可從輕者四十一事奏之, 事皆施行, 著于令.(郭躬傳)

---

356 『後漢書』 권46, 「陳寵傳」, 1550–1551쪽.
357 『後漢書』 권3, 「肅宗孝章帝紀」, 154쪽.

【역문】 이해, 곽궁358이 여러 중죄(重罪)의 법령으로, 형벌을 가볍게 해야 하는 41개 사항을 열거하여 상주하자 그것이 모두 시행되어 율령으로 편성되었다.359(『후한서』「곽궁열전」)

【원문】 章和元年正月, 乃召襃持班固所上叔孫通漢儀十二篇, 敕襃曰:「此制散略, 多不合經, 今宜依禮條正, 使可施行.」 襃乃次序禮事, 依準舊典, 爲百五十篇, 其年十二月奏上. 會帝崩, 太尉張酺、尙書張敏等奏襃擅制漢禮, 破亂聖術, 宜加刑誅. 而漢禮遂不行.(曹襃傳)

【역문】 장화 원년(87년) 정월, 조포360를 불러 반고가 올린 숙손통의 『한의(漢儀)』 12편을 주고, 조포에게 칙서를 내려 말하길 "이 제도는 흩어져 생략되어 대부분 경에 부합하지 않으니 지금 마땅히 예의를 따르고 조목을 바로잡아서 시행하게 해야 한다."라고 하였다. 조포가 이에 예사를 순서대로 하고 구전에 의거하여 150편을 만들어 그해 12월 황상에게 상주하였다. 마침 황제가 붕어하고, [화제가 즉위하자] 태위 장포가 상서 장민 등에게 아뢰어 조포가 멋대로 한례(漢禮)를 제정하여 성인의 가르침을 어지럽히고 있으니 형벌을 가해 죽이는 게 마땅하다고 하여, 한례(漢禮)는 끝내 행해지지 못했다.361(『후한서』「조포열전」)

---

358 郭躬(1年－94年)의 字는 仲孫, 父는 郭弘으로 決曹掾을 맡아 삼십년간 獄訟의 심판을 공정하게 처리하였다. 郭躬은 부친의 사업을 계승하여 법률을 강습하였다. 후에 廷尉, 司空을 역임하였다.
359 『後漢書』 권46, 「郭躬列傳」, 1544쪽.
360 曹襃(?－102年)의 자는 叔通이고, 경학박사를 지낸 曹充의 아들이다. 章帝 때 명령을 받아 禮制를 정리하고 冠婚凶吉의 제도를 마련했다. 가학을 계승하여 『慶氏禮』에 정통했고, 叔孫通의 예학을 정밀히 연구했다. 저서에 『通義』와 『演經雜論』이 있다.
361 『後漢書』 권35, 「曹襃列傳」, 1203쪽.

⦿ 和帝 화제[362]

【원문】 永元六年, 寵又鉤校律令條法, 溢於甫刑者除之. 其略曰: 今律令
死刑六百一十, 耐罪千六百九十八, 贖罪以下二千六百八十一, 溢於甫
刑者千九百八十九, 宜令三公、廷尉平定律令, 應經合義者, 可使大辟
二百, 而耐罪、贖罪二千八百, 并爲三千, 悉刪除其餘. 事未及施行"(陳
寵傳)

【역문】 한(漢) 화제(和帝) 영원 6년(94년)에 진총(陳寵)은 율령의 규정을 다시
검토해서 형벌규정 가운데『보형(甫刑)』의[363] 조문을 벗어나는 것은 삭제
할 것을 다음과 같이 상주하였다. "현재 율령에는 죄를 범한 경우에 사형
에 해당하는 조항이 610조, 2년형 이상의 내죄(耐罪)에 해당하는 조항이
1698조, 속죄(贖罪) 이하 조항이 2,681조가 있습니다. 따라서『보형』을
초과하는 것이 1,989조로 [형법이 지나치게 번다하니] 마땅히 삼공[364]과 정
위에게 명해서 평의(評議)를 모아 율령을 수정하는데, 경서의 정신에 합
치하여[365] 실시할 만한 것을 정리해서 사형에 상당하는 죄의 조항 2백과
내죄(耐罪) 및 속죄(贖罪)의 조항 2,800조를 합쳐서 3,000조로 하고, 나머
지 1,989조는 모두 신중하게 살펴서 삭제하는 것이 좋을 듯합니다."[366]
이러한 진총의 건의는 시행되지 않았다.[367](『후한서』「진총열전」)

---

362 和帝: 東漢의 제4대 황제로 재위는 88–105년. 이름 劉肇. 부친은 章帝로 10세에 즉위하여 태후가
정사를 처리했고 외척 鄧彪도 太傅가 되어 조정을 좌우하였다. 화제 이후 계속 어린 황제가 등극
하여 외척과 환관이 정치를 전횡하게 되었고 東漢은 이로 인해 쇠퇴의 길로 접어들었다.
363 「甫刑」: 즉『呂刑』으로『尚書』의 篇名.『禮記』나『孝經』에서는『呂刑』을 모두『甫刑』이라 하고
있다. 呂는 西周의 제후국으로 후에 甫로 개칭함. 呂侯는 곧 甫侯로 穆王 시에 司寇가 되어 형법을
제정하였다.
364 三公: 황제를 보좌하여 국가의 군정대권을 관장하는 최고의 정부 관리.
365 應經合義: 儒家經典과 道理에 부합하는 것.
366 詳除: 신중하게 살펴서 삭제하는 것.
367『後漢書』권46,「陳寵傳」, 1554쪽의 본문의 문장은 이래 문장 중에 줄친 부분만을 인용한 것이다.
"永元六年, 寵代郭躬爲廷尉. 性仁矜. 及爲理官, 數議疑獄, 常親自爲奏, 每附經典, 務從寬恕, 帝輒
從之. 濟活著甚衆. 其深文刻敝, 於此少衰. 寵又鉤校律令條法, 溢於甫刑者除之曰, 臣聞禮經三百,
威儀三千, 故甫刑大辟二百, 五刑之屬三千. 禮之所去, 刑之所取, 失禮則入刑, 相爲表裏者也. 今律
令死刑六百一十, 耐罪千六百九十八, 贖罪以下二千六百八十一, 溢於甫刑者千九百八十九, 其四百

【원문】 八年, 詔郡國中都官繫囚減死一等, 詣敦煌戍. 其犯大逆, 募下蠶室, 其女子宮. 自死罪已下, 至司寇及亡命者入贖, 各有差.(紀)

【역문】 8년(96년), 조서를 내려 "군국의 중도관에 감금된 죄수를 사죄에서 1등급 감해주고, 돈황에 보내 수자리에 복역하도록 하라. 대역을 범한 자는 잠실에 보내는 궁형에 처하고 여자는 유폐하는 궁형에 처한다. 사죄(死罪) 이하부터 사구와 도망자에 이르기까지 죄의 등급에 따라 속형의 금액을 각각 차등 있게 하라."고 하였다.[368](『후한서』「효화제기」)

【원문】 九年復置若盧獄官. 注, 主鞫將相大臣也.(紀)

【역문】 9년(97년)에 다시 약로옥관을 설치했다. 주에 "장상과 대신의 심문을 주로 하는 곳이다."고 하였다.[369](『후한서』「효화제기」)

【원문】 十五年, 有司奏, 以爲夏至則微陰起, 靡草死, 可以決小事. 是歲, 初令郡國以日北至案薄刑.(紀)

【역문】 15년(103년), 담당 관리가 상주하여 "하지에는 미약한 음기가 일어나 냉이가 시들어 죽습니다. 이러한 때에 작은 죄를 처단해야 합니다."[370]라고 하였다. 이해 처음으로 군국에 명령하여 북지(하지)에 가벼운 형벌을

一十大辟, 千五百耐罪, 七十九贖罪. 春秋保乾圖曰, 王者三百年一蠲法. 漢興以來, 三百二年, 憲令稍增, 科條無限. 又律有三家, 其說各異. <u>宜令三公、 廷尉平定律令, 應經合義者, 可使大辟二百, 而耐罪、 贖罪二千五百, 并爲三千, 悉刪除其餘令</u>. 與禮相應, 以易萬人視聽, 以致刑措之美, 傳之無窮, <u>未及施行</u>. 會坐詔獄吏與囚交通抵罪. 詔特免刑, 拜爲尚書, 遷大鴻臚."

368 『後漢書』 권4, 「孝和帝紀」, 182쪽.

369 『後漢書』 권4, 「孝和帝紀」, 184쪽; 李賢注, "前書曰, 若盧獄屬少府. 漢舊儀曰, 主鞫將相大臣也."; 『漢書』에 '약로옥은 少府에 속한다'고 나와 있고, 『漢舊儀』에 '장상대신을 취조하는 것을 주임무로 한다'고 되어 있다.

370 李賢注, "禮記月令曰, 孟夏之月, 靡草死, 麥秋至, 斷薄刑, 決小罪. 鄭玄注云, 靡草薺·亭歷之屬. 臣賢案, 五月一陰爻生. 可以言微陰. 今月令云孟夏乃是純陽之月. 此言夏至者, 與月令不同." 즉 孟夏(음력4월. 초여름)의 달에 냉이가 시들고, 보리가 열매를 맺고, 가벼운 죄를 지은 자를 처단한다는 것이고, 정현주에 "靡草는 냉이(薺·), 다닥냉이(亭歷)의 종류이다"라 하고 있다. (唐의) 신하인 李賢이 고찰하기에 "5월에는 一陰爻가 나오는데, 이것을 微陰이라 할 수 있을 것이다. 현재의 월령에서 孟夏라고 하면 곧 純陽(4월)의 달이다. 여기에서 夏至(5월)로 하는 것은 월령에 합치하지 않는다."라 하고 있다.

집행하게 하였다.[371](『후한서』「효화제기」)

⦿ **殤帝** 상제[372]

【원문】延平九年, 自建武以來諸犯禁錮, 詔書雖解, 有司持重, 多不奉行, 其皆復爲平民.(紀)

【역문】 연평 9년, 조서를 내려 '건무 연간 이래, 금고[373]의 죄를 범한 자들 중 많은 이가 조서로 해금(解禁)되었다고 해도 담당관리는 중형을 유지하여 조령을 받들어 시행하지 않는 경우가 많았다. 현재 모두 그들의 형벌을 면제하고 평민이 되게 하라'고 하였다.[374](『후한서』「효상제기」)

⦿ **安帝** 안제[375]

【원문】永初元年, 復代梁鮪爲司徒. 初, 和帝末, 下令麥秋得案驗薄刑, 而州郡好以苛察爲政, 因此遂盛夏斷獄. 恭上疏皆以立秋爲斷, 以順時節. 肅宗時, 斷獄皆以冬至之前, 自後論者互多駁異. 鄧太后詔公卿以下會議, 恭議言十一月, 十二月陽氣潛臧, 未得用事. 大辟之科, 盡冬月乃斷. 其立春在十二月中者, 勿以報囚如故事. 後卒施行.(魯恭傳)

【역문】 영초 원년(107년), 노공(魯恭)이 양유[376]를 대신하여 사도가 되었다. 화제(和帝) 말년에 영을 내려 맥추(麥秋)[377]에 경미한 죄를 심문하는 것을

---

371 『後漢書』 권4, 「孝和帝紀」, 192쪽.
372 殤帝(105-106)는 後漢의 제5대 황제로 생후 100일이 갓 지났을 때 황위에 올라 실권을 외척이 장악했다. 和帝는 많은 皇子를 두었는데, 대부분이 요절했다. 화제가 죽자 太后 鄧씨는 맏아들 劉勝이 지병이 있음을 이유로 삼아 당시 백일이 갓 지난 유융을 황제에 즉위시켰다. 즉위한 이듬해에 병으로 죽어, 요절했다는 의미의 孝殤皇帝라는 시호가 부여되었다. 중국 역대 황제 중 최연소 황제.
373 禁錮: 범죄로 인하여 본인 및 그의 자녀가 관리가 되거나 사회정치활동에 참여하는 것을 금지하는 것.
374 『後漢書』 권4, 「孝殤帝紀」, 197쪽.
375 安帝: 後漢의 第6代皇帝. 第3代皇帝 章帝의 孫. 父는 淸河孝王 劉慶. 母는 左姬.
376 梁鮪: "漢官儀曰, 鮪字伯元, 河東平陽人也."

허락했지만, 주군(州郡)이 제멋대로 잔혹한 심문을 행하여 정사(政事)로 삼았으므로 이것으로 인하여 결국 성하(盛夏)에 재판을 행하게 되었다. 노공은 상소를 올려 재판은 마땅히 입추에 행하는 것으로 하고, 그것으로 시절(時節)을 따라야 한다고 하였다. 또한 장제(章帝) 때는 재판을 행하는 것이 모두 동지(冬至) 이전으로 되어 있었다. 이후에 논자들이 서로 반박을 많이 하였다. 이에 등황태후가 공경(公卿) 이하에게 조서를 내려 회의하게 하였다. 노공이 의론하여 11월과 12월은 양기가 사그라져서 일을 행할 수 없다고 아뢰었다. 사형의 집행은 겨울이 다하고 나서 시행해야 한다고 하였다. 더구나 입춘이 12월 중에 있으면 종전의 사례처럼 죄수를 심문하지 말아야 한다고 아뢰었다. 뒤에 (노공이 건의한 내용은) 결국 시행되었다.[378](『후한서』「노공열전」)

【원문】 是年, 詔死罪以下及亡命贖各有差.(紀 二年及延光三年, 俱有贖罪之令.)

【역문】 이해에 조서를 내려, "사죄(死罪) 이하와 도망자의 속죄는 범죄의 경중에 따라 각각 차등이 있게 하라."고 하였다.[379](『후한서』「효안제기」, 영초 2년 및 연광 3년 모두 속죄의 법령이 있었다.)

【원문】 四年, 詔自建初以來, 諸祅言它過坐徙邊者, 各歸本郡, 其沒入官爲奴婢者, 免爲庶人.(紀)

【역문】 4년(110년), 조서를 내려 "건초 연간 이래로 여러 요망한 말을 퍼뜨리거나 다른 잘못을 범해 변경으로 보내진 죄를 받은 자는 각각 본군으로 돌려보내고, 재산이 몰수되고 관의 노비가 된 자는 모두 면하여 서인으로 하여라."고 하였다.[380](『후한서』「효안제기」)

---

377 麥秋: 4월.
378 『後漢書』 권25 「魯恭列傳」 878-882쪽.
379 『後漢書』 권5 「孝安帝紀」, 208쪽; 『後漢書』 권5, 「孝安帝紀」, 224쪽.
380 『後漢書』 권5 「孝安帝紀」, 215쪽.

【원문】 永初中, 奏上三十三條, 爲決事比. 又上除蠶室刑, 解贓吏三世禁錮, 狂易殺人得減重論, 母子兄弟相代死聽赦所代者, 事皆施行.(陳忠傳)

【역문】 영초 연간에 진충이 33조를 결사비(決事比)로 할 것을 상주하였다.[381] 또 궁형을 폐지하고,[382] 재물을 부정하게 취득한 관리에 대해서 3대에 걸쳐 관리가 되는 것을 금지한다는 제도를 해제하고,[383] 광기로 실성해서 타인을 살해한 경우에는 사형보다 가벼운 형벌로 처벌할 수 있도록 하고,[384] 모자형제(母子兄弟)가 대신해서 사형을 받고자 하는 경우에는 대신하게 되는 본인을 사면해줄 것을 상주하여 모두 시행할 수 있게 되었다.[385](『후한서』「진충열전」)

【원문】 元初三年, 初聽大臣、二千石、刺史行三年喪.(紀)

【역문】 원초 3년(116년), 처음으로 대신·2천석·자사에게 3년상을 행하는 것을 처음으로 허락하였다.[386](『후한서』「효안제기」)

【원문】 建光元年, 復斷大臣二千石以上服三年喪.(紀)

【역문】 건광 원년(121년), 대신·2천석 이상이 삼년상을 하는 것을 다시 금지했다.[387](『후한서』「효안제기」)

---

381 奏上三十三條: 『後漢書』「陳寵傳」과 『文獻通考』에는 모두 二十三條로 되어 있다. 決事比: 律典 중에 명확한 규정이 없는 것에 대해서 기존에 행해진 判決의 사례를 인용해서 律文의 判例로 삼는 것. 皇帝에게 보고하여 심의를 거치면 律令과 같은 효과를 가지며 이후 斷案의 근거가 될 수 있다.

382 蠶室刑: 宮刑의 별칭. 腐刑이라고 칭한다. 고대에 범인의 생식기를 제거하는 酷刑이다. 고대의 일부 문헌에는 남자는 물론 여자에게도 행해졌다고 하나 『二年律令』에 의하면 여자에게는 宮刑이 없었던 것이 확실하다. 宮刑을 행할 때는 바람과 추위를 피해야 할 필요가 있기 때문에 잠실처럼 밀폐된 곳에서 죄인에게 형벌을 가한다. 이런 이유로 宮刑을 蠶室刑이라고 칭하였던 것이다.

383 禁錮: 범죄로 인하여 본인 및 그의 자녀가 관리가 되거나 사회정치활동에 참여하는 것을 금지하는 것.

384 狂易: 精神異常. 神經錯亂. 『漢書』「外戚傳」下: "(張)由素有狂易病" 顔師古注: "狂易者, 狂易變易常性也."

385 『後漢書』 권46, 「陳忠列傳」, 1556쪽.

386 『後漢書』 권46, 「陳忠列傳」, 1556쪽; 李賢注, "文帝遺詔以日易月. 於後大臣遂以爲常, 至此復遵古制也."

【원문】 尚書令祝諷、尚書孟布等奏, 以爲孝文皇帝定約禮之制, 光武皇帝絶告寧之典, 貽則萬世, 誠不可改. 宜復建武故事. 忠上疏曰: 群司營祿念私, 鮮循三年之喪, 臣願陛下登高北望, 以甘陵之思, 揆度臣子之心, 宦豎不便之, 竟寢忠奏而從諷、布議, 遂著于令. (陳忠傳)

【역문】 상서령 축풍(祝諷)과 상서 맹포(孟布) 등이 상주하여 "문제(文帝)께서는 박장(薄葬)의 예제를[388] 제정하시고, 광무제께서는 길사(吉事)나 흉사(凶事)가 있을 때 관리가 휴가를 얻어 귀성하는 제도[389]를 폐지하였는데, 이것은 만세 전하는 규칙이 되어 바꿀 수 없습니다. 마땅히 건무 시기의 제도를 회복해야 합니다."라고 하였다. 진충이 상소하여 "여러 벼슬아치들은 봉록을 추구하고 사적인 생각만 하여 삼년상을 따르는 이가 드뭅니다. 저는 폐하께서 높은 곳에 오르셔서 북쪽을 바라보시어 감릉(甘陵) 중에 모친을 생각하는 마음으로 신하의 마음을 헤아려 주시길 바라옵니다."라고 하였다. 환관이 이것을 불편하다고 생각하여 마침내 진충의 상주를 중지시키고 축풍·맹포의 뜻에 따라 그대로 율령으로 편성하였다.[390](『후한서』「진충열전」)

【원문】 五年, 詔曰: 舊令制度, 各有科品, 欲令百姓務崇節約. 遭永初之際, 人離荒厄, 朝廷躬自菲薄, 去絶奢飾, 食不兼味, 衣無二綵. 比年雖獲豐穰, 尚乏儲積, 而小人無慮, 不圖久長, 嫁娶送終, 紛華靡麗, 至有走卒奴婢被綺縠, 著珠璣. 京師尚若斯, 何以示四遠? 設張法禁, 懇惻分明, 而有司惰任, 訖不奉行. 秋節旣立, 鷙鳥將用, 且復重申, 以觀後效. (紀)

---

387 『後漢書』 권5, 「孝安帝紀」, 234쪽.
388 李賢注. 約은 儉이라는 의미이다. 文帝가 붕어하자 遺詔를 남겨 喪禮를 생략시켜 月을 日로 대체하여 약 36일로 상을 해석하는 것으로 하고 이것이 후에 故事가 되었다. 『통전』에서는 후위율을 인용하여 삼년상을 하고 있는 사람이 애통함을 무릅쓰고 관직을 구한 경우에는 5년형에 처한다고 한다. 당률에는 服喪 기간인데도 애통함을 무릅쓰고 관직을 구한 경우에는 1년형에 처한다고 한다.
389 告寧: 吉事나 凶事가 있을 때 관리가 휴가를 얻어 귀성하는 제도.
390 『後漢書』 권46, 「陳忠列傳」, 1560쪽.

【역문】 5년, 조서를 내려 "한(漢)의 법령제도에는 각각 등급규정이 있어 백성들은 반드시 절약을 숭상하도록 하였다. 영초 연간에 이르러 백성들이 심한 재난의 피해를 받게 되자 조정은 먹는 것과 비용을 줄이고, 사치와 낭비를 끊고, 음식은 2개의 채소를 먹지 않고, 옷은 두가지 색 이상의 옷을 입지 않았다. 근년에 풍년을 거두었지만 여전히 저축하기에는 부족하나 소인들은 사려가 부족하고 대비를 길게 하지 않아 혼인과 장례는 화려하고 사치스럽고, 심지어 심부름꾼과 노비가 화려한 비단을 입고 머리에는 진주를 착용하는 일이 생기는 데 이르렀다. 경사(京師)[391] 조차 이와 같으면, 어찌 사방이 멀리 떨어진 곳까지 모범을 보일 수 있겠는가? 설치한 법률금령은 간절하고 분명한데 담당 관리가 임무를 게을리하고, 시종 집행을 준수하지 않고 있다. 입추가 이미 지났으니 법령을 준수하지 않는 관원은 제사 때 사용하는 지조(鷙鳥)처럼 징벌하도록 하고, 다시 거듭 명백히 밝혀서 나중의 효과를 살피도록 하라."고 하였다.[392](『후한서』「효안제기」)

◉ **順帝**　순제[393]

【원문】 永建元年, 詔減死罪以下徙邊, 其亡命贖各有差.(紀 陽嘉元年, 永和五年, 漢安二年, 俱有贖罪之令). 四年, 詔民入山鑿石發洩藏氣, 有司檢察, 所當禁絶者, 如建武永平故事.(紀)

【역문】 영건 원년(126년), 조서를 내려 "사죄 이하를 죄를 감하여 변방으로 보내고, 도망자는 속금에 각각 차등이 있게 하라."고 하였다.[394](『후한서』

---

391 京師: 首都. 즉 洛陽.

392 『後漢書』 권5. 「孝安帝紀」, 228-229쪽.

393 順帝: 後漢 제8대 皇帝로 재위는 125년~144년. 安帝 末年부터 권세를 징익힌 외식 閻氏나 側近의 宦官의 讒言에 의해 일시 황위에서 밀려나지만 宦官인 孫程의 쿠데타에 의해 다시 권좌를 되찾았다. 擁立의 공로자인 孫程 등 宦官들을 후로 봉하여 환관세력이 팽창하였다.

394 『後漢書』 권6. 「孝順孝帝紀」, 260쪽; 『後漢書』 권5. 「孝安帝紀」, 208쪽; 『後漢書』 권5. 「孝安帝紀」, 224쪽.

「효순효제기」 양가 원년, 영화 5년, 한안 2년 모두 속죄의 '영'이 있었다.) 4년(129
년), 조서를 내리기를, "백성이 산에 들어가 돌을 깎아내어 땅 속의 기운
을 빠져나가게 하니 담당 관리가 검찰하여 마땅히 금지하는바, 건무 연
간과 영평 연간의 규정과 같게 하라.[395](『후한서』「효순효제기」)

【원문】 是年, 詔宦官襲封爵, 定著令.(孫程傳)

【역문】 이해, 조서를 내려 환관[의 처자는 모두 상속자로] 봉작(封爵)을 잇는 것
으로 법령을 제정하였다.[396](『후한서』「손정열전」)

【원문】 陽嘉二年, 郎顗條便宜七事, 以爲文帝改法, 除肉刑之罪, 至今適
三百載, 宜因斯際, 大蠲法令.(郎顗傳)

【역문】 양가2년(133년), 낭의가 이용하기에 편리하고 마땅한 7건의 사항을
만들었는데, (그중 하나가 아래와 같다.) "문제(文帝)가 법을 개정하여 육형
의 죄를 없애고부터 지금에 이르기까지 딱 300년이 되었습니다. 마땅히
이때를 기해 크게 법령을 삭제해야 합니다."고 하였다.[397](『후한서』「낭의
열전」)

◉ 沖帝 충제[398]

【원문】 沖帝卽位, 令郡國中都官繫囚減死一等, 徙邊, 謀反大逆, 不用此
令.(紀)

【역문】 충제가 즉위하여(145년) 군국, 중도관에 갇혀 있는 사형수는 죄를 한
등급 감하여 변방으로 옮기는데, 모반대역자에게는 이 영을 적용하지

---

395 『後漢書』 권6 「孝順孝帝紀」, 256쪽.
396 『後漢書』 권78 「宦者列傳」(孫程傳) 2518쪽.
397 『後漢書』 권30하 「郎顗列傳」 1058쪽 및 1065쪽.
398 沖帝: 順帝의 子로 태어나 144년에 順帝가 崩御하자 겨우 2歲로 즉위하였다. 145년 3歲인 沖帝는
病死하였지만, 外戚인 梁冀에 의해 독살된 것으로 보고 있다.

말라고 하였다.(『후한서』권6, 「효충제기」)

◉ **質帝** 질제[399]

【원문】 質帝卽位, 詔中都官繫囚非殊死, 考未竟者, 一切任出, 以須立秋.
(紀)

【역문】 질제가 즉위하여(146년) 조서를 내려 '중도관에 갇혀 있는 죄수 중
사형이 아니고 심문이 아직 끝나지 않은 자는 일단 모두 임출(任出)[400]시
키고 [판결은] 입추까지 기다리게 하라'고 하였다.[401](『후한서』「효질제기」)

【원문】 本初元年, 詔曰: 頃者, 州郡輕慢憲防, 競逞殘暴, 造設科條, 陷入
無罪. 其敕有司, 罪非殊死, 且勿案驗, 以崇在寬.(紀)

【역문】 본초 원년(146년), 조서를 내려 "근자에 주군(州郡)에서는 헌법을 가
벼이 보고 태만하며, 다투어 잔학한 폭력을 행사하고, 멋대로 법률 조령
을 만들어 죄가 없는 자를 함정에 빠뜨리고 있다. 담당 관리에게 칙서를
내려 죄가 사형이 아니면 심문하지 않음으로써 관용을 숭상하도록 하
라"고 하였다.[402](『후한서』「효질제기」)

---

399 質帝: 後漢의 10대 皇帝. 재위는 145년~146년. 冲帝가 在位 6개월로 崩御한 後, 梁冀에 의해 章帝
의 玄孫인 劉纘이 皇帝에 擁立되었다. 『後漢書』에는 梁冀의 그 일족의 진횡이 깅한 朝廷는 腐敗
하였지만, 梁冀의 권세가 두려워서 누구도 간언을 하지 않았다고 한다.
400 李賢注. "任, 保也." 임이라는 것은 保를 뜻한다. 즉, 보증인을 세워서 출옥시킨다는 의미.
401 『後漢書』권6 「孝質帝紀」, 278쪽.
402 『後漢書』권6 「孝質帝紀」, 280쪽.

● **桓帝** 환제[403]

【원문】桓帝卽位, 詔臧吏子孫, 不得察擧.(紀)

【역문】환제가 즉위하여(147년) 조서를 내려 "뇌물을 받은 관리의 자손에 대해서는 천거를 금한다."고 하였다.[404](『후한서』「효환제기」)

【원문】建和元年, 詔州郡不得迫脅驅逐長吏. 長吏臧滿三十萬而不糾擧者, 刺史、二千石以縱避爲罪. 若有擅相假印綬者, 與殺人同棄市論.(紀)

【역문】건화 원년(147년), 조서를 내려 "주군(州郡)이 멋대로 장리(長吏)를 협박하여 쫓아낼 수 없게 하라. 장리로서 뇌물을 받은 액수가 30만전을 넘는데도 죄가 드러나지 않은 자는 (그 장리의 상관인) 자사와 이천석을 종피(縱避)[405]로써 벌하도록 하라. 만약 멋대로 (장리의) 인수(印綬)[406]를 빌려주는 자가 있으면 살인죄와 같이 기시로 논죄하라."고 하였다.[407](『후한서』「효환제기」)

【원문】是年, 詔郡國繫囚減死罪一等, 勿笞. 唯謀反大逆, 不用此書. 十一月, 減天下死罪一等, 戍邊.(紀 三年及和平元年, 永興元年, 二年, 俱有減死罪及贖罪之令.)

【역문】이해, 조서를 내려 "군국의 죄수는 사죄를 한 등급 감하고 태를 가하지 말라. 다만 모반대역 죄인에게는 이 조서를 적용하지 말라."고 하

---

403 桓帝: 後漢의 第11代 皇帝. 재위는 146年–167年. 質帝가 梁冀에 의해 毒殺된 後、梁冀와 그 妹인 梁太后에 의해서 반대를 누르고 擁立되었다. 卽位 後 質帝 代와 마찬가지로 梁冀의 전횡이 지속되어 梁冀는 妹를 桓帝의 皇后로 세웠다. 梁冀는 李固를 殺害하는 등 반대자에 대한 탄압을 강화하였다. 양기의 專橫에 반발한 桓帝는 宦官 單超의 助力을 얻어 梁冀의 邸宅을 포위해서 주살하고 일족 전원인 300명 이상을 숙청하여 朝廷에서 人材不足이 발생하였다고 史書는 전하고 있다.

404 『後漢書』 권7 「孝桓帝紀」, 288쪽.

405 방임하고 회피함. 즉, 관리의 감독불이행.

406 벼슬자리에 任命될 때 임금에게서 받는, 身分이나 벼슬의 等級을 나타내는 官印을 몸에 차기 위한 끈. 관인의 꼭지에 닮.

407 『後漢書』 권7 「孝桓帝紀」, 289–290쪽.

였다. 11월, 천하의 사형수의 죄를 한 등급 감하고 변방으로 보내 수자리를 살게 하였다.[408](『후한서』「효환제기」3년과 화평 원년, 영흥 원년, 2년, 모두 사죄를 감하는 법령 및 속죄로 대체하는 영이 있었다.)

● **靈帝** 영제|[409]

【원문】 建寧元年, 令天下繫囚罪未決入縑贖, 各有差.(紀 三年, 熹平三年, 四年, 五年, 光和三年, 五年, 中平四年, 各有此令.)

【역문】 건녕 원년(168년), "천하의 죄수 중 아직 판결을 받지 않은 자는 비단을 납부하여 죄를 속환시키되 각각 차등이 있게 하라"고 명령하였다.[410] (『후한서』권8,「효령제기」3년, 희평3년, 4년, 5년, 광화3년, 5년, 중평4년, 각각 이 영이 있다.)

【원문】 二年, 中常侍侯覽諷有司奏前司空虞放等皆爲鉤黨, 下獄, 死者百餘人, 妻子徙邊, 諸附從者錮及五屬.(紀)

【역문】 2년(169년) 중상시 후람이 담당 관리에게 전(前) 사공 우방 등이 모두 당인(黨人)이 되었다고 아뢸 것을 넌지시 간하여, 하옥되어 죽은 자가 백여 인이었고, 처자(妻子)는 변방으로 보내지고, 연좌되어 금고(禁錮)를 받은 자가 오속(五屬)[411]까지 미쳤다.[412](『후한서』「효령제기」)

---

408 『後漢書』 권7 「孝桓帝紀」, 290쪽, 291쪽, 294쪽.

409 靈帝: 후한 제12대 황제. 재위는 168년~189년. 이름은 劉宏이다. 解瀆亭侯 유장의 아들로 태어났다. 즉위했을 때 환관 十常侍들이 황제의 귀와 눈을 막고 국정을 멋대로 처리하여 곳곳에서 반란의 조짐이 보였다. 결국 184년에 황건적의 난이 발발하였다. 얼마 안 가서 이 반란은 진정되었으나 영제는 중병에 걸리고 후계자 문제. 어머니 동태후와 부인 何皇后, 何皇后 오빠 대장군 何進 간의 암투에 휘말리다가 사망하였다. 영제의 재위기간이 끝남과 동시에 군웅할거 시대가 열리게 되었다.

110 『後漢書』 권8 「孝靈帝紀」, 330쪽, 337쪽, 340쪽, 344쪽, 347쪽, 354쪽.

411 李賢注, "五屬謂五服內親也." 五屬이란 五服 내의 친족을 이르는 것이다. 斬衰(3년), 齊衰(3년), 大功(9개월), 小功(5개월), 總麻(3개월)를 일러 五服이라 한다. 五服制度는 『儀禮』「喪服」을 근거로 가족관계의 親疎에 따라 斬衰三年 · 齊衰三年(齊衰杖周 · 齊衰不杖周) · 大功(長傷九月 · 中傷七月) · 小功五月傷 · 總麻三月傷으로 구분하여 복상대상과 복상기간을 규정하고 있다.

● **獻帝** 헌제413

【원문】 建安元年, 應劭刪定律令爲漢儀, 奏之.(文獻通考)

【역문】 건안 원년(196년), 응소가 율령을 산정하여 한의를 만들어 아뢰었
   다.414(『문헌통고』)

【원문】 建安中, 議者欲復肉刑, 孔融建議不可從之.(同上)

【역문】 건안 연간에 의론하는 자가 육형을 부활시키고자 하였는데, 공융이
   그것을 따르는 것이 불가함을 건의하였다.415(『문헌통고』)

【원문】 蔡邕請除三互法.(蔡邕傳)

【역문】 채옹이 삼호법416을 없앨 것을 청하였다.417(『후한서』「채옹열전」)

【원문】 橋玄乞下天下: 凡有劫質, 皆幷殺之, 不得贖以財寶, 開張姦路. 詔
   書下其章.(橋玄傳)

【역문】 교현이 천하에 포고하기를 요구하였다. "모든 재물이나 인신을 강
   탈하고 인질로 잡아 타인에게 재물을 강요한 자는 모두 죽이고 재보로

---

412 『後漢書』 권8 「孝靈帝紀」, 330~331쪽.
413 獻帝: 후한 마지막 황제. 재위기간은 189년~220년. 諱는 協. 靈帝(劉宏)의 次子. 母親은 王美人. 母
   는 劉協을 낳자 何氏의 嫉妬를 받아 毒殺되었다고 한다. 당시 朝廷에서는 外戚이었던 何進의 派
   閥과 十常侍 등 宦官의 勢力이 대립하였는데, 8月에 何進이 嘉德殿의 앞에서 十常侍에게 暗殺되
   자 袁紹 등이 거병해서 혼란에 빠졌다. 얼마 안 되어 환관세력은 패배하였다. 그 후, 조정의 실권
   은 董卓에 의해서 장악되었다. 9月、少帝가 폐위되어 弘農王으로 되자 대신하여 陳留王이 皇帝로
   옹립되었다. 그 후 계속된 혼란을 거쳐 196年에 曹操의 비호를 받아 헌제의 황권은 안정되었지만,
   실권은 조조에게 넘어갔다.
414 『文獻通考』 권164, 「刑考」三, 中華書局, 1986, 1423쪽.
415 『文獻通考』 권164, 「刑考」三, 中華書局, 1986, 1423쪽.
416 관직에 있는 인척끼리 서로 결탁하는 것을 막기 위해 만들어진 법. 삼호법은 본인 및 인척의 본적
   지에서 관리가 되는 일. 갑의 본적지에 을이 관리로 나가는 동시에 을의 본적지에 갑이 관리로 나
   가는 일 등을 금지하였다.
417 『後漢書』 권60상 「蔡邕列傳」 1991~1992쪽.

속하여 악행의 길을 열 수 없도록 해야 합니다." 황제가 조서를 내려 그
의 상주문에 동의하였다.[418](『후한서』「교현열전」)

---

[418] 『後漢書』 권51 「橋玄列傳」, 1696쪽.

漢律考

7

春秋決獄考一

춘추결옥고

【원문】 漢時去古未遠, 論事者多傅以經義. 食貨志公孫弘以春秋之義繩
臣下, 取漢相. 五行志武帝使(董)仲舒弟子呂步舒持斧鉞, 治淮南獄, 以
春秋誼專斷. 兒寬傳, 以寬爲奏讞掾, 以古法義決疑獄, 甚重之. 蓋漢人
家法如是. 考漢志有公羊董仲舒治獄十六篇, 七錄作春秋斷獄五卷, 隋
志作春秋決事十卷, 董仲舒撰, 唐志作春秋決獄, 崇文總目作春秋決事
比, 幷十卷. 是書宋初尙存, 後不知佚於何時. 應劭傳膠東相董仲舒老
病致仕, 朝廷每有政議, 數遣廷尉張湯親至陋巷, 問其得失, 於是作春
秋決獄二百三十二事, 動以經對. 王應麟困學紀聞云, 仲舒春秋決獄,
其書今不傳, 太平御覽載二事, 通典載一事, 所謂二百三十二事, 今僅
見三事而已. 朱彝尊經義考云, 藝文類聚有引決獄君獵得麑事, 是尙存
四事也. (按類聚六十六所引, 糸韓非子, 朱蓋誤記. 玉函山房輯本引作白帖, 卷二
十六). 今存者有王謨漢魏遺書, 馬氏玉函山房, 黃氏漢學堂叢書諸輯
本, 然皆寥寥數則, 不足以饜閱者之意. 按漢時大臣, 最輕經術, 武帝且

詔太子受公羊春秋. 鹽鐵論謂春秋之治獄, 論心定罪. 志善而違於法者免, 志惡而合於法者誅. 故其治獄, 時有出於律之外者. 古義紛綸, 迥異俗吏, 固不獨仲舒如是也. 茲篇所輯, 於仲舒決獄佚文之外, 又得若干條, 兩漢春秋決獄之事, 略具於斯, 匪獨仲舒一家之說, 抑亦治漢律者所必不可缺也. 作春秋決獄考.

【역문】 한대는 고대로부터 멀지 않아서 [법률] 사안을 논할 경우 경의를 많이 인용하였다. 『한서』「식화지」에는 "공손홍이 『춘추』의 의로서 신하들을 바로잡아 한나라의 재상이 되었다."[1]고 하였다. 『한서』「오행지」에는 "무제가 동중서의 제자 여보서에게 부월을 지니고 회남옥(淮南獄)을 다스리도록 하니, 『춘추』의 의로서 독자적으로 판결하였다."[2]라고 하였다. 『한서』「아관전」에는 "아관[3]을 주얼연(奏讞掾)[4]으로 삼자 옛 법의로 의옥을 판결하니 [장탕이] 그를 매우 중히 여겼다."[5]라고 하였다. 대개 한나라 사람들의 가법(家法)이 이와 같았다. 살펴보면, 『한서』「예문지」에는 "『공양동중서치옥』 16편",[6] 『칠록』[7]에는 "『춘추단옥』 5권", 『수서』「경적지」에는 "『춘추결사』 10권, 동중서가 편찬하였다.",[8] 『구당서』「경적지」와 『신당서』「예문지」에는 "『춘추결옥』",[9] 『숭문총목』[10]

---

1 『漢書』 권24下, 「食貨志」, 1160쪽.
2 『漢書』 권27下, 「五行志」, 1333쪽. "上思仲舒前言, 使仲舒弟子呂步舒持斧鉞治淮南獄, 以春秋誼顓斷於外, 不請."
3 兒寬: 千乘 사람이다. 武帝 때에 孔安國의 제자가 되어 『尙書』를 배웠다. 左內史가 된 후 善政을 베풀어 吏民들의 존경을 받았다.
4 奏讞掾: 재판에 대해 자문하는 글을 작성하는 관리이다.
5 『漢書』 권58, 「兒寬傳」, 2629쪽.
6 『漢書』 권30, 「藝文志」, 1714쪽.
7 『七錄』: 총 12권으로 南朝 梁의 阮孝緒(479~536)이 撰하였다. 普通 연간(520~527)에 宋·齊 이래의 장서기록을 두루 수집하고 前漢 劉向의 『七略』을 모방하여 이 책을 지었다. 저록된 도서는 6288종, 44526권이다. 내·외편으로 나누어, 내편에는 經典·記傳·子兵·文集·術技의 5錄을, 외편에는 佛法·仙道의 2錄을 수록하였다.
8 『隋書』 권32, 「經籍志」, 930쪽.
9 『舊唐書』 권47, 「經籍志」, 2031쪽, "春秋決獄十卷董仲舒撰"; 『舊唐書』 권59, 「藝文志」, 1531쪽, "董仲舒春秋決獄十卷"
10 『崇文總目』: 총 66권으로 宋의 王堯臣(1003~1058)·歐陽修(1007~1072) 등이 撰하였다. 宋 仁宗 연간에 宮中에 소장된 秘書들의 목록을 勅命에 따라 편찬한 것으로, 『秘書總目』으로도 불렸다.

에는 "『춘추결사비』는 모두 10권이다."라고 되어 있다. 이 책은 송초까지는 아직 존재하였는데, 이후 어느 때에 산일되었는지 알지 못한다. 『후한서』「응소전」에는 "교동상[11] 동중서가 노환으로 치사하였으나, 조정에서는 정사의 의론이 있을 때마다 자주 정위[12] 장탕을 보내어 친히 누항(陋巷)에 이르러 그 득실을 묻게 하였다. 이에 『춘추결옥』 232사를 지었으니, [이것은] 경의 뜻을 통해 대답한 것이다."[13]라고 하였다. 왕응린[14]의 『곤학기문』[15]에서 이르기를 "동중서의 『춘추결옥』은 현재 전해지지 않는데, 『태평어람』에 2개의 사안이 기재되어 있고 『통전』에는 1개의 사안이 실려 있어 이른바 '232사'라고 하나 지금은 겨우 3개의 사안만이 보일 뿐이다."라고 하였다. 주이존[16]의 『경의고』[17]에서 이르기를 "『예문유취』에 『춘추결옥』 중 군주가 사냥하여 새끼 사슴을 얻은 일이 인용되어 있으니, 이것이 현존하는 네 번째 사안이다."라고 하였다. (『예문유취』권66에서 인용한 것은 『한비자』로, 주이존이 잘못 기록한 것이다. 『옥함산방집본』[18]

---

11 膠東相: 諸侯王國인 膠東國의 國相을 가리킨다. 吳楚七國의 난이 있기 이전까지는 諸侯王國에도 중앙 조정과 마찬가지로 公卿이 설치되어 있었고, 이에 대해 독자적인 인사권을 행사하였으나, 반란이 평정된 후 官制가 대폭 축소되었으며 인사권도 중앙에서 행사하게 되었다.

12 『漢書』卷19上「百官公卿表 · 上」에 의하면 廷尉는 본래 秦나라 관직으로 刑辟을 주관하였으며, 속관으로 廷尉正, 廷尉左右監이 있다고 한다. 景帝 때에 大理로 이름을 바꾸었다가, 武帝 建元 4년에 원래대로 회복되었다. 宣帝 地節 3년에는 廷尉左右平이 설치되었다. 哀帝 때에 다시 大理가 되었다가, 王莽이 作士로 고쳤다.

13 『後漢書』권48, 「應劭傳」, 1612쪽.

14 王應麟: 자는 伯厚이고 慶元府 사람이다. 9세에 『六經』에 통달하고 淳祐 원년(1241)에 進士가 되었으며, 禮部尚書兼給事中을 역임하였다. 저서로 『困學紀問』 · 『玉海』 · 『試考』 · 『詩地理考』 · 『漢藝文志考證』 · 『玉堂類稿』 · 『深寧集』 등이 있다.

15 『困學紀問』: 총 20권으로 南宋 王應麟(1223~1296)이 撰하였다. 咸淳 연간(1265~1274)에 완성된 본서는 說經 8권 · 天道 · 曆數 · 地理 · 諸子 2권 · 考史 6권 · 評詩文 3권 · 雜識 1권으로 구성되어 있다.

16 朱彝尊: 자는 錫鬯이고 秀水 사람으로 明나라의 大學士 朱國祚의 증손이다. 康熙 18년, 布衣로서 入選하여 『明史』를 수찬하였다. 詩賦에 능하여 명망이 있었고 『曝書亭集』 · 『日下舊聞』 · 『經義考』 등의 저작을 남겼다.

17 『經義考』: 총 300권으로 朱彝尊(1629-1709)이 撰하였다. 고전과 고전 주해서 등의 종합 목록으로 1701년경 완성되었다. 각 경서별로 他群經 · 四書 · 逸經 · 讖緯 · 擬經 · 承師 · 刊名 · 書壁 · 着錄 · 通說 등의 항목으로 분류하고, 각 책의 저자 · 서명 · 권수와 그 현존 여부를 기록하였다.

18 『玉函山房輯本』: 淸代의 고증학자 馬國翰(생몰년 미상)이 遺文과 佚書를 輯佚한 총 600권의 총서이다.

은『백첩』권26을 인용하였다.) 지금 남아 있는 것으로는 왕모[19]의『한위유서』,[20] 마씨[21]의『옥함산방』, 황씨[22]의『한학당총서』[23] 등 여러 집본이 있으나, 모두 극히 적어서 보는 사람의 뜻을 충족시키기에는 부족하다. 한나라 때의 대신들을 살펴보면, 경학을 가장 중시했으며, 무제는 또한 조를 내려 태자에게『춘추공양전』을 전수받도록 하였다.『염철론』에는 "춘추의 치옥[24]이라는 것은 뜻을 헤아려 죄를 판결하는 것이다. 뜻은 선하지만 법을 어긴 경우 용서해주고 뜻은 악한데 법에 부합한 경우는 주살하는 것이다."[25]라고 하였다. 이 때문에 [춘추로] 옥사를 다스릴 경우 때때로 율[의 원칙]을 벗어나기도 하였다. 고의가 분분하여 속리들과 현격히 차이가 나니 실로 동중서만 이런 것이 아니다. 이 편에서 모은 것으로 동중서의『춘추결옥』일문 외에도 또한 몇몇의 항목이 있으니, 양한 시기 춘추결옥의 사안이 대략 여기에 갖추어져 있다고 할 것이다. 비단 동중서 일가의 설만이 아니라 또한 [그 외] 한률을 다룬 경우 역시 누락할 수 없는 것이다. [이러한 의도로] 춘추결옥고를 지었다.

◉ **董仲舒春秋決獄**　동중서의『춘추결옥』

【원문】 時有疑獄曰:「甲無子, 拾道旁棄兒乙養之以爲子. 及乙長, 有罪殺人, 以狀語甲, 甲藏匿乙. 甲當何論? 仲舒斷曰:「甲無子, 振活養乙, 雖

19　王謨: 자는 仁圃로 金溪縣 臨坊 사람이다. 淸代의 문학가이자 고증학자로, 乾隆 33(1768)년에 擧人이 되었다. 乾隆 43(1778)년에 進士가 되었는데, 漢魏 시기의 散佚된 문헌의 輯佚에 힘써『漢魏遺書鈔』,『漢魏叢書』,『漢唐地理書抄』등을 찬술하였다.

20　『漢魏遺書』:『漢魏叢書』라고도 하는데, 明 何鐘이 펴낸 것을 淸 王謨 등이 보충한 총서이다. 漢魏·六朝의 여러 서적을 經·史·子·集의 4부로 나누어 수록하였다.

21　馬氏: 馬國翰을 가리킨다. 馬國翰의 자는 詞溪이고 曆城縣 南權府 莊 사람이다. 淸代의 저명한 학자이자 장서가였다.

22　黃氏: 黃奭을 가리킨다. 청대의 고증학자이다.

23　『漢學堂叢書』: 淸代 黃奭(생몰년 미상)이 撰하였다. 한 이래 육조시대에 이르기까지의 佚書와 遺書를 輯佚한 총서이다.

24　治獄: 법률 안건을 심의하다.

25　『鹽鐵論』권10,「刑德」, 567쪽.

非所生, 誰與易之! 詩云: 螟蛉有子, 蜾蠃負之. 春秋之義, 父爲子隱,
甲宜匿乙.」詔而不當坐. (通典六十九東晉成帝咸和五年散騎侍郎喬賀妻于氏
上表引.)

【역문】 당시 의옥이 발생하자 [다음과 같이] 말하였다. "갑에게는 아들이
없어 길가에 버려진 아이 을을 데려다 길러서 자식으로 삼았다. 을이 장
성하여 살인죄를 범하자 그 정황을 갑에게 알려주니, 갑은 을을 숨겨주
었다. 갑은 어떻게 논죄해야 하는가?" 동중서가 판결하였다. "갑에게는
자식이 없어서 을을 구해주어 길렀으니, 비록 낳은 것은 아니라 하더라
도 누가 이를 바꿀 수 있겠는가? 『시경』에 이르기를 '나방에게 자식이
있으니 나나니벌이 이를 업어주네.'[26]라고 하였다. 춘추의 의에 따르면
'아버지는 자식을 숨겨주는 것'이니, 갑은 을을 숨겨주는 것이 마땅하므
로 죄를 주어서는 안 된다."[27](『통전』 권69의 동진 성제 함화 5년(329) 산기시
랑 교하의 처 우씨의 상표를 인용)

【원문】 甲有子乙以乞丙, 乙後長大而丙所成育. 甲因酒色謂乙曰: 「汝是
吾子.」乙怒, 杖甲二十. 甲以乙本是其子, 不勝其忿, 自告縣官. 仲舒
斷之曰: 甲生乙, 不能長育以乞丙, 於義已絶矣. 雖杖甲, 不應坐. (同上)

【역문】 갑은 자신의 아들 을을 병에게 주었다. 을이 후일 장성하니 [이는]
병이 길러준 것이다. [그런데] 갑이 술에 취해 을에게 "너는 내 자식이
다."라고 하였다. 을이 노하여 갑에게 장 20대를 쳤다. 갑은 을이 본래
자신의 자식이므로, 그 분함을 이기지 못해 직접 현관에 고소하였다. 동
중서가 판결하였다. "갑은 을을 낳았지만 양육할 수 없어 병에게 주었으
니, 의리상 이미 끊어진 것이다. [을이] 비록 갑을 매질하였지만 처벌해

---

26 『毛詩正義』, 「小雅·節南山之什」, 小宛, "宛彼鳴鳩, 翰飛戾天. 我心憂傷, 念昔先人. 明發不寐, 有
懷二人. 人之齊聖, 飮酒溫克. 彼昏不知, 壹醉日富. 各敬爾儀, 天命不又. 中原有菽, 庶民采之. 螟蛉
有子, 蜾蠃負之. 敎誨爾子, 式穀似之. 題彼脊令, 載飛載鳴. 我日斯邁, 而月斯征. 夙興夜寐, 毋忝爾
所生. 交交桑扈, 率場啄粟. 哀我填寡, 宜岸宜獄. 握粟出卜, 自何能穀. 溫溫恭人, 如集于木. 惴惴小
心, 如臨于谷. 戰戰兢兢, 如履薄冰."
27 『通典』 권69, 「禮典」, 1911쪽.

서는 안 된다."[28](위와 동일)

【원문】 君獵得麑, 使大夫持以歸. 大夫道見其母隨而鳴, 感而縱之. 君慍,
議罪未定, 君病恐死, 欲託孤, 乃覺之, 大夫其仁乎? 遇麑以恩, 況人乎,
乃釋之, 以爲子傅. 於議何如? 仲舒曰: 君子不麛不卵, 大夫不諫, 使持
歸, 非義也. 然而中感母恩, 雖廢君命, 徒之可也. (白帖二十六引)

【역문】 군주가 사냥하다 새끼 사슴을 잡고는 대부에게 명하여 가지고 돌아
가도록 하였다. 대부는 길에서 그 어미 사슴이 따라오며 우는 것을 보고
감동하여 새끼 사슴을 풀어주었다. 군주가 노하여 죄를 의론하였으나
아직 [처벌은] 정해지지 않았다. [그런데] 군주가 병들어 죽을 것을 염려
하여 유고(遺孤)를 맡기려 하자, 이에 [대부의 뜻을] 깨닫고는 '대부는 인
하지 않은가? 새끼 사슴도 은혜로 대했으니 하물며 사람에게는 어떠하
겠는가?'라고 하였다. 곧 대부를 풀어주고 아들의 스승으로 삼았다. 어
떻게 의론해야 하는가? 동중서가 말하였다. "군자는 짐승의 새끼와 알을
[사냥하지] 않는다고 하였는데, 대부는 [이에 대해] 간언하지 않았고, [군주
는 새끼 사슴을] 가지고 돌아가도록 하였으니 의가 아니다. 그러나 중도에
어미의 은혜에 감동하여 [새끼를 풀어주었으니], 비록 군주의 명을 폐했으
나 편적[徙]시키는 정도가 가할 것이다."[29](『백첩』 권26에서 인용)

【원문】 甲爲武庫卒, 盜强弩弦, 一時與弩異處, 當何罪? 論曰, 兵所居比司
馬, 闌入者髡, 重武備、責精兵也. 弩藥機郭, 弦軸異處, 盜之不至, 盜
武庫兵陳. 論曰、大車無輗, 小車無軏, 何以行之? 甲盜武庫兵, 當棄
市乎? 曰雖與弩異處, 不得弦不可謂弩, 矢射不中, 與無矢同, 不入與無
鏃同. 律曰, 此邊鄙兵所臧直百錢者, 當坐棄市. (白帖九十一引)

【역문】 갑은 무고의 병졸이었는데, 큰 쇠뇌의 시위[弦]를 훔쳐 잠시 쇠뇌와

---

28 『通典』 권69, 「禮典」, 1911쪽.
29 (唐)白居易, 『白氏六帖事類集』(文物出版社, 1987) 권26.

다른 곳에 두었다. 어떠한 죄에 해당하는가? [다음과 같이] 논하였다.
"병기가 있는 곳은 왕궁의 외문[司馬]에 비견되니, 난입한 경우 곤형에
처한다. [이는] 군비를 중히 여기고 정병(精兵)을 책한 것이다. 쇠뇌의 기
곽과 현축은 다른 곳에 있어 훔치지 못했으나, 무고의 병기를 훔친 [죄
에] 해당한다." [다음과 같이] 논하였다. "큰 수레에 끌채 쐐기[輗]가 없고
작은 수레에 끌채 끝[軏]이 없으면 무엇으로 가겠는가? 갑은 무고의 병기
를 훔쳤으니 기시형에 해당되지 않겠는가?" [이에 다음과 같이] 말하였
다. "비록 쇠뇌와 다른 곳에 두었지만, 시위를 당길 수 없다면 쇠뇌라 할
수 없고, 화살을 쏘아 맞히지 못한다면 화살이 없는 것과 같지 화살촉이
없는 것과 같지는 않다. 율에 이르기를 '이는 변방의 병사가 백전에 해당
하는 [물건을] 절취한 것이니 기시형에 처해야 한다'고 하였다."[30](『백첩』
권91에서 인용)

【원문】 甲父(據玉函山房本增父字)乙與丙爭言相鬪, 丙以佩刀刺乙, 甲即以
杖擊丙, 誤傷乙, 甲當何論? 或曰毆父也, 當梟首. 論曰,臣愚以父子至
親也, 聞其鬪, 莫不有怵悵之心, 扶杖而救之, 非所以欲詬父也. 春秋之
義, 許止父病, 進藥於其父而卒, 君子原心, 赦而不誅. 甲非律所謂毆
父, 不當坐.(御覽六百四十引)

【역문】 갑의 아버지(『옥함산방』에 의거하여 부 자를 더함) 을이 병과 언쟁하다
서로 다투었는데, 병이 패도로 을을 찌르니 갑이 즉시 막대기로 병을 치
다 잘못하여 을에게 상해를 입혔다. 갑은 어떻게 논죄해야 하는? 혹자는
이르기를 "아버지를 구타한 것이니 효수에 해당한다."고 하였다. [다음
과 같이] 논하였다. "신이 [생각하기에] 부자는 지친이므로, 그 싸우는
[소리를] 듣고 두려워하는 마음이 생겨 막대기를 들고 아버지를 구하려
한 것이지, 아버지를 욕보이고자 한 것이 아닙니다. 춘추의 의에 '허지는
아버지가 병들자 아버지에게 약을 올렸는데 돌아가시고 말았다. 군자가

---

30 『白氏六帖事類集』(文物出版社, 1987) 권91.

뜻을 헤아려 사면하고 주살하지 않았다.'라고 하였습니다. 갑은 율에서 말한 '아버지를 구타한 죄'에 해당하지 않으니 처벌해서는 안 됩니다."[31]

(『태평어람』 권640에서 인용)

【원문】 甲夫乙將船, 會海風盛, 船沒溺流死亡, 不得葬. 四月, 甲母丙即嫁甲, 欲皆何論. 或曰, 甲夫死未葬, 法無許嫁, 以私爲人妻, 當棄市. 議曰: 臣愚, 以爲春秋之義, 言夫人歸於齊, 言夫死無男, 有更嫁之道也. 婦人無專制擅恣之行, 聽從爲順, 嫁之者歸也, 甲又尊者所嫁, 無淫行之心, 非私爲人妻也. 明於決事, 皆無罪名, 不當坐.(同上)

【역문】 갑의 남편 을이 배에 탔는데, 마침 바다에 풍랑이 심해지자 배가 침몰하여 물에 빠져 죽으니 장사를 치를 수 없었다. 4월, 갑의 어머니 병이 바로 갑을 시집보내자 모두 [갑을] 어떻게든 논죄하고자 하였다. 혹자는 이르기를 "갑의 남편이 죽었으나 아직 장사지내지 않았으니, [이러한 경우] 법에서는 시집가는 것을 허락하지 않았는데 사사로이[불법적으로] 다른 사람의 처가 되었으니 기시형에 처해야 한다."라고 하였다. [다음과 같이] 의론하였다. "신이 생각하기에, 춘추의 의에 '부인이 제나라로 시집간다[歸]'고 하였으니 [이는] 남편은 죽고 아들이 없는 경우 다시 시집가는 도가 있다는 것을 말한 것입니다. 부인은 멋대로 방자하게 굴어서는 안 되고 잘 따르는 것이 순리이므로, 시집가는 것[嫁]을 돌아간 것[歸]이라고 하는 것입니다. 갑이 또한 시집을 가고자 한 것은 음행의 마음이 있어서가 아니니, 사사로이 다른 사람의 처가 된 것은 아닙니다. 명백하게 사안을 판결해 보면 모두 죄명이 없으니 죄를 주어서는 안 됩니다."[32](위와 동일)

---

31 『太平御覽』 권640, 「刑法部」6, 42쪽.
32 『太平御覽』 권640, 「刑法部」6, 42쪽.

● 漢以春秋決獄之例　한이춘추결옥지례[33]

【원문】 太后意欲立梁王爲帝太子. 帝問其狀, 袁盎等曰: 殷道親, 親者立弟, 周道尊, 尊者立子. 殷道質, 質者法天, 親其所親, 故立弟. 周道文, 文者法地, 尊者敬也, 敬其本始, 故立長子. 周道太子死, 立適孫; 殷道太子死, 立其弟. 帝曰: 於公何如? 皆對曰: 方今漢家法周, 周道不得立弟, 當立子. 故春秋所以非宋宣公, 宋宣公死, 不立子而與弟, 弟受國死, 復反之與兄之子, 弟之子爭之, 以爲我當代父, 後卽刺殺兄子, 以故國亂禍不絶. 故春秋曰: 君子大居正, 宋之禍宣公爲之. 臣請見太后白之. 袁盎等入見太后, 太后立欲立梁王, 梁王卽終, 欲誰立? 太后曰: 吾復立帝子. 袁盎等以宋宣公不立正生禍, 禍亂後五世不絶, 小不忍害大義狀報太后. 太后乃解說, 卽使梁王歸就國, 而梁王聞其議出於袁盎諸大臣所, 怨望使人來殺袁盎, 謀反端頗見. 太后不食, 日夜泣不止, 景帝甚憂之. 問公卿大臣, 大臣以爲遣經術吏往治之, 乃可解. 於是遣田叔呂季主往治之, 此二人皆通經術, 知大禮, 來還至霸昌廐, 取火悉燒梁之反辭, 但空手來對景帝. 景帝曰: 何如? 對曰: 言梁王不知也, 造爲之者, 獨其幸臣羊勝公孫詭之屬爲之耳, 謹以伏誅死, 梁王無恙也. 景帝喜說曰: 急趨謁太后, 太后聞之, 立起坐, 餐氣平復. 故曰: 不通經術, 知古今之大禮, 不可以爲三公及左右近臣. (史記梁孝王世家)

【역문】 두태후는 양왕을 경제의 태자로 세우고자 하였다. 황제가 그 정황에 대해 묻자 원앙[34] 등이 말하였다. "은나라의 도는 친이니, 친이라는 것은 동생을 즉위시키는 것이고, 주나라의 도는 존이니, 존이라는 것은 아들을 즉위시키는 것입니다. 은나라의 도는 질이니, 질이라는 것은 하늘을 본받아 그 친한 바를 친하게 여기는 것이므로 동생을 즉위시키는 것입니다 주나라의 도는 문이니, 문이라는 것은 땅을 본받는 것이며,

---

33 漢以春秋決獄之例: 漢의 春秋決獄 사례.
34 袁盎: 楚나라 사람으로 자는 絲이다. 文帝 때에 郎中이 되고, 隴西都尉·齊相·吳相 등을 지냈다. 본문에 기록된 바와 같이 梁孝王을 帝嗣로 삼지 말 것을 간언했다가 자객에게 살해당했다.

존은 경이니 그 본시(本始)를 공경하므로 장자를 즉위시키는 것입니다. 주나라의 도는 태자가 죽으면 적손을 세우고 은나라의 도는 태자가 죽으면 그 동생을 세웁니다." 황제가 말하였다. "공이라면 어찌하겠는가?" 모두 답하였다. "지금 한의 황실은 주나라를 본받았으니, 주나라의 도에 따른다면 동생을 세울 수 없고 마땅히 아들을 세워야 합니다. 그렇기 때문에 『춘추』에서 송나라 선공을 비난한 것이니, 송나라 선공이 죽자 아들을 세우지 않고 [왕위를] 동생에게 주어, [이후] 동생이 나라를 물려받은 후 죽게 되자 다시 [왕위를] 형의 아들에게 주었습니다. [그러자] 동생의 아들들이 다투며 자신이 아버지를 대신하여 [왕위를 계승해야] 한다고 여기게 되어 이후 바로 형의 아들을 살해하였으므로 나라의 화란(禍亂)이 끊이지 않았던 것입니다. 그러므로 『춘추』에서 이르기를 '군자는 정(正)에 머물러야 하거늘 송나라의 재앙은 선공이 만든 것이다.'[35]라고 하였습니다. 신은 태후를 알현하여 이를 고하고자 합니다." 원앙 등이 태후를 알현하니 태후는 양왕을 세우고자 하였다. [원앙 등이 말하기를] "양왕이 죽는다면 누구를 세우고자 하십니까?"라고 하자, 태후가 "나는 다시 황제의 아들을 세울 것이오."라고 하였다. 원앙 등은 송나라 선공이 장자를 세우지 않아 화란이 발생하여 이후 5세 동안 끊이지 않았던 [일을] 거론하며, 작은 것을 참지 못하여 대의를 해친 정황을 태후에게 진술하였다. 태후가 이에 그 말을 이해하고, 바로 양왕을 봉국으로 돌아가게 하였는데, 양왕이 그 의론이 원앙 등의 여러 대신들에게서 나왔다는 것을 듣고는 원망하여 사람을 보내 원앙을 살해하니, 모반의 조짐이 명백히 드러난 것이다. 태후가 식사를 거르며 밤낮으로 우는 것을 그치지 않으니, 경제는 그것을 매우 근심하였다. [경제가 이에 대해] 공경대신들에게 물으니, 대신들은 경학에 해박한 관리를 보내 처리한다면 해

---

35 『春秋公羊傳注疏』, 隱公三年條, "宣公死, 繆公立. 繆公逐其二子, 莊公馮與左師勃曰: 爾爲吾子, 生冊相見, 死冊相哭. 與夷復曰: 先君之所爲, 不與臣國而納國乎君者, 以君可以爲社稷宗廟主也. 今君逐君之二子, 而將致國乎與夷, 此非先君之意也. 且使子而可逐則先君其逐臣矣. 繆公曰: 先臣之不爾逐可知矣. 吾立乎此攝也. 終致國乎與夷莊公馮與與夷. 故君子大居正, 宋之禍宣公爲之也."

결할 수 있을 것이라고 하였다. 이에 전숙과 여계주를 보내 처리하게 하였는데, 이 두 사람이 모두 경학에 통달하고 대례를 알았지만, 돌아와 패창구에 이르러서는 양왕의 답장을 모조리 불사르고 다만 빈손으로 와서 경제를 대할 뿐이었다. 경제가 "어떠한가?"라고 묻자 [다음과 같이] 대답하였다. "양왕은 [이에 대해] 알지 못하니, [이러한 사태를] 의도하여 행한 것은 오로지 행신인 양승과 공손궤의 무리[36]일 뿐입니다. [이들은] 삼가 죄를 자복하고 주살되었으니, 양왕에 대해서는 근심할 바가 없습니다." 경제가 기뻐하며 급히 태후에게 달려가 알현하니, 태후가 이를 듣고 일어나 앉아 끼니를 평소처럼 회복하였다. 그러므로 '경학에 통달하지 않으면 고금의 대례를 알아도 삼공과 좌우의 근신이 될 수 없다.'고 한 것이다.[37](『사기』「양효왕세가」)

【원문】 步舒至長史, 持節使決淮南獄, 於諸侯擅專斷, 不報, 以春秋之義正之, 天子皆以爲是. (史記儒林列傳)

【역문】 여보서가 부절을 지니고 회남옥을 판결하면서, 독자적으로 판결하고 제후에게 보고하지 않았는데, 춘추의 의로 옥안을 판단하니 천자가 모두 옳다고 여겼다.[38](『사기』「유림열전」)

【원문】 趙王彭祖、列侯讓等四十三人, 皆曰: 淮南王安, 大逆無道, 謀反明白, 當伏誅. 膠西王端議曰, 安廢法度, 行邪僻, 有詐偽心, 以亂天下, 營惑百姓, 背畔宗廟, 妄作妖言. 春秋曰: 臣毋將, 將而誅. 安罪重於將, 謀反形已定, 當伏法. (淮南王安傳)

【역문】 조왕 팽조[39]와 열후 양 등 43명이 모두 말하였다. "회남왕 안[40]은 대

---

36 羊勝과 公孫詭: 梁孝王 劉武의 蕃臣으로 梁孝王이 太子로 세워지도록 공작하였으나 결국 실패하였다.
37 『史記』 권58, 「梁孝王世家」, 2091~2092쪽.
38 『史記』 권121, 「儒林列傳」, 3129쪽.
39 趙王 彭祖: 景帝의 皇子이다. 廣川王이 되었다가 趙王이 吳楚七國의 난에 연루된 뒤 趙王으로 봉해졌다.

역무도하여 모반[의 정황]이 명백하니 마땅히 주살해야 합니다." 교서왕 단41이 [다음과 같이] 의론하였다. "안은 법도를 폐하고 사악함을 행하였으며, 거짓된 마음을 가지고 천하를 혼란스럽게 하여 백성들을 미혹하고 종묘를 배반하며 함부로 요언을 지어냈습니다. 『춘추』에서는 '신하는 (모반을) 도모해서는 안 되니, 도모했다면 주살한다.'고 하였습니다. 안의 죄는 도모한 것보다 무거워 모반의 형세가 이미 정해졌으니, 사형으로 처결해야 합니다."라고 하였다.42(『한서』「회남왕안전」)

【원문】 有司案驗, 因發淫亂中, 奏立禽獸行, 請誅. 大中大夫谷永上疏曰: 春秋爲親者諱, 今梁王年少, 頗有狂病, 始以惡言按驗, 旣亡事實, 而發閨門之私, 非所以爲公族隱諱. 天子由是寢而不治. (濟川王傳)

【역문】 담당관리가 사안을 조사하다[案驗] 음란을 [범한] 것을 발견하고는, 상주하여 입(立)이 금수처럼 행동하였으니 주살시켜야 한다고 청하였다. 대중대부 곡영43이 상소하였다. "『춘추』에서는 '어버이를 위하는 자는 숨긴다'44고 하였습니다. 지금 양왕은 나이가 어리고 광병이 심한데, 악언으로 사안을 조사하기 시작하여 이미 사라진 사실을 갖고 규문의 사사로움을 적발하였으니, [이는] 공족을 위해 숨겨준 것이 아닙니다." 천자는 이로 인해 [사안을] 묻어둔 채 처벌하지 않았다.45(『한서』「제천왕전」)

---

40 淮南王 安: 淮南王 劉長의 아들이다. 文帝 8년에 阜陵侯에 봉해졌고, 16년에 淮南王에 봉해졌다. 독서를 좋아하고 文辭에 능했다. 吳楚七國의 난 때에 병사를 일으켜 호응하려 하였으나 國相이 반대하자 포기하였다. 武帝가 즉위하고 무기를 준비하여 帝位를 노렸으나 음모가 탄로나고 擧兵이 실패하자 자살하였다. 『淮南子』의 편자로 유명하다.

41 膠西王 端: 景帝의 皇子이다. 吳楚七國의 난 이후 膠西王이 연좌되어 처벌되자 皇子로 봉해졌다.

42 『漢書』 권44, 「淮南王安傳」, 2152쪽.

43 谷永: 자는 子雲으로 長安 사람이다. 經書에 능통하였으며, 建始 3년에 災異가 일어나자 사람들이 大將軍 王鳳을 책망하였는데 그는 王鳳을 변호하였다. 이 때문에 光祿大夫로 발탁되고, 이후 安定太守, 揚州刺史, 太中大夫, 光祿大夫, 北地太守, 大司農 등을 역임하였다.

44 『春秋公羊傳注疏』 권9, 「閔公元年」, 190쪽, "春秋爲尊者諱, 爲親者諱."

45 『漢書』 권47, 「梁懷王揖傳」, 2216-2217쪽.

【원문】 始元五年, 有一男子乘黃犢車, 建黃旒, 衣黃襜褕, 著黃冒, 詣北闕, 自謂衛太子. 公車以聞, 詔使公卿將軍中二千石雜識視. 長安中吏民聚觀者數萬人, 右將軍勒兵闕下, 以備非常. 丞相御史二千石至者立, 莫敢發言. 京兆尹不疑後到, 叱從吏收縛. 或曰: 是非未可知, 且安之. 不疑曰: 諸君何患於衛太子? 昔蒯聵違命出奔, 輒拒而不納, 春秋是之. 衛太子得罪先帝, 亡不即死, 今來自詣, 此罪人也. 遂送詔獄. 天子與大將軍霍光聞而嘉之曰, 公卿大臣, 當用經術, 明於大誼. 繇是名聲重於朝廷. (雋不疑傳)

【역문】 시원 5년(기원전 82년), 한 남자가 황독거를 타고 황조를 세운 채 황첨유를 입고 황모를 쓰고는 북궐에 이르러 스스로 위태자[46]라고 하였다. 공거[47]가 듣고 공경·장군·중이천석에게 명하여 함께 알아보도록 하였다. 장안 내의 관리와 백성 중 모여서 본 자들이 수만 명이니, 우장군이 궐하에서 병사를 거느리고 비상사태에 대비하였다. 승상·어사·이천석 중 [현장에] 이른 자들은 서서 감히 말하지 못하였다. 경조윤 준불의[48]가 이후 도착하여 종리를 꾸짖고는 [위태자라 칭한 자를] 체포하도록 하였다. 혹자가 말하기를 "진위를 아직 알 수 없으니, 일단 풀어줍시다."라고 하였다. 준불의가 말하였다. "당신들은 어찌 위태자에 대해 근심하는가? 옛날 괴외[49]는 명을 어기자 달아났고 [이후 그가 돌아오려 하자, 괴외의 아들인] 첩[50]은 거절하며 받아들이지 않았으니, 『춘추』에서

---

46 衛太子: 武帝의 太子였던 劉據를 가리킨다. 어머니가 皇后 衛氏였기 때문에 어머니의 성을 따서 이렇게 칭하였다. 시호는 戾太子이다. 그는 江充에게 모함을 당하여 일명 '巫蠱의 禍'라는 反逆을 일으켜 江充을 살해하고 大逆까지 도모하였으나, 당시 丞相이었던 劉屈氂에게 진압되어 살해되었다.

47 公車: 司馬門을 담당하며 上書와 인재의 徵召를 담당하던 관서이다.

48 雋不疑: 자는 曼倩이고 勃海 사람으로 『춘추』를 배워 州郡에서 명성이 높았다. 武帝 말에 도적을 토벌하기 위해 파견된 直指使者 暴勝之에게 천거 받아 公車로 徵召되고 靑州刺史가 되었다. 武昭之際에 謀反을 처리하고 京兆尹이 되었다.

49 蒯聵: 春秋 衛나라 靈公의 太子이다. 太子였을 때에 靈公의 夫人인 南子를 살해하고 靈公의 노여움을 사 晉나라로 도망쳤다. 靈公이 사망하자 晉나라에서는 그를 衛나라로 들여보내려 하였으나, 衛나라 사람들이 거절하여 들어가지 못하였다.

50 輒: 蒯聵의 아들이자 衛나라 靈公의 손자이다. 蒯聵가 달아나고 靈公이 죽자 輒이 군주가 되었다. 이후 晉나라와 蒯聵가 돌아와 嗣位할 것을 요구하였으나 응하지 않았다.

는 이를 옳다고 여겼다. 위태자는 선제에게 죄를 짓고는 도망쳐 즉시 죽지 않았으니, 지금 스스로 왔다고 해도 죄인일 뿐이다." [그를] 조옥으로 보냈다. 천자와 대장군 곽광이 이를 듣고 가상히 여기며 "공경대신들은 경학을 통해 대의를 밝히도록 하라."고 하였다. 이로 인해 조정에서 명성이 높아졌다.[51](『한서』「준불의전」)

【원문】 元鼎中, 博士徐偃矯制, 使膠東魯國鼓鑄鹽鐵. 御史大夫張湯劾偃矯制大害, 法至死. 偃以爲春秋之義, 大夫出疆, 有可以安社稷, 存萬民, 顓之可也. 湯以致其法, 不能詘其義. 有詔下軍問狀. 軍詰偃曰:「古者諸侯國異俗分, 百里不通, 時有聘會之事, 安危之勢, 呼吸成變, 故有不受辭造命顓已之宜; 今天下爲一, 萬里同風, 故春秋『王者無外』. 偃巡封城之中, 稱以出疆, 何也?」偃窮詘, 服罪當死.(終軍傳)

【역문】 원정연간(기원전 116년-111년) 박사 서언이 제서를 사칭하여 교동국·노국에게 염철을 주조하도록 하였다. 어사대부 장탕이 서언은 제서를 사칭하여 크게 해를 끼쳤으므로, 법대로 사형에 처해야 한다고 탄핵하였다. 서언은 춘추의 의에 대부가 출강하면 사직을 안정시키고 만민을 보존해야 한다고 하였으니, 전단한 것이 옳다고 주장하였다. 장탕은 법을 지극히 하고자 자신의 뜻을 굽힐 수 없었다. 종군에게 명하여 [사건의] 정황을 살피도록 하니, 종군은 서언을 힐책하며 [다음과 같이] 말하였다. "옛날의 제후들은 나라가 다르고 풍속이 나뉘어 백리가 통하지 않아 때때로 빙회(聘會)의 일이 있을 때 안위의 형세가 숨 쉬는 사이에도 변하였으므로, 일정한 명령을 받지 않고 독자적으로 사안을 처리했던 것입니다. 현재는 천하가 통일되어 만리[가 떨어져도] 풍속이 동일하니, 『춘추』의 '왕의 바깥은 없다.'[52]는 것이 [바로 이것입니다]. 서언은 영토 안을 순행한 것이면서 '출강'이라 칭하니 어째서입니까? 서언의 [논리가] 궁색하니 죄를 자복하고 사형에 처해야 합니

---

51 『漢書』 권71, 「雋不疑傳」, 3037쪽.
52 『春秋公羊傳注疏』 권1, 「隱公元年」, 24쪽, "王者無外, 言奔則有外之辭也."

다."⁵³(『한서』「종군전」)

【원문】 丞相議奏延年主守盜三千萬不道. 霍將軍召問延年, 欲爲道地. 延年抵曰, 本出將軍之門, 蒙此爵位, 無有是事. 光曰: 卽無事, 當窮竟. 御史大夫田廣明謂太僕杜延年, 春秋之義, 以功覆過. 當廢昌邑王時, 非田子賓之言, 大事不成. 今縣官出三千萬自乞之, 何哉? 願以愚言白大將軍.(田延年傳)

【역문】 승상은 전연년⁵⁴이 사무를 직접 담당하며[主守] 3천만[錢]을 훔쳤으니 부도에 해당하다고 상주하였다. 곽장군[霍光]이 전연년을 불러 물으며 진위를 파악하고자 하였다. 전연년이 [혐의를] 부인하며 "[저는] 본래 장군의 문하에서 나와 이러한 작위를 받았습니다. [3천만전을 훔친] 일은 없었습니다."라고 하였다. 곽광이 말하기를 "[그러한] 사건이 없었다면 철저하게 조사해야 한다."고 하였다. 어사대부 전광명⁵⁵이 태복 두연년⁵⁶에게 이르기를 "춘추의 의에 '공으로 과를 덮는다.'고 하였습니다. 창읍왕⁵⁷을 폐하던 때에 전자빈의 말이 아니었으면 대사가 이루어지지 않았을 것입니다.⁵⁸ 지금 현관이 3천만전을 내어 스스로 이것을 준다면

---

53 『漢書』 권64下 「終軍傳」, 2818쪽.

54 田延年: 자는 子賓이며 陽陵 사람이다. 재략이 있어 大將軍 霍光의 幕府에서 일하다 長史가 되었다. 이후 河東太守가 되어 豪彊姦邪한 이들을 제압하였다. 徵召되어 大司農이 되고, 昌邑王 廢位에 대한 논의에서 크게 활약하였다. 宣帝가 즉위하고 이때의 공으로 陽成侯에 봉해졌다.

55 田廣明: 자는 子公이고 鄭 사람이다. 郎으로 天水司馬가 되었다가 河南都尉, 淮陽太守를 지냈다. 大逆謀反을 평정하고 徵召되어 大鴻臚가 되었다. 이후에도 軍功을 세우고 治積이 있어서 衛尉, 御史大夫 등을 지내고 昌水侯로 봉해졌으나, 匈奴 정벌에 나서 죽은 受降都尉의 처와 간통하고 군사적인 실책까지 저질러 闕下에서 자살하고 封國은 없어졌다.

56 杜延年: 자는 幼公이고 杜周의 아들로서 또한 法律에 밝았다. 益州蠻夷가 반역하자 校尉로서 토벌하고 돌아와 諫大夫가 되었다. 上官桀 父子와 燕王의 謀反을 처리하고 建平侯로 봉해졌다. 이후 昭帝 연간의 鹽鐵論과 昌邑王 廢位에 주도적으로 참여하였다. 霍氏 일족이 몰락하고 舊人으로 연좌되어 免官되었다가 北地太守가 되어 治積을 세우고 御史大夫가 되었다.

57 昌邑王: 昌邑哀王 劉髆의 아들로 이름은 賀이다. 昭帝가 崩하고 후사가 없자 輔政하던 大將軍 霍光에 의해서 옹립되었나. 이후 霍光늘 배제하고 자신의 近臣들을 임용하려고 시도하다가 霍光 등에 의해 다시 昌邑王으로 폐위된 후 王位마저 잃고 海昏侯로 降封되었다.

58 昌邑王을 폐위하자고 霍光에게 권하였던 것도 田延年이었고, 昌邑王을 폐위하기 위한 논의에서 群臣들이 주저하자 자리를 박차고 칼을 뽑아들고서 "오늘의 논의는 빨리 결정되어야 하니, 늦게

어찌하겠습니까? 나의 말을 대장군께 고하고자 합니다."라고 하였다.[59]

(『한서』「전연년전」)

【원문】 斬郅支首及名王以下, 宜縣頭槀街蠻夷邸間, 以示萬里, 明犯彊漢者, 雖遠必誅. 事下有司, 丞相匡衡、禦史大夫繁延壽, 以爲「郅支及名王首更歷諸國, 蠻夷莫不聞知. 月令春掩骼埋胔之時, 宜勿縣.」車騎將軍許嘉、右將軍王商以爲「春秋夾谷之會, 優施笑君, 孔子誅之. 方盛夏, 首足異門而出, 宜縣十日乃埋之.」有詔將軍議是.(陳湯傳)

【역문】 [진탕이 다음과 같이 상주하였다.] "질지[60] 및 명왕[61] 이하를 참수한 후, 만이들이 거주하는 지역의 시가에 수급을 매달아 만리에 드러내, 강성한 한나라를 범할 경우 비록 멀리 있더라도 반드시 주살한다는 것을 명백히 보여야 합니다." 사안이 유사에게 내려가자, 승상 광형[62]과 어사대부 번연수는 "질지와 명왕들의 수급을 만이의 여러 나라들에 두루 보여서 만이 중 알지 못하는 자가 없도록 해야 합니다. 월령에 의하면 봄은 시신을 묻어 주는 시기이므로 [수급을] 매달아서는 안 됩니다."라고 하였다. 거기장군 허가[63]와 우장군 왕상[64]은 "『춘추』에서 협곡의 회맹 당시 우시가 군주를 비웃자 공자가 그를 주살하였는데, 한여름이었으므

호응하는 자는 제가 검으로 참하겠습니다."라고 재촉하여 群臣들의 동의를 이끌어낸 것도 田延年이었다.

59 『漢書』권90,「田延年傳」, 3666쪽.

60 郅支: 이름은 呼屠吾斯이며 匈奴의 單于로 呼韓邪單于의 형이다. 처음 左賢王이 되었는데, 내란이 발생하여 귀족들이 다투어 자립하자, 그도 郅支骨都侯單于가 되었다.

61 名王: 匈奴의 여러 王 중에 지위가 높은 이들로, 閼氏와 太子 다음에 위치한다. 顔師古는 이들의 역할을 單于의 명령을 받아 그 일을 받드는 것이라고 하였다.

62 匡衡: 자는 稚圭이고 東海承 사람이다. 『詩經』에 정통하였으므로 당시 『詩經』을 좋아하던 元帝가 丞相으로 삼았다.

63 許嘉: 平恩侯 許廣漢의 조카이다. 初元 元年에 中常侍가 되었으며, 平恩侯의 작위를 이어받았고, 永光 3년에 大司馬・車騎將軍이 되었다. 成帝 建始 2년, 딸이 皇后가 되었다. 후에 成帝가 元舅 王鳳에게 정사의 모든 것을 위임하자 면직되었다.

64 王商: 魏郡 元城縣 사람으로 자는 子夏이며, 元帝의 皇后 王政君의 이복동생이다. 成帝 建始 元年, 關內侯가 되었고, 河平 2년에 成都侯로 봉해졌다. 鴻嘉 4년 特進이 되어 城門兵을 장악했으며, 永始 2년 大司馬・衛將軍이 되어 4년 동안 輔政한 뒤에 大將軍이 되었다.

로 머리와 발을 다른 문으로 나오게 하여 10일 동안 매달았다고 하였습니다."라고 하였다. 조를 내려 장군들의 의론이 옳다고 하였다.[65](『한서』「진탕전」)

【원문】 廣漢太守扈商者, 大司馬車騎將軍王音姊子, 軟弱不任職. 寶到部, 親入山谷, 諭告羣盜, 非本造意, 渠率皆得悔過自出, 遣歸田里. 自劾矯制, 奏商爲亂首, 春秋之義, 誅首惡而已.(孫寶傳)

【역문】 광한태수 호상은 대사마·거기장군 왕음의 외조카인데, 연약하여 관직을 담당하지 못하였다. 손보[66]가 부(部)에 도착한 후 직접 산으로 들어가 여러 도적들을 효유하니, 본래 의도한 것은 아니었으나 [도적의] 우두머리들이 모두 잘못을 뉘우치고 스스로 나와 전리로 돌아갔다. [손보가] 제서를 사칭하였다고 스스로를 탄핵하면서, 호상이 반란의 수괴이니, 춘추의 의에 따라 수범만을 주살해야 한다고 상주하였다.[67](『한서』「손보전」)

【원문】 哀帝初卽位, 博士申咸給事中, 亦東海人也. 毀宣不供養, 行喪服, 薄於骨肉, 前以不忠孝免, 不宜復列封侯在朝省. 宣子況爲右曹侍郎, 數聞其語. 賕客楊明, 欲令創咸面目, 使不居位. 會司隸缺, 況恐咸爲之, 遂令明遮斫咸宮門外, 斷鼻脣身八創. 事下有司, 御史中丞等奏, 敬近臣, 爲近主也. 禮下公門, 式路馬, 君畜産且猶敬之. 春秋之義, 意惡功遂, 不免於誅, 上浸之源, 不可長也. 況首爲惡, 明手傷, 功意俱惡, 皆大不敬, 明當以重論, 及況皆棄市. 廷尉直以爲, 雖於掖門外傷咸道中, 與凡民爭鬥無異. 殺人者死, 傷人者刑, 古今之通道. 春秋之義, 原心定罪, 原況以父見謗, 發忿怒, 無他大惡, 加詆欺, 輯小過, 成大辟, 陷

---

65 『漢書』 권70 「陳湯傳」, 3015쪽.
66 孫寶: 자는 子嚴이고 潁川 鄢陵 사람이다. 經學에 능통하여 관직에 나아갔으며, 御史大夫 張忠의 신임을 얻어 議郞을 거쳐 諫大夫가 되었다.
67 『漢書』 권77 「孫寶傳」, 3258쪽.

死刑, 違明詔, 恐非法意, 不可施行. 聖王不以怒增刑, 明當以賊傷人不
直, 況與謀者皆爵減完爲城旦. 上以問公卿議臣, 丞相孔光、大司空師
丹以中丞議是, 自將軍以下至博士議郎, 皆是廷尉. 況竟減罪一等, 徙
敦煌, 宣坐免爲庶人.(薛宣傳)

【역문】 애제가 막 즉위하였을 때, 박사 신함이 급사중이 되었는데, [그도]
역시 동해 사람이었다. [신함이] 설선을 모함하여 [그가 모친이 살아계실
때는] 공양하지 않았으며, 복상을 행하지도 않았으니 골육[모친]에게 야
박하게 한 것이라고 하였다. [또한] 이전에는 불충·불효한 경우 면관시
켰으므로, [설선도] 다시 열후에 봉하여 조정에 있게 해서는 안 된다고
하였다. 설선의 아들 설황은 우조시랑이었는데, 수차례 [신함의] 그 말을
듣고는 문객인 양명에게 뇌물을 주어 신함의 얼굴에 상해를 입혀 관직
에 있지 못하게 하고자 하였다. 마침 사례[의 직위가] 비게 되었는데, 설
황은 신함이 그 관직을 맡게 될까 두려워하여, 양명에게 궁문 밖에서 신
함을 가격하도록 하니, [신함은] 코와 입술이 잘리는 등 신체 8곳에 상해
를 입었다. 사안을 유사에게 넘기자, 어사중승 정중 등이 다음과 같이
상주하였다. "근신을 공경하는 것은 군주와 가깝기 때문이라고 하였습
니다. 『예기』에 "군주의 문에 이르면 수레에서 내리고, 군주의 말을 보
면 식[수레 앞턱 가로나무]을 만진다."[68]고 하였으니, 군주의 축산까지도
오히려 공경하는 것입니다. 춘추의 의에 "뜻이 악하면 공을 이루어도 주
살을 면치 못하니, 위쪽으로 역류하는 샘은 길게 가지 못한다"고 하였습
니다. 설황은 주모하여 악을 행하였고, 양명은 직접 상해를 입혔으니,
행위도 의도도 모두 악한 것으로, 모두 대불경에 해당합니다. 양명은 중
죄로 논해야 하니, 설황과 함께 모두 기시형에 처하십시오" 정위 직이
[다음과 같이] 말하였다. "비록 액문 밖 길에서 신함을 상해했다고 하나,
일반 백성이 다툰 것과 다를 바가 없습니다. 살인자는 죽이고 상해를 입

---

68 式: 軾의 뜻으로, 손으로 軾을 만지는 것이다. 古人이 공경을 표시하는 일종의 禮節이다. 『禮記正
義』, 「曲禮上」, "大夫、士下公門, 式路馬, 〈路馬君之馬〉 大夫士下公門式路馬者, 公門謂君之門也.
路馬君之馬也. 敬君, 至門下車, 重君物, 故見君馬而式之也."

힌 자는 형을 주는 것이 고금의 보편적 도리이니, 삼대에도 변경하지 않은 것입니다. 춘추의 의에 '의도를 살펴 죄를 정한다'고 하였습니다. 설황[의 의도를] 살펴보면, 부친이 비방을 받았으므로 분노한 것이지, 다른 큰 악의가 있는 것은 아닙니다. [율문을] 훼손하고 작은 허물을 모아 대벽죄로 만들어 사형에 처하는 것은 성명하신 조령에도 위배되며 법의에도 부합하지 않을까 두려우니, [어사중승 정중의 상주대로] 시행해서는 안 됩니다. 성왕은 노함으로 형벌을 더하지 않습니다. 양명은 '적상인[타인에게 상해를 입힌 죄]'과 '부직[정직하지 못한 죄]'으로 처벌해야 하며, 설황과 함께 모의한 자는 모두 작을 감하고 완위성단형으로 처벌하십시오." 황제가 [이 사안에 대해] 공경 의신들에게 자문하였다. 승상 공광과 대사공 사단은 중승의 의론이 옳다고 하였으며, 장군 이하 박사·의랑들은 모두 정위가 옳다고 하였다. 설황은 결국 죄 1등이 감경되어, 돈황으로 유배되었으며, [부친인] 설선은 면관되어 서인이 되었다.[69](『한서』「설선전」)

【원문】 彭宣等劾奏博執左道, 虧損上恩, 以結信貴戚, 背君鄉臣, 傾亂政治, 奸人之雄, 附下罔上, 爲臣不忠不道. (趙)玄知博所言非法, 枉義附從, 大不敬. (傅)晏與博議免大司馬(傅)喜, 失禮不敬. 臣請詔謁者召博玄晏詣廷尉詔獄. 制曰: 將軍、中二千石、二千石、諸大夫、博士、議郎議. 右將軍嶠望等四十四人, 以爲如宣等言可許. 諫大夫龔勝等十四人, 以爲春秋之義, 姦以事君, 常刑不捨. 魯大夫叔孫僑如欲公室, 譖其族兄季孫行父於晉, 晉執囚行父, 以亂魯國, 春秋重而書之. 今晏放命圮族, 幹亂朝政, 要大臣以罔上, 本造計謀, 職爲亂階, 宜與博玄同罪, 罪皆不道. (朱博傳)

【역문】 팽선[70] 등이 [다음과 같이] 상주하였다. "주박[71]은 사교의 도[左道]를

69 『漢書』 권83, 「薛宣傳」, 3395–3396쪽.
70 彭宣: 자는 子佩이고 淮陽 陽夏 사람이다. 張禹에게 『易經』을 배워 博士가 되고 東平太傅가 되었다. 張禹의 추천으로 廷尉, 太原太守가 되었으며, 이후 右將軍, 大司空, 長平侯를 역임하였다. 哀帝

가지고 황상의 은혜를 훼손시키며, 귀척들과 결탁하여 군주를 배신하고 신하들에 영합하여 정치를 어지럽혔으니 간악한 자의 수괴입니다. 아래 사람에게 영합하여 위 사람을 기망하는 것은 신하로서 불충부도를 저지른 것입니다. 조현은 주박이 말하는 바가 법에 위배된 것을 알면서도 의를 굽혀 부화뇌동하였으니 대불경에 해당합니다. 부안은 주박과 함께 대사마 부회를 면직시키려 계획하였으니 예를 잃은 것으로 불경에 해당합니다. 알자에게 조를 내리셔서 주박·조현·부안을 소환하여 정위의 조옥으로 송치할 것을 청합니다." 제를 내려 "장군·중이천석·이천석과 여러 대부·박사·의랑들은 [이에 대해] 의론하라."고 하였다. 우장군 교망 등 44명은 "팽선 등의 의견이 윤허할 만합니다."라고 하였다. 간대부 공승 등 14명은 [다음과 같이] 상주하였다. "춘추의 의에서 '간사함으로 군주를 섬긴 자는 일정한 형법[常刑]으로 처벌해야 한다'고 하였습니다. 노나라 대부 숙손교가 공실을 마음대로 하고자 하여 그의 족형 계손행보를 진나라에 참소하자, 진나라가 계손행보를 체포하여 노나라를 혼란스럽게 하였으니, 『춘추』에서 이를 중히 여겨 기록하였습니다. 지금 부안은 명을 어기고 일족을 무너뜨려 조정을 어지럽혔으며, 대신들에게 황상을 기망하도록 하였으니, 스스로 계책을 만들어 난의 발단을 일삼은 것입니다. 주박·조현과 함께 모두 부도죄로 처벌하셔야 합니다."[72](『한서』「주박전」)

【원문】 司隸校尉駿、少府忠行廷尉事劾奏「衡監臨盜所主守直十金以上. 春秋之義, 諸侯不得專地, 所以壹統尊法制也. 衡位三公, 輔國政, 領計簿, 知郡實, 正國界, 計簿已定而背法制, 專地盜土以自益, 及賜、明阿承衡意, 猥舉郡計, 亂減縣界, 附下罔上, 擅以地附益大臣, 皆不道.」於

가 죽고 王莽이 권력을 전횡하자 관직에서 물러났다.

71 朱博: 자는 子元이고 杜陵 사람이다. 成帝가 즉위하고 大將軍 王鳳이 정권을 장악하자. 그의 幕府에 있다가 재능을 인정받아 縣令과 冀州刺史를 역임하였다. 이후 大司空, 丞相을 지냈으며, 哀帝 때에 傅太后와 丁太后 쪽에 붙어 승승장구하였으나. 이들이 실권하자 朱博 역시 자살하였다.

72 『漢書』 권83, 「朱博傳」, 3408쪽.

是上可其奏.(匡衡傳)

【역문】 사예교위 준과 소부 충은 정위의 일을 겸임하였는데 [다음과 같이] 상주하여 탄핵하였다. "광형[73]이 감림하여 주수하는 곳에서 훔친 물건의 가치가 10금 이상에 해당합니다. 춘추의 의에 '제후들은 영지를 마음대로 할 수 없다.'[74]고 하였으니, 통일시켜 법제를 존숭하도록 한 것입니다. 광형은 삼공의 지위이니, [삼공은] 국정을 보좌하고 계부(計簿)를 통솔하며, 군국의 실정을 파악하여 군국의 경계를 바로잡아야 합니다. [그런데] 계부가 이미 정해졌음에도 법제를 위반하여 함부로 땅을 훔쳐 스스로 [이익을] 더하였고, 육사는 광형의 뜻에 영합하여 군국의 계부를 멋대로 늘추고 군현의 경계를 어지럽히고 축소시켰으니, [이들은 모두] 아래 사람에 영합하여 위 사람을 기망한 것이며, 함부로 땅을 지급하여 대신들에게 이익을 주었으니 모두 부도에 해당합니다." 이에 황상이 그 상주를 윤허하였다.[75](『한서』「광형전」)

【원문】 遂冊免(丁)明曰: 蓋『君親無將, 將而誅之』. 是以季友鴆叔牙, 春秋賢之; 趙盾不討賊, 謂之弒君. 朕閔將軍陷於重刑, 故以書飭, 將軍遂非不改, 復與丞相(王)嘉相比令, 嘉有依, 得以罔上. 有司致法將軍請獄治, 朕惟噬膚之恩未忍, 其上票騎將軍印綬, 罷歸就第. (董賢傳)

【역문】 마침내 책을 내려 정명을 면관시키며 [다음과 같이] 말하였다. "'군주와 부모에게는 장차 [반역을] 도모하려는 마음을 품어서는 안 되니, 도모하려는 마음만 있어도 그를 주살한다.'[76]고 하였다. 이 때문에 계우가 숙아를 독살한 것이니, 『춘추』에서는 그것을 현명하다고 하였고, 조순이 적을 토벌하지 않자 이를 일러 '[조순이] 군주를 시해했다'고 한 것이

---

73 匡衡: 자는 雉圭이며 東海 사람으로, 直言極諫을 잘하여 光祿大夫, 太子少傅, 丞相을 역임하였다. 하지만 아들 匡昌의 살인죄에 연좌되어 免官된 후 사망하였다.
74 『春秋公羊傳注疏』 권4 「桓公元年」, 68쪽, "有天子存. 則諸侯不得專地也."
75 『漢書』 권81, 「匡衡傳」, 3346쪽.
76 『春秋公羊傳注疏』 권9 「莊公三十二年」, 187쪽, "君親無將, 將而誅焉.〈親謂父母〉"

다. 짐은 장군이 중한 형벌에 빠진 것을 가엾게 여겨 글을 내려 타일렀
는데도, 장군은 끝내 잘못을 고치지 않고 다시 승상 왕가와 결탁하였으
니, [이에] 왕가가 의지할 곳이 생겨 위를 기망할 수 있었던 것이다. 유사
는 장군에게 법을 집행하여 옥사로 다스릴 것을 청하였지만, 짐은 친족
간의[噬膚] 은혜를 생각하여 차마 그렇게 할 수가 없노라. 표기장군의 인
수를 반환하고, 관직이 파면되었으니 자택으로 돌아가도록 하라."[77](『한
서』「동현전」)

【원문】 時平原多盜賊, 憙與諸郡討捕, 斬其渠帥, 餘黨當坐者數千人. 憙
上言惡惡止其身, (注、公羊傳曰, 善善及子孫, 惡惡止其身), 可一切徙京師
近郡, 帝從之.(趙憙傳)

【역문】 당시 평원에 도적이 많이 발생하자, 조희가 여러 군과 함께 토벌하
고 체포하면서 [도적의] 우두머리들은 참수하였는데, 나머지 무리들 중
처벌받아야 할 자들이 수천 명이었다. 조희가 상언하여 "악에 대해서는
그 본인만을 악하게 여긴다"고 하였으니(주석에 『공양전』에서 이르기를 '선
함은 자손에게까지 미치고 악함은 그 자신에게서 그친다.'고 하였다.), [나머지 무
리들은] 모두 경사 부근의 군으로 천사시키십시오."라고 하였다. 황제가
이를 따랐다.[78](『후한서』「조희전」)

【원문】 廣陵王荊有罪, 帝以至親, 悼傷之. 詔儵與羽林監南陽任隗雜理其
獄, 事竟, 奏請誅荊, 引見宣明殿. 帝怒曰: 諸卿以我弟, 故欲誅之, 即
我子, 卿等敢爾耶? 儵仰而對曰: 天下高帝天下, 非陛下之天下也. 春
秋之義, 君親無將, 將而誅焉. 是以周公誅弟, 季友鴆兄, 經傳大之. 臣
等以荊屬托母弟, 陛下留聖心, 加惻隱, 故敢請耳. 如令陛下子, 臣等專
誅而已. 儵以此知名. (樊儵傳)

---

77 『漢書』 권93, 「董賢傳」, 3736쪽.
78 『後漢書』 권26, 「董賢傳」, 914쪽.

【역문】 광릉왕 유형에게 죄가 있자, 황제는 [광릉왕이] 형제이므로 이를 슬프게 여겼다. 조를 내려 번숙과 우림감 남양인 임외에게 옥사를 처리하도록 하니, 사안을 마친 후, 유형을 주살할 것을 상청하였다. [황제는 이들을] 선명전으로 불러 노하며 말하였다. "경들은 [유형이] 나의 아우이므로 주살하고자 하는데, 만일 내 아들이라면 경들이 감히 이렇게 하겠는가?" 번숙이 [황제를] 바라보며 대답하였다. "천하는 고제의 천하이지 폐하의 천하가 아닙니다. 춘추의 의에 '군주는 장차 [반역을] 도모하려는 마음이 없는 자를 가까이하니 도모하려는 자는 주살한다.'고 하였습니다. 이 때문에 주공이 동생들을 주살하고, 계우가 형을 독살한 것이니, 경전에서는 이를 매우 훌륭하게 여겼습니다. 신 등은 유형이 [폐하의] 동모제(同母弟)이므로, 폐하께서 성심으로 측은히 여기시기에 감히 청한 것뿐입니다. 만약 폐하의 아드님이셨다면 신들은 [청하지도 않고] 주살하였을 것입니다." 번숙은 이로 인해 명성이 알려졌다.[79](『후한서』 「번숙전」)

【원문】 永和四年, 中常侍張逵等謀共譖商及中常侍曹騰、孟賁, 云欲徵諸王子, 圖議廢立, 請收商等案罪. 帝曰: 大將軍父子, 我所親貴; 賁我所愛, 必無是, 但汝曹共妒之耳. 逵等知言不用, 懼迫, 遂出矯制收縛騰賁於省中. 帝震怒, 收逵等, 悉伏誅, 辭所連染及在位大臣. 商懼多侵枉, 乃上疏曰: 春秋之義, 功在元帥, 罪止首惡, 故賞不僭溢, 刑不淫濫. 竊聞考中常侍張逵等辭語, 多所牽及, 大獄一起, 無辜者衆, 宜早訖竟, 以止逮捕之煩. 帝納之, 罪止坐者.(梁商傳)

【역문】 영화 4년(139년), 중상시 장규 등이 모의하여, 양상과 중상시 조등·맹분이 제왕의 아들들을 징소하여 폐립을 도모했다고 참소하고는, 양상 등을 체포하여 죄를 조사할 것을 청하였다. 황제가 말하였다. "대장군 부자는 내가 가까이하고 귀하게 여기는 자들이며, 맹분은 내가 아끼는

---

79 『後漢書』 권32, 「樊儵傳」, 1123쪽.

자이니 결코 이러한 일을 저지르지 않았을 것이다. 다만 너희들이 함께 그들을 투기하는 것일 뿐이다." 장규 등은 [자신들의] 의견이 받아들여지지 않음을 알고, 두려워하고 다급해하며 마침내 제서를 사칭하여 조등과 맹분을 성중에서 체포하였다. 황제가 진노하여 장규 등을 체포하고 모두 주살하니 [그들의] 진술로 인해 연루된 자들이 관위에 있는 대신들에게까지 미쳤다. 양상은 억울한 일들이 점차 많아질 것을 염려하여 이에 상소하였다. "춘추의 의에 '공은 원수에게 있고, 죄는 수괴에게서 그친다.'고 하였으니, 상을 줄 때에는 함부로 남발하지 않으며, 형벌을 줄 때에도 지나치게 하지 않는 것입니다. 제가 듣건데, 중상시 장규 등의 진술을 살펴보면, [사건에] 연루된 자들이 많으니, 큰 옥사가 한번 일어나면 무고하게 [연루되는 자들이] 많아지게 됩니다. 조속히 [사건을] 마치시어 번다하게 체포하는 것을 그치십시오." 황제가 이 의견을 받아들여 [사건에] 연루시키는 것을 멈추도록 하였다.[80](『후한서』「양상전」)

【원문】 帝以望不先表請, 章示百官, 詳議其罪. 時公卿皆以望之專命, 法有常條. 鍾離意獨曰: 昔華元子反, 楚宋之良臣, 不稟君命, 擅平二國, 春秋之義, 以爲美談. 帝嘉意議, 赦而不罪. (王望傳)

【역문】 황제는 왕망이 먼저 표문을 올려 청하지 않고, 장[章]을 백관들에게 보였으므로 그 죄를 상세히 의론하도록 하였다. 당시 공경들은 모두 왕망이 명을 마음대로 하였으므로, [그에 대해] 법에 일정한 처벌규정이 있다고 하였다. 종리의가 홀로 말하였다. "옛날 화원과 자반은 초나라와 송나라의 어진 신하들로 군주의 명을 받지 않았으나, 전단하여 두 나라를 화평하게 하였으니,[81] 춘추의 의에서는 이를 아름다운 이야기로 여겼

---

80 『後漢書』 권34, 「梁商傳」, 1176쪽.
81 華元과 子反은 모두 春秋時代 사람으로, 華元은 宋나라의 大夫이고 子反은 楚나라의 御史였다. 宋나라가 楚나라의 사신을 살해하자, 子反이 군사를 이끌고 宋나라를 포위하였다. 華元은 子反을 만나 포위된 모든 사람이 죽더라도 宋나라는 절대로 항복하지 않을 거라고 강경한 어조로 말했다. 子反은 이러한 華元의 태도에 놀라 화의를 맺고 철군하였다.

습니다." 황제는 종리의의 의론을 훌륭하게 여겨 [왕망을] 사면하고 처벌하지 않았다.[82](『후한서』「왕망전」)

【원문】 安帝初清河相叔孫光坐臧抵罪, 遂增錮二世, 釁及其子. 是時居延都尉范邠, 復犯臧罪, 詔下三公廷尉議. 司徒楊震、司空陳襃、廷尉張皓議依光比. 愷獨以爲春秋之義, 善善及子孫, 惡惡止其身, 所以進人於善也. 如令使臧吏禁錮子孫, 非先王詳刑之意也. 有詔, 太尉議是. (劉愷傳)

【역문】 안제 초, 청하상 숙손광이 장죄를 범하여 결국 이세(二世) 동안 금고형에 처해지게 되었으니, 죄가 그 아들에게까지 미친 것이다. 이때 거연도위 범빈도 여러 차례 장죄를 범하자, 조를 내려 삼공과 정위에게 의론하도록 하였다. 사도 양진, 사공 진포, 정위 장호가 의론하여 숙손광의 [사례에] 비부하기로 하였다. 유개만이 홀로 "춘추의 의에 '선은 자손에게 미치고 악은 그 자신에게서 그친다'[83]고 하였으니, [이는] 사람들을 선으로 나아가게 하려는 것입니다. 만일 장죄를 저지른 관리들에 대해 그 자손들까지 금고형으로 처벌한다면, [이는] 선왕이 형벌을 선용한 뜻에 위배되는 것입니다."라고 하였다. 조를 내려 태위의 의론이 옳다고 하였다.[84](『후한서』「유개전」)

【원문】 敞在職, 以寬和爲政, 擧冤獄, 以春秋義斷之, 是以郡中無怨聲.(何敞傳)

【역문】 하창은 관직에 있으면서 관대하고 온화하게 정령을 행하고, 억울한 옥사를 적발하여 춘추의 의로서 판결하니, 이 때문에 군 안에 원망하는 소리가 없었다.[85](『후한서』「하창전」)

---

82 『後漢書』 권39, 「王望傳」, 1297쪽.
83 『春秋公羊傳注疏』, 昭公二十年, "君子之善善也長. 惡惡也短. 惡惡止其身. 善善及子孫."
84 『後漢書』 권39, 「劉愷傳」, 1309쪽.
85 『後漢書』 권43, 「何敞傳」, 1487쪽.

【원문】 有人誣譖舅宋光於大將軍梁商者, 以爲妄刊章文, 坐繫洛陽詔獄, 掠考困極. 諝時年十五, 奏記於商曰: 諝聞春秋之義, 原情定過, 赦事誅意. 故許止雖弑君而不罪, 趙盾以縱賊而見書, 此仲尼所以垂王法, 漢世所宜遵前修也. 光之所坐, 情旣可原, 守闕連年, 而終不見理, 不偏不黨, 其若是乎? 商高諝才志, 即爲奏原光罪.(霍諝傳)

【역문】 어떤 자가 곽서의 외삼촌 송광을 무고하여, [그가] 대장군 양상에 대해 함부로 장문(章文)을 지었다고 하니, 죄를 받아 낙양의 조옥에 갇혀 극심한 고문을 당하였다. 곽서는 당시 15세였는데 [글을] 지어 양상에게 올리며 말하였다. "제가 듣기로 춘추의 의에서는 뜻을 헤아려 죄를 정하니, 사건은 용서해주되 뜻은 벌한다고 하였습니다. 그렇기에 허지가 비록 군주를 시해하였으나 죄라고 하지 않은 것이고, [반면] 조순이 적을 내버려둔 것에 대해서는 [군주를 시해한 것이라고] 분명히 기록한 것입니다. 이것이 공자께서 왕법을 전해주신 것이니, 한나라가 대대로 따라야 하는 선례입니다. 송광이 죄를 받은 것이 뜻을 [헤아려보면] 이미 용서받아야 하는데, [관리들이] 수년간 책임을 방기하고 끝내 처리해주지 않으니, 만약 [관리들이] 공정하다면 이와 같이 하겠습니까?" 양상이 곽서의 재주와 뜻을 훌륭하게 여겨 곧장 송광의 죄를 용서해 줄 것을 상주하였다.[86](『후한서』「곽서전」)

【원문】 時淸河趙騰上言災變, 譏刺朝政, 章下有司, 收騰繫考, 所引黨輩八十餘人, 皆以誹謗, 當伏重法. 皓上疏諫曰: 臣聞春秋採善書惡, 騰等雖幹上犯法, 所言本欲盡忠正諫, 如當誅戮, 天下杜口. 帝乃悟, 減騰死罪一等, 餘皆司寇.(張皓傳)

【역문】 이때 청하인 조등이 재변을 상언하며, 조정을 비판하니, [조등이 올린] 문서를 유사에게 보내, 조등을 체포하고, 감금하여 심문하도록 하였다. 연루된 무리가 80여 명이었는데 모두 [조정을] 비방했다는 [죄목으

---

86 『後漢書』 권48 「霍諝傳」, 1615쪽.

로] 무거운 처벌을 받게 되었다. 장호가 상소하여 간언하였다. "신이 듣기로 『춘추』에서는 선함을 가려내고 악함을 기록한다고 하였으니, 조등 등이 비록 윗사람과 법을 범하였지만, 상언한 것이 본래는 충정을 다해 옳은 간언을 하고자 한 것이므로, 만약 [그를] 주살한다면 천하가 입을 닫게 될 것입니다." 황제는 이에 [그 뜻을] 깨닫고, 조등은 사죄에서 한 등급 감해 주었으며, 다른 자들은 모두 사구에 처하였다.[87](『후한서』「장호전」)

【원문】魏諷反, 廙弟偉爲諷所引, 當相坐誅. 太祖令曰: 叔向不坐弟虎, 古之制也, 特原不問. (魏志劉廙傳)

【역문】 위풍이 반역하자 유이의 동생 유위도 위풍에 연루되어 주살당하게 되었다. 태조가 영을 내려 말하였다. "숙향[88]은 동생 호에게 연좌되지 않았으니 [이것이] 옛날의 제도이다. 특별히 용서하고 문죄하지 않도록 하라."[89](『위지』「유이전」)

【원문】梁人取後妻, 後妻殺夫, 其子又殺之. 孔季彦返魯過梁. 梁相曰: 此子當以大逆論. 禮繼母如母, 是殺母也. 季彦曰: 若如母, 則與親母不等, 欲以義督之也. 昔文姜與殺魯桓, 春秋去其姜氏, 傳曰, 絶不爲親, 禮也, 絶不爲親, 即凡人爾. 且夫手殺重於知情, 知情猶不得爲親, 則此下手之時, 母名絶矣. 方之古義, 是子宜以非司寇以擅殺當之, 不得爲殺母而論以逆也. 梁相從其言. (孔叢子 按通典一百六十六有武帝論防年殺繼母一條, 與此情節相同, 惟不引春秋爲稍異耳. 詳見律令雜考.)

【역문】 양인이 후처를 취했는데 후처가 남편을 살해하자 그 아들이 다시

---

87 『後漢書』 권50 「張皓傳」, 1818쪽.
88 叔向: 성은 姬이고 씨는 羊舌이며 이름은 肸이다. 숙향은 그의 자이다. 春秋 말 晉나라의 賢臣으로 정직한 성격과 훌륭한 재능으로 칭송을 받았다. 기원전 552년 그의 동생이 죄를 지어 사형에 처해졌는데, 그 또한 연좌되어 체포되었다. 하지만 나라에 큰 공을 세웠으므로 형벌이 면제됐다.
89 『三國志』 권21 『魏書』, 「劉廣傳」, 616쪽.

후처를 살해하였다. 공계언이 노국으로 돌아가는 길에 양국을 지나는
데, 양상이 말하였다. "이 아들은 마땅히 대역으로 논죄해야 한다. 예에
계모도 친어머니와 같다고 하였으니, 이는 어머니를 살해한 것이다." 공
계언이 말하였다. "어머니와 같다고 하나 친모와는 같지 않으니, 의로서
그것을 살피고자 합니다. 옛날에 문강[90]이 노환공을 살해하였는데, 『춘
추』에서는 '강'[이라는 글자]를 삭제하였습니다. 전에 이르기를 '끊어지
면 친이라 할 수 없으니, [이것이] 예이다.'[91]라고 하였는데, [관계가] 끊
어져 친이라 할 수 없다면 곧 일반인일 뿐입니다. 또한 남편을 직접 살
해하였으니 정상에 있어 무거운 죄이며, [아들이 아버지를 죽인] 정상을
알고 나서는 친이라고 할 수 없으니, [후처의 살해를] 실행했을 당시 어
머니라는 명분은 이미 끊어진 것입니다. 고의에 따른다면, 이 아들은 '사
구가 아닌 자를 함부로 살해한 죄'에 해당하지, 어머니를 죽였다고 하여
대역으로 논죄할 수는 없습니다." 양상이 그의 말을 따랐다. (『공총자』[92]
『통전』 권166에 무제가 방년이 계모를 살해한 일에 대해 논한 항목이 있으니, 이것
과 정상이 서로 동일한데, 다만 『춘추』를 인용하지 않은 것이 조금 다를 뿐이다. 상
세한 것은 『율령잡고』에 보인다.)

【원문】 黃浮爲濮陽令, 同歲子爲掾, 犯罪當死, 一郡望浮爲主. 浮曰: 周公
誅二弟, 石碏討其子, 今雖同歲, 所不能赦. 遂竟治之. (書鈔三十七引汝
南先賢傳)

【역문】 황부가 복양령이 되고, 동세(同歲)[93]인 자의 아들을 연리로 삼았는
데, 죄를 범하여 사형에 처하게 되자, 온 군의 사람들이 황부가 [사건을]

---

90 文姜: 春秋時代 齊나라 僖公의 딸로 魯나라 桓公에게 시집갔다. 이복오빠인 齊나라 襄公과 사통하
였는데, 이 사실이 桓公에게 알려지자, 두 사람이 함께 桓公을 살해하였다.
91 『春秋左傳正義』 권8, 莊公元年, 215쪽, "三月. 夫人孫于齊. 不稱姜氏. 絶不爲親. 禮也."
92 『孔叢子』: 일명 『連叢』이라고도 하는데 7권 23편으로 공자 후손들의 언행록이다. 秦末漢初 孔鮒
가 撰하였다. 공자 이하 자사, 자고, 자순 등의 언행을 6권 21편으로 지었고, 뒤에 孔臧이 다시 賦
와 書 2편을 1권으로 하여 덧붙였다.
93 同歲: 한대에 동일한 해에 천거되어 孝廉이 된 자를 칭하던 명칭.

주관하기를 바랐다. 황부가 말하였다. "주공은 두 동생들을 주살하였고, 석작은 그 아들을 토벌하였으니, 지금 비록 동세라도 사면할 수 없는 바이다." 마침내 [사형을] 집행하였다.[94](『북당서초』 권37에 『여남선현전』을 인용.)

⊙ 漢論事援引春秋 한론사원인춘추[95]

【원문】梁王令人刺殺爰盎, 上疑梁殺之, 使者冠蓋相望, 責梁王. 王長君者, 王美人兄也. 鄒陽乘間而請曰: 長君誠能精爲上言之, 得毋竟梁事, 長君必固自結於太后. 太后厚德長君, 入於骨髓. 昔者魯公子慶父, 使僕人殺子般, 獄有所歸, 季友不探其情而誅焉. 慶父親殺閔公, 季子緩追免賊, 春秋以爲親親之道也. 魯哀姜薨於夷, 孔子曰: 齊桓公法而不譎, 以爲過也. 以是說天子, 徽幸梁事不奏. 長君曰諾, 乘間入而言之. 事果得不治. (鄒陽傳)

【역문】양왕이 사람을 시켜 원앙을 찔러 죽이도록 하니, 황상은 양왕이 그를 살해했다고 의심하여, 사신을 끊임없이 보내 양왕을 책망하였다. 왕장군이란 자는 왕미인의 오빠이다. 추양이 그 틈을 타고 [왕장군에게] 청하였다. "장군께서는 진실로 정성을 다해 황상께 말씀하시어 양왕의 사건을 추궁하지 않도록 하십시오. [그렇게 하신다면] 장군께서는 반드시 태후와 저절로 연결될 것이고, 태후께서는 장군을 후덕히 대하시며 [그 마음을] 골수까지 품으실 것입니다. 옛날 노공자 경보는 하인을 시켜 자반을 살해하도록 하였는데, 옥사가 벌어지자 [책임을 하인에게] 돌렸습니다. [그런데] 계우는 그 정상을 자세히 조사하지 않고 [하인을] 주살하였습니다. [이후] 경보는 직접 민공을 살해하였는데, 계자가 느슨히 쫓아 적을 풀어주었으니, [이것이 바로] 『춘추』에서 [말하는] '친친의 도'

94 (唐)虞世南撰, 『北堂書鈔』(欽定四庫全書) 권37, 889~114쪽.
95 漢論事援引春秋: 한에서 사안을 의론하며 『춘추』를 인용함.

입니다. 노나라 애강은 이(夷)에서 훙서했는데, 공자께서는 '제나라 환공
이 법을 지켰으나 변하지 않았으니 [이것이] 잘못이다.'라고 하셨습니다.
이러한 이야기를 천자께 말씀하신다면, 양왕의 일은 요행히 상주하지
않으셔도 될 것입니다." 왕장군이 [추양의 견해를] 옳다고 여겨, 틈을 타
입궐하여 이를 상주하였다. [양왕의] 일이 과연 처리되지 않게 되었다.[96]
(『한서』「추양전」)

【원문】 大鴻臚禹奏, 元前以刀賊殺奴婢, 子男殺謁者, 爲刺史所擧, 罪名
明白. 故春秋之義, 誅君之子不宜立, 元雖未伏誅, 不宜立嗣. 奏可, 國
除.(趙敬肅王傳)

【역문】 대홍려 우가 상주하였다. "유원은 이전에 칼로 노비를 살해하고 아
들은 알자를 살해하여 자사에게 적발되었으니, 죄명이 명백합니다. 그
러므로 춘추의 의에서는 주살된 군주의 아들은 즉위시켜서는 안 된다
고 하였습니다. 유원이 비록 아직 주살되지 않았으나 후사를 세워서는
안 됩니다."라고 하였다. 상주가 가납되어 [유원의] 봉국을 삭제하였
다.[97](『한서』「조경숙왕전」)

【원문】 助恐, 上書謝稱: 春秋天王出居於鄭, 不能事母, 故絶之. 臣事君,
猶子事父母也, 臣助, 當伏誅. 陛下不忍加誅, 願奉三年計最, 詔許. (嚴
助傳)

【역문】 엄조가 두려워하여 상서를 올려 사죄하였다. "『춘추』에서는 천왕
이 정나라로 가서 거할 적에 어머니를 모실 수 없었으므로 [그 의가] 끊
어졌다고 하였습니다.[98] 신하가 군주를 섬기는 것은 마치 자식이 부모를
섬기는 것과 같으니, 신 엄조는 사형에 처해지는 것이 당연합니다. [다

---

96 『漢書』 권51, 「鄒陽傳」, 2355쪽.
97 『漢書』 권53, 「趙敬肅王傳」, 2421쪽.
98 『春秋公羊傳注疏』 권12, 「僖公二十四年」, 248쪽, "冬。天王出居于鄭。王者無外。此其言出何。
    不能乎母也."

만] 폐하께서 차마 주살하지 못하시니, 바라건대 [살려주신다면] 3년 동
안 공적을 쌓도록 하겠습니다." 조를 내려 허락하였다.[99](『한서』「엄조전」)

【원문】 奉世遂西至大宛. 大宛聞其斬莎車王敬之, 異於他使. 得其名馬象
龍而還. 上甚說, 下議封奉世. 丞相將軍皆曰: 春秋之義, 大夫出疆, 有
可以安國家, 則顓之可也. 奉世功效尤著, 宣加爵土之賞. 少府蕭望之
獨以奉世奉使有指, 而擅矯制違命, 發諸國兵, 雖有功效, 不可以爲後
法. (馮奉世傳)

【역문】 풍봉세가 마침내 서쪽으로 대완국[100]에 이르렀다. 대완국에서는 그
가 사차국왕을 참하였다는 것을 듣고는 그를 공경하여 다른 사신들보다
특별하게 대우하니, 명마 상룡을 얻어 돌아올 수 있었다. 황제가 심히
기뻐하며 풍봉세를 봉하는 사안에 대해 의론하도록 하였다. 승상과 장
군들이 모두 말하였다. "춘추의 의에 대부가 출강하였을 때 국가를 평안
하게 할 수 있다면, 전단해도 좋다고 하였습니다. 풍봉세의 공적이 더욱
뛰어나니 관작과 봉지를 더해 주십시오." 소부 소망지만이 홀로 "풍봉세
는 [황제의 뜻을] 받들고 사신으로 나간 것인데, 함부로 제서를 사칭하여
명을 어기고, 국병을 움직였으니, 비록 공이 있다 하더라도, 후세의 모
범으로 삼을 수는 없습니다."라고 하였다.[101](『한서』「풍봉세전」)

【원문】 光與羣臣連名奏王(昌邑), 尙書令讀奏曰: 五辟之屬, 莫大不孝. 周
襄王不能事母, 春秋曰天王出居於鄭, 繇不孝出之, 絶之於天下也. 宗
廟重於君, 陛下未見命高廟, 不可以承天序, 奉祖宗廟, 子萬姓. 當廢.
(霍光傳)

【역문】 곽광과 여러 신하들이 연명하여 창읍왕[에 대하여] 상주하니, 상서령

---

99 『漢書』 권64上, 「嚴助傳」, 2789–2790쪽.
100 大宛國: 漢나라 때 중앙아시아의 페르가나에 있던 오아시스 국가 및 페르가나 지방에 대한 漢人의
  호칭이다. 名馬의 산지로 유명했다.
101 『漢書』 권79, 「馮奉世傳」, 3294쪽.

이 상주문을 읽었다. "5가지 형벌[로 처벌하는 죄]의 종류 중에서 불효보다 더 큰 것은 없습니다. 주의 양왕이 어머니를 모시지 못하게 되자, 『춘추』에서는 '천왕이 정나라로 나와[出] 기거하신다.'고 하였으니, 불효 때문에 '출(出)'이라고 [쓴 것으로] 천하로부터 끊어져 버렸다는 것입니다.[102] 종묘는 군주보다 중한데, 폐하께서는 아직 고묘에서 명을 받지 않으셨으니, 하늘의 질서를 이어 종묘를 받들고 만백성을 자식으로 삼으실 수 없는 것입니다. [창읍왕을] 폐위시키셔야 합니다."[103](『한서』「곽광전」)

【원문】 石顯、匡衡以爲, 「延壽、湯擅興師矯制, 幸得不誅, 如復加爵土, 則後奉使者, 爭欲乘危徼幸, 生事於蠻夷, 爲國招難, 漸不可開.」 元帝內嘉(廿)延壽、湯功, 而重違衡顯之議, 議久不決. 故宗正劉向上疏曰: 「昔齊桓公前有尊周之功, 後有滅項之罪, 君子以功覆過而爲之諱行事. 宜以時解縣通籍, 除過勿治, 尊寵爵位, 以勸有功.」(陳湯傳)

【역문】 석현과 광형이 [다음과 같이] 말하였다. "감연수[104]와 진탕은 함부로 군대를 일으키고 제서를 사칭하였지만 요행히 죽음을 면하였는데, 만약 [그들에게] 작위와 봉토를 더해주신다면, 후일 명을 받들고 사신으로 가는 자들이 다투어 모험을 하며 요행을 바라게 되어 만이에게 전행하게 될 것이니, [그렇게 된다면] 나라에 어려움을 초래하여 해결할 수 없게 될 것입니다." 원제는 내심 감연수와 진탕의 공적을 기뻐하였으나, 광형과 석현의 의론 역시 어기기 어려웠으므로, 의론을 오랫동안 결정하지 못하였다. 그러자 종정 유향이 상소하였다. "옛날 제환공에게는 이전에 주를 존숭한 공이 있었으나, 후에 항국을 멸한 죄가 있었는데, 군자는 공적으로 잘못을 덮는다고 하였으니, [그가] 행한 잘못을 은폐시켜 주는 것입니다.[105] 즉시 죄를 추궁하지 마시고 [통행할 수 있도록] 금한 것을

---

102 『春秋公羊傳注疏』 권12, 「僖公二十四年」, 248쪽.
103 『漢書』 권68, 「霍光傳」, 2945~2946쪽.
104 甘延壽: 자는 君況이고 北地 郁郅 사람이다. 西域都護가 되어 匈奴의 郅支單于를 주살하였다.

풀어주시어,106 죄를 없애고 치죄하지 마십시오. 작위를 높이시어 공을
세우도록 권하십시오."107(『한서』「진탕전」)

【원문】 久之, 大將軍霍光薨, 宣帝始親政事, 封光兄孫山雲, 皆爲列侯, 以
光子禹爲大司馬. 頃之, 山雲以過歸第. 敞聞之, 上封事曰: 臣聞公子季
友有功於魯, 大夫趙衰有功於晉, 大夫田完有功於齊, 皆疇其庸, 延及
子孫, 終後田氏簒齊, 趙氏分晉, 季氏顓魯. 故仲尼作春秋, 迹盛衰, 譏
世卿最甚. 間者輔臣顓政, 貴戚太盛, 君臣之分不明, 請罷霍氏三侯皆
就第. (張敞傳)

【역문】 오랜 후에 대장군 곽광이 훙서하니 선제가 친히 정사를 처리하기
시작하였다. 곽광의 형의 손자인 곽산·곽운을 봉하여 모두 열후로 삼
았으며, 곽광의 아들 곽우는 대사마로 삼았다. 얼마 후 곽산·곽운이 잘
못을 저질러 자택으로 돌아가게 되자, 장창이 이를 듣고 봉사(封事)108를
올려 말하였다. "신이 듣기로 공자 계우는 노나라에 공이 있었고, 대부
조쇠는 진나라에 공이 있었으며, 대부 전완은 제나라에 공이 있었는데,
모두 그 공훈으로 [받은] 영토가 자손에게까지 이어져, 결국 후일에 전씨
가 제나라를 찬탈하고, 조씨가 진나라를 분할하였으며, 계씨는 노나라
를 [장악하여] 전횡하게 되었습니다. 그러므로 공자께서『춘추』를 지어
[나라의] 흥망성쇠를 기술하시며 대를 이은 경들을 가장 신랄하게 비판
하신 것입니다. 근래에 보필하는 신하들이 정사를 전단하고, 귀척들이
극성하니, 군신의 명분이 명확하지 못하게 되었습니다. 곽씨의 삼후를

---

105 『春秋公羊傳注疏』 권11, 僖公十七年, 236쪽, "夏滅項. 孰滅之. 齊滅之. 曷爲不言齊滅之. 爲桓公
諱也. 春秋爲賢者諱. 此滅人之國. 何賢爾. 君子之惡惡也疾始. 善善也樂終. 桓公嘗有繼絕. 存
亡之功. 故君子爲之諱也."

106 『漢書』 권70, 「陳湯傳」의 夾註에서 縣은 죄를 추궁하지 않는 것이고, 通籍은 출입할 수 있도록
[통행을] 금지하지 않는 것이라고 하였다. "孟康曰: 縣, 罪未竟也, 如言縣罰也. 通籍, 不禁止, 令得
出入也."

107 『漢書』 권70, 「陳湯傳」, 3017-3018쪽.

108 封事: 密封된 奏章을 의미한다. 臣下가 상서를 올릴 때 누설을 방지하기 위해 皀囊에 넣어 봉하였
으므로 封事라고 칭하게 되었다.

모두 파하시어 자택으로 돌아가도록 하십시오."109(『한서』「장창전」)

【원문】 (涓)勳私過光祿勳辛慶忌, 又出逢帝舅成都侯(王)商道路, 下車立, 顧過, 迺就車. 於是方進擧奏其狀, 因曰: 臣聞國家之興, 尊尊而敬長, 爵位上下之禮, 王道綱紀, 春秋之義, 尊上公謂之宰, 海內無不統焉. 丞相進見聖主, 御座爲起, 在輿爲下, 羣臣宜皆承順聖化, 以視四方. 勳吏二千石幸得奉使, 不遵禮儀, 輕慢宰相, 賤易上卿, 而又詘節失度, 邪諂無常, 色厲內荏, 墮國體, 亂朝廷之序, 不宜處位. 臣請下丞相免勳. (翟方進傳)

【역문】 연훈은 광록훈 신경기에게 사사로이 과오를 저질렀으며, 또한 지나가다 길에서 황제의 장인인 성도후 왕상을 만났는데, [왕상이] 수레에서 내렸는데도, 지나쳐서 수레를 몰고 가버렸다. 이에 적방진이 그 정상을 적발하여 상주하였다. "신이 듣건데, 국가의 흥성은 존귀한 이를 존숭하고 연장자를 공경하는 것에 달려 있으니, 작위의 상하의 예는 왕도의 기강인 것입니다. 춘추의 의에 상공을 존숭하는 것을 일러 '재(宰)'라고 하였으니, 천하에 통령하지 않음이 없는 것입니다. 승상이 나가 성주를 알현함에, 앉아 있다가도 일어서며, 수레에 타고 있다가도 내려오니, 여러 신하들이 성스러운 교화를 따라 사방에 보이게 되는 것입니다. 연훈은 이천석의 관리로 요행히 명을 받드는 사신이 되었는데, 예의를 준수하지 않고, 재상을 업신여기며 또한 상경을 홀대하였습니다. 더욱이 예절을 손상시키고 법도를 잃었으며, 아무 때나 간사하게 아첨하여, 겉으로는 엄격한 척하나 내심으로는 유약하여 국체를 떨어뜨리고, 조정의 질서를 어지럽혔으니 관위에 머무르게 해서는 안 됩니다. 신은 [사안을] 승상에게 보내시어 연훈을 면직할 것을 청합니다."110(『한서』「적방진전」)

---

109 『漢書』 권76, 「張敞傳」, 3217-3218쪽.
110 『漢書』 권84, 「翟方進傳」, 3414-3415쪽.

【원문】 相因平恩侯許伯奏封事, 言: 春秋譏世卿, 惡宋三世爲大夫, 及魯季孫之專權, 皆危亂國家. 自後元以來, 祿去王室, 政繇家宰, 今(霍)光死, 子復爲大將軍, 兄子秉樞機, 昆弟諸壻, 據權勢在兵官. 光夫人顯及諸女, 皆通籍長信宮, 或夜詔門出入, 驕奢放縱, 恐寖不制, 宜有以損奪其權, 破散陰謀, 以固萬世之基, 全功臣之世. (魏相傳)

【역문】 위상은 평은후 허백을 통해 봉사(封事)를 상주하여 [다음과 같이] 말하였다. "『춘추』에서는 대대로 경이 된 것[世卿]을 비판하여, 송나라가 삼대 동안 대부로 삼은 것과 노나라 계손씨가 권력을 전횡한 것을 미워하였으니, 모두 국가를 위태롭게 하고 어지럽혔기 때문입니다. 후원 연간(기원전 88-87년) 이래로 녹봉을 [주는 것은] 왕실을 떠났고, 정령은 가재(家宰)를 통하게 되었으니, 지금 곽광이 죽자 아들 곽복이 대장군이 되어 형과 아들이 정권의 주요 기구를 장악하였으며, 형제와 여러 사위들이 권세에 의지해 병관에 있습니다. 곽광의 부인 현과 여러 딸들은 모두 장신궁의 문적에 이름을 올리고 드나들며, 혹 밤에도 조를 통해 궁문을 출입하니, 교만하고 사치스러우며 방종하여, 점차 제어할 수 없게 될까 두렵습니다. 그들의 권력을 빼앗고, 음모를 제거하여 만세의 기틀을 공고히 하시고 공신의 세대를 온전히 하소서."111(『한서』「위상전」)

【원문】 時侍中董賢方貴, 上使中黃門發武庫兵前後十輩, 送董賢及乳母王阿舍. 隆奏言, 春秋之誼, 家不藏甲, 所以抑臣威, 損私力也. 今賢等便僻弄臣, 私恩微妾, 而以天下公用給其私門, 非所以示四方也. (毋將隆傳)

【역문】 그때 시중 동현이 귀한 [지위에 오르자], 황제는 중황문에게 명하여 전후로 무기고의 병기 열 묶음을 꺼내 동현과 유모 왕아사에게 보내도록 하였다. 무장륭이 상주하였다. "『춘추』의 의에 사사에 병기를 부시 않는다고 한 것은 신하의 무위를 억제하고 사적인 병력을 훼손시키고자

---

111 『漢書』 권74 「魏相傳」, 3134-3135쪽.

함입니다. 지금 동현 등은 총애를 받는 신하로 사사로이 은혜가 미천한 첩에게까지 미쳤으니, 천하의 공용으로 사가에 주는 것은 사방에 보여서는 안 되는 것입니다."112(『한서』「무장륭전」)

【원문】 魯嚴公夫人殺世子, 齊桓召而誅焉, 春秋予之. 趙昭儀傾亂聖朝, 親滅繼嗣, 家屬當伏天誅. 前平安剛侯夫人謁, 坐大逆同産當坐, 以蒙赦令歸故郡. 今昭儀所犯, 尤誖逆, 罪重於謁, 而同産親屬, 皆在尊貴之位, 迫近帷幄, 羣下寒心. 請事窮竟, 丞相以下議正法. 哀帝於是免新成侯趙欽、欽兄子成陽侯訢, 皆爲庶人, 將家屬徙遼西郡. (孝成趙皇后傳)

【역문】 [사예 해광(解光)이 상주하기를] 노나라 엄공의 부인이 세자를 살해하자 제나라 환공이 불러 주살하였는데, 『춘추』에서는 허여했습니다. 조소의는 성스러운 조정을 어지럽히고 직접 [황실의] 후사를 없앴으니 가속들까지 주살해야 합니다. 이전에 평안강후의 부인 알이 대역죄에 연좌되었는데, 형제이므로 연좌되는 것이 당연하나, 사면령을 받아 옛 군으로 돌아갔습니다. [그러나] 지금 소의가 범한 것은 패역함이 더욱 심하니, 알보다 중한 죄를 주어야 합니다. [그런데도 소의의] 형제와 친속들이 모두 존귀한 지위에 있으면서 도리를 벗어나 거스른 것이 심하니 죄가 알보다 무겁고, 동복형제와 친속들이 모두 존귀한 지위에 있으면서 조정을 핍박하니 여러 신하들이 상심하고 있습니다. 사안을 철저하게 추궁하도록 하시어 승상 이하에게 [처벌할] 법도를 의론하도록 하십시오." 애제가 이에 신성후 조흠과 조흠의 형의 아들 성양후 조흔을 면하여 모두 서인으로 삼은 후, 가속들과 함께 요서군으로 천사시켰다.113(『한서』「효성조황후전」)

【원문】 援在交趾, 常餌薏苡實, 用能輕身省慾, 以勝瘴氣. 南方薏苡實大,

---

112 『漢書』 권77 「毋將隆傳」, 3264쪽.
113 『漢書』 권97下 「孝成趙皇后傳」, 3996쪽.

援欲以爲種, 軍還, 載之一車, 時人以爲南土珍怪. 卒後, 有上書譖之者, 以爲前所載還, 皆明珠文犀. 帝益怒, 賓客故人莫敢弔. 同郡朱勃詣闕上書曰: 臣聞. 春秋之義, 罪以功除; 聖王之祀, 臣有五義. 若援所謂以死勤事者也, 願下公卿, 平援功罪. (馬援傳)

【역문】 마원이 교지에 있으면서 항상 율무의 열매를 먹으며 몸을 가볍게 하고 욕정을 제거해 풍토병[瘴氣]을 이겨냈다. 남방의 율무는 열매가 커서 마원이 [그것을] 심고자 군사를 돌려 수레 한 대에 [종자를] 싣고 [돌아오니], 당시 사람들이 남쪽 땅의 진귀한 것이라고 하였다. [마원이] 죽은 뒤에 상서를 올려 참소하는 자가 있었는데, [마원이] 이전에 싣고 돌아온 것이 모두 명주와 무늬가 있는 무소뿔이라고 하였다. 황제가 더욱 분노하니 빈객과 벗 중에 감히 조문하는 자가 없었다. 같은 군 사람 주발이 궐에 이르러 상서하였다. "신이 들으니 춘추의 의에 '죄는 공으로 없애는 것'이라고 하였고, [『예기』에서는] '성왕이 제사해야 할 신하로 다섯 가지 의가 있다'[114]고 하였습니다. 마원은 이른바 죽기까지 힘써 일한 자이니 [폐하께서는] 공경에게 [사안을] 보내시어 마원의 공과 죄를 평의하십시오."[115](『후한서』「마원전」)

【원문】 統上疏曰, 孔子曰: 刑罰不衷, 則人無所厝手足, 衷之爲言, 不輕不重之謂也. 春秋之誅, 不避親戚, 所以防患救亂, 全安衆庶.(梁統傳)

【역문】 양통이 상소하였다. "공자께서는 '형벌이 적합하지 않으면 백성들은 손발을 둘 곳이 없게 된다.'[116]고 하셨으니, 적합하다는 것은 [형벌이] 가볍지도 않고 무겁지도 않은 것을 가리키는 말입니다. 『춘추』에서는 주살함에 친척도 피하지 않았다[117]고 하였으니, [이는] 환난을 막아 백성

---

114 『禮記』, 祭法. "夫聖王之制祭祀也. 法施於民則祀之. 以死勤事則祀之. 以勞定國則祀之. 能禦大菑則祀之. 能捍大患 則祀之."
115 『後漢書』 권24, 「馬援傳」, 849쪽.
116 『論語』, 「子路」, "刑罰不中, 則民無所錯手足."
117 『春秋左傳注疏』 권3, 隱公四年, 88쪽, "大義滅親, 其是之謂乎."

들을 온전히 편안케 하고자 하는 것입니다."[118](『후한서』「양통전」)

【원문】 單超積懷忿恨, 遂以事陷種, 竟坐徙朔方. 種匿於閭, 甄氏數年, 徐州從事臧旻上書訟之曰: 春秋之義, 選人所長, 棄其所短, 錄其小善, 除其大過. 種所坐以盜賊公負, 筋力未就, 罪至徵徙, 非有大惡.(第五鍾傳)

【역문】 단초는 마음에 분노와 원한을 쌓고 있다가 결국 [어떤] 사건을 계기로 제오종(第五種)을 모함하여 마침내 [제오종은] 삭방으로 천사되었다. 제오종이 여씨·와씨에게 수년간 숨어 있었는데, 서주종사 장민이 상서를 올려 그를 호소하였다. "춘추의 의에 사람의 장점을 선택하고 그 단점은 버리며, 그 작은 선은 기록하고 큰 과오는 삭제한다고 하였습니다. 제오종은 도적[을 토벌하지 못해] 죄를 받았으므로, 공무로 인한 범한 죄이며[公負] 힘이 부족해서 [토벌하지] 못한 것입니다. 천사형을 받았을 뿐 큰 악을 저지른 것이 아닙니다."[119](『후한서』「제오종전」)

【원문】 時部縣亭長有受人酒禮者, 府下記案考之. 意封還記, 入言於太守曰, 春秋先內後外, 詩云: 刑於寡妻, 以御於家邦, 明政化之本, 由近及遠. 今宜先淸府內, 且闊略遠縣細微之愆. 太守甚賢之.(鍾離意傳)

【역문】 당시 관할 현의 정장 중에 타인에게서 주례(酒禮)를 받은 자가 발생하자, 부에서는 [사안을] 기록한 문서를 내려 보내 조사하도록 하였다. 종리의가 문서를 봉하여 돌려보낸 뒤, 태수에게 와서 말하였다. "『춘추』에서는 '안을 먼저 하고 밖을 뒤로 한다'[120]고 하였습니다. 『시경』에서도 '아내에게 본보기가 되어 나라를 다스린다'[121]고 하였으니, 정령과 교화의 근본이 가까운 데서 먼 데로 나아가는 것을 밝힌 것입니다. 지금은

---

118 『後漢書』권34, 「梁統傳」, 1168쪽.
119 『後漢書』권41, 「第五鍾傳」, 1405쪽.
120 『春秋公羊傳注疏』, 成公十五年, 400쪽, "春秋內其國而外諸夏. 內諸夏而外夷狄. 王者欲一乎天下. 曷爲以外內之辭言之. 言自近者始也."
121 『詩經』, 「大雅」, '思齊', "時云.. 刑于寡妻, 至于兄弟, 以御於家邦."

우선 부내를 깨끗하게 하셔야 하니, 일단 멀리 있는 현의 작은 허물은 용서해주십시오." 태수는 그를 매우 현명하다고 생각하였다.[122](『후한서』 「종리의전」)

【원문】 建初中, 有人侮辱人父者, 而其子殺之. 肅宗貰其死刑而降宥之, 自後因以爲比, 是時遂定其議, 以爲輕侮法. 敏駁議曰: 春秋之義, 子不報讐, 非子也, 而法令不爲之滅者, 以相殺之路, 不可開故也. 可下三公廷尉, 蠲除其敝.(張敏傳)

【역문】 건초 연간(76-83년)에 타인의 아버지를 모욕한 자가 있었는데, 그 아들이 그를 살해하였다. 숙종이 사형을 관대하게 처리하여 그의 죄를 용서해주니, 이후에도 이 [판결을] 따르게 되었다. 이때에 그에 대한 의론이 정해져, '경모법'이라고 하였다. 장민이 박의하기를 "『춘추』의 의에 '자식이 [아버지의] 원수를 갚지 않으면 자식이 아니라'[123]고 하였으나, 법령에서 그것을 감형해 주지 않은 것은 [백성이] 서로 살해하는 것을 허용해서는 안 되기 때문입니다. 삼공과 정위에게 [사안을] 위임하시어 그 폐단을 없애서야 합니다."[124](『후한서』 「장민전」)

【원문】 建初元年, 大旱穀貴. 終以爲廣陵、楚、淮陽、濟南之獄, 徙者萬數, 又遠屯絶域, 吏民怨曠. 乃上疏曰: 臣聞善善及子孫, 惡惡止其身, 百王常典, 不易之道也. 臣竊按春秋水旱之變, 皆應暴急, 惠不下流. 魯文公毀泉臺, 春秋譏之曰, 先祖爲之, 而已毀之, 不如勿居而已, 以其無妨害於民. 襄公作三軍, 昭公舍之, 君子大其復古, 以爲不舍則有害於民也. 今伊吾之役, 樓欄之屯, 久而未還, 非天意也. 帝從之, 聽還徙者, 悉罷邊屯.(楊終傳)

122 『後漢書』 권41, 「鐘離意傳」, 1406쪽.
123 『春秋公羊傳注疏』, 定公四年, 562쪽, "父不受誅,〈不受誅罪不當誅也〉子復讎可也."
124 『後漢書』 권44, 「鐘離意傳」, 1502-1503쪽.

【역문】 건초 원년(76년), 가뭄이 심해 곡식이 귀해졌다. 양종은 광릉·초·회양·제남의 옥사로 천사된 자가 대단히 많고, 또한 먼 지역에 거주하도록 하니, 관리와 백성의 원망이 커졌다고 생각하였다. 이에 상소를 올려 말하였다. "신은 '선은 자손에게까지 미치고 악은 그 자신에게서 그친다'는 것은 백왕(百王)의 상례로 바꿀 수 없는 도라고 알고 있습니다. 신이 삼가 『춘추』에 [기록된] 홍수와 가뭄의 재난에 대해 살펴보니, 모두 위급한 상황이 닥치자 은혜가 백성들에게까지 미치지 못했습니다. 노문공이 천대(泉臺)를 훼손하자, 『춘추』에서는 이를 비판하여 '선조들이 만든 것을 자신이 훼손하였으니, 거하지 않은 것만 못하구나'[125]라고 하였으니, [그나마] 백성에게는 해가 되지 않았기 때문입니다. 양공이 삼군을 만들고 소공이 그곳에 기거하자 군자는 옛것을 부활시킨 것을 훌륭하게 생각한다고 하였으니,[126] 거하지 않는다면 백성에게 피해가 있기 때문입니다. 이오의 전쟁으로 누란에 주둔한 지 오래되었는데도 돌아오지 못하고 있으니 [이는] 하늘의 뜻이 아닙니다." 황제가 그의 의견을 따라, 천사된 자들을 돌아오도록 하였으며 변방의 주둔도 모두 폐지하였다.[127](『후한서』「양종전」)

【원문】 參於道爲羌所敗, 旣已失期, 乃稱病引兵還, 坐以詐疾徵下獄. 校書郎中馬融上書請之曰: 昔荀林父敗績於邲, 晉侯使復其位; 孟明視喪師於崤, 秦伯不替其官, 故晉景並赤狄之土, 秦穆遂霸西戎, 宜遠覽二君, 使參得在寬宥之科. 書奏, 赦參等.(龐參傳)

【역문】 용참이 도중에 강족에게 패하였는데, 이미 기한을 놓쳤으므로 병을

---

125 『春秋公羊傳注疏』, 文公十六年, 314쪽. "毁泉臺. 泉臺者何. 郎臺也. 郎臺則曷爲謂之泉臺. 未成爲郎臺. 旣成爲泉臺. 毁泉臺何以書. 譏. 何譏爾. 築之譏. 毁之譏. 先祖爲之. 己毁之. 不如勿居而已矣."

126 『春秋公羊傳注疏』, '襄公十一年', 431쪽. "春. 王正月. 作三軍. 三軍者何. 三卿也. 作三軍何以書. 譏. 何譏爾. 古者上卿下卿上士下士.";『春秋公羊傳』, 昭公五年, "春. 王正月. 舍中軍. 舍中軍者何. 復古也."

127 『後漢書』 권48, 「楊終傳」, 1598쪽.

핑계대고 군대를 이끌고 돌아왔다. 병을 사칭한 것으로 죄를 받아 하옥
되었다. 교서랑중 마읍이 상소를 올려 청하였다. "예전에 순림보가 필에
서 여러 차례 패하였으나, 진후(晉侯)는 그의 지위를 회복시켜 주었고,
맹명시는 효에서 패하고 군사를 잃었으나 진백(秦伯)은 그의 관직을 바
꾸지 않았습니다. 그리하여 진 경공은 적적(赤狄)의 땅을 병합하고, 진
목공은 서융을 제패하게 되었던 것입니다. 옛날의 저 두 군주를 본받으
시어 용참을 관대하게 용서해 주십시오." 상소가 상주되자 용참을 사면
하였다.[128](『후한서』「용참전」)

【원문】 先是中常侍單超弟匡爲濟陰太守, 以臧罪爲刺史第五種所劾, 窘
急, 乃賂客任方刺兗州從事衛羽. 及捕得方, 囚繫洛陽, 匡慮秉當窮竟
其事, 密令方等得突獄亡走. 尙書召秉詰責. 秉對曰: 春秋不誅黎比而
魯多盜, 方等無狀, 釁由單匡. 刺執法之吏, 害奉公之臣, 復令得逃竄,
寬縱罪身, 元惡大憝, 終爲國害. 乞檻車徵匡考覈其事, 則姦慝蹤緒, 必
可立得.(楊秉傳)

【역문】 이에 앞서, 중상시 단초의 아우 단광이 제음태수가 되었는데, 장죄
로 인해 자사 제오종의 탄핵을 받게 되자 다급해져 빈객 임방에게 뇌물
을 주고 연주종사 위우를 살해하도록 하였다. 임방이 체포되어 낙양[의
옥에] 구금되었는데, 단광은 양병이 그 사건을 철저히 조사할 것을 염려
해, 몰래 임방에게 명하여 옥을 탈출하도록 하였다. 상서가 양병을 불러
책임을 추궁하니, 양병이 대답하였다. "『춘추』에서는 '여비를 주살하지
않아서 노나라에 도적이 많아졌다'[129]고 하였으니, 임방 등은 죄상이 없
으며 범죄는 단광이 저지른 것입니다. 법을 집행하는 관리를 살해하고
공무를 행하는 신하를 해쳤으며, 더욱이 [임방을] 도망치도록까지 하였
으니, 죄인을 너그럽게 풀어준다면, 악의 수괴가 더욱 악해져 결국 나라

128 『後漢書』권51, 「龍參傳」, 1690쪽.
129 『春秋左傳正義』(李學勤主編, 『十三經注疏(標點本)』, 北京大學出版社, 1999) 권34, '襄公二十一年',
968쪽, "邾庶其以漆, 閭丘來奔. 季武子以公姑姊妻之. 皆有賜於其從者. 於是魯多盜."

에 해가 될 것입니다. 함거로 단광을 소환하여 그 사건을 철저히 조사하
신다면 그의 간악한 행적이 반드시 드러날 것입니다."130(『후한서』「양병
전」)

【원문】 時中常侍侯覽弟參爲益州刺史, 累有贓罪, 暴虐一州. 明年秉劾奏
參, 檻車徵詣廷尉. 參惶恐自殺. 秉因奏曰: 案中常侍侯覽弟參, 貪錢元
惡, 自取禍滅, 覽固知釁重, 必有自疑之意, 臣愚以爲不宜復見親近. 昔
懿公刑邴歜之父, 奪閻職之妻, 而使二人參乘, 卒有竹中之難, 春秋書
之, 以爲至戒. 覽宜急屛斥, 投畀有虎. 若斯之人, 非恩所有, 請免官送
歸本郡. 書奏, 尙書召對秉掾屬曰, 公府外職, 而奏劾近官, 經典漢制有
故事乎? 秉使對曰: 春秋趙鞅以晉陽之甲, 逐君側之惡. 傳曰: 除君之
惡, 惟力是視. 鄧通慢慢, 申屠嘉召通詰責, 文帝從而請之. 漢世故事,
三公之職, 無所不統. 尙書不能詰, 帝不得已, 竟免覽官.(同上)

【역문】 이때 중상시 후람의 아우 후참이 익주자사가 되었는데, 수차례 장
죄를 저지르며 한 주에서 포악하게 굴었다. 다음해 양병은 후참의 탄핵
을 상주하여 [후참은] 함거에 실려 정위에게 송치되었다. 후참은 두려워
자살하였다. 양병이 이 때문에 상주하였다. "[신이] 중상시 후람의 동생
후참을 조사하니 재물을 탐하는 원흉이라 스스로 자멸한 것입니다. 후
람은 실로 [후참의 죄가] 중하다는 것을 알지만 [그럼에도] 분명 마음에
석연치 않은 생각을 갖고 있을 것입니다. 신이 생각하건데, [후람을] 다
시 가까이에 두어서는 안 됩니다. 옛날에 의공이 병촉(邴歜)의 부친에게
형벌을 과하고, 염직(閻職)의 아내를 빼앗고는 두 사람을 수레에 동승하
도록[參乘] 하자 결국 대나무 숲에서 변을 당하였습니다. 춘추에서는 그
것을 기록하여 지극한 경계로 삼은 것입니다. 후람을 서둘러 물리치셔
서 저 호랑이가 있는 곳에 던져버리십시오.131 이러한 자들은 은혜로 용

---

130 『後漢書』 권54, 「楊秉傳」, 1771쪽.
131 『毛詩正義(十三經注疏)』 권12, 「小雅」, '節南山之什 · 巷伯'(北京:北京大學出版社, 2000), 901쪽,
"取彼譖人, 投畀豺虎."

서해 주어서는 안 되니 면관시켜 본군으로 돌려보내시기 바랍니다." 상주를 올리자 상서가 양병의 속관을 불러 말하였다. "공부(公府)는 외직(外職)인데 근관(近官)을 상주하여 탄핵하였으니, 경전과 한의 제도에 [이와 관련된] 고사가 있는가?" 양병의 사자[속관]가 대답하였다. "『춘추』에서 '조앙이 진양의 군사로 군주 곁의 악인을 쫓아냈다'[132]고 하였으니, 전(傳)에서는 '군주 곁의 악을 제거하는 것은 위력을 보이는 것이다.'[133]라고 하였습니다. 등통이 태만하자 신도가가 등통을 불러 책망하니, 문제가 이를 따르며 청하였다고 하였습니다. [또한] 한대의 고사에 삼고의 직은 통령하지 않음이 없다고 하였습니다." 상서는 [양병을] 책망할 수 없었고, 황제는 어쩔 수 없이 후람을 면관시켰다.[134](『후한서』「양병전」)

【원문】 膺反坐輸作左校. 初膺與廷尉馮緄、大司農劉佑等共同心志, 紏罰姦倖, 緄佑時亦得輸作, 司隷校尉應奉上疏理膺等曰: 昔季孫行父親逆君令, 逐出莒僕, 於舜之功二十之一. 今膺等殺身彊禦, 畢力致罪, 陛下旣不聽察, 而猥受譖訴, 遂令忠臣同愆元惡, 乞原膺等, 以備不虞. 書奏, 乃悉免其刑.(李膺傳)

【역문】 이응은 [자신이 탄핵한 양원군(羊元羣)이 환관에게 뇌물을 주었으므로] 반좌로 인해 '수작좌교(輸作左校)'[135]의 처벌을 받았다. 이전에 이응은 정위 풍곤 및 대사농 유우 등과 함께 뜻을 합해 간악한 총신들을 규찰하고자 하였는데, [이 일로 인해] 풍곤과 유우도 당시 함께 죄를 얻어 수작의 처벌을 받았다. 사예교위 응봉이 상소를 올려 이응 등을 변호하였다. "옛날에 계손행보가 직접 군주의 명령을 거스르자 [그를] 거복으로 쫓아낸 것이 순의 공 20가지 중 하나입니다. 지금 이응 등은 필사적으로 애

132 『春秋公羊傳注疏』, '定公十三年', 581쪽, "晉趙鞅歸于晉. 此叛也. 其言歸何. 以地正國也. 其以地正國奈何. 晉趙鞅取晉陽之甲. 以逐荀寅與士吉射. 荀寅與士吉射者曷爲者也. 君側之惡人也. 此逐君側之惡人. 曷爲以 叛言之. 無君命也."
133 『春秋左傳正義』, 僖公二十四年, 416쪽, "除君之惡. 唯力是視."
134 『後漢書』 권54, 「楊秉傳」, 1774쪽.
135 죄를 범한 관원에게 내린 징벌로 左校에 소속되어 노역을 하는 일종의 노역형이다.

써 [간신을] 막고자 힘을 다해 죄를 주었는데, 폐하께서는 [그들의 보고
는] 제대로 듣지 않으시고, 참소만 받아들이셔서 급기야 충신들을 흉악
한 자들과 동일하게 벌주셨습니다. 청컨대 이응 등을 용서하시어 예상
치 못한 [흉악함에] 대비하십시오." 상주를 올리자 이에 그들의 형벌을
모두 면제해 주었다.136(『후한서』「이응전」)

【원문】 時張讓弟朔爲野王令, 貪錢無道, 至乃殺孕婦, 聞膺厲威嚴, 懼罪
逃還京師, 因匿兄讓第舍, 藏於合柱中. 膺知其狀, 率將吏卒破柱取朔,
付洛陽獄. 受辭畢, 卽殺之. 讓訴冤於帝, 詔膺入殿, 御親臨軒, 詰以不
先請便加誅辟之意. 膺對曰: 昔晉文公執衛成公, 歸於京師, 春秋是焉.
禮云: 公族有罪, 雖曰宥之, 有司執憲不從. 昔仲尼爲魯司寇, 七日而誅
少正卯. 今臣到官已積一旬, 私懼以稽留爲愆, 不意獲速疾之罪. 誠自
知釁責, 死不旋踵, 特乞留五日, 尅殄元惡, 退就鼎鑊, 始生之願也. 帝
無復言, 顧謂讓曰, 此汝弟之罪, 司隷何愆? 乃遣出之.

【역문】 당시 장양의 동생 장삭이 야왕령이 되었는데, 재물을 탐하는 데 무
도하여 심지어 임산부를 살해하기까지 하였다. [장삭은] 이응이 엄격하
게 [범죄를 다스린다는] 것을 듣고는 죄를 받을까 두려워하여 경사로 도
망해 형 장양의 집에 숨어 있었다. [장삭은] 기둥이 모이는 [공간에] 숨어
있었는데, 이응이 그 정상을 파악하고는 이졸들을 거느리고 가서 기둥
을 부수고 장삭을 체포한 후 낙양의 옥에 송치시켰다. [장삭의] 자백을
받은 후 바로 사형을 집행하였다. 장양이 황제에게 억울함을 호소하니,
[황제가] 이응을 불러 전(殿)에 들어오도록 하였는데, [그가 도착하자] 황
제가 직접 [장양의] 수레로 가서 먼저 [사형에 대해] 보고하지 않고 사형
을 집행한 것을 힐난하였다. 이응이 대답하였다. "옛날에 진문공이 위성
공을 체포하여 경사로 보내니 『춘추』에서는 이를 옳다고 평가하였습니
다.137 『예기』에서도 '공족에게 죄가 있으면 비록 용서해 주라고 하더라

136 『後漢書』 권67, 「李膺傳」, 2193쪽.

도 유사는 법을 지키며 따르지 않았다'138고 하였습니다. [또한] 옛날에 공자께서는 사구가 되신 지 7일 만에 소정묘를 주살하셨습니다. 지금 신은 관직을 맡은 지 이미 열흘이 되었으니, [옥사를] 지체한 것이 죄가 될까 두렵지, 신속히 죄를 준 것에 대해서는 염두에 두지 않았습니다. 진실로 죄가 있는 것을 직접 파악했다면, 사형을 집행하는 데 주저해서는 안 되는 것입니다. [제게] 특별히 5일만 더 [관직에] 머무르도록 해주신다면, 원흉을 제거한 후 물러나 정확(鼎鑊)139으로 나아가겠습니다. [이것이] 바로 저의 소원입니다." 황제가 더 이상 말하지 못하고, 장양을 돌아보고는 "그대의 동생의 죄이니 사예에게 무슨 허물이 있겠는가?"라고 하였다. 그를 폄적시켰다.140(『후한서』「이응전」)

【원문】初, 太傅馬日磾奉使山東, 及至淮南, 數有意於袁術. 術輕侮之, 遂奪取其節, 求去又不聽, 因欲迫爲軍師. 日磾深自恨, 遂嘔血而斃. 及喪還, 朝廷議欲加禮. 融乃獨議曰, 日磾以上公之尊, 秉髦節之使, 銜命直指, 寧緝東夏, 而曲媚姦臣, 爲所牽率, 表章署用, 輒使首名, 附下罔上, 姦以事君. 昔國佐當晉軍而不撓, 宜僚臨白刃而正色. 王室大臣, 豈得以見脅爲辭! 又袁術僭逆, 非一朝一夕, 日磾隨從, 周旋歷歲. 漢律與罪人交關三日已上, 皆應知情. 春秋魯叔孫得臣卒, 以不發揚襄仲之罪, 貶不書日. 鄭人討幽公之亂, 斲子家之棺. 聖上哀矜舊臣, 未忍追案, 不宜加禮. 朝廷從之.(孔融傳)

【역문】이전에 태부 마일제가 산동에 사신으로 갔는데, 회남에 이르러 여

---

137 『春秋公羊傳注疏』, '僖公二十八年', 260쪽, "晉人執衛侯歸之于京師. 歸之于者何. 歸于者何. 歸之于者. 罪已定矣."
138 (淸)孫希旦 撰, 『禮記集解』(『十三經淸人注疏』, 中華書局 1989) 권20, 「文王世子」, 573쪽, "公族其有死罪. 則磬于甸人. 其刑罪. 則纖剸. 亦告于甸人. 公族無宮刑. 獄成. 有司讞于公. 其死罪. 則曰 某之罪在大辟. 其刑罪. 則曰某之罪在小辟. 公曰. 宥之. 有司又曰. 在辟. 公又曰. 宥之. 有司又曰. 在辟. 及三宥不對. 走出. 致刑于甸人. 公又使人追之. 曰. 雖然. 必赦之. 有司對曰. 無及也."
139 전국시대에 죄인을 삶아죽이던 솥.
140 『後漢書』 권67, 「李膺傳」, 2193쪽.

러 차례 원술에게 [기탁하려는] 뜻이 있었지만, 원술은 그를 무시하여 [사신의] 부절마저도 빼앗아 버렸다. [마일제가] 떠날 것을 청하였으나 허락하지 않고 압박하여 군사(軍師)로 삼고자 하였다. 마일제는 스스로를 깊이 원망하다 급기야 피를 토하며 죽게 되었다. [마일제의] 상여가 돌아오자 조정에서는 의론하여 예를 더하고자 하였는데, 공융만이 홀로 [다음과 같이] 의론하였다. "마일제는 상공의 존위이며 모절(髦節)[141]을 지닌 사신으로 황명을 받든 직지사자(直指使者)이니, 동방을 안무해야 하건만 간신에게 아첨하여 [원술의] 통솔을 받았으며, 관리를 서용하는 표장을 올리면서 함부로 [원술의] 이름을 가장 처음으로 썼으니 아랫사람에 결탁하여 윗사람을 기망하고 간사함으로 군주를 섬긴 것입니다. 옛날에 국좌는 [사신으로 나아가] 진군에 맞서 굴복하지 않았으며, 의료는 시퍼런 칼날 앞에서도 안색을 바르게 하였습니다. 왕실의 대신이 어찌 협박을 받았다고 변명할 수 있겠습니까! 또한 원술이 참람하고 반역한 것이 하루 이틀이 아니건만, 마일제는 [그를] 수종하며 여러 해 동안 교류하였습니다. 한률에 죄인과 3일 이상 교통한 경우 모두 '범죄의 정상을 아는 것(知情)'에 해당된다고 하였습니다. 『춘추』에서 노나라의 숙손득신이 사망하자 [그가] 양중의 죄를 적발하지 않았으므로 폄적하고 그 날짜를 적지 않았습니다.[142] [또한] 정나라 사람이 유공의 난을 토벌하고 자가의 관을 부수었다고도 하였습니다.[143] 성상께서 구신(舊臣)을 긍휼히 여기시니 차마 [범죄의] 사안을 추궁하지는 않겠으나, 예를 더 하셔서는 안 됩니다." 조정에서 그의 의론을 따랐다.[144](『후한서』「공융전」)

【원문】 梁郁陰上書告(崔)駰、僖誹謗先帝, 刺譏當世. 事下有司, 駰詣吏受訊. 僖以吏捕方至, 恐誅, 乃上書肅宗自訟曰: 齊桓公親揚其先君之

---

141 髦節: 고대의 사신이 지니고 있던 竹節로 犛牛의 꼬리로 장식하였다.

142 『春秋公羊傳注疏』 권15, '宣公五年', 328쪽, "叔孫得臣卒."

143 『春秋左傳正義』 권22, '宣公十年', 626쪽, "鄭人討幽公之亂。斲子家之棺而逐其族."

144 『後漢書』 권70, 「孔融傳」, 2265쪽.

惡, 以唱管仲, 然後群臣得盡其心. 今陛下乃欲以十世之武帝, 遠諱實
事, 豈不與桓公異哉? 書奏, 立詔勿問.(孔僖傳)

【역문】 양욱이 은밀히 상서를 올려 최인과 공희가 선제를 비방하고 현재의
정사를 비판했다고 고발하였다. 사안을 유사에게 넘기자, 최인은 담당
관리에게 가서 심문을 받았는데, 공희는 관리가 체포하러 이르자 죽을
것을 두려워하여 숙종에게 상소를 올려 직접 호소하였다. "제환공은 그
선군의 악을 친히 드러냄으로써 관중을 창도하였으니, 그렇게 한 이후
에야 여러 신하들이 그 마음을 다했습니다. [그런데] 지금 폐하께서는
열 세대 전의 무제에 대해 그 진실을 회피하고자 하시니 어찌 제환공과
다르단 말입니까?" 상주하자 조를 작성하여 [그들의 죄를] 문죄하지 말
도록 하였다.[145](『후한서』「공희전」)

【원문】 是時邵陵令任嘉在職貪穢, 因遷武威太守, 後有人奏嘉臧罪千萬,
徵考廷尉, 其所染牽 將相大臣百有餘人. 倫乃上書曰: 臣聞春秋誅惡
及本, 本誅則惡消. 今任嘉所坐狼藉, 未受辜戮, 猥以垢臭, 改典大郡,
自非案坐舉者, 無以禁絕姦萌. 昔齊威之霸, 殺奸臣五人, 並及舉者, 以
弭謗讟. 惟陛下留神省察. 尚書奏倫徼以求直, 坐不敬, 結鬼薪.(楊倫傳)

【역문】 당시 소릉령 임가는 관직에 있으면서 탐욕을 범했는데, 곧 이어 무
위태수로 옮겨갔다. 후에 어떤 자가 상주하여 임가에게 뇌물 천만전을
받은 죄가 있다고 하였다. 정위에게 소환되어 심문을 받았는데, 그에게
연루된 자들이 장상대신 백여 명에 이르렀다. 양륜이 이에 상주하였다.
"신이 듣건데, 춘추에서는 악을 주멸함에 근본에 미쳐야 하니 근본이 주
살되면 악은 소멸된다고 하였습니다. 지금 임가가 범한 죄가 낭자한데
아직 주실되지 않았으며, 도리어 죄를 짓고도 대군(大郡)을 나스리고 있
으니, [그를] 추천한 자들을 조사하여 죄주지 않는다면 결코 간특한 싹을
근절시킬 수 없습니다. 옛날 제나라 위왕은 패업을 [이루면서] 간신 5명

---

145 『後漢書』 권79上, 「孔僖傳」, 2561쪽.

과 함께 그들을 천거한 자까지 주살하여 원한과 비방을 막았습니다. 폐하께서는 세심히 살피십시오." 상서가 양륜은 옳음을 구하였으나 불경을 범한 것이라고 상주하니, 귀신형으로 판결되었다.[146](『후한서』「양륜전」)

【원문】時燒何豪有婦人比銅鉗者, 將其家來依郡縣. 種人頗有犯法者, 臨羌長收係比銅鉗, 而誅殺其種六七百人. 顯宗憐之, 乃下詔曰: 昔齊桓公伐戎而無仁惠, 故春秋貶曰齊人. 今國家無德, 恩不及遠, 羸弱何辜, 而當并命! 比銅鉗尙生者, 所在致醫藥養視, 令招其種人. 若欲歸故地者, 厚遣送之. 其小種若束手自詣, 欲效功者, 皆除其罪. 若有逆謀爲吏所捕, 而獄狀未斷, 悉以賜有功者.(西羌傳)

【역문】당시 소하의 수령 중 부인 비고겸이라는 자가 있었는데 그 집안을 거느리고 와서 군현에 귀부하였다. [그가 데리고 온] 동족의 사람이 법을 범하는 경우가 많자, 임강의 장리가 비고겸을 체포하여 가두고, 그의 동족 600-700인을 주살하였다. 현종이 애처롭게 생각하여 이에 조를 내렸다. "옛날에 제환공은 융을 정벌하며 은혜를 베풀지 않았으므로 춘추에서 그것을 폄하하여 '제인(齊人)'이라고 하였다.[147] 지금 국가의 덕과 은혜가 멀리까지 미치지 못했거늘 연약한 백성에게 무슨 잘못이 있어 목숨을 버리게 한단 말인가! 비고겸이 아직 살아있다면, 소재지에서 의약을 보내 돌보아 주고 그 동족의 사람들을 초무하도록 하라. 만약 옛 땅으로 돌아가고 싶어 한다면 후하게 전송해주도록 하라. 작은 종족들이 연합하여 스스로 와서 공효를 이루고자 한다면 모두 그 죄를 용서해 주어라. 역모로 인해 관리에게 체포되었는데 아직 옥안이 판결되지 않은 자들은 모두 공이 있는 자들에게 하사하도록 하라."[148](『후한서』「서강전」)

---

146 『後漢書』 권79上, 「楊倫傳」, 2564쪽. 본문의 이어지는 문장("詔書以倫數進忠言, 特原之, 免歸田里.")에 따르면, 楊倫은 조서를 통해 특별히 사면되었다.

147 『春秋公羊傳注疏』 권9, 莊公三十年, 182쪽, "齊人伐山戎. 此齊侯 也. 其稱人何. 貶. 曷爲貶. 子司馬子曰. 蓋以操之爲已蹙矣."

148 『後漢書』 권87, 「西羌傳」, 2880쪽.

【원문】 (張)奐以單于不能統理國事, 乃拘之上立左谷蠡王. 桓帝詔曰: 春秋大居正, 居車兒一心向化, 何罪而黜? 其遣還庭.(南匈奴傳)

【역문】 장환은 선우가 국사를 다스릴 수 없다고 생각하여 이에 그를 체포하고 좌곡려왕을 옹립하였다. 환제가 조를 내려 말하였다. "『춘추』에서는 바름에 거하는 것을 훌륭하게 여겼으니, 거거아가 마음을 합하여 교화를 지향했거늘 어찌 죄를 주어 쫓아낸단 말인가? [선우를] 조정으로 돌려보내도록 하라."149(『후한서』「남흉노전」)

【원문】 穎川荀爽對策曰: 公卿二千石皆輔主宣化, 政之本也. 而使不赴父母之喪, 人義替矣. 春秋傳曰: 上之所爲, 民之歸也. 上使不爲, 民或爲之, 是以加罰. 假若上之所爲, 而民亦爲之, 向其化也, 又何誅哉? 假使大臣皆不行三年之喪, 何以責之.(袁宏後漢紀)

【역문】 영천인 순상이 대책을 말하였다. "공경이천석은 모두 군주를 보좌하여 교화를 펼치는 자들이니 정사의 근본입니다. 그런데 그들에게 부모의 상에 가지 못하게 한다면 [이는] 인의(人義)를 쇠퇴시키는 것입니다. 『춘추전』에 이르기를 '위에서 하는 바를 백성들이 따른다. 위에서 하지 못하게 하는 것을 백성들이 간혹 하기도 하나, 이때에는 벌을 주면 된다. [그러나] 가령 위에서 하는 것이라면 백성들도 또한 [그것을] 행하는 것이다.'150라고 하였으니, 교화에 따르는 것을 어찌 벌줄 수 있겠습니까? 만일 대신들에게 모두 삼년상을 행하지 못하게 한다면, 무엇으로 책망할 수 있겠습니까."151(원굉의 『후한기』)

【원문】 晉靈厚賦以雕牆, 春秋以爲非君; 華元、樂呂厚葬文公, 春秋以爲不臣. 況於群司庶士, 乃可僭侈主上, 過大道乎? 景帝時, 武原侯衛不

---

149 『後漢書』 권89, 「南匈奴傳」, 2963~2964쪽.
150 『春秋左傳正義』 권34, '襄公二十一年', 969쪽, "夫上之所爲。民之歸也。上所不爲。而民或爲之。是以加刑罰焉。而莫敢不懲。若 上之所爲 而民亦爲之."
151 『後漢紀校注』 권22, 「桓帝紀」, 629쪽.

害坐葬過律奪國. 明帝時, 桑民撼陽侯坐塚過制 髠削.(潛夫論浮侈)

【역문】 진영공이 부세를 무겁게 하여 집을 장식하자『춘추』에서는 '군주가 아니다'라고 하였다. 화원과 악려가 문공을 후하게 장사지내니『춘추』에서는 '신하가 아니다'라고 하였다. 하물며 여러 관사와 사서(庶士)가 참람되게 군주보다 사치하여 천도를 넘어서야 되겠는가? 경제 때에 무원후 위불해는 장례를 율의 규정보다 과하게 한 죄로 봉국을 빼앗겼으며, 명제 때 상민(桑民) 창양후는 무덤을 제한보다 과하게 한 죄로 곤형에 처해졌다.[152](『잠부론』[153]「부치」)

【원문】 春秋之義, 責知誅率. 孝文皇帝至寡動, 欲任德, 然河陽侯陳信坐負六月免國. 孝武仁明, 周陽侯田彭祖坐當軹侯宅而不與免國, 黎陽侯邵延坐不出持馬, 身斬國除. 二帝豈樂以錢財之故而傷大臣哉? 乃欲絶詐欺之端, 必國家之法, 防禍亂之原, 以利民也.(同上斷訟)

【역문】 춘추의 의에서는 [정황을] 아는 자를 견책하고 [사건을] 주도한 자를 주살한다고 하였다. 효문황제는 행동을 지극히 절제하며, [정사를] 덕 있는 자에게 맡기고자 하였으나, 하양후 진신이 6달 동안 채무를 갚지 않자 죄를 주어 봉국을 삭탈하였다. 효무황제는 인자하고 성명하셨으나, 주양후 전팽조가 지후의 집을 [빼앗고] 돌려주지 않자 죄를 주어 봉국을 삭탈하였으며, 여양후 소연이 가지고 있던 말을 내놓지 않자 죄를 주어 참형에 처하고 봉국은 삭탈하였다. 두 황제께서 어찌 재물 때문에 흔쾌히 대신을 상하게 한 것이겠는가? 다만 사기의 단서를 끊어버리시고자 한 것이니, 국가의 법은 화란의 근원을 막아 백성을 이롭게 해야 하는 것이다.[154](『잠부론』「단송」)

---

152 (漢)王符 著, (淸)汪繼培 箋,『潛夫論』(箋校正新編諸子集成) 권3, 中華書局, 1985,「浮侈」, 139쪽.
153 『潛夫論』:「漢律考」5 주 11) 참조.
154 『潛夫論箋校正』권5,「斷訟」, 229쪽.

【원문】 太原週黨伯況, 少爲鄕佐發黨過於人中辱之. 黨學春秋長安, 聞報
仇之義, 輟講下辭歸報, 到與鄕佐相聞, 期日, 鄕佐多從正往, 使鄕佐先
拔刀, 然後相擊. 佐欲直, 令正擊之, 黨被創, 困乏, 佐服其義勇, 篋輿
養之. 數日蘇輿, 乃知非其家, 即徑歸. 其立勇果, 乃至於是. 謹按, 凡報
者, 謂爲父兄耳, 豈以一朝之忿, 而肆其狂怒者哉? 既遠春秋之義, 殆令
先祖不復血食, 不孝不智, 而兩有之, 歸其義勇, 其義何居? (風俗通)

【역문】 태원 사람 주당백황은 어렸을 때 향좌가 다른 사람들 속에서 자신
의 잘못을 지적하는 모욕을 당했다. [이후] 주당은 장안에서 『춘추』를
배웠는데, 복수의 의에 대해 듣고는 강을 그만두고 돌아가 복수를 하고
자 하였다. 돌아와서 향좌에게 연락하여 [결투의] 날짜를 정하니, 향좌가
따르는 자들과 함께 바로 왔다. 향좌에게 먼저 칼을 뽑도록 하고 그런
다음에 공격하겠다고 하였는데, 향좌는 정정당당하게 하고자 하여 바로
공격하도록 하였다. 주당이 상처를 입어 곤경에 빠지자 향좌는 그의 의
로운 용기에 감복하여 [그를] 수레에 태우고 가서 돌봐주었다. [주당이]
며칠 후에 깨어나서는 자신의 집이 아닌 것을 안 후, 바로 돌아갔으니,
그의 용맹과 과단성이 이와 같았다. 삼가 생각하건데, 무릇 복수라는 것
은 아버지와 형제를 위해 하는 것을 말하니, 어찌 하루아침의 분함으로
광포한 노여움을 행하는 것이겠는가? 이미 춘추의 의에서도 멀어져 선
조들도 거의 혈식(血食)을 하지 않으셨거늘, 효성스럽지 못하고 지혜롭
지 못한 것 이 두 가지를 의로운 용기라고 하였으니, 그 의라는 것은 대
체 어디에 있는 것인가?[155](『풍속통』)

【원문】 高唐令樂安周紆孟玉爲大將軍掾, 弟子使客殺人, 捕得, 太守盛亮,
陰爲宿留. 紆亦自劾去, 詣府, 亮與相見, 不乞請, 又不辭謝. 亮告賓客:
周孟玉欲作抗直, 不恤其親, 我何能枉憲乎? 遂斃於獄. 謹按春秋, 叔
牙爲慶父殺般, 閔公大惡之甚, 而季子緣獄有所歸, 不探其情, 緩追逸

155 (漢)應劭 撰, 王利器 校注, 『風俗通義校注』(北京: 中華書局, 1981) 권4, 「過譽」, 179-180쪽.

賊, 親親之道. 州吁旣殺其君, 而虐用其人, 石碏惡之, 而厚與焉. 大義
滅親, 君子猶曰, 純臣之道備矣, 於恩未也. 君親無將, 王誅宜耳. 周紃
苟執果毅, 忽如路人. 孟軻譏無惻隱之心, 傳曰, 於厚者薄, 則無所不薄
矣.(同上)

【역문】 고당이 낙안인 주규맹옥을 대장군연으로 삼았는데, [주규맹옥의] 제
자(弟子)가 빈객에게 살인하도록 교사했다가 체포되었다. 태수 성량이
몰래 [그 제자를] 머물도록 하였는데, 주규 또한 직접 탄핵하고자 부에
이르렀다. 성량과 서로 만났으나 [주규맹옥은] 청하거나 부탁하지 않았
으며 또한 사례를 하지도 않았다. 성량이 빈객에게 말하였다. "주맹옥은
정직하게 하고자 그 친속을 불쌍히 여기지 않는데, 내가 어찌 법을 왜곡
할 수 있겠는가?" 결국 옥에서 죽게 되었다. 삼가 살피건데, 『춘추』에서
는 숙아가 경보를 위해 반을 죽였으니 민공의 악행이 심하나, 계자는 옥
사를 귀결시킬 곳이 있었기에 그 사정을 조사하지 않고 느슨하게 추적
하여 적을 놓아주었으니 친친의 도인 것이다. 주우가 군주를 살해한 후
그 사람을 잔학하게 이용하니, 석작은 그를 미워했으나 극진히 대하였
다. 대의로 친함을 멸한 것에 대해 군자는 오히려 '순신의 도는 갖추었
으나 은혜는 갖추지 못했다'라고 하였다. 주규는 실로 과감한 의지를 가
지고 낯선 사람처럼 소홀히 대하였다. 맹가는 측은지심이 없는 것을 비
판하였으니, 전(傳)에 이르기를 '두텁게 대해야 할 자에게 박하다면 박하
지 않는 바가 없을 것이다.'라고 하였다.[156](위와 동일)

【세주 원문】 按應劭傳, 劭嘗著春秋斷獄, 其書不傳, 隋志亦不著錄, 此二條殆其佚文也.

【세주 역문】 『후한서』「응소전」에서는 응소가 『춘추단옥』을 저술했다고 하였는
데,[157] 그 책은 전해지지 않는다. 『수서』「경적지」에도 또한 수록되어 있지 않으니,
이 2개의 항목은 아마도 일문일 것이다.

---

156 『風俗通義校注』 권5, 「十反」, 228쪽.
157 『後漢書』 권48, 「應劭傳」, 1613쪽, "及春秋斷獄凡二百五十篇."

【원문】 漢末有管秋陽者, 與弟及伴一人, 避亂俱行, 天雨雪, 糧絶, 謂其弟
曰: 今不食伴, 則三人俱死, 乃與弟共殺之. 得糧達舍, 後遇赦, 無罪.
此人可謂善士乎? 孔文擧曰: 管秋陽愛先人遺體, 食伴無嫌也. 荀侍中
難曰: 秋陽貪生殺生, 豈不罪耶? 文擧曰: 此伴, 非會友也. 若管仲啖鮑
叔, 貢禹食王陽, 此則不可. 向所殺者, 猶鳥獸而能言耳. 今有犬嚙一
狸, 狸嚙一鸚鵡, 何足怪也. 昔重耳戀齊女而欲食狐偃, 叔敖怒楚師而
欲食伍參, 賢哲之忿, 猶欲啖人, 而況遭窮者乎? (意林引傅子)

【역문】 한나라 말에 관추양이란 자가 있었는데, 동생 및 동행인 한 명과 더
불어 전란을 피해 함께 떠났다. 하늘에서 비와 눈이 내리고 양식이 떨어
지자 [관추양이] 동생에게 말하였다. "지금 저 동반인을 먹지 않는다면
세 사람이 모두 죽는다." 이에 동생과 함께 그를 살해하였다. 식량을 얻
어 객사에 이르렀는데 이후 사면령을 받아 죄가 면제되었다. 이 사람을
선사(善士)라고 이를 수 있겠는가? 공문거가 말하였다. "관추양은 선인
이 남겨주신 신체를 사랑하였기에 동행인을 먹으면서도 거리낌이 없었
던 것이다." 순시중이 [그를] 비난하며 말하다. "관추양은 [자신이] 살기
위하여 [다른] 살아있는 자를 살해했으니, 어찌 죄가 아니겠는가?" 공문
거가 말하였다. "이 동행인은 친구로 만난 것이 아니다. 만약 관중이 포
숙을 먹고, 공우가 왕양을 먹었다면 이는 해서는 안 되는 일이다. [그러
나 관추양이] 죽인 것은 날짐승, 들짐승과 같다고 말할 수 있다. 지금 어
떤 개가 여우를 먹었거나, 여우가 앵무새를 먹었다면 괴이하게 여기겠
는가. 옛날에 중이는 제나라 여자를 사랑하여 호언을 먹고자 하였고, 숙
오는 초나라 군대에 분노하여 오참을 먹고자 하였으니, 현명한 성인들
조차 분노하면 사람을 먹으려고 하는데 하물며 곤궁한 일을 당한 자라
면 어떻겠는가?"158(『의림』159에서 『부자』160를 인용함)

---

158 (唐)馬總, 『意林─筆記小說人觀』(江蘇: 廣陵書社, 1983) 권5, 「傅子一百二十卷」, 211쪽.
159 『意林』: 唐代 扶風 사람 馬總이 撰한 것으로 周秦 이래의 諸家들의 저작을 기록한 것이다.
160 『傅子』: 총 120권으로 西晉 傅玄이 撰하였다. 內 · 外 · 中의 3편으로 구성되어 있다.

漢律考

8

律家考 一

율가고

【원문】 周官大司寇正月之吉, 始和, 布刑於邦國都鄙, 乃縣刑象於象魏, 使萬民觀刑象, 挾日而斂之. 又有州長以下諸官屬民讀法, 其時人人知法, 而未嘗有律學之名. 班氏謂法家者流, 出於理官. 自李悝著法經, 其後商鞅申不害處子愼到韓非遊棣子諸人, 幷有著述, 列於漢書藝文志是此學戰國時始盛也. 秦焚詩書百家之言, 法令以吏爲師, 漢代承之, 此禁稍弛. 南齊崔祖思謂漢來治律有家, 子孫幷世其業, 聚徒講授, 至數百人. 其可考者, 文苑英華引沈約授蔡法度廷尉制, 謂漢之律書, 出於小杜, 故當時有所謂小杜律, 見漢書郭躬傳. 晉志亦言漢時律令, 錯糅無常, 後人生意, 各爲章句. 叔孫宣郭令卿馬融鄭玄諸儒章句, 十有餘家, 家數十萬言, 凡斷罪所當由用者, 合二萬六千二百七十二條, 七百七十三萬二千二百餘言, 言數益繁, 覽者益難, 漢時律學之盛如此. 馬鄭皆一代經學大儒, 猶爲律章句. 文翁守蜀, 選開敏有材者張叔等十餘人, 遣詣京師, 學律令, 是漢人之視律學, 其重之也又如此. 董卓之亂, 海內鼎沸, 律學寖微. 於是衛覬有設律博士之請. 據魏志衛覬傳, 覬奏曰: 九章之律, 自古所傳, 斷定刑罪, 其意微妙, 百里長吏, 皆宜知律, 請置博士, 轉相教授, 事遂施行. 沿六朝隋唐, 訖於趙宋, 代有此官, 至

元而廢. 自是士大夫始鮮知律, 此亦古今得失之林也. 徐天麟東漢會要
有律學一門, 惜有目無書. 茲篇所輯, 凡得七十五人, 漢時五經幷置博
士, 授受淵源, 儒林傳頗能言之, 而治律之師承, 則語焉不詳. 東漢中
葉, 郭吳陳三家, 代以律學鳴, 而郭氏出於小杜, 可考者止此. 其餘諸家
授受淵源, 莫能逑焉. 至諸家律說, 見於史漢注者尙有數條, 姑附於後,
吉光片羽, 致足珍也. 作律家考.

【역문】『주례』「대사구」'정월지길'에서는 "[날씨가] 온화해지면 방국의 도
비에서 형을 공포하고, '형을 묘사한 그림[刑象]'을 관청의 높은 곳[象魏]에
매달아 만민들로 하여금 형상을 자세히 보도록 하며 10일이 지나면 이
를 거둔다."[1]고 하였다. 또한 주장(州長) 이하의 여러 관속들과 백성들이
법을 읽어 당시에는 사람들이 법을 알았으나, 아직 율학이라는 이름이
존재하지는 않았다. 반고가 말한 대로 법가라는 유파는 옥사를 다스리
는 관원[理官]에서 나왔다.[2] 이회가 『법경』을 저술한 이후, 상앙·신불
해·처자·신도·한비·유체자 등도 모두 저술이 있으니, 『한서』「예
문지」에 열거되어 있다.[3] 이는 이 학문이 전국 시대에 와서야 비로소 융
성해졌음을 [보여주는] 것이다. 진은 시(詩)와 서(書), 백가(百家)의 저작
은 불태워버렸으나, 법령은 관리가 배우도록 하였으며, 한에서도 그것
을 계승하였는데 금령은 다소 느슨해졌다. 남제(南齊)의 최조사[4]가 이르
기를 "한 이래로 율을 다루는 집안[家]이 있어 자손들이 모두 그 업을 대
대로 계승하니, 무리를 모아 전수함에 수백 명에 이르렀다."고 하였다.

---

1 『周禮注疏』,「秋官司寇」, "正月之吉, 始和. 布刑于邦國都鄙, 乃縣刑象之灋于象魏, 使萬民觀刑象,
挾日而斂之."

2 『漢書』권30,「藝文志」, 1736쪽.

3 『漢書』권30,「藝文志」, 1735쪽. "李子三十二篇. 名悝, 相魏文侯, 富國彊兵. 商君二十九篇. 名
鞅, 姬姓, 衛後也. 相秦孝公, 有列傳. 申子六篇. 名不害, 京人, 相韓昭侯, 終其身諸侯不敢侵韓.
處子 九篇. 慎子四十二篇. 名到, 先申韓, 申韓稱之. 韓子五十五篇. 名非, 韓諸公子, 使秦, 李斯
害而殺之. 游棣子一篇. 鼂錯三十一篇. 燕十事十篇. 不知作者. 法家言二篇. 不知作者. 右法
十家, 二百一十七篇."

4 崔祖思: 자는 敬元이고 淸河 東武 사람으로 崔琰의 7세손이라고 한다. 南齊의 太祖인 蕭道成과 淮
陰에 있을 때부터 친분이 있었다. 蕭道成이 齊를 건국하고 즉위하자 時政에 관한 上疏를 많이 올
렸다.

[그 중] 상고할 수 있는 것은 『문원영화』에서 인용한 심약의 '수채법도정위제(授蔡法度廷尉制)'인데, [이 글에서] 이르기를 "한나라의 율서는 소두[5]로부터 나왔으므로, 당시에 '소두율'이라 일컬었으니, [자세한 내용은] 『후한서』「곽궁전」에 보인다."[6]고 하였다. 『진서』「형법지」에서도 [다음과 같이] 말하였다. "한대의 율령은 난잡하고 일정함이 없어, 후대 사람들이 의도를 갖고 각각 장구(章句)를 만들었다. 숙손선·곽령경·마융·정현 등 여러 유자들의 장구가 모두 26,272조(條), 7,732,200여 언(言)으로 언(言)의 수가 더욱 번잡해지니, 열람하는 자들이 더욱 어려워하였다."[7] 한대 율학의 융성함이 이와 같았다. 마융과 정현은 모두 당대 경학의 대가들이었음에도 율장구(律章句)를 만들었다. 문옹이 촉을 지키면서 명민하고 재주 있는 자로 장숙 등 10여 명을 선발하여 보냈는데, 경사에 이르러 율령을 배웠다고 하였으니, 한나라 사람들의 율학을 중시했던 것이 이와 같았다. 동탁의 난으로 천하가 혼란스러워 율학이 점차 쇠퇴하였다. 이에 위기가 율박사의 설립을 청하였다. 『삼국지』「위서」'위기전'에서는 [다음과 같이] 기록하였다. "위기가 상주하기를 '구장의 율은 예로부터 전해진 것으로, 죄형을 판결하는 것은 그 뜻이 미묘하니 백리의 장리도 모두 율을 알아야 합니다. 박사를 두시어 두루 전수하도록 하신다면 일이 시행될 것입니다.'라고 하였다."[8] 육조와 수·당을 거쳐 송에 이르기까지 대대로 이 관직을 두었는데 원대에 이르러 폐지하였다. 이로부터 사대부들 중 율을 아는 자들이 드물게 되니 이 역시 고금의 득실 중 하나이다. 서천린의 『동한회요』[9]에 「율학」 일문(一門)이

5 杜周의 아들인 杜延年을 가리킨다.
6 『文苑英華』 권397, 「中書制誥」, '授蔡法度廷尉制', 2015-2쪽. 한편 『後漢書』「郭躬傳」의 내용은 다음과 같다. 『後漢書』 권43, 「郭躬傳」, 1543쪽, "郭躬字仲孫, 潁川陽翟人也. 家世衣冠. 父弘, 習小杜律."
7 『晉書』 권30, 「刑法志」, 923쪽.
8 『三國志』 권21, 「魏書」, '衛覬傳', 611쪽.
9 『東漢會要』: 총 40권으로 南宋 徐天麟이 撰하였다. 後漢의 제도에 관한 책으로 『唐會要』의 체제를 본떠 後漢의 제도에 관한 기사를 『後漢書』를 중심으로 『東觀漢紀』, 『漢舊儀』, 『漢官儀』 등에서 발췌한 것이다.

있는데, 애석하게도 항목은 있지만 글이 없다. 본 편에서 모은 것은 총 75명인데, 한나라 때 오경에 모두 박사를 두고 교수했던 연원에 대해서는 『한서』 「유림전」에서 매우 상세하게 언급하고 있으나, 율학을 다루었던 사승(師承)에 관해서는 내용이 상세하지 않다. 동한 중엽 곽·오·진의 3개 학파가 대대로 율학에 명성이 있었는데, 곽씨가 소두로부터 나왔다는 것 외에는 상고할 수 없다. 그 외 여러 학파들이 전수되었던 연원에 대해서는 기술할 수 없다. 여러 학파의 율설(律說)에 대해서는 『사기』·『한서』의 주석에 여러 항목이 보이므로 우선 끝에 부기해 두었으니, 상서로운 빛이 깃털처럼 나부끼는 것 같아 지극히 진귀하다 할 것이다. [이러한 의도로] '율가고'를 지었다.

◉ 蕭何 소하

【원문】 相國蕭何捃摭秦法, 取其宜於時者, 作律九章.(刑法志)

【역문】 상국 소하는 진의 법을 수집한 후 당시[의 상황]에 합당한 것을 취하여 구장률을 지었다.[10](『한서』 「형법지」)

【원문】 蕭何造律而漢室以寧.(論衡)

【역문】 소하가 율을 만들자 한 황실이 평안해졌다.[11](『논형』)

【원문】 蕭何守文法.(意林引任子)

【역문】 소하는 법규[文法]를 수호하였다.[12](『의림』에서 『임자』를 인용)

【원문】 蕭何定諸侯法令.(玉海)

---

10 『漢書』 권23, 「刑法志」, 1096쪽.
11 『論衡校釋』 권13, 「效力」, 588쪽.
12 『意林—筆記小說大觀』(江蘇: 廣陵書社, 1983) 권5, 「任子十卷」, 210쪽. 정수덕은 「傅子」에서 인용한 것으로 하고 있으나 「任子」에서 인용한 것임.

【역문】 소하가 제후법령을 제정하였다.(『옥해』)

◉ 叔孫通　숙손통

【원문】 叔孫通, 薛人也. 孝惠即位, 定宗廟儀法, 及稍定漢諸儀法, 皆通所論著.(本傳)

【역문】 숙손통은 설인이다. 혜제가 즉위하고, 종묘의 의례에 관한 법을 제정하였으며, 얼마 후 한의 여러 의례에 관한 법을 제정하였으니, 모두 숙손통이 의론하여 저술한 것이다.[13](『한서』「숙손통전」)

【원문】 叔孫通益律所不及, 傍章十八篇.(晉志)

【역문】 숙손통은 율이 포괄하지 못하는 부분을 방장18편으로 보완하였다.[14](『진서』「형법지」)

◉ 張蒼　장창

【원문】 張蒼定章程.(高帝紀)

【역문】 장창이 장정을 제정하였다.[15](『한서』「고제기」)

【원문】 漢興二十餘年, 天下初定, 公卿皆軍吏. 蒼爲計相. 吹律調樂, 入之音聲, 及以比定律令.(張蒼傳)

【역문】 한나라가 흥기하고 20여 년이 되자 천하가 비로소 안정되었는데, 공경들이 모두 군리였다. 장창이 계상이 되어 [율력(律曆)을 정리하였다]. 율관(律管)을 연주하고 악(樂)을 조율하며 음성(音聲)을 넣고 율령을

---

13 『漢書』 권43, 「叔孫通傳」, 2129쪽.
14 『晉書』 권30, 「刑法志」, 922쪽.
15 『漢書』 권1下, 「高帝紀」, 81쪽.

비정하였다.[16](『한서』「장창전」)

【원문】張蒼除肉刑, 所殺歳以萬計.(魏志鍾繇傳)

【역문】 장창이 육형을 폐지하자 사형에 처해지는 자들이 매해 만 명으로 헤아릴 정도였다.[17](『삼국지』「위서」'종요전')

◉ 董仲舒 동중서

【원문】故膠東相董仲舒, 老病致仕. 朝廷每有政議, 數遣廷尉張湯, 親至陋巷, 問其得失. 於是作春秋決獄二百三十二事.(應劭傳)

【역문】 전 교동상 동중서가 노환으로 치사(致仕)하였다. 조정에서 정사에 의론이 있을 때마다 자주 정위 장탕을 파견하니, [장탕은] 친히 누항으로 가서 그 득실을 물었다. 이에 『춘추결옥』232사를 지었다.[18](『후한서』「응소전」)

【원문】公羊董仲舒治獄十六篇.(藝文志)

【역문】『공양동중서춘추치옥』16편.[19](『한서』「예문지」)

【원문】董仲舒表春秋之義, 稽合於律無乖異者.(論衡)

【역문】 동중서가 『춘추』의 의를 드러내어 율을 상고하니 괴리되는 것이 없었다.[20](『논형』)

---

16 『漢書』권42,「叔孫通傳」, 2098쪽, "漢興二十餘年, 天下初定, 公卿皆軍吏. 蒼爲計相時, 緒正律曆, … 吹律調樂, 入之音聲, 及以比定律令."

17 『三國志』권13,「魏書」,'鍾繇傳', 397쪽.

18 『後漢書』권48,「應劭傳」, 1612쪽.

19 『漢書』권30,「藝文志」, 1714쪽.

20 『論衡校釋』권12,「程材」, 542쪽.

◉ **賈誼 吳公** 가의 오공

【원문】 賈誼, 雒陽人也. 河南守吳公, 聞其秀材, 召置門下. 文帝初立, 聞
河南守吳公, 治平爲天下第一, 故與李斯同邑而嘗學事焉, 徵以爲廷
尉. 廷尉乃言誼年少, 頗通諸家之書. 文帝召以爲博士, 超遷歲中至大
中大夫. 誼以爲漢興二十餘年, 宜草具儀法, 文帝謙讓未遑也. 然諸法
令所更定, 其說皆誼發之.(本傳)

【역문】 가의는 낙양인이다. 하남수 오공이 그가 수재라는 것을 듣고는 불
러 문하에 두었다. 문제가 처음 즉위하고 하남수 오공의 다스림이 천하
제일이며, 예전에 이사와 동읍에서 정사를 배웠다는 것을 듣고 불러 정
위로 삼았다. 정위는 가의가 나이는 어리지만 여러 학파의 책을 통달했
다고 말하였다. 문제가 불러 박사로 삼고 그해에 대중대부로 승진시켰
다. 가의는 한나라가 흥기한 지 20여 년이 되었으므로 의법(儀法)을 초
안해야 한다고 생각하였는데, 문제는 겸양하며 서두르지 않았다. 그러
나 여러 법령 중 개정한 것들이 있으니, 그 이론은 모두 가의가 발의한
것이다.[21](『한서』「가의전」)

◉ **張叔** 장숙

【원문】 御史大夫張叔者, 名歐, 安邱侯說之庶子也. 孝文時以治刑名言事
太子, 然歐雖治刑名家, 其人長者.(史記本傳)

【역문】 어사대부 장숙은 이름이 구이며 안구후 장열의 서자이다. 효문황제
때 형명을 다루는 [직책으로] 태자를 섬겼다. 그런데 장구가 비록 형명
을 다루는 학파였으나, 그 사람됨은 훌륭했다.[22](『사기』「장숙전」)

---

21 『漢書』 권48, 「賈誼傳」, 2221-2222쪽.
22 『史記』 권103, 「張叔傳」, 2773쪽.

【원문】張歐字叔, 孝文時以治刑名, 侍太子.(本傳)

【역문】 장구의 자는 숙이고 효문황제 때 형명을 다루는 [직책으로] 太子를 모셨다.[23](『한서』「장숙전」)

◉ 晁錯 張恢 宋孟 劉帶 조조 장회 송맹 유대

【원문】晁錯, 潁川人也. 學申商刑名於軹張恢生所. (注, 師古曰: 軹縣之儒生, 姓張名恢, 錯從之受申商法.) 與雒陽宋孟及劉帶 (史記帶作禮) 同師.(本傳)

【역문】 조조는 영천인이다. 장회가 사는 곳에서 신불해와 상앙의 형명을 배웠다.(주에서 안사고가 이르기를 "지는 현의 유생으로 성은 장이고 이름은 회인데, 조조가 그를 따라 신불해와 상앙의 법을 전수받았다."고 하였다.) 낙양인 송맹·류대와 [『사기』에는 대(帶)가 예(禮)로 되어 있다.] 스승이 같았다.[24](『한서』「조조전」)

【원문】錯所更令三十章.(同上)

【역문】 조조가 개정한 영이 30장이다.[25](『한서』「조조전」)

【원문】晁錯三十一篇.(藝文志)

【역문】『晁錯』31편.[26](『한서』「예문지」)

◉ 張湯 장탕

【원문】張湯, 杜人也. 父爲長安丞, 出, 湯爲兒守舍. 還, 鼠盜肉, 父怒, 笞

---

23 『漢書』권46,「張叔傳」, 2204쪽.
24 『漢書』권49,「晁錯傳」, 2276쪽.
25 『漢書』권49,「晁錯傳」, 2300쪽.
26 『漢書』권30,「藝文志」, 1735쪽.

湯. 湯掘熏得鼠及餘肉, 劾鼠掠治, 傳爰書, 訊鞫論報, 幷取鼠與肉, 具
獄磔堂下. 父見之, 視其文辭如老獄吏, 大驚, 遂使書獄. 遷大中大夫,
與趙禹共定諸律令, 務在深文.(本傳)

【역문】 장탕은 두인이다. 아버지는 장안승이었는데, [하루는 아버지가] 출
근하고 어린 장탕이 집을 지키고 있었다. [아버지가] 돌아오자 쥐가 고
기를 훔쳤으므로 아버지는 노하여 장탕을 매질하였다. 장탕은 굴을 파
고 연기를 피워 쥐와 남은 고기를 찾고는, 쥐를 신문하고 고문하여 원서
(爰書)를 작성한 후, 추국한 내용을 보고하였다. 더불어 쥐와 고기를 가
져다 옥안을 갖춘 후 당 아래에서 책형에 처했다. 아버지가 그 장면을
보았는데, [신문한 내용을 기록한] 글을 보니 마치 오래된 옥리가 [작성
한 것] 같아 크게 놀라고는 마침내 옥사를 기록하도록 하였다. [후에] 대
중대부가 되어 조우와 함께 율령을 제정하였으며, 조문을 엄격하게 시
행하는 데[深文] 힘썼다.27(『한서』 「장탕전」)

【원문】 張廷尉論定律, 令明法以繩天下.(鹽鐵論)

【역문】 정위 장탕이 율을 논하여 정하고, 법을 분명히 하여 천하를 바로잡
았다.28(『염철론』)

【원문】 張湯越宮律二十七篇.(晉志)

【역문】 장탕의 『월궁률』은 27편이다.29(『진서』 「형법지」)

◉ 趙禹 조우

【원문】 趙禹, 斄人. 武帝時以刀筆吏積勞, 稍遷爲御史, 上以爲能, 至太中

---

27 『漢書』 권59, 「張湯傳」, 2637쪽.
28 『鹽鐵論』 권3, 「輕重」, 179쪽.
29 『晉書』 권30, 「刑法志」, 922쪽.

大夫. 與張湯論定諸律令, 作見知, 吏傳相監司以法, 盡自此始.(本傳)

【역문】 조우는 이인이다. 무제 때에 문서를 관장하는 관리로 공로를 쌓은 후, 점차 승진하여 어사가 되었다. 황제가 그를 유능하다고 여겨 [관직이] 대중대부에 이르렀다. 장탕과 함께 율령을 논하여 제정하였다. 견지법30을 만들자 관리들이 서로 법을 지키는지 감찰하게 되었으니, [이러한 행태가] 모두 여기에서 비롯된 것이다.31(『한서』「조우전」)

【원문】 趙禹朝律六篇.(晉志)

【역문】 조우의 조율은 6편이다.32(『진서』「형법지」)

◉ 杜周 두주

【원문】 杜周, 南陽杜衍人. 周少言重遲, 而內深次骨. 其治大抵效張湯.(本傳)

【역문】 두주는 남양 두연인이다. 두주는 말수가 적고 신중하며 어눌했지만, 속으로는 법을 다루는 것이 엄중하였다. 그가 [법을] 다스리는 대체는 장탕을 본받은 것이었다.33(『한서』「두주전」)

【원문】 兼律大杜.(馮緄碑)

【역문】 아울러 대두(大杜)의 율을 [익혔다].34(풍곤비)

【원문】 韜律大杜.(荊州從事苑鎮碑)

【역문】 아울러 대두(大杜)의 율을 [익혔다].35(형주종사원진비)

---

30 관리가 타인의 범죄를 알고도 적발하지 않은 경우 고의로 풀어준 죄로 논죄하여 처벌하는 것이다.
31 『漢書』 권90, 「趙禹傳」, 3651쪽.
32 『晉書』 권30, 「刑法志」, 922쪽.
33 『漢書』 권60, 「杜周傳」, 2659쪽.
34 『全後漢文』 권106, 闕名, 車騎將軍馮緄碑.
35 『全後漢文』 권106, 闕名, 荊州從事苑鎮碑.

● 杜延年　두연년

【원문】 延年字幼公, 亦明法律.(本傳)

【역문】 두연년의 자는 유공이며 또한 법률에 밝았다.[36](『한서』「두연년전」)

【원문】 西河太守杜延年, 明於法度, 曉國家故事.(丙吉傳)

【역문】 서하태수 두연년은 법도에 밝고 국가의 고사에 통달했다.[37](『한서』「병길전」)

【원문】 父弘, 習小杜律. 注, 杜周, 武帝時爲廷尉, 御史大夫, 斷獄深刻. 其子延年, 亦明法律. 宣帝時又爲御史大夫. 對父故言小.(郭躬傳)

【역문】 아버지 곽홍은 소두율을 익혔다. 주(注)[는 다음과 같다.] 두주는 무제시기에 정위·어사대부가 되었는데 옥사를 판결할 때 엄격하였다. 아들인 두연년 또한 법률에 밝았다. 선제시기에 역시 어사대부가 되었다. 아버지의 옛일에 대해서는 말을 아꼈다.[38](『후한서』「곽궁전」)

● 公孫弘　공손홍

【원문】 公孫弘, 菑川薛人也. 少時爲獄吏. 習文法吏事, 緣飾以儒術.(本傳)

【역문】 공손홍은 치천 설인이다. 젊었을 때 옥리가 되었다. 법규와 옥리의 업무를 익혔으며, 유가의 학술로 문식하였다.[39](『한서』「공손홍전」)

【원문】 公孫弘著公孫子, 言刑名事, 亦謂字直百金.(西京雜記)

---

36 『漢書』권60, 「杜延年傳」, 2662쪽.
37 『漢書』권74, 「丙吉傳」, 3148쪽.
38 『後漢書』권46, 「丙吉傳」, 1543쪽.
39 『漢書』권58, 「公孫弘傳」, 2613-2618쪽.

【역문】 공손홍은『공손자』를 지어 형명의 사안을 말하였는데, 또한 한 글자가 백금의 가치가 있다고 한다.[40](『서경잡기』)[41]

◉ 韓安國 田生 한안국 전생

【원문】 韓安國字長孺, 梁成安人也. 嘗受韓子(漢書注校補韓子謂韓非子)雜說鄒田生所. 注、師古曰: 田生, 鄒縣人.[42](本傳)

【역문】 한안국의 자는 장유이며 양의 성안인이다. 일찍이 추인 전생이 있는 곳에서 한자(『한서주교보』에서는 한자를 한비자라고 하였다.)의 여러 학설을 전수받았다. 주에, 안사고가 이르기를 '전생은 추현인이다.'라고 하였다.(『한서』「한안국전」)

◉ 于公 于定國 우공 우정국

【원문】 于定國字曼倩, 東海郯人也. 其父于公爲縣獄史, 郡決曹, 決獄平. 羅文法者, 于公所決, 皆不恨. 定國少學法於父, 父死後, 定國亦爲獄史郡決曹, 以材高擧侍御史, 遷御史中丞.(本傳)

【역문】 우정국의 자는 만천이며 동해 담인이다. 그의 부친 우공은 현의 옥사와 군의 조연[43]을 역임하였는데, 옥사를 공평하게 판결하여 법에 저촉

---

40 [晉]葛洪 撰, 周天游 校注, 『西京雜記』 권3, 「公孫子」(西安: 三秦出版社, 2006), 153쪽.

41 『西京雜記』: 총 6권으로 東晉 葛洪이 撰하였다고 하는데, 西漢 劉歆이 撰한 것을 葛洪이 편집했다는 설도 있고, 梁 吳均이 撰하였다는 설도 있다. 西漢의 故事, 제도 등이 수록된 귀중한 사료이다.

42 『漢書』 권52, 「韓安國傳」, 2394쪽.

43 決曹: 郡의 司法업무를 전담하던 관리로 決曹掾 혹은 曹掾이라고도 한다. 『漢書』에서는 武帝이후 시기에 功曹·議曹·賊曹 등 각종 曹가 등장한다. 武帝 이후가 되어서 縣에서 각종 曹조직이 정착된다. 즉 이 시기가 되면 縣의 屬吏가 각 曹마다 掾을 두어 郡의 曹掾처럼 각종 업무를 처리한다(白鋼 主編, 『中國政治制度通史』 3, 人民出版社, 1996, 235쪽; 安作璋·熊鐵基, 『秦漢官制史稿』, 齊魯書社, 663쪽). 그런데, 최근 『里耶秦簡』에는 倉曹·戶曹·吏曹·尉曹·獄東曹·獄南曹·尉府爵曹·司空曹·覆曹·令曹·車曹 등 曹에 職掌을 冠한 호칭이 다수 등장한다. 그런데, 이것은 吏名이 아니고, 관부내의 부서의 소재장소를 표시하는 말에 지나지 않고, 列曹制는 秦漢初期에는

된 자들도 우공의 판결에는 모두 원망함이 없었다. 우정국은 젊어서 아버지에게 법을 배웠고, 아버지가 사망한 뒤 우정국 역시 옥사와 조연이 되었다. 재능이 뛰어나 시어사로 천거되었으며, 어사중승에 올랐다.[44] (『한서』「우정국전」)

【원문】 丞相西平侯于定國者, 東海人也. 其父號曰于公, 爲縣獄吏曹掾, 決獄平法, 未嘗有冤.(說苑)

【역문】 승상 서평후 우정국은 동해인이다. 그의 아버지는 우공이라 불렸는데, 현의 옥리와 조연을 역임하며 옥사를 공정하게 판결하여 억울한 옥사가 없었다.[45](『설원』)

【원문】 張于二氏, 絜譽文宣之世.(南齊書)

【역문】 장탕과 우정국은 문제와 선제의 치세에 청렴함으로 칭송받았다.[46] (『남제서』)

【원문】 于定國爲廷尉, 集諸法律, 凡九百六十卷. (魏書刑罰志)

【역문】 우정국은 정위가 되어 여러 법률을 수집하였는데, 모두 960권이었다.[47](『위서』「형벌지」)

◉ 路溫舒 노온서

【원문】 路溫舒字長君, 鉅鹿東里人也. 爲獄小吏, 因學律令, 轉爲獄史, 縣

아직 확립되지 못하였다(池田雄一,「秦漢時代の戶籍について」,『張家山漢簡『二年律令』の研究』, 東洋文庫, 2014, 83쪽).

44 『漢書』 권71,「于定國傳」, 3041쪽.

45 『說苑』 권5,「貴德」, 148쪽.

46 본문에서는 전거를 『南齊書』라고 하였는데,『南齊書』에는 해당 내용이 보이지 않으며,『冊府元龜』 권529,「諫諍部」에 수록되어 있다.

47 『魏書』 권111,「刑罰志」, 2872쪽.

中疑事皆問焉. 宣帝初, 上書言宜尙德緩刑.(本傳)

【역문】 노온서의 자는 장군이며 거록 동리인이다. 옥의 소리가 되어 율령을 익히고 승진하여 옥리가 되니, 현 내에 의심스러운 일이 있으면 모두 [그에게] 물었다. 선제 초에 덕을 숭상하고 형벌을 완화시켜야 한다고 상언하였다.48(『한서』「노온서전」)

◉ **鄭賓** 정빈

【원문】 鄭崇父賓明法律, 爲御史, 事貢公.(鄭崇傳)

【역문】 정숭의 아버지 정빈은 법률에 밝아 어사가 되어 공우(貢禹)를 섬겼다.49(『한서』「정숭전」)

◉ **鄭昌 鄭弘** 정창 정홍

【원문】 鄭弘字稺卿, 泰山剛人也. 兄昌, 字次卿, 皆明經, 通法律政事. 次卿爲太原涿郡太守, 弘爲南陽太守, 皆治跡條敎法度爲後所述. 次卿用刑罰深, 不如弘平.(本傳)

【역문】 정홍의 자는 치경이며 태산 강인이다. 형 정창의 자는 차경으로 모두 경에 밝고 법률과 정사에 통달하였다. 차경은 태원과 탁군의 태수가 되었으며, 정홍은 남양태수가 되었는데, 모두 치적과 교령, 법도가 후세 사람들에 의해 찬술되었다. 차경은 형벌을 사용하는 것이 엄격하였는데, 정홍의 공정함만은 못하였다.50(『한서』「정홍전」)

---

48 『漢書』 권51, 「路溫舒傳」, 2367–2368쪽.
49 『漢書』 권77, 「鄭崇傳」, 3254쪽.
50 『漢書』 권66, 「鄭弘傳」, 2902쪽.

◉ 黃霸 황패

【원문】 黃霸字次公, 淮陽陽夏人也. 以豪傑役使徙雲陵. 霸少學律令, 喜
爲吏. 爲人明察內敏, 又習文法. 爲丞處議, 當於法, 合人心, 太守甚任
之, 吏民愛敬焉.(循吏傳)

【역문】 황패의 자는 차공이고 회양 양하인이다. 호걸로 [향리 사람들을] 부
리다 운릉으로 천사되었다. 황패는 젊을 때 율령을 배워 관리가 되는 것
을 기쁘게 여겼다. 사람됨이 통찰력이 있고 민첩하였으며, 또한 법규에
익숙하였다. 승이 되어 의론을 처리하는데, 법에 합당하고 인심에 부합
하니 태수가 심히 그를 신임하였고, 관리와 백성들도 존경하였다.[51](『한
서』「순리전」)

◉ 嚴延年 엄연년

【원문】 嚴延年字次卿, 東海下邳人也. 少學法律丞相府, 歸爲郡吏, 以選
除補御史掾.(酷吏傳)

【역문】 엄연년의 자는 차경이고 동해 하비인이다. 젊었을 때 승상부에서
법률을 배운 후 돌아가 군리가 되었다가 선발되어 어사연으로 보임되었
다.[52](『한서』「혹리전」)

◉ 孔光 공광

【원문】 孔光字子夏, 孔子十四世孫也. 以高第爲尙書, 觀故事品式, 數歲,
明習漢制及法令.(本傳)

【역문】 공광의 자는 자하이니 공자의 14세손이다. 우수한 성적으로 상서가

---

51 『漢書』 권66, 「黃霸傳」, 3627~3628쪽.
52 『漢書』 권90, 「嚴延年傳」, 3667쪽.

되어 고사와 법식을 살폈으며, 수년 간 한의 제도와 법령을 훌륭히 습득하였다.[53](『한서』「공광전」)

◉ 陳湯 진탕

【원문】 陳湯字子公, 山陽瑕丘人也. 少好書, 博達善屬文. 大將軍(王)鳳, 奏以爲從事中郎, 幕府事壹決於湯. 湯明法令, 善因事爲勢, 納說多從. 常受人金錢作章奏, 卒以此敗.(本傳)

【역문】 진탕의 자는 자공이며 산양 하구인이다. 젊었을 때 책을 좋아하여 박학하였으며 문장을 잘 지었다. 대장군 왕봉이 상주하여 종사중랑으로 삼으니, 막부의 일을 모두 진탕이 결정하였다. 진탕은 법령에 밝았으며 사안에 따라 형세를 잘 파악하여, 진언을 하면 따르는 경우가 많았다. 항상 타인에게 돈을 받고 상주문을 지어 주었으니, 결국 이 때문에 망하게 되었다.[54](『한서』「진탕전」)

◉ 丙吉 병길

【원문】 丙吉字少卿, 魯國人也. 治律令, 爲魯獄史, 積功勞, 稍遷至廷尉. (本傳)

【역문】 병길의 자는 소경이고 노국 사람이다. 율령을 익혀 노국의 옥리가 되었으며, 공로를 쌓아 얼마 후 정위가 되었다.[55](『한서』「병길전」)

◉ 薛宣 설선

【원문】 薛宣字贛君, 東海郯人也. 少爲廷尉書佐都船獄吏, 以明習文法,

---

53 『漢書』 권81, 「孔光傳」, 3353쪽.
54 『漢書』 권70, 「陳湯傳」, 3023쪽.
55 『漢書』 권74, 「丙吉傳」, 3142쪽.

詔補御史中丞.(本傳)

【역문】 설선의 자는 공군이고 동해 담인이다. 젊어서 정위의 서좌와 도
선,[56] 옥리를 역임하며 법규를 명확히 익히니, 조를 내려 어사중승에 보
임하였다.[57](『한서』「설선전」)

◉ 尹翁歸 윤옹귀

【원문】 尹翁歸字子兄, 河東平陽人也. 少孤, 與季父居, 爲獄小吏, 曉習文
法.(本傳)

【역문】 윤옹귀의 자는 자형이고 하동 평양인이다. 어려서 부모를 잃고 숙
부와 함께 살다 옥의 소리가 되었는데, 법규에 통달하였다.[58](『한서』「윤
옹귀전」)

◉ 何比幹 하비간

【원문】 比幹字少卿, 經明行修, 兼通法律. 爲汝陰縣獄史法曹掾, 平活數
千人.(何敞傳注引何氏家傳)

【역문】 하비간의 자는 소경으로 경에 밝고 품행이 단정하며 아울러 법률에
도 통달했다. 여음현 옥사의 법조연이 되니 [옥사를] 판결하여 살린 자
가 수천 명이었다.[59](『후한서』「하창전」의 주에서 『하씨가전』을 인용)

【원문】 武帝時, 爲廷尉正, 與張湯同時. 湯持法深, 而比幹務仁恕, 數與湯
爭, 雖不能盡得, 然所濟活者以千數.(何敞傳)

---

56 都船: 漢代 金吾의 屬官으로 治水를 관장하였다.
57 『漢書』 권83, 「薛宣傳」, 3385쪽.
58 『漢書』 권76, 「尹翁歸傳」, 3206쪽.
59 『後漢書』 권43, 「何敞傳」, 1480쪽.

【역문】 무제 때에 정위정이 되었는데, 장탕과 같은 시기였다. 장탕은 법을 엄격하게 집행하였으나 하비간은 관대하게 [처벌하는 데] 힘쓰니, 여러 차례 장탕과 논쟁하였다. 비록 [자신의 뜻을] 다 이룰 수는 없었지만, [관대하게 처벌하여] 목숨을 살린 자가 수천 명이었다.[60](『후한서』 「하창전」)

【원문】 汝南何比幹通律法. 元朔中公孫洪(當作弘)辟爲廷尉右, 平獄無冤, 民號曰何公.(太平廣記二百九十一引三輔決錄)

【역문】 여남 사람 하비간은 법률에 통달하였다. 원삭 연간(기원전 128-123년), 공손홍('弘'이라고 해야 한다.)이 불러 정위우로 삼으니 옥사를 판결하는 데 억울함이 없어 백성들이 하공이라 칭하였다.[61](『태평광기』 권291에서 『삼보결록』을 인용)

◉ 弘恭 石顯 홍공 석현

【원문】 宣帝不甚從儒術, 任用法律, 而中書令弘恭石顯, 久典樞機, 明習文法.(蕭望之傳)

【역문】 선제는 유학을 따르지 않고 법률에 [밝은 자를] 임용하였다. 상서령 홍공과 석현이 오랫동안 주요한 정사[樞機]를 관장하며 법규에 통달하였다.[62](『한서』 「소망지전」)

【원문】 弘恭明習法令故事.(本傳)

【역문】 홍공은 법령과 고사에 통달했다.[63](『한서』 「홍공전」)

---

60 『後漢書』 권43, 「何敞傳」, 1480쪽.
61 이 문장은 『太平廣記』에는 보이지 않는다. 『太平御覽』 권231, 「職官部」, 231쪽에는 何比幹이 아니라 何比干으로 되어 있다.
62 『漢書』 권78, 「蕭望之傳」, 3284쪽.
63 『漢書』 권93, 「弘恭傳」, 3726쪽.

【원문】 或曰, 載使子草律, 曰吾不如弘恭.(法言)

【역문】 혹자가 말하기를, "만일 그대가 율을 기초한다면 [어떻습니까]"라고 하자, "저는 홍공만 못합니다."라고 하였다.[64](『법언』)[65]

◉ 王禁 왕금

【원문】 禁字雅君, 少學法律長安, 爲廷尉史.(元后傳)

【역문】 왕금의 자는 아군이고 젊었을 때 장안에서 법률을 배워 정위사가 되었다.[66](『한서』「원후전」)

◉ 淮陽憲王欽 회양헌왕 흠

【원문】 宣帝寵姬張婕妤, 男淮陽憲王, 好政事, 通法律. 上奇其材, 欲以爲嗣.(韋玄成傳)

【역문】 선제는 장첩여를 총애하였는데, [그의] 아들 회양헌왕은 政事를 좋아하고 법률에 통달하였다. 황상이 그의 재능을 뛰어나다고 생각하여 후사로 삼고자 하였다.[67](『한서』「위현성전」)

◉ 趙敬肅王彭祖 조경숙왕 팽조

【원문】 以孝景前二年立, 心刻深, 好法律.(本傳)

【역문】 [조경숙왕은] 효경[의 즉위] 2년 전에 [광천왕(廣川王)]이 되었는데, 마음이 엄혹하고 법률을 좋아하였다.[68](『한서』「조경숙왕전」)

---

61 『法言義疏』 권12, 「先知」, 32쪽.
65 『法言』:『揚子法言』이라고도 하는데 총 10권으로 漢의 揚雄이 찬하였다. 『論語』의 체제를 본떠 성인을 존숭하고 王道를 논하는 등 유가의 전통사상을 선전하는 것이 주된 내용이다.
66 『漢書』 권98, 「元后傳」, 4014쪽.
67 『漢書』 권73, 「韋玄成傳」, 3112쪽.

● 廣陵思王荊　광릉사왕 형

【원문】 荊性刻急隱害, 有才能, 而喜文法.(光武十王傳)

【역문】 유형은 성정이 가혹하여 은밀히 [다른 이들을] 해쳤으나, 재능이 있고 법규를 좋아하였다.[69](「광무십왕전」)

● 王霸　왕패

【원문】 王霸字元伯, 潁川潁陽人也. 世好文法, 父爲郡決曹掾, 霸亦少爲獄吏. 注引東觀漢記曰: 祖父爲詔獄丞.(本傳)

【역문】 왕패의 자는 원백이고 영천 영양인이다. 대대로 법규를 좋아하여, 아버지는 군의 결조연이었으며, 왕패 또한 젊어서 옥리가 되었다. 주에서 인용한 『동관한기』에 이르기를 "조부는 조옥승이었다."라고 하였다.[70](『후한서』「왕패전」)

● 梁統　梁松　양통　양송

【원문】 梁統字仲甯, 安定烏氏人, 性剛毅而好法律.(本傳)

【역문】 양통의 자는 중녕이고 안정 오씨 사람으로, 성정이 강인하고 법률을 좋아하였다.[71](『후한서』「양통전」)

【원문】 松字伯孫, 少爲郎, 博通經書, 明習故事.(同上)

【역문】 양송의 자는 백손으로 젊어서 낭(郎)이 되었는데 경서에 통달하고

---

68 『漢書』 권53, 「趙敬肅王彭祖傳」, 2419쪽.
69 『後漢書』 권42, 「廣陵思王荊傳」, 1446쪽.
70 『後漢書』 권20, 「王霸傳」, 734쪽.
71 『後漢書』 권34, 「梁統傳」, 1165쪽.

고사에 숙달하였다.[72](『후한서』「양통전」)

● 郭弘 郭躬 郭晊 郭鎮 郭禎 郭僖 郭旻
곽홍 곽궁 곽질 곽진 곽정 곽희 곽민

【원문】 郭躬字仲孫, 潁川陽翟人也. 父弘, 習小杜律. 太守寇恂以弘爲決
曹掾, 斷獄至三十年, 用法平, 諸爲弘所決者, 退無怨情, 郡內比之東海
于公. 年九十五卒.(郭躬傳)

【역문】 곽궁의 자는 중손이고 영천 양적인이다. 아버지 곽홍은 소두율을
익혔다. 태수 구순이 곽홍을 결조연으로 삼으니 옥사를 판결한 지 30년
이 되자 법을 적용하는 것이 공평하여 곽홍이 판결한 사안과 관련해서
는 물러나 원망하는 자들이 없었다. 군 내에서 그를 동해 사람 우공에
비견하였다. 나이 95세에 사망하였다.[73](『후한서』「곽궁전」)

【원문】 躬少傳父業, 講授徒衆常數百人. 家世掌法, 務在寬平, 乃條諸重
文可從輕者四十一事, 奏之, 事皆施行, 著於令.(同上)

【역문】 곽궁이 젊어서 아버지의 업을 이어받아 여러 사람들에게 전수하니,
[배우는 자들이] 항상 수백 명에 이르렀다. 집안 대대로 법을 관장함에
관대함과 공평함에 힘썼다. 조문에는 무거운 죄로 규정되어 있으나 가
볍게 처벌한 일 41개를 상주하자, 모두 시행되어 영문에 규정되었다.[74]
(『후한서』「곽궁전」)

【원문】 中子晊, 亦明法律, 至南陽太守, 政有名跡.(同上)

【역문】 차남 곽질도 또한 법률에 밝아서 [관직이] 남양태수에 이르렀으며,

---

72 『後漢書』 권34, 「梁松傳」, 1170쪽.
73 『後漢書』 권46, 「郭躬傳」, 1543쪽.
74 『後漢書』 권46, 「郭躬傳」, 1543–1544쪽.

정사에 유명한 자취를 남겼다.[75](『후한서』「곽궁전」)

【원문】 弟子鎭字桓鍾, 少修家業, 拜河南尹, 轉廷尉.(同上)

【역문】 동생의 아들 곽진의 자는 환종으로, 젊어서 가업을 익혀 하남윤으로 임명되었다가 정위가 되었다.[76](『후한서』「곽궁전」)

【원문】 弟禎, 亦以能法律, 至廷尉.(同上)

【역문】 동생 곽정도 또한 법률에 능하여 정위에 이르렀다.[77](『후한서』「곽궁전」)

【원문】 鎭弟子僖, 少明習家業, 兼好儒學. 延熹中爲廷尉. 郭氏自弘後, 數世皆傳法律.(同上)

【역문】 곽진의 조카 곽희는 젊어서 가업에 숙달하였으며 아울러 유학도 좋아하였다. 연희 연간에 정위가 되었다. 곽씨는 곽홍 이후로 여러 대에 걸쳐 법률을 전수하였다.(『후한서』「곽궁전」)

【원문】 郭躬家世掌法, 務在寬平.(東觀漢記)

【역문】 곽궁의 가문은 대대로 법을 주관하였으며 [법을] 관대하고 공평하게 하는 데 힘썼다.[78](『동관한기』)

【원문】 郭躬爲廷尉正遷廷尉, 家世掌法, 凡郭氏爲廷尉者七人.(藝文類聚四十九引華嶠後漢書)

【역문】 곽궁은 정위정을 거쳐 정위가 되었는데, 가문이 대대로 법을 관장

---

75 『後漢書』 권46, 「郭躬傳」, 1543쪽.
76 『後漢書』 권46, 「郭躬傳」, 1545쪽.
77 『後漢書』 권46, 「郭躬傳」, 1545쪽.
78 (東漢)劉珍 等 撰, 吳樹平 校注, 『東觀漢記校注』(中州古籍出版社, 1987) 권16, '傳11', 697쪽.

하였으니, 무릇 곽씨 중에 정위가 된 자가 7명이었다.[79](『예문유취』 권49
에서 화교의 『후한서』를 인용)

【원문】 郭躬字仲孫, 潁川人, 辟公府以明法律, 特預朝議. (御覽六百四十引
續漢書)

【역문】 곽궁의 자는 중손이고 영천인이다. 공부(公府)에 벽소(辟召)되었는
데, 법률에 밝아 특별히 조의에 참여하였다.[80](『태평어람』 권640에서 『속한
서』를 인용)

【원문】 陳、郭兩族, 流稱武、明之朝, 決獄無寃, 慶昌枝裔.(南齊書)

【역문】 진씨와 곽씨 두 가문은 '광·명의 조[광무제와 명제의 조대]'에서 대대
로 칭송되었다. 옥사를 판결함에 억울함이 없었으므로 후손이 번창할
것이라고 하였다.[81](『남제서』「최조사전」)

【원문】 郭躬以律學通明, 仍業司士.(文苑英華沈約授蔡法度廷尉制)

【역문】 곽궁은 율학에 통달해서 거듭 사사를 맡았다.[82](『문원영화』 심약의 『수
채법도정위제』)

【원문】 治律小杜.(丹陽太守郭旻碑)

【역문】 소두율을 바로잡았다.(『단양태수곽민비』)

【원문】 郭旻字巨公, 太尉禧之子, 知郭氏世傳小杜律.(惠棟後漢書補注)

【역문】 곽민의 자는 거공이며 태위 곽희의 아들로, 곽씨는 대대로 소두율

---

79 『藝文類聚』 권49, 「職官部」, 883쪽.
80 『太平御覽』 권640, 「刑法部」6, 37쪽.
81 『南齊書』 권28, 「崔祖思傳」, 519쪽.
82 『文苑英華』 권397 「中書制誥」, '授蔡法度廷尉制', 2015-2쪽.

을 전수한 것으로 알려졌다.(혜동의『후한서보주』)

◉ 郭賀 곽하

【원문】 郭賀字喬卿, 雒陽人. 能明法. 建武中爲尙書令, 在職六年, 曉習故
事.(蔡茂傳)

【역문】 곽하의 자는 교경이고 낙양인이다. 법에 능통하였다. 건무 연간에
상서령이 되어 6년 동안 재직하였는데 고사에 숙달하였다.[83](『후한서』
「채무전」)

◉ 陳咸 陳寵 陳忠 진함 진총 진충

【원문】 陳寵字昭公, 沛國洨人也. 曾祖父咸, 成哀間以律令爲尙書. 平帝
時, 王莽輔政, 多改漢制, 咸心非之, 即乞骸骨去職. 收斂其家律令書
文, 皆壁藏之. 咸性仁恕, 常戒子孫曰: 爲人議法, 當依於輕, 雖有百金
之利, 愼無與人重比.(陳寵傳)

【역문】 진총의 자는 소공이고 패국 효인이다. 중조부 진함은 성제와 애제
연간에 율령[에 통달하여] 상서가 되었다. 평제 때에 왕망이 보정(輔政)하
면서 한의 제도를 많이 고쳤는데, 진함은 내심 그것을 비판하여, 스스로
관직에서 물러날 것을 청하였다. [왕망의 찬탈 이후 그를 불렀으나 병을
핑계로 나가지 않고] 집안의 율령 문서를 거두어 모두 벽에 숨겼다. 진
함의 성품은 어질고 관대하였는데, 항상 자손들을 경계시키며 말하였
다. "다른 사람을 위해 법을 의론함에 마땅히 [처벌이] 가벼운 쪽을 따르
고, 비록 백금의 이로움이 있더라도 타인을 무겁게 비부하여 [처벌하지]
않도록 삼가야 한다."[84](『후한서』「진총전」)

---

83 『後漢書』권26「郭賀傳」, 908쪽.
84 『後漢書』권46「陳寵傳」, 1547쪽.

【원문】 寵明習家業, 少爲州郡吏, 辟司徒鮑昱府. 昱高其能, 轉爲辭曹, 爲昱選辭訟比七卷. 昱奏上之, 其後公府奉以爲法.(同上)

【역문】 진총은 가업을 숙달하여, 젊어서 주군의 리가 되었다가 사도 포욱의 관부에 벽소되었다. 포욱이 그의 재능을 높이 여겨 사조로 삼으니, 포욱을 위해『사송비』7권을 찬술하였다. 포욱이 그것을 상주하니, 이후 공부에서 [이것을] 존숭하여 법으로 삼았다.[85](『후한서』「진총전」)

【원문】 忠字伯始, 劉愷擧忠明習法律, 宜備機密. 於是擢拜尙書, 使居三公曹. 忠自以世典刑法, 用心務在寬詳.(同上)

【역문】 진충의 자는 백시이다. 유개는 진충이 법률에 숙달하므로 주요한 업무를 담당하는 것에 적합하다고 천거하였다. 이에 발탁되어 상서에 임명되었으며 삼공조로 재직하게 되었다. 진충[의 집안]은 대대로 형법을 담당하였는데, 마음을 다해 [법률을] 관대하고 상세하게 [집행하는 것에] 힘썼다.[86](『후한서』「진총전」)

【원문】 陳寵曾祖父咸, 任成哀間, 以明律令爲侍御史.(東觀漢記)

【역문】 진충의 증조부 진함은 성제와 애제 연간에 재직하였는데, 율령에 밝아 시어사가 되었다.[87](『동관한기』)

【원문】 陳咸字子威, 爲廷尉監, 執獄多恩, 議人常從輕比, 多所全活, 皆稱其恩.(御覽二百三十一引謝承後漢書)

【역문】 진함의 자는 자위로 정위감이 되었는데, 옥사를 처리함에 은혜를 많이 베풀었다. 의론하는 자들이 항상 [처벌을] 가볍게 비부하니 살아나는 자들이 많았으며, 모두 그의 은혜를 칭송하였다.[88](『태평어람』권231에

---

85 『後漢書』권46, 「陳寵傳」, 1548–1549쪽.
86 『後漢書』권46, 「陳寵傳」, 1555쪽.
87 『東觀漢記校注』권16, 「陳咸傳」, 699쪽.

서 사승의 『후한서』를 인용)

◉ 王渙 왕환

【원문】 王渙字稚子, 廣漢郪人也. 習尙書, 讀律令, 略擧大義. 爲太守陳寵
功曹.(本傳)

【역문】 왕환의 자는 치자이며 광한 처인이다. 『상서』를 익히고 율령을 읽
는데, 대의를 파악하였다. 태수 진총의 공조가 되었다.[89](『후한서』「왕환
전」)

◉ 吳雄 吳訢 吳恭 오웅 오흔 오공

【원문】 順帝時, 廷尉河南吳雄季高, 以明法律, 斷獄平, 起自孤宦, 致位司
徒. 子訢孫恭, 三世廷尉, 爲法名家.(郭躬傳)

【역문】 순제 때의 정위 하남인 오웅[季高는 오웅의 字]은 법률에 밝아 옥사를
판결하는 것이 공평하니, 미천한 관직에서 시작하여 관위가 사도에 이
르렀다. 아들 오흔과 손자 오공, 삼대에 걸쳐 정위가 되니 법률의 명가
가 되었다.[90](『후한서』「곽궁전」)

【원문】 河間吳雄以明法律, 桓帝時自廷尉致位司徒. 雄子訢, 孫恭, 三世
爲廷尉, 以法爲名家.(藝文類聚四十九引華嶠後漢書 書鈔五十三, 御覽二百三
十一引華書, 均作桓帝, 與范書異.)

【역문】 하남 사람 오웅은 법률에 밝아 환제 때에 정위로부터 관위가 사도
에 이르렀다. 오웅의 아들 오흔과 손자 오공, 삼대에 걸쳐 정위가 되니

---

88 『太平御覽』 권231, 「職官部」29, '廷尉監', 215쪽.
89 『後漢書』 권76, 「王渙傳」, 2468쪽.
90 『後漢書』 권46, 「郭躬傳」, 1546쪽.

법으로 명가가 되었다.⁹¹(『예문유취』권49에서 화교의『후한서』를 인용.『북당
서초』권53,『태평어람』권231에 인용된 화교의『후한서』에는 모두 환제라고 되어
있으니, 범엽의『후한서』와는 다르다.)

【원문】 吳雄以三世法家, 繼爲理職.(文苑英華沈約授蔡法度廷尉制)

【역문】 오웅은 삼대에 걸친 법가로서 계속하여 법률을 집행하는 관리가 되
었다.⁹²(『문원영화』에 기록된 심약의『수채법도정위제』)

◉ 張禹 장우

【원문】 張禹字伯達, 作九府吏, 爲廷尉府北曹吏, 斷獄處事執平, 爲京師
所稱. 明帝以其明達法理, 有張釋之風, 超遷, 非次拜廷尉.(書鈔五十三
引東觀記)

【역문】 장우의 자는 백달이며, 구부의 관리가 되었다가 정위부의 북조리가
되었는데, 옥사를 판결함에 공평하게 집행하니 경사에서 칭송을 받았
다. 명제는 그가 법리에 통달하고, 장석지의 풍모가 있다고 여겨 관직을
높여주니, 파격적으로 승진시켜 정위로 임명하였다.⁹³(『북당서초』권53에
서『동관기』를 인용)

【원문】 光武時有疑獄, 見廷尉曹史張禹, 所問輒對, 處當詳衷. 於是册免廷
尉, 以禹代之, 雖越次而授, 亦足以屬其臣節也.(御覽二百三十一引漢官儀)

【역문】 광무제 때 의옥이 있을 경우 정위조사 장우에게 보이면 묻는 것마
다 바로 대답하며, [사안을] 처리하는 것이 상세하고 타당하였다. 이에
정위를 면직시키고 장우로 대신하게 하였는데, 비록 상례를 어기고 임

---

91 『藝文類聚』권49,「職官部」, 883쪽.
92 『文苑英華』권397,「中書制誥」, '授蔡法度廷尉制', 2015–2쪽.
93 『北堂書鈔』권53「設官部」, '廷尉', 889–196쪽.

명한 것이었으나, 신하의 절의를 힘써 지키는 데 부족함이 없었다.[94](『태
평어람』권231에서 『한관의』를 인용)

◉ **侯霸** 후패

【원문】 侯霸字君房, 河南密人也. 明習故事, 條奏前世善政法度有益於時
者, 皆施行之.(本傳)

【역문】 후패의 자는 군방이며 하남 밀인이다. 고사에 숙달했으며, 이전 시
기의 선정과 법도 중 당시에 유익한 바를 정리하여 상주하니 모두 시행
되었다.[95](『후한서』「후패전」)

◉ **陳球** 진구

【원문】 陳球字伯眞, 下邳淮浦人也. 少涉儒學, 善律令.(本傳)

【역문】 진구의 자는 백진이고 하비 회포인이다. 젊어서 유학을 섭렵하고
율령에 숙달하였다.[96](『후한서』「진구전」)

【원문】 宗琳(御覽二百三十一引作陳琳. 汪文臺謝書輯本作陳球, 宗琳蓋陳球之誤).
字伯眞, 橋玄表琳明法律, 徵拜廷尉正.(書鈔五十五引謝承後漢書)

【역문】 종림(『태평어람』권231의 인용에는 진림이라고 되어 있다. 왕문대의 『사서
집본』에 진구로 되어 있으니, 종림은 아마 진구의 오기인 듯하다.)의 자는 백진이
다. 교현이 표문을 올려 종림이 법률에 밝다고 하니 불러 정위정에 임명
하였다.[97](『북당서초』권55에서 사승의 『후한서』를 인용)

---

94 『太平御覽』권231,「職官部」29, '大理卿' 210쪽.
95 『後漢書』권26,「侯霸傳」, 902쪽.
96 『後漢書』권56,「陳球傳」, 1831쪽.
97 『北堂書鈔』권53「設官部」, '廷尉', 889-196쪽.

◉ 鍾晧 종호

【원문】 鍾晧字季明, 潁川長社人, 世善刑律.(本傳)

【역문】 종호의 자는 계명이며 영천 장사인으로 대대로 형률에 능하였다.[98] (『후한서』「종호전」)

【원문】 鍾晧字季明, 溫良篤愼, 博學詩律, 敎授門生, 千有餘人.(魏志鍾繇傳注引先賢行狀)

【역문】 종호의 자는 계명으로 [성품이] 온화하고 어질며 돈후하고 신중하였다. 시와 율에 박학하니 교수하는 문생이 천여 명이었다.[99](『위지』「종요전」의 주에서 『선현행장』을 인용)

◉ 陽球 양구

【원문】 陽球字方正, 漁陽泉州人也. 性嚴厲, 好申韓之學.(本傳)

【역문】 양구의 자는 방정이고 어양 천주인이다. 성정이 엄격하고 신불해와 한비자의 학설을 좋아하였다.[100](『후한서』「양구전」)

◉ 樊曄 번엽

【원문】 樊曄字仲華, 南陽新野人也. 爲天水太守, 政嚴猛, 好申韓法, 善惡立斷.(本傳)

【역문】 번엽의 자는 중화이며 남양 신야인이다. 천수태수로 재직하며 정사를 엄정하게 하였는데, 신불해와 한비자의 법을 좋아하여 선악을 명확

---

98 『後漢書』 권62, 「陳球傳」, 2064쪽.
99 『三國志』 권13, 「魏書」, '鍾晧傳', 391쪽.
100 『後漢書』 권77, 「陳球傳」, 2498쪽.

히 구분하였다.[101](『후한서』「범엽전」)

◉ 周紆　주우

【원문】周紆字文通, 下邳徐人也. 爲人刻削少恩, 好韓非之術.(本傳)

【역문】주우의 자는 문통이며 하비 서인이다. 사람됨이 각박하고 은혜롭지 못했으며 한비자의 학술을 좋아하였다.[102](『후한서』「주우전」)

◉ 周樹　주수

【원문】周樹達於法, 善能解煩釋疑, 八辟從事.(書鈔七十三引謝承後漢書)

【역문】주수는 법에 통달하여 번거롭고 의심스러운 사안을 잘 해결하였으며, 팔벽(八辟)에 따라 사안을 처리하였다.(『북당서초』권73에서 사승의 『후한서』를 인용)

◉ 徐徵　서징

【원문】徐徵字君球, 蒼梧荔浦人. 少有方直之行, 不撓之節, 頗覽書傳, 尤明律令. 延熹五年, 徵爲中部督郵.(御覽二百五十三引廣州先賢傳)

【역문】서징의 자는 군구이며 창오 여포인이다. 젊어서 강직한 행실과 꿋꿋한 절의가 있었으며, 전적을 두루 열람하였는데, 율령에 더욱 밝았다. 연희 5년(162), 천거되어 중부독우가 되었다.[103](『태평어람』권253에서 『광주선현전』을 인용)

---

101 『後漢書』권77,「樊曄傳」, 2491쪽.
102 『後漢書』권77,「周紆傳」, 2493쪽.
103 『太平御覽』권253,「職官部」51, '督郵', 385쪽.

◉ 應劭　응소

【원문】 應劭字仲遠, 刪定律令, 爲漢儀建安元年奏之. 時始遷都於許, 凡
　　朝廷制度, 百官典式, 多劭所立.(本傳)

【역문】 응소의 자는 중원이다. 율령을 산정하여 『한의』를 만들어 건안 원
　　년(196)에 상주하였다. 이때 비로소 허(許)로 천도하였는데, 모든 조정의
　　제도와 백관의 법식은 대부분 응소가 제정한 것이었다.[104](『후한서』 「응
　　소전」)

【원문】 劭又著中漢輯敘、漢官儀及禮儀故事, 凡十一種, 百三十一卷.(魏
　　志王粲傳注引續漢書)

【역문】 응소는 또한 『중한집서』, 『한관의』와 『예의고사』를 지었는데, 모
　　두 11종이며 131권이었다.[105](『삼국지』 「위서」 '왕찬전'의 주에서 『속한서』를
　　인용)

【원문】 漢世善駁, 則應劭爲首.(文心雕龍)

【역문】 한대에 논박을 잘한 이로 응소가 최고였다.(『문심조룡』)

【원문】 漢朝議駁三十卷應劭撰. 劉邵律略論五卷.(隋志)

【역문】 『한조의박』 30권 응소 찬. 유소의 『율략론』 5권.[106](『수서』 「경적지」)

◉ 黃昌　황창

【원문】 黃昌字聖眞, 會稽餘姚人也, 曉習文法, 仕郡爲決曹.(本傳)

---

104 『後漢書』 권48, 「應劭傳」, 1612–1614쪽.
105 『三國志』 권21, 「魏書」, '王粲傳', 601쪽.
106 『隋書』 권33, 「經籍志」, 973쪽.

【역문】 황창의 자는 성진이며 회계 여요인으로, 법규에 숙달하여 군의 결조가 되었다.[107](『후한서』「황창전」)

● 董昆 盧孟 荀季卿 동곤 노맹 순계경

【원문】 董昆字文通, 餘姚人也. 少游學, 師事潁川荀季卿, 受春秋, 治律令, 明達法理, 又才能撥煩. 縣長潘松署功曹史, 刺史盧孟行部, 垂念冤結. 松以孟明察於法令, 轉署昆爲獄史. 孟到, 昆斷正刑法, 甚得其平. 孟問昆: 本學律令, 所事爲誰? 昆對事荀季卿. 孟曰: 史與刺史同師. 孟又問昆: 從何職爲獄史? 松具以實對. 孟歎曰: 刺史學律, 猶不及昆. 召之署文學.(御覽六百三十八引會稽典錄)

【역문】 동곤의 자는 문통이며 여요인이다. 젊어서 유학을 가 영천 사람 순계경을 스승으로 섬기며 『춘추』를 전수받고 율령을 익혔는데, 법리에 통달했으며 더욱이 복잡한 사안을 처리하는 재능이 있었다. 현장 반송이 공조사로 임명하였다. 자사 노맹이 관할 지역을 순행하며 억울한 사안을 들어주었는데, 반송은 노맹이 법령에 밝다고 생각하여 동곤을 옥사로 다시 임명하였다. 노맹이 도착하였는데, 동곤이 형법을 바르게 판결하니, [판결한 내용이] 매우 공정하였다. 노맹이 동곤에게 물었다. "본래 율령을 배울 때 누구를 스승으로 삼았는가?" 동곤이 순계경을 사사했다고 대답하였다. 노맹이 말하였다. "옥사인 [그대와] 자사인 [나의] 스승이 같구나." 노맹이 다시 동곤에게 물었다. "어떤 직책에 있다가 옥사가 되었는가?" 반송이 사실대로 대답하자, 노맹이 탄식하며 말하였다. "자사인 [내가] 율을 배웠다지만, 동곤에 미치지 못한다." 동곤을 불러 문학에 임명했다.[108](『태평어람』 권638에서 『회계전록』을 인용)

---

107 『後漢書』 권77, 「黃昌傳」, 2496쪽.
108 『太平御覽』 권638, 「刑法部」4, '律令 下', 26쪽.

【원문】 董昆遷廷尉卿, 持法淸峻, 不發私書.(御覽二百三十一引會稽典錄)

【역문】 동곤이 정위경으로 승진하였는데, 법을 집행하는 것이 청렴하고 준험하여, 사사로운 서신은 펴보지도 않았다.[109](『태평어람』 권231에서 『회계전록』을 인용)

◉ **叔孫宣 郭令卿 馬融 鄭玄** 숙손선 곽령경 마융 정현

【원문】 後人生意, 各爲章句. 叔孫宣郭令卿馬融鄭玄諸儒章句, 十有餘家, 家數十萬言. 言數益繁, 覽者益難.(晉書刑法志)

【역문】 후세 사람들이 의도를 갖고 각각 장구를 지었다. 숙손선·곽령경·마융·정현 등 여러 유학자의 장구로 10여 가(家)가 있으며, 가는 수십만 언(言)이었다. 글자 수가 더욱 번다해지자 열람하는 자들이 더욱 어려워하였다.[110](『진서』 「형법지」)

◉ **張皓** 장호

【원문】 張皓字叔明, 犍爲武陽人也. 雖非法家, 而留心刑斷, 數與尙書辯正疑獄, 多以詳當見從.(本傳)

【역문】 장호의 자는 숙명이고 건위 무양인이다. 비록 법가는 아니었지만, 형법의 판결에 관심이 있어 자주 상서와 함께 의옥을 치리하고 바로잡았는데, [그 내용이] 상세하고 타당하여 채택된 경우가 많았다.[111](『후한서』 「장호전」)

【원문】 張浩字叔明, 治律、春秋, 遊學京師, 善大將軍鄧騭. 順帝初立, 拜

---

109 『太平御覽』 권231, 「職官部」.
110 『晉書』 권30, 「刑法志」, 923쪽.
111 『後漢書』 권56, 「張皓傳」, 1815쪽.

浩司空.(蜀志張翼傳注引益部耆舊傳)

【역문】 장호의 자는 숙명이고 율과 『춘추』를 배웠다. 경사에서 유학하며 대장군 등척과 친분이 있었다. 순제가 즉위하고 장호를 사공으로 임명하였다.[112](『촉지』「장익전」의 주석에서 『익부기구전』을 인용)

【세주 원문】 按漢時廷尉, 多以法家爲之. 楊賜爲廷尉, 自以代非法家, 言曰: 三后成功, 惟殷於民, 皐陶不與焉, 蓋吝之也. 遂固辭. 見楊賜傳. 侍御史, 治書侍御史, 亦以明法律者爲之, 見百官志.

【세주 역문】 한나라 때의 정위는, 대부분 법가가 그 직책을 맡았다. 양사는 정위가 되자 자신이 법가가 아님에도 [정위를] 맡게 되었으므로 [다음과 같이] 말했다. "삼후[백이·우·직]가 공을 이루어 백성들을 풍족하게 하였으니, 고요가 [삼(三)이라는 수에] 포함되지 않은 것은 부끄러워했기 때문입니다." [정위의 관직을] 고사하였다. 『후한서』「양사전」에 보인다.[113] 시어사와 치서시어사도 역시 법률에 통달한 자가 맡았다. [그 내용은] 『한서』「百官志」에 보인다.

◉ **律說(附)** 율에 대한 학설(덧붙임)

【세주 원문】 按陳寵傳, 律有三家, 其說各異. 晉志漢諸儒章句十有餘家. 魏明帝詔但用鄭氏章句, 不得雜用餘家. 考馬融鄭玄爲律章句, 後書本傳皆不載, 隋志亦不著錄蓋佚已久. 沈氏寄簃文存謂唐律疏義雖不純本魏太和律博士說, 而鄭義多在其中. 今不可考. 惟律說見於史漢注所引者, 尙存數條, 姑附於後.

【세주 역문】 『후한서』「진총전」을 살펴보면, 율에는 3개의 학파가 있으며 그 설이 각기 다르다고 한다. 『진서』「형법지」에서는 "한나라 유자들의 장구로는 10여 학파가 있었다. 위나라 명제는 조를 내려 다만 정씨의 장구만을 쓰도록 하고, 다른 학파들의 것은 함께 쓰지 못하도록 하였다."[114]고 기록했다. 마융과 정현이 지은 『율장구』에

---

112 『三國志』 권45, 「蜀書」, '張翼傳', 1073쪽.
113 『後漢書』 권54, 「楊賜傳」, 1784쪽.

대해 살펴보면, 『후한서』 [본인들의] 열전에 모두 기재되지 않았으며, 『수서』 「경적지」에서도 또한 기록하지 않았으니, 대개 산일된 지 이미 오래된 것이다. 심가본의 『기이문존』에서 이르기를 "『당률소의』에서는 비록 위나라 태화율에 대한 박사들의 설이 불순하지만 정현의 의론이 그 안에 많이 있다."고 하였다. 지금은 고찰할 수 없다. 다만 율에 대한 학설 중 『사기』와 『한서』의 주석에 인용되어 남아 있는 몇 항목을 일단 뒤에 덧붙여 둔다.

【원문】 鬼薪作三歲.(史記集解如淳引律說)

【역문】 귀신형은 3년 동안 노역한다.[115](『사기집해』에서 여순이 율설을 인용)

【원문】 論決爲髡鉗, 輸邊作長城, 晝日伺寇虜, 夜暮築長城, 城旦四歲也.
(同上引律說)

【역문】 곤겸형으로 판결되면, 변경으로 보내 장성을 축조하게 한다. 낮에는 적의 동태를 살피고 저녁에는 장성을 축조한다. 성단용은 4년형이다.[116](『사기집해』에서 여순이 율설을 인용)

【원문】 都吏今督郵.(文帝紀注如淳引律說)

【역문】 도리는 현재의 독우이다.[117](『한서』 「문제기」의 주석에서 여순이 율설을 인용)

【원문】 卒踐更者, 居也, 居更縣中五月乃更也.(昭帝紀注如淳引律說)

【역문】 졸경과 천경[118]을 하는 자는 [해당 지역에] 거주한다. 현에서 거주하

---

114 『晉書』 권30, 「刑法志」, 923쪽.
115 『史記』 권6, 「秦始皇本紀」, 227쪽.
116 『史記』 권6, 「秦始皇本紀」, 266쪽.
117 『漢書』 권4, 「文帝紀」, 114쪽.
118 如淳의 주에 更에는 세 등급이 있으니 卒更·踐更·過更이라고 하였다. 1달에 한 번 병사를 바꾸는 것을 졸경이라고 하고, 가난한 자가 돈을 받고 대신 병사로 근무하는 것을 천경이라고 한다. 관에 300전을 납부하여 관에서 직접 병사를 지급할 경우를 과경이라고 한다. 『漢書』 권7, 「昭帝紀」, "如

며 요역하는 자는 5개월마다 교체한다.[119](『한서』「소제기」의 주석에서 여순이 율설을 인용)

【원문】 戌邊一歲當罷, 若有急, 當留守六月.(溝洫志注如淳引律說)

【역문】 수변하는 [자들은] 1년이 지나면 돌려보내야 하며, 시급한 일이 있을 경우에만 6개월을 더 머무르게 한다.[120](「구혁지」의 주석에서 여순이 율설을 인용)

【원문】 平賈一月, 得錢二千.(同上)

【역문】 한 달의 [노역은] 2천전으로 환산한다.[121](위와 동일)

【원문】 出罪爲故縱, 入罪爲故不直.(功臣表注晉灼引律說)

【역문】 죄를 [고의로 규정보다] 감면해 주는 것을 고종이라고 하며, 죄를 더해 주는 것을 고부직이라고 한다.[122](「공신표」의 주석에서 진작이 율설을 인용)

【원문】 封諸侯過限曰附益.(諸侯王表注張晏引律鄭氏說)

【역문】 제후에게 봉해준 것이 한도를 넘은 경우 부익이라고 한다.[123](「제후왕표」의 주석에서 장안이 율정씨설을 인용)

淳曰: 更有三品, 有卒更, 有踐更, 有過更. 古者正卒無常人, 皆當迭爲之, 一月一更, 是謂卒更也。 貧者欲得顧更錢者, 次直者出錢顧之, 月二千, 是謂踐更也. 天下人皆直戌邊三日, 亦名爲更, 律所謂繇戌也. 雖丞相子亦在戌邊之調. 不可人人自行三日戌, 又行者當自戌三日, 不可往便還, 因便住一歲一更. 諸不行者, 出錢三百入官, 官以給戌者, 是謂過更也. 律說, 卒踐更者, 居也, 居更縣中五月乃更也."
119 『漢書』 권7, 「昭帝紀」, 229쪽.
120 『漢書』 권29, 「溝洫志」, 1688쪽.
121 『漢書』 권29, 「溝洫志」, 1689쪽.
122 『漢書』 권17, 「景武昭宣元成功臣表」, 661쪽.
123 『漢書』 권14, 「諸侯王表」, 395쪽.

구 조 율 고

九 朝 律 考